MW01250954

José Antonio Pérez-Rioja

Diccionario de personajes y escenarios de la literatura española

EDICIONES PENÍNSULA

BARCELONA

Primera edición: noviembre de 1997.
© José Antonio Pérez-Rioja, 1997.
© de esta edición: Ediciones Península s.a.,
Peu de la Creu 4, 08001-Barcelona.
E-MAIL: edicions-62 @ bcn. servicom.es
INTERNET: http://www.partal.com/Ed62

Diseño de la cubierta: Llorenç Marquès.

Impreso en Hurope, Lima 3 bis
Depósito legal: B. 42.447-1997.
ISBN: 84-8307-068-5.

CONTENIDO

INTRODUCCIÓN

¡Qué sería de la vida sin el alivio de la literatura! Como ha dicho Vargas Llosa, «un buen libro deja un sedimento en el lector que le ayuda a transformarse, que enriquece su fantasía e imaginación. Ésa es la gran contribución de la literatura a la sociedad. Estimular la imaginación es estimular la insatisfacción de la gente; hacer que tomen conciencia de las limitaciones del mundo en el que viven, de lo pobre que éste es en comparación con el que uno sueña... La buena literatura siempre crea la necesidad de algo distinto, de algo mejor».

Los lectores asiduos, los que sienten el gusto o la pasión de leer, lo saben muy bien. Por eso leen para vivir. O, más exactamente, para vivir con plenitud.

Sin embargo, todavía existe una inmensa mayoría de no lectores a los que se hace preciso mostrar la necesidad de que se adentren cuanto antes y de una manera gustosa y progresiva en el mundo fascinante de la literatura.

Pero no es tarea fácil. Ni la educación al uso ni las costumbres ni la poderosa y negativa influencia de los medios masivos de comunicación ni las nuevas tecnologías que engatusan como juguetes en esta era del consumo, propician la cultura del libro.

Por el contrario, a medida que avanza la técnica de un modo tan increíble como espectacular, parece que la sensibilidad del ser humano disminuye, retrocediéndose a un nuevo primitivismo oral—con un lenguaje cada día más empobrecido—, en que se nos divierte—esto es, se nos separa de nosotros mismos—entre voces, imágenes, música y ruidos confusos.

La importancia de los personajes y los escenarios

Absorbida por la televisión, la gente se hace más pasiva, más elemental, más ramplona y vulgar, sin darse cuenta. Por fortuna, de vez en cuando, se ve en la televisión una buena obra de teatro. Es entonces cuando millones de personas descubren una obra literaria de la que no tenían noticia. No importa que esa obra, en tal adaptación, haya podido perder algunos de sus valores. Lo esencial es que, al cabo de los años, sea al fin descubierta: a veces, con injusto olvido de su autor o con la tergiversación de su título original. Lo positivo es que, en cualquier caso, queden más o menos grabados en estos millones de espectadores un hilo argumental y, sobre todo, unos personajes y unos ambientes.

¿Sabrían algunos de la tía Tula, de Unamuno, si no se hubiese ofrecido una versión televisiva de la novela, hace una treintena de años? Seguramente los jóvenes de hoy que no la vieron entonces no podrán dar referencias de ella. ¿Habrían leído otros la serie narrativa de Torrente Ballester *Los gozos y las sombras* de no haberse ofrecido ésta en una adaptación televisiva? Sin duda, muchos ya no la recuerdan; como tampoco recuerdan el Madrid decimonónico y galdosiano de *Fortunata y Jacinta*, o la Barcelona entre el siglo XIX y el XX de la «saga» de los Rius, de Ignacio Agustí, que se ofrecieron en la pequeña pantalla unos cuantos años atrás. Y lo mismo cabría añadir de *Maribel y la extraña familia* o de *Ninette y un señor de Murcia*, de Miguel Mihura. En cambio, conservarán todavía cierto tiempo en su retina las imágenes de Ana Ozores y de la levítica Vetusta—el Oviedo de 1884—de *La Regenta*, de Clarín, porque su adaptación televisiva ha sido repuesta recientemente.

De tal multitud de televidentes, ¿cuántos habrán leído después esas obras? Se debe suponer que sólo una minoría, por cuanto cabe preguntarse: ¿no necesitarán los más alguna ayuda libresca que les estimule a hacerlo? Nunca como ahora, en pleno auge de la televisión, es más verdadero, comprobable y actual el viejo aforismo latino: las palabras vuelan, los escritos permanecen. Se hace imprescindible leer, después, para fijar en la mente esas voces e imágenes fugaces.

Razón y finalidad de esta obra

Pensando inicialmente en estas cuestiones ha surgido la obra que el lector tiene en sus manos. Pero, sobre todo, porque la consideramos realmente necesaria incluso para las personas formadas, ya que no existe hasta ahora en nuestra bibliografía ni un solo diccionario de personajes y escenarios de la literatura española. Éste que ofrecemos es el primero. Es deliberada, intencionadamente, breve y antológico. Una obra exhaustiva de esta naturaleza no estaría nunca al día, supondría muchos volúmenes y sería incómoda de manejar. Su misma amplitud y complejidad no permitiría ofrecer una rápida visión de conjunto.

Por eso, con un sentido realista y un criterio selectivo, sólo se ha pretendido dar entrada a lo más significativo. Comporta, eso sí, el riesgo de inevitables omisiones. Pero el lector inteligente sabrá disculparlas al darse cuenta de que, como mínima compensación, se le brinda en un solo volumen una obra de útil consulta que, por su misma agilidad y pese a la obligada—por más fácil—ordenación alfabética de sus dos mil quinientos artículos, hasta puede aventurarse a leer u hojear de corrido.

En esta obra se recogen unos dos mil personajes y casi medio millar de escenarios de la literatura española desde sus comienzos a nuestros días, entresacados de la poesía, el teatro, la novela, el cuento, el ensayo y los libros de andar y ver. Al final, se ofrece una bibliografía de obras consultadas.

Quizá sea la mayor novedad de esta obra el ofrecer a un mismo tiempo personajes y escenarios, lo que nos permite poner de manifiesto cuál es su importancia en la valoración de la obra literaria entendida como consecuencia de la forma en que se suelen asociar o complementar unos y otros; ésta es, asimismo, la razón de que se alfabeticen refundidos y no separadamente.

El personaje: concepto y características

Personaje—según lo define el *Diccionario* de la Real Academia Española—es «sujeto de distinción, calidad o representación en la vida pública» y, en su segunda acepción, «cada uno de los seres humanos, sobrenaturales o simbólicos ideados por el escritor, que toman parte en la acción de una obra literaria».

«Personaje» procede de «persona», voz esta que viene del léxico teatral latino, significando primero la máscara que cubría la cara de los actores y, luego, el papel que cada uno representaba en la escena. El origen es aún más remoto: desde los tiempos primitivos, en la danza ritual, en la erótica o la mímica, el rostro de los intérpretes estaba cubierto o pintado por una máscara; después pasó al teatro. Siglos más tarde, en la *commedia dell'arte* cada personaje típico tendría su máscara favorita.

Se pasa, pues, de la máscara al personaje. La «personificación» es el recurso que dota de forma, carácter o sensibilidad humanos a ideas, abstracciones, símbolos, animales u objetos inanimados.

«En nuestro tiempo—observa Ortega y Gasset—se olvida demasiado que el hombre es imposible sin imaginación, sin la capacidad de inventarse una figura de vida y de idearse el personaje que va a ser. El hombre es el novelista de sí mismo». Acaso porque, al decir de Luis Rosales, «la vida humana es una representación creadora donde cada hombre se descubre a sí mismo representando su papel».

Por eso, quizá, los personajes literarios—como los seres humanos—no viven aisladamente. Existen. Y porque existen, se relacionan unos con otros. A veces se ven muy condicionados por los propios escenarios en que se desenvuelven. Tales influencias ambientales marcan u orientan sus trayectorias. Sucede en las grandes creaciones literarias, aunque resulte paradójico, que el personaje tiene tal fuerza, tal veracidad, tal significación simbólica o tanta profundidad humana, que parece independizarse del autor que lo ha creado; tal es el caso de don Quijote, entre otros célebres ejemplos. En alguna ocasión se ha dicho, con referencia a un muy conocido mito literario inglés, que «Robinson Crusoe es el autor de una novela que narra las aventuras de un náufrago llamado Daniel Defoe». Tan sorprendente y aguda metonimia explica muy bien esa fuerza misteriosa del personaje que, a veces, adquiere vida propia e independiente.

En el siglo IV antes de Cristo ya se había preguntado Aristóteles si es más importante el argumento o el personaje. Una respuesta ponderada trataría de conjugar armónicamente uno y otro, dentro de la exigible coherencia de aquél y el deseable interés de éste; pero ante el dilema de elegir acabaríamos inclinándonos por el personaje, ese ser imaginario que puebla el maravilloso mundo de la ficción y que, convencionalmente, aceptamos que siente, piensa y actúa del modo en que lo hacen las personas vivientes. Su caracterización puede o no parecer humana, pero en cualquier caso en el personaje se produce una mímesis de humanidad.

Cuando es el más importante de una obra se llama protagonista; si comparte con él la acción principal, coprotagonista; si se le opone, antagonista. Si ocupa un lugar entre tantos, secundario; si queda un poco al margen, incidental. Si es un caso de humana perfección y puede servir de ejemplo, arquetípico o modélico. Si desarrolla evidente actividad, dinámico; si no, pasivo. Si es sólo aludido, se trata de un personaje meramente ficticio.

Sean cuales fueren, se trata de individualidades vivas. Tanto es así que lo mismo un héroe real, luego convertido en personaje literario—el Cid—que un héroe imaginario—don Quijote—perviven a través de los siglos por el hecho de poseer, en ambos casos, las grandes cualidades de la energía, la cortesía, el espíritu caballeresco y el valor. Por eso ha podido decir Corpus Barga que en literatura se llama «personajes eternos a los que no se sabe si han sido, se sospecha que son y se considera que serán».

Clasificación de los personajes

El análisis de los dos mil personajes de la literatura española recogidos y glosados en esta obra nos ha llevado a hacer una tentativa de clasificación dentro de una gradación de valores en sentido ascendente-descendente; resultan de ella los siguientes grupos:

1. Teológico-marianos
2. Hagiográficos
3. Bíblicos
4. Históricos o reales
5. Autores-personaje
6. De pura ficción
7. Alegóricos, conceptuales o abstractos
8. Mitológicos
9. Legendarios o proverbiales
10. Zoológicos, vegetales y físico-minerales

Clases de personajes: sus rasgos o características
Según la clasificación adoptada, cabría definirlos o caracterizarlos en los diez grupos siguientes.

1. *Teológico-marianos*: esto es, relativos a Dios, a Cristo y a la Virgen María. Aparecen en el siglo XIII (Teófilo y Nuestra Señora, en los *Milagros de Berceo*) y se reiteran en el siglo de oro (Enrico y Paulo, de *El condenado por desconfiado*, de Tirso de Molina; Eusebio, de *La devoción de la Cruz*, de Calderón). La tan española humanización de lo divino se refleja de tal modo en nuestra literatura que Dios se convierte en personaje o referencia de la más alta significación desde sus inicios hasta la actualidad. Asimismo, la historia dramática de la vida de Cristo, tan bien reflejada en las manifestaciones escenificadas de la Natividad, la Epifanía, la Pasión y la Resurrección, impresionó la imaginación popular, lo que ha hecho que aparezca reiteradamente en poetas y autores dramáticos de los siglos XVI y XVII y, luego del paréntesis racionalista de la ilustración, en el XIX y a lo largo del XX. La Virgen María es un reiterado personaje literario desde los *Milagros* de Berceo y las *Cantigas* de Alfonso X el Sabio hasta los poetas contemporáneos, pasando por los más significativos del siglo de oro (fray Luis de León, Lope de Vega, Valdivielso, Góngora, los Argensola, Calderón, sor María de Ágreda, etc.). Cabe hablar, por lo tanto, en España, de una literatura mariana.

2. *Hagiográficos*: las vidas de santos—una veintena—se inician también con Berceo (santa Oria, santo Domingo de Silos, san Millán) y con la anónima *Vida* de María Egipcíaca hasta proliferar en el siglo de oro (san Ginés y san Isidro, en Lope de Vega; san Julián el Hospitalario en Cristóbal Lozano; san Jerónimo en el padre Sigüenza). En la primera mitad del siglo XX,

la figura de san Francisco de Asís ha interesado a Emilia Pardo Bazán y a José María Tenreiro; la de san Ignacio de Loyola, a José María Salaverría; y la de san Francisco Javier, a Pemán (*El divino impaciente*), por citar sólo algunos ejemplos.

3. *Bíblicos*: apenas rebasan la treintena, cifra más bien escasa en país de tan acusada tradición católica como el nuestro, aunque explicable porque la Biblia se ha leído o difundido menos que en otros países del Occidente cristiano. Los referentes bíblicos, aún escasos en la edad media (el diablo, en Berceo; José, en el *Poema de Yuçuf*; Abel, en el marqués de Santillana), se hacen ya más frecuentes en el siglo de oro, singularmente en el teatro (Lope de Vega, Mira de Amescua, Tirso, Calderón), e incluso en nuestro siglo XX. Es curioso observar cómo el interés por ciertos personajes bíblicos se mantiene desde el siglo de oro hasta hoy. Algunos ejemplos lo demuestran: Magdalena (Malón de Chaide, Lope, Vélez de Guevara, Tirso, García Gutiérrez, Galdós); Ruth (Sebastián de Orozco, Tirso, Pérez de Ayala); o Lázaro (Mira de Amescua, Carlos Rojas, Antonio Prieto).

4. *Reales o históricos*: son muy numerosos, unos doscientos cincuenta. Conviene observar que, ya desde la antigüedad clásica, se reconoce la existencia de un vínculo evidente entre la poesía y la historia. A partir de la edad media, es decir, desde el nacimiento de las literaturas nacionales, no sólo los poetas líricos y los dramáticos, sino también los poetas épicos, y ya desde la edad moderna sus continuadores, los novelistas, muchas veces recrean y no inventan. Se limitan a escribir hazañas o *res gestae*. Así, la lírica, y todavía más el teatro y la novela, recogen con frecuencia temas y personajes de la historia y de la vida real. En un país antiguo como el nuestro no faltan, de otra parte, personajes históricos (desde el Cid o Fernán González a los héroes de la guerra de la independencia, pasando por los conquistadores de América, reyes, políticos, etc.) que llevar a la épica, al teatro o a la narración novelesca. Pero aparte de esta fuente, rica y valiosa, al parecer se ha producido—no sólo en España, sino en todo el mundo—una crisis de la capacidad creativa. Se diría que la pura invención está en baja. Así se explica que los personajes históricos pueblen la producción editorial más reciente, que las biografías—más o menos noveladas—se filtren por la narrativa y que la realidad apuntale la ficción con demasiada frecuencia. De otro lado—conviene anotarlo—, la invasión televisiva ha producido una especie de jubilación anticipada de la imaginación, a la vez que uniformiza gustos o afanes de aventuras, al parecer antes más definidos y acusados que ahora.

5. *Autores-personaje*: el presente libro recoge centenar y medio de escritores plenamente identificados con el héroe de alguna de sus obras. En

nuestro siglo XX destacan la plena identificación de Pío Baroja con el Aviraneta del ciclo narrativo *Memorias de un hombre de acción*; la de José Martínez Ruiz con el Azorín de las *Memorias de un pequeño filósofo* o de *Antonio Azorín*; la de Valle-Inclán con el marqués de Bradomín de las *Sonatas*; o la de Pérez de Ayala con el Belarmino de su obra narrativa. Hay otros personajes que han sido inventados como *alter ego* de sus propios creadores: el Juan de Mairena que encubre al poeta Antonio Machado, o el Sigüenza bajo el que se oculta Gabriel Miró.

6. *De pura ficción*: este grupo de personajes forma, lógicamente, el más numeroso: más de un millar. Como dice el hispanista británico Audrey G. Bell, «gracias a la insuperada fuerza de invención de personajes (Celestina, don Quijote, Sancho o don Juan), de personajes "vivos", los españoles han sobresalido en la épica, en el teatro y en la novela». Por otra parte, «la insondable humanidad de los españoles—añade—ha producido los personajes más universalmente humanos de la literatura». Observación que, al proceder de un historiador y crítico extranjero, implica, si cabe, una valoración todavía más positiva. Como veremos a lo largo de esta obra, no pocos personajes de ficción tienen origen y hasta nombre extranjero. Mas, como advierte el mismo Bell, «la literatura española es original, no porque rechaza, sino porque absorbe las influencias. Posee, evidentemente, un toque vivificante que asimila, transforma y crea. Por ejemplo, el *Poema del Cid* tiene un origen probablemente germánico y en él hay, también, signos de la epopeya francesa; pero los ejemplos más impresionantes de esta originalidad de la imitación son el *Libro de buen amor* y el *Quijote*, dos de los libros más imitativos de la literatura universal».

7. *Alegóricos, conceptuales o abstractos*: los aquí seleccionados rebasan el centenar. Son representaciones literarias—producidas tras la ampliación de un proceso metafórico—de vicios, virtudes, conceptos o abstracciones que poseen un contenido ideológico o simbólico. Es muy significativo que algunos de tales personajes alegóricos persistan a lo largo del tiempo o se reiteren en más de un autor, como el alma (*Disputa del alma y del cuerpo*; *Noche oscura*, de san Juan de la Cruz) o el dolor (*Coplas*, de Jorge Manrique; *Cancionero*, de Miguel Hernández). Otros responden a las circunstancias singulares que han originado una obra; tal es el caso de España, la fama, la guerra, el hambre o el río Duero, en la tragedia de Cervantes *El cerco de Numancia*. Otros corresponden a un momento histórico (el maquinismo, que se hace alegoría en don Cilindro, don Émbolo o doña Grúa, en el poema *Vírulo*, de Ramón de Basterra) o dependen de la intencionalidad del autor, como el desengaño (*Los sueños* de Quevedo) o la discreción (*El gran teatro del mundo* de Calderón).

8. *Mitológicos*: suman algo más de una treintena. Proceden en su mayoría de la mitología griega (Acis, Acteón, Adonis, Agamenón, Alcestes, Apolo, Ariadna, Asklepios, Eco, Electra, Narciso, Orfeo, Prometeo); alguna vez, de la mitología romana (Belona); y en menos ocasiones, de las viejas tradiciones célticas (Tristán e Iseo). Aunque son los poetas líricos y dramáticos del siglo de oro (Cervantes, Ercilla, Garcilaso, Alonso de Valdés, Lope de Vega) y, sobre todo, los más barrocos o conceptistas (Góngora, Barahona de Soto, Calderón) quienes llevan a sus obras mayor número de personajes mitológicos, no faltan éstos en autores del siglo XVIII (García de la Huerta), del XIX (Galdós, Clarín, Palacio Valdés) y, en mayor medida, del XX (Unamuno, Pérez de Ayala, Jacinto Grau, Benjamín Jarnés, Ramón J. Sender, Álvaro Cunqueiro, Buero Vallejo), con lo cual se demuestra que la mitología clásica sigue siendo fuente válida de inspiración, o más bien, de recreación o actualización literaria; hecho que no deja de ser curioso o paradójico, puesto que nos hallamos en una época en que los avances de la tecnología contribuyen a la deshumanización y a la desmitificación.

9. *Legendarios o proverbiales:* suman centenar y medio. Se basan en leyendas, esto es, en relatos de sucesos más o menos fantásticos conocidos y conservados por la tradición, y en tipos o personajes populares que, en virtud de esa misma tradición, se han hecho proverbiales.

La adúltera penitente, Arturo o Artús, el Caballero del Cisne, la Cava, la condesa traidora, los infantes de Lara, los amantes de Teruel o Luis Candelas figuran entre los legendarios; el bobo de Coria, Chisgarabís o Pero Grullo, Gedeón o Juan Español, entre los proverbiales.

Aparecen ya en la edad media (Berceo, don Juan Manuel, el *Libro de Apolonio*); abundan en el siglo de oro (Cervantes, Virués, Rey de Artieda, Juan de la Cueva, Mira de Amescua, Vélez de Guevara, Lope de Vega, Quevedo, Calderón, María de Zayas); escasean en el XVIII (Cadalso, Cienfuegos); resurgen en el XIX (duque de Rivas, Zorrilla, Hartzenbusch); y perduran en el XX (Antonio Machado, Antonio Espina, Álvaro Cunqueiro, Miguel Delibes).

10. *Zoológicos, vegetales o físico-minerales*: son poco más de una veintena. De los tres reinos de la naturaleza, el grupo más significativo es el de los animales irracionales, entre los que cabe destacar el asno o burro (el rucio de Sancho, en el *Quijote*; *El asno erudito*, de Forner; el burro en el fabulista Iriarte; y con nombre poético, Platero, en Juan Ramón Jiménez); la cigarra y la hormiga (*Fábulas morales*, Samaniego); el caballo (el Rocinante de don Quijote); o la vaca, en el conocido cuento de Clarín (*Adiós, Cordera!*), sin que sea posible olvidar a la casquivana y bellísima gata Zapa-

quilda, cortejada por los dos gatos rivales, el desdichado Mamarraquiz y el afortunado Micifuz, en el delicioso poema burlesco de Lope de Vega *La gatomaquia*.

El escenario: concepto y características

Escenario, en su primera acepción académica, es «la parte del teatro construida y dispuesta convenientemente para que en ella se puedan colocar las decoraciones y representar las obras dramáticas o cualquier otro espectáculo teatral»; en el cine, el «lugar donde se desarrolla cada escena de la película»; en la vida misma, el «lugar en que ocurre o se desarrolla un suceso», y también el «conjunto de circunstancias que rodean a una persona o un suceso».

Ni en las historias ni en los diccionarios de literatura hoy en uso se ha subrayado, o al menos suficientemente, la importancia que tienen los escenarios en relación con la caracterización de los personajes y con la ambientación de las obras. Y menos todavía la influencia—a veces, decisiva—que un determinado escenario, o unos escenarios sucesivos, pueden ejercer no sólo en la trama argumental o desarrollo de la acción, sino en la evolución, actitudes y reacciones anímicas de los personajes. Y esto es así porque los escenarios, cualesquiera que fueren, son a la vez paisaje y paisanaje. Y tienen tal fuerza que vienen a convertirse, en ocasiones, en los verdaderos protagonistas.

El teatro y la novela, sobre todo, ofrecen ejemplos abundantes de cómo a veces resulta difícil distinguir dónde acaba un escenario y dónde comienza un personaje. El famoso drama de Lope de Vega, *Fuenteovejuna*, lo demuestra plenamente: ¿es ese pueblo cordobés tan sólo el lugar de la acción o son el pueblo y sus gentes todas el personaje colectivo de la tragedia?

En una gradación diferente cabría analizar si el comportamiento de Ana Ozores, el de su marido, el del canónigo magistral de la catedral, el del donjuán Álvaro Mesía y aun el de los restantes personajes secundarios sería cual es si no se movieran en el ambiente de una ciudad levítica, la pequeña y vieja Oviedo de fines del XIX, que Clarín denomina significativamente Vetusta en su novela *La Regenta*.

Por otra parte, cabría preguntarse si podría haber escrito Antonio Machado *Campos de Castilla* de no haber vivido cinco años en Soria, sintiéndose allí identificado espiritualmente, como le ocurrió, con la austeridad del paisaje.

Si la literatura es un reflejo de la realidad a través de la sensibilidad de un escritor, es obvio que la influencia del medio ambiente es importantísima en el propio escritor, en la obra y en los personajes.

Otras veces—y aquí se confirma la conocida opinión de Oscar Wilde: la naturaleza imita al arte—los grandes escritores se convierten en pintores de un paisaje, y puede ser tal su acierto al describirlo o evocarlo, que ese paisaje literario resulta superior a la propia realidad captada. Por ello es aceptado en el lenguaje cotidiano hablar de la Galicia de Rosalía de Castro o de la Pardo Bazán, de la Montaña de Pereda, del Madrid de Galdós o de la Salamanca del *Lazarillo*, de fray Luis de León o de Miguel de Unamuno.

Clasificación de los escenarios

El análisis del casi medio millar de escenarios recogidos y glosados en esta obra nos permite hacer de ellos la siguiente clasificación:

1. Naturales
2. Urbanos
3. Mixtos o diversos
4. Itinerantes
5. Fabulosos o imaginarios

Clases de escenarios: rasgos o características

Según la clasificación adoptada, cabe definirlos o caracterizarlos así:

1. Los escenarios *naturales* son, esencialmente, paisaje, y por lo tanto, exteriores. Su amplitud es tanta como amplia sea la mirada del escritor. Así, por ejemplo, cuando Blasco Ibáñez mira el Mediterráneo, éste le sirve de escenario de fondo en la novela *Los muertos mandan*, y también, por no decir de protagonista, en *Mare Nostrum*, la novela del mar latino; pero si su mirada no se extiende tanto y se sitúa en la albufera valenciana, en ella sitúa la acción de *Cañas y barro*. Y otro tanto diremos del Moncayo, evocado en las *Serranillas* del marqués de Santillana, y posteriormente, con visión más amplia e imaginativa, en las *Cartas desde mi celda*, escritas por Gustavo Adolfo Bécquer desde el abandonado monasterio de Veruela; o de una amplia región como Galicia, cuyo paisaje ha sido captado desde muy distintos puntos de vista por Rosalía de Castro, Emilia Pardo Bazán, Valle-Inclán, Fernández Flórez, Cunqueiro, Castroviejo, Cela o Elena Quiroga; o del río Jarama, que sirve de título, escenario de fondo y aun de protagonista a una novela de Sánchez Ferlosio.

La identificación entre el escritor y el paisaje llega a ser tal que, aun sin haberlo visitado, lo «conocemos» por la lectura de una obra literaria. De otra parte, «cuanto más intenso y excitante es el goce sensual del paisaje —afirma Emilio Orozco—, cuanto más profundamente se siente la comunicación vital con la naturaleza, más profundo es también el sentimiento de fugacidad de la vida».

2. Escenarios *urbanos* son las ciudades y no pocos pueblos. Si el paisaje natural—por su misma amplitud—exigiría una contemplación «a vista de pájaro», en el paisaje urbano son posibles los escenarios exteriores, de más largo alcance, y los interiores, más inmediatos, si bien por lo general, se suceden o se yuxtaponen.

Prácticamente todas la ciudades españolas, y no pocos pueblos, son conocidos literariamente no sólo como escenarios de obras de ficción, sino como motivos pictóricos para la descripción o la evocación del escritor en ensayos, artículos o libros de andar y ver. Por poner algún ejemplo, Granada—luz singular, atmósfera de arte y ensueño—es una de las ciudades más y mejor cantadas, desde el romancero hasta García Lorca (*Mariana Pineda*, *Doña Rosita la soltera*), pasando por Zorrilla (*Granada*), o Ganivet (*Granada la bella*). Toledo es, asimismo, otra ciudad privilegiada literariamente: Garcilaso (*Églogas*), Cervantes (*La ilustre fregona*), Tirso de Molina (*Los cigarrales*), Bécquer (*Tres fechas*) o Gregorio Marañón (*Elogio y nostalgia de Toledo*). Hay, por otra parte, ciudades que atraen no sólo por sus bellezas naturales y artísticas, sino literariamente, acaso porque algún poeta ha sabido realzarlas y darlas a conocer. ¿Irían ciertos viajeros a Soria si no fuese por haber leído las *Leyendas* de Bécquer, *Campos de Castilla* de Antonio Machado o *Soria*, de Gerardo Diego? ¿Sabríamos de la existencia de El Toboso de no haber escrito Cervantes el *Quijote*?

3. Denominamos escenarios *mixtos* o *diversos* a los que se caracterizan por su variedad: pueden ser naturales o urbanos, exteriores o interiores, lugares de esparcimiento e incluso dramáticos y luctuosos. Recordemos algunas muestras de tal diversidad: el campo sin límites cantado por fray Luis de León, san Juan de la Cruz o Gabriel y Galán; el camino, tan presente siempre en la poesía de Antonio Machado; o el campo acotado, cultivado o hermoseado por la mano del hombre: el huerto de Melibea en *La Celestina*; el jardín, tantas veces evocado en el romancero o por poetas como Juan Ramón Jiménez; la casa rodeada de huerto o jardín, sea el cigarral toledano (*Los cigarrales*, de Tirso), el pazo galaico (*Los pazos de Ulloa*, de la Pardo Bazán) o el carmen granadino (*Los cármenes de Granada*, de Palacio Valdés); el café como lugar de tertulia (*La comedia nueva o el Café*, de Moratín; *La Fontana de Oro*, de Galdós; *La colmena*, de Cela); la plaza de toros y la fiesta nacional como espectáculo (desde Nicolás Fernández de Moratín a Fernando Villalón, entre otros); o, por el contrario, el desolador, sangriento y luctuoso escenario de la guerra (desde *Las guerras de Granada* de Hurtado de Mendoza a la multitud de novelas inspiradas por la contienda civil de 1936-1939).

4. Los escenarios *itinerantes*, que responden a una característica muy

acusada en el pueblo español en virtud de la cual nuestra historia—desde el *Cantar de mío Cid*—se ha hecho a cabalgadas. Los caballeros del ideal se convierten en caballeros «andantes», lo que da a nuestra novela más universal, el *Quijote*, un rasgo del que carecen otras grandes narraciones extranjeras: la gran obra de Cervantes es, por encima de todo, un largo caminar, en el cual—antes que la venta o la posada—lo más importante es el propio camino por las infinitas llanuras de la Mancha. Y en lo religioso, el constante caminar a lomo de mulas, cual va y viene santa Teresa para establecer sus fundaciones carmelitanas. O incluso el pícaro, que de tan distinto modo recorre diversos caminos: desde Lazarillo o Guzmán de Alfarache a Estebanillo González.

5. Y, en fin, los escenarios *fabulosos* o *imaginarios*, es decir, los inventados por el escritor: unas veces, lejanos y misteriosos, otras, pequeños o provincianos (Oviedo, por ejemplo, a la que Clarín, en *La Regenta*, denomina Vetusta; o Lancia, de Palacio Valdés, en *El maestrante*; o Pilares, en Ramón Pérez de Ayala). Y como prototipos también de ciudades anquilosadas y levíticas, la Moraleda de varias comedias de Benavente o La Hécula (su Yecla natal) del novelista José Luis Castillo Puche; o los pueblos andaluces (Villabermeja y Villalegre, de don Juan Valera, que son, sin duda, Cabra y Doña Mencía; o Grazalema, Guadalema y Puebla de las Mujeres, en los hermanos Álvarez Quintero); o, en Galicia, la Marineda (La Coruña) de la Pardo Bazán, y algunos pueblos inventados más recientemente por Gonzalo Torrente Ballester (Castroforte de Baralla, Pueblanueva del Conde).

Una obra de consulta y una invitación a leer

Hasta ahora se ha estudiado nuestra historia literaria con un criterio generalmente nominalista (autores, obras) que resulta un tanto árido, aburrido o rutinario.

En el libro que aquí se ofrece al lector se considera fundamental la obra literaria en sí misma, a través de sus dos elementos principales: los personajes que desarrollan su acción, y el lugar, el ambiente en el que ésta transcurre, que a veces, por su propia importancia, se convierte en protagonista colectivo o de fondo. A menudo, un escenario tiene vida independiente en ensayos, artículos o libros de viajes.

En este libro se trata de explicar a los personajes más que por un hilo argumental—aunque esto no se puede rehuir del todo—, por sus propias características, por sus rasgos definitorios, por lo que simbolizan; y siempre con la mayor claridad y concisión posibles.

Los escenarios suelen ofrecer mayor complejidad: se enumeran, se citan a través de varios autores, se glosan o se resumen las más de las veces cuando pertenecen a obras con argumento; cuando no se trata de obras de ficción, se prefiere recogerlos, aunque de modo muy breve, de los mismos textos, que a menudo en unas pocas líneas certeras captan no sólo la fisionomía de un paisaje o una ciudad, sino su alma, su ambiente. Por eso se ofrecen algunos fragmentos originales, que por su propia fuerza descriptiva o evocadora superan al mejor de los resúmenes posibles.

En suma: una obra como ésta, en que se ofrecen personajes y escenarios significativos de la literatura española de todos los tiempos, es por una parte una obra de útil consulta, y supone de otra un estímulo para la curiosidad y la motivación del lector, o dicho de otro modo, una gustosa invitación a leer.

DICCIONARIO DE PERSONAJES Y ESCENARIOS DE LA LITERATURA ESPAÑOLA

A

Abad de Montemayor Protagonista de un cantar de gesta homónimo del siglo XV. Señor de todos los abades de Portugal, recogió una noche de Navidad, a la puerta de una iglesia, a un niño expósito, al cual crió y educó. Con el tiempo, don García, el adoptado, se pasó a los moros con el nombre de Zulema, y se vendió a Almanzor. El abad de Montemayor, con escasas fuerzas, logró venderlo y, al regresar a su castillo, halló resucitados a cuantos habían sido muertos por aquél antes del asedio. Este cantar de gesta tuvo gran difusión en España y Portugal. Se prosificó más tarde, influyendo no poco en la literatura lusitana (por ejemplo, la historia de Alcida y Silvano, en *La Diana* de Montemayor).

Abadía de los Fresnos Nombre literario que da Benjamín Jarnés, en la novela *Paula y Paulita* (1929), al monasterio de Piedra (Zaragoza).

Abarca, Sancho El rey Abarca, o sea Sancho II Garcés de Navarra, es recreado literariamente por Lope de Vega en la comedia *Servir a señor discreto*.

Abel Personificación bíblica del favorecido de Dios, envidiado y asesinado por su hermano Caín, da nombre a algunos personajes literarios, como el protagonista de *Abel Sánchez* (1917), de Miguel de Unamuno, que da forma, con su amigo-enemigo el envidioso médico Joaquín Monegro, a una nueva interpretación de la tragedia bíblica. «La clave de este personaje—observa José María Valverde—, y de todo el libro, seguramente inspirado por el *Caín*, de lord Byron, está en la broma infantil de la pregunta: ¿Quién mató a Caín?». Su autor, que la subtituló «una historia de pasión», declara: «Abel Sánchez: el más doloroso experimento que haya yo llevado a cabo al hundir mi bisturí en el más terrible tumor comunal de nuestra casta española», la envidia. // *Los Abel* (1948), de Ana María Matute, es una primera aproximación de la autora a su particular «fantasma interior», el cainismo, con referencia directa a España, tema que desarrollará de modo más explícito en otra novela, *Los hijos muertos* (1958). // Abel es también el personaje central de la novela de Juan Goytisolo *Duelo en el Paraíso* (1955), donde una facción de niños refugiados en una colonia republicana ejecuta, por espía, a otro muchacho, Abel, víctima inevitable del cainismo. V. CAÍN.

Abel Martín Personaje apócrifo, inventado por Antonio Machado, cuyas ideas aparecen en el *Cancionero apócrifo*—prosas y versos en un tono entre irónico y reflexivo—, publicado en la *Revista de Occidente* (mayo-junio 1926) y que, a partir de la edición de 1928, incorpora a sus *Poesías completas*.

Abenámar, «hijo de un moro y de una cristiana cautiva», aparece en el romance fronterizo que comienza: «¡Abenámar, Abenámar, / moro de la morería, / el día que tú naciste, / grandes señales había!».

Abén Humeya Personaje central del drama homónimo, subtitulado *o la rebelión de los moriscos*, de Francisco Martínez de la Rosa, quien, exiliado en París —donde lo estrenó en 1830—, hubo de escribirlo en francés y traducirlo luego al español. Este drama —primer intento de asimilación del teatro romántico al estilo de Victor Hugo— pone en escena un episodio de la guerra de los moriscos: el del noble español don Fernando de Válor (1526-1569), que se rebela contra los cristianos convirtiéndose en Abén Humeya, jefe de los moriscos; él y Zulema, su mujer, morirán a manos de su primo Aben Aboo, que le sucedió en el mando. // Abén Humeya protagoniza *Los monfíes de las Alpujarras*, la mejor novela histórica de Manuel Fernández y González. // Asimismo, recrea esta figura histórica el poeta Francisco Villaespesa, en un popularísimo drama homónimo (1913).

Abencerraje V. ABINDARRÁEZ.

Abindarráez Personaje del romancero y de la novela morisca *Historia del abencerraje y la hermosa Jarifa* (escrita hacia 1561 y publicada en 1565), que narra los amores del moro Abindarráez —prisionero de Rodrigo de Narváez, alcaide de Antequera— y de Jarifa, hija del alcaide de Coín quienes, tras diversos lances, se casan en secreto. Abindarráez representa la idealización del caballero árabe en los últimos tiempos de la reconquista. // Lo llevaron al teatro Juan de Timoneda y Lope de Vega (*El remedio en la desdicha*), y éste, además, en la «acción en prosa» *La Dorotea*. // Al francés Chateaubriand le inspiraría las *Aventuras del último abencerraje*.

Abraham El sacrificio de este patriarca hebreo es uno de los episodios bíblicos que han inspirado con mayor frecuencia a los artistas plásticos y escritores del Occidente cristiano. En la literatura española aparece en un anónimo *Auto del sacrificio de Abraham*, conservado en el *Códice de autos viejos* y publicado en 1865.

Absalón, el hijo de David que conspiró contra su padre, por lo que hubo de huir de Jerusalén, protagoniza la comedia bíblica de Calderón *Los cabellos de Absalón*, la cual reproduce a su vez una jornada completa de *La venganza de Tamar*, de Tirso de Molina.

Abuela, del drama de Alejandro Casona *Los árboles mueren de pie* (1949), es el personaje más característico de esta obra. Sentía delirio por su nieto, pero éste se marcha de casa y se convierte en un maleante. El abuelo no ha querido contárselo a su mujer y, valiéndose de cartas ficticias, ha inventado un nieto distinto, que se hizo ingeniero en Canadá. Volverá un día. Pero la abuela, con su intuición, descubrirá el engaño piadoso y lo echará de casa. Para ella, el verdadero nieto —el que ha educado y querido— es el que cabía esperar.

Abuelo Protagonista de la novela homónima (1897), luego convertida en drama (1904), de Benito Pérez Galdós. El abuelo, conde de Albrit, intenta descubrir cuál de sus dos nietas es ilegítima; al final de sus investigaciones comprueba que sólo la nieta espúrea es capaz del sacrificio, por lo que —por encima de las convenciones sociales— es la merecedora de su reconocimiento y cariño. Las semejanzas con *El rey Lear*, de Shakespeare, son evidentes.

Acacia, del drama *La malquerida* (1913), de Jacinto Benavente, es símbolo de malquerer. Está enamorada de Esteban, segundo marido de su madre, a la que se enfrenta de mujer a mujer. V. ESTEBAN; MALQUERIDA, LA.

Acis, el mítico pastor de Sicilia amado por la ninfa Galatea y aplastado con una roca por su rival el gigante Polifemo—si bien Poseidón lo transforma en río a ruegos de ella—, es el personaje más desdichado del famoso poema de Luis de Góngora *El Polifemo* (1612). V. GALATEA.

Acteón, el cazador mitológico que sorprendió a Artemisa en el baño, por lo que la diosa lo convirtió en ciervo que acabó devorado por sus propios perros, es llevado a nuestra literatura por Luis Barahona de Soto en la *Fábula de Acteón*.

Adán, expulsado del Paraíso a causa del pecado original, es el personaje bíblico que ha ofrecido mayor número de motivos a las artes plásticas y a la literatura. En la nuestra, cabe recordar la comedia religiosa de Lope de Vega *La creación del mundo y primera culpa del hombre*. // Más significativa es la figura de Adán como héroe del poema de José de Espronceda *El diablo mundo* (1840-1841): un viejo desengañado de la vida que, como Teófilo y Fausto, vuelve a la juventud por un medio sobrenatural. V. SALADA.

Adela, figura central de la deliciosa comedia de Edgard Neville *El baile* (1952), es, en realidad, un personaje desdoblado, abuela y nieta, adorada aquélla por dos hombres, el marido y su mejor amigo, éste con el más puro y platónico amor. Años después revivirán uno y otro ese amor, impregnado de humanísima ternura, en la joven Adela, vivo retrato de la abuela.

Adelaida Protagonista de la comedia de humor en verso de Enrique Jardiel Poncela *El sexo débil ha hecho gimnasia* (1946), la cual nos recomienda: «Y tal vez, la mejor de las recetas / es quitar de las casas los retratos / de todos los sensatos / y poner en su sitio a los poetas».

Administración Pública Pésima en su funcionamiento, caracterizada además por el mal trato dado a los sufridos administrados españoles decimonónicos, es el personaje de fondo del delicioso artículo «Vuelva usted mañana», de Mariano José de Larra, Fígaro.

Adolescencia/adolescentes, con las ilusiones y los conflictos propios de esta edad de transición, son los protagonistas de varias novelas de nuestro tiempo: *De pantalón largo* (1952), de José Antonio Giménez-Arnau. // *Perdimos la primavera* (1953), de Eugenia Serrano, según la cual «somos una generación sin padres ni maestros». // *Perdimos el Paraíso* (1955), de Ricardo Fernández de la Reguera, que hace un fino análisis del contraste entre adolescentes y mayores. // *Entre visillos* (1957), de Carmen Martín Gaite, es el retrato de unas adolescentes y del cruce de sus sentimientos, problemas y sueños, en la monotonía gris de una capital de provincia. // *La edad prohibida* (1959), de Torcuato Luca de Tena. // *Los árboles de oro* (1962), de Ramón Carnicer, sobre el choque del mundo interior de una adolescente con la realidad de la guerra civil. // *La insolación* (1963), de Carmen Laforet, un retrato intimista y bien matizado de tres adolescentes. // *Escribo tu nombre* (1965), de Elena Quiroga, en la que Tadea aborda su primer choque con la vida en un colegio de monjas. // *La estatua de Adolfo Espejo* (1994), de José Luis Sampedro, sobre el difícil paso de la adolescencia a la juventud.

Adonis

Adonis El mito clásico de Adonis —nacido de la unión incestuosa de la princesa Mirra con su progenitor—, prototipo de la belleza masculina, es llevado como personaje a nuestra literatura por significativos autores entre los siglos XVI y XVIII: en la *Fábula de Adonis, Hipomenes y Atalanta* (1553), de Diego Hurtado de Mendoza; en otro poema, *Llanto de Venus en la muerte de Adonis* (1582), de Juan de la Cueva; por Pedro Soto de Rojas, en *Adonis en su Paraíso* (1652), poema inspirado quizá en el *Adonis* (1623) del italiano Marino; por Tirso de Molina, en la «Fábula de Mirra, Adonis y Venus», inserta en su obra miscelánea *Deleitar aprovechando* (1685); por Alonso de Castillo Solórzano, en la sátira burlesca *Fábula de Adonis*, incluida en sus *Donaires del Parnaso* (1642); y por Juan Antonio Porcel, en cuatro fábulas venatorias, bajo el título de *Adonis*.

Adúltera El personaje de la adúltera castigada aparece en el romance novelesco «Blanca sois, señora mía, / más que no el rayo del sol», y luego en la comedia de ese título de Antonio Coello y Ochoa. // Entre los autos sacramentales de tono popular de Lope de Vega figura *La adúltera perdonada*. // El tipo de la adúltera penitente lo trata Agustín Moreto, en colaboración con Jerónimo de Cáncer y Juan de Matos Fragoso, en la comedia de santos que lleva ese título (1650): procede de las leyendas medievales sobre santa Teodora y de las comedias de tema de penitente de Lope de Vega; en el siglo XX ha sido refundida y llevada a la escena por Gregorio Martínez Sierra.

Adulterio Es el protagonista conceptual o de fondo del drama más celebrado de Eugenio Sellés, *El nudo gordiano* (1878). // El adulterio como situación novelesca es muy frecuente en la literatura del siglo XIX; en este sentido destaca *La Regenta*, de Clarín.

Agamenón Este personaje mitológico, rey de Argos y Micenas—que aparece en la *La Ilíada* y es llevado a la tragedia clásica por Esquilo—, merece en España la atención de Fernán Pérez de Oliva en *La venganza de Agamenón* (1528) y de Vicente García de la Huerta, en la tragedia *Agamenón*.

Aglaya La lírica amorosa del poeta sevillano Francisco de Rioja reproduce no sólo los motivos de su modelo italiano Petrarca, sino hasta los nombres de Aglaya, Egle y Heliodora como sus musas-personaje.

Agliberto Figura central de la novela de Mauricio Bacarisse *Los terribles amores de Agliberto y Celedonia* (1931), obra vanguardista cuyo título parece sugerido por Pérez de Ayala.

Agrajes, personaje del *Amadís de Gaula*; primo hermano del héroe, junto a él realizó numerosas hazañas. Cuando se disponía a luchar con un rival, solía decir «Agora lo veredes», frase que se hizo proverbial y que recogió Cervantes en el *Quijote*.

Agramante Este personaje del *Orlando furioso*, de Ludovico Ariosto, ha quedado como símbolo del valor impetuoso al frente de los sarracenos en su lucha contra Carlomagno; de ahí que nuestra locución «campo de Agramante» exprese un lugar de lucha o confusión donde nadie se entiende.

Ágreda (Soria) «En llegando a Ágreda, henos en Aragón. Esta ciudad nada tiene de castellana, y su río, el Queiles, es tributario del Ebro y no de nuestro Duero. Pero es pueblo simpático, rico, jaranero... Hay, en las iglesias, signo de la corona de Aragón, muchísimas tablas góticas. Se vive mejor, con menos ascetismo que en la Soria estrictamente castellana... Los agredeños vienen a ser como los adelantados de Aragón en Castilla y cumplen a maravilla su misión» (J. A. Gaya Nuño, *El santero de San Saturio*).

Agua y vino   Intercalado en *La Razón feita de amor* (siglos XII-XIII) se halla el debate «Los denuestos del agua y del vino», en que ambos protagonistas tratan de sus méritos respectivos.

Aguas Vivas   Nombre literario dado por Benjamín Jarnés a Alhama de Aragón (Zaragoza) como escenario de su novela *Paula y Paulita* (1929).

Águeda   Protagonista de la novela *De tal palo, tal astilla* (1880), de José María de Pereda: «un carácter íntegro que, con amor a todas las personas, es inquebrantable e intransigente con su fe». Guarda cierta analogía con Gloria, de Galdós. V. GLORIA.

Águila   Personaje de la fábula de Félix María de Samaniego *El águila y el cuervo*.

Aguilar de Campoo (Palencia)   Dice Pío Baroja en *Reportajes*: «Aguilar de Campoo es un hermoso pueblo. Tiene, a lo lejos, una peña alta, la peña Bernovio, y un cerro con un castillo, con sus torres derruidas, muy dramático». «En los soportales de la plaza de Aguilar de Campoo—observa Unamuno, en *Andanzas y visiones españolas*—se lee: "Café Siglo XX". Es lo único del siglo XX, el Café».

Aguirre, Lope de   Inquieto conquistador, protagoniza la novela de Ramón J. Sender *La aventura equinoccial de*

Lope de Aguirre (1964), considerada una de las mejores de este siglo. Es un relato apasionado acerca de este hombre rebelde que marchó en busca de El Dorado y se hizo proclamar rey por el resto de los expedicionarios, tras eliminar a los más significados y declarar la guerra a Felipe II.

Agustín. V. ROSARIO Y AGUSTÍN.

Aizgorri   Esta familia vasca es el personaje colectivo de la novela de Pío Baroja *La casa de Aizgorri* (1900), retrato certero de una estirpe venida a menos.

Alameda   En el paso de Lope de Rueda *La carátula* viene a ser un anticipo, todavía muy impreciso, del bobo, personaje que se perfilará más tarde.

Álava   «La tierra de Álava—dice Azorín en *Una hora de España*—es fina y luminosa. Sus horizontes están limpios de celajes. La tierra alavesa es una graciosa transición entre el paisaje clásico de Castilla y el romántico de Vasconia. Todo es en la tierra alavesa moderado y contenido». V. VASCO (País).

Alba (duque de)   La figura de don Fernando Álvarez de Toledo, primer duque de Alba—tan controvertida por su actuación en Flandes—, aparece, bajo el literario nombre de Anfriso, como protagonista de la novela pastoril de Lope de Vega *La Arcadia* (1598). // En nuestro siglo la ha recreado Antonio Marichalar en el ensayo *Las cadenas del duque de Alba* (1947).

Alba de Tormes (Salamanca)   V. SALAMANCA.

Albacete   Dice Azorín en *El libro de Levante*: «Detrás del monte, la población; el monte va dando vueltas para que los viajeros vean la ciudad. Frío y llanura; laderas rasas. Frío y navajas de Albacete. Albacete, que arranca a un río fuerzas colosales. Maquinismo; modernidad de Albacete. Derroche de luz eléctrica en Albacete. En la noche, un enorme halo resplandeciente sobre la ciudad... Trigo; molinos, con maquinaria extramoderna. Trigales inmensos, caminos... A lo lejos, don Quijote y Sancho. Y la vertiginosidad del expreso que deja un remolino de polvo en la llanura».

Albanio   V. Camila.

Albarracín (Teruel) «Uno de los más pintorescos y hermosos agrupamientos urbanos de todo Aragón», como dice Santiago Lorén, sirve de escenario a la novela de Benjamín Jarnés *Escenas junto a la muerte* (1931). Le han dedicado también elogiosas páginas Pío Baroja (*La nave de los locos*), Federico García Sanchiz (*Te Deum*) y Enrique Llovet (*España viva*), entre otros.

Alberto Díaz de Guzmán   *Alter ego* y protagonista de las cuatro novelas autobiográficas de Ramón Pérez de Ayala *Tinieblas en las cumbres* (1907), *A.M.D.G. (La vida en los colegios de jesuitas)* (1910), *La pata de la raposa* (1912) y *Troteras y danzaderas* (1913), obras en las que aspiraba «a reflejar y analizar la crisis de la conciencia hispánica desde comienzos de este siglo».

Alboraya (Valencia), o sus inmediaciones, sirve como escenario a la novela de Vicente Blasco Ibáñez *La barraca* (1898).

Albrit (conde de)   V. Abuelo.

Albufera (Valencia)   Esta laguna que se extiende desde la capital hasta Cullera, con la isla de El Palmar en el centro, es, a la vez que escenario, protagonista colectivo de la novela *Cañas y barro* (1902), en la que Blasco Ibáñez refleja muy bien las luchas entre pescadores y labradores.

Alcalá de Henares (Madrid) La canta en sus *Poesías* (1841) Gregorio Romero Larrañaga. Miguel de Unamuno, en *Andanzas y visiones españolas* (1922), dice: «Alcalá es la continuadora de la vieja Compluto y la viejísima Iplacea. En las faldas del cerro de la Vera Cruz, y reflejándose en las aguas del Henares, se alzaba el Castillo, que esto significa Alcalá en la lengua de los moros... En la Magistral descansan, en magníficas tumbas, los dos cardenales enemigos: Cisneros y Carrillo. No hay edificio que no lleve sello del arzobispo toledano; en mil rincones se ve el tablero ajedrezado del fraile cardenal. El cordón franciscano ciñe la fachada carcomida de la gloriosa Universidad Complutense». Enrique de Mesa la ve así (*Antología poética*): «Ambiente claro de ciudad latina. / Riberas del Henares, / ríe al sol la llanada alcalaína; / sembradura, viñedos y olivares. / Esplende el cielo azul, y el aire vivo / tiene un punto sutil / que cela en el ardor, seco y estivo, / un regazo de abril... / ¡Caminos entre chopos, / del río en la ribera, / leyendo a Erasmo y corrigiendo tropos / bajo un gayo verdor de primavera! / Y sentir en la paz de la mañana /—serenos caminantes—/ sobre el dolor y la estulticia humana / la sonrisa piadosa de Cervantes».

Alcalá de los Zegríes   Nombre literario bajo el cual encubre a la ciudad de Ronda (Málaga) Ricardo León en la novela de ese título.

Alcalde de Zalamea   V. Pedro Crespo.

Alcántara (Cáceres) «El nombre de Alcántara es uno de los grandes símbolos de Extremadura. El puente y la cruz de la orden se han hecho emblemas regionales, con los que únicamente puede competir Guadalupe en valor representativo, si bien éste se basa en la fe y aquéllos en la Historia» (Miguel Muñoz Sampedro, *Extremadura*).

Alcañiz (Teruel) Dice Santiago Lorén (*Aragón*): «Alcañiz se recuesta, indolente y bella, sobre el lecho que le forma el río Guadolope. La llegada a Alcañiz desde los altos esteparios de la comarca caspolina es como una feliz arribada a oasis inesperado. Alcañiz reclama de manera oficiosa la capitalidad del Bajo Aragón... La vista es sumamente atractiva y sorprendente, sobre todo después de haber dejado las inhóspitas regiones de la meseta».

Alcarria Esta región natural de la provincia de Guadalajara, cuyo verdadero centro es Brihuega, es el escenario, o mejor, el paisaje y el paisanaje que describe Camilo José Cela en uno de sus mejores libros, *Viaje a la Alcarria* (1948), que ha tenido continuación en *Nuevo viaje a la Alcarria* (1986).

Alcestes Esta figura mitológica que aceptó la muerte para salvar a su marido inspiró a Eurípides una famosa tragedia, en la cual basó Benito Pérez Galdós un drama homónimo.

Alcino Personaje mitológico de las *Églogas* de Garcilaso de la Vega, que pondera la belleza y cualidades de la pastora Filis, a la cual ama. V. TIRRENO.

Alcira (Valencia) Escenario de la novela de Vicente Blasco Ibáñez *Entre naranjos* (1900), donde pueden leerse párrafos tan expresivos como éste: «Rafael recordaba las calles de Venecia al pasar por las calles de la vieja Alcira, profundas como pozos, sombrías, estrechas, oprimidas por las altas casas con toda la economía de una ciudad que, edificada sobre una isla, sube sus viviendas conforme aumenta el vecindario y sólo deja a la circulación el terreno preciso».

Alcudia (Mallorca) Dice Miguel de Unamuno en *Andanzas y visiones españolas*: «Alcudia, la ciudad de abolengo romano, duerme o más bien sueña entre las dos bahías. De sus calles silenciosas se exhala paz. La llena un silencio que parece oprimido por el cielo. El mar mismo es allí silencioso. Y sus aguas parecen metálicas. A la distancia, finge el mar latino una barrera de zafiro, un cercado de cielo».

Aldea V. CORTE Y ALDEA.

Aldonza V. LOZANA ANDALUZA, LA.

Aldonza Lorenzo Nombre rústico, real, de la idealizada Dulcinea del Toboso, amada platónicamente por don Quijote. V. DULCINEA DEL TOBOSO.

Alejandra Protagonista de la tragedia homónima (antes de 1605) de Lupercio Leonardo de Argensola, cuyo modelo es *Mariana* (1565), del italiano Ludovico Dolce.

Alejandro Personaje central de la obra de Jerónimo de Salas Barbadillo *El curioso y sabio Alejandro, fiscal y juez de vidas ajenas* (1634), en el cual se sintetizan diversos tipos, un tanto caricaturescos, de la sociedad española del siglo XVI.

Alejandro Gómez Del relato «Nada menos que todo un hombre», incluido en *Tres novelas ejemplares* (1920), de Miguel de Unamuno. Fiel reflejo de la personalidad de su autor, supone una radical y violenta afirmación vital ante el amor, el odio y la muerte.

Alejandro Magno   Hay figuras históricas, como esta del rey de Macedonia, hijo de Filipo, en torno a las que se teje una fabulosa leyenda. Así, durante la edad media, la leyenda de Alejandro Magno dará lugar a los más pintorescos anacronismos e invenciones, como el descenso al fondo del mar en un tonel o el vuelo por el espacio arrastrado por pájaros monstruosos. Literariamente, la leyenda de Alejandro Magno, al pasar a España, cristalizó en el *Libro de Alexandre*, poema anónimo de más de diez mil versos escrito al parecer por un clérigo de mediados del siglo XIII. Partiendo de la historia latina de Quinto Curcio, se basa en el poema *Alexandreis* (1178-1182), escrito en latín por Gualterio de Chatillon. Su influencia posterior se muestra en el *Poema de Fernán González*, en el *Libro de Buen Amor*, del arcipreste de Hita, y en la *Crónica de don Pero Niño*. // La figura de Alejandro Magno aparece asimismo en el *Recontamiento del rey Alixandre*, perteneciente a la literatura aljamiada (en castellano, pero con caracteres arábigos), publicado por Guillén Robles en 1886. // En el teatro del siglo de oro cabe recordar la tragicomedia *Las grandezas de Alejandro* (1620), de Lope de Vega.

Alethio   Personaje principal del *Diálogo de las condiciones de las mujeres* (1544), de Cristóbal de Castillejo. El misógino Alethio enfrenta sus opiniones acerca de la mujer con las del pesimista Fileno.

Alfanhuí   Protagoniza la novela de Rafael Sánchez Ferlosio *Industrias y andanzas de Alfanhuí* (1951), muchacho

que viaja por Castilla y Extremadura cambiando de amos. Es una lectura ideal no sólo para jóvenes, sino también para el lector maduro que guste de los primores de una prosa cuyo ritmo y agilidad recuerda a nuestros mejores clásicos.

Alfonso VI, rey de León y Castilla tras la conquista de Toledo, es uno de los personajes históricos que, junto con el Cid y el rey don Rodrigo, han ofrecido mayor material legendario a nuestra épica. Si en los comienzos del *Poema del Cid* y en su actitud ante el Campeador se muestra duro y antipático, luego, en el mismo *Poema* y en el romancero, se irá transformando poco a poco en protector de la buena causa del Cid.

Alfonso X el Sabio, rey de Castilla y de León, es llevado a la literatura por Lope de Vega como principal personaje de la comedia histórica *La Imperial de Otón*, que trata de los pretendidos derechos del rey sabio al Sacro Imperio Romano Germánico.

Alfonso XI, que fue elevado al trono de Castilla y León cuando sólo tenía un año, aparece como principal personaje del poema homónimo y de autor desconocido amplificado en 1376 en la *Gran crónica de Alfonso XI*.

Alfonso XII, rey de España desde 1875 hasta su muerte prematura en 1885, es recreado literariamente en dos comedias de Juan Ignacio Luca de Tena: *¿Dónde vas, Alfonso XII?* (1957) y su continuación, *¿Dónde vas, triste de ti?* (1959), que evocan con amable sentimentalismo la figura, joven y simpática, de la reina Mercedes.

Al-Hamar   Protagonista de la leyenda de ese nombre (1897), de José

Zorrilla, referida al primer rey de la dinastía de los nazaríes.

Aliatar Personaje central de la tragedia homónima (1816) del duque de Rivas, muy al estilo de las del italiano Alfieri.

Alicante Ha interesado a sus escritores nativos, a extranjeros como Dembowski o Gautier y a otros peninsulares como Salvador Rueda, Castelar, Unamuno y Pío Baroja, siendo sus mayores exégetas Azorín y Miró. Las páginas alicantinas de José Martínez Ruiz, Azorín, se centran esencialmente en su pueblo natal, Monóvar, del que hay muchos recuerdos en sus libros *La Voluntad*, *Confesiones de un pequeño filósofo* y *Pueblo*. Orihuela es, en algunos capítulos, escenario de su novela autobiográfica *Antonio Azorín*. Y una de sus últimas novelas, *Salvadora de Olbena*, puede significar la resultante de un pueblo—Olbena, acaso nombre literario de Alicante—o la síntesis de muy diversas vivencias. La visión de Gabriel Miró es más generalizada. Sus referencias a la capital y a los pueblos alicantinos se simbolizan en Oleza, nombre literario de la Orihuela de sus días de alumno interno en el colegio de jesuitas de Santo Domingo. Esa Oleza de *Nuestro Padre San Daniel* y *El obispo leproso* es la Orihuela levítica que se grabó en su retina adolescente. Han evocado también Orihuela tres poetas nativos: Juan Sansano, Carlos Fenoll y Miguel Hernández, que en este verso nos permite reconocer su ciudad: «Alto soy de mirar a las palmeras».

Alicia V. YORICK.

Alienación Personaje conceptual o de fondo de la novela *Corte de corteza* (1969), de Daniel Sueiro, donde, basándose en el trasplante de cerebros, se

aborda el problema de la identidad personal en una sociedad desquiciada e injusta.

Alma Este soplo vital es el personaje incorpóreo, simbólico, de la poesía de san Juan de la Cruz, La *Subida al Monte Carmelo* (1618) es el comentario en prosa que escribió para su poema *Noche oscura del alma* (1579), donde canta la huida del alma de los sentidos corporales hasta su perfecta unión con Dios.

Alma y cuerpo Personajes abstractos de la *Disputa del alma y del cuerpo*, fragmento (treinta y siete versos) de un poema de fines del XII o comienzos del XIII, traducción a su vez del poema francés *Débat du corps et de l'âme*: el alma y el cuerpo de un difunto recién enterrado se culpan mutuamente de los pecados cometidos en vida.

Almagro (Ciudad Real) «Almagro, cabecera en otro tiempo de la orden de Calatrava, es hoy un pueblo bello y singular... La Plaza Mayor de Almagro es el prodigioso contraste que ofrece esta región seca y llana, situada tierra adentro, pero con sabor a mar cercano... Pero aún hay más, porque una sorpresa encierra a otra, y así, en la misma plaza, en uno de los soportales que corren por debajo de las verdes galerías, está el corral de comedias, ejemplar único de los viejos teatros del siglo de oro» (J. A. Vizcaíno, *Caminos de la Mancha*).

Almendralejo (Badajoz) «Estamos en otra comarca geográfica, la Tierra de Barros, que preside Almendralejo, cuyas características son la profundidad y calidades extraordinarias de su suelo, fértil en un grado sin parangón dentro y fuera de Extremadura. Sus gloriosos símbolos tradicionales los representan las eras, repletas de mieses; los frondosos olivares; las viñas, exuberantes y lujuriosas, con las parras cubiertas de gruesos racimos, y la alfarería» (Miguel Muñoz Sampedro, *Extremadura*).

Almería   Los fértiles jardines de la vieja y musulmana Almería son ya el escenario de romances moriscos, como el de la «Bella Galiana». En el XVII, en la época de la guerra de las Alpujarras, el río de Almería sirve de fondo a Calderón para su obra dramática *Después de la muerte*. En nuestro siglo, Francisco Villaespesa es el poeta que capta como ningún otro la luz desbordante, abrasadora, de Almería; como él dice, «todo el cielo es un pájaro de luz». En prosa, los libros de viajes de Juan Goytisolo *Campos de Níjar* (1960) y *La Chanca* (1963) son interesantes escenarios de las tierras almerienses.

Almudena   Protagonista de la novela de Ramón Ledesma Miranda *Varios personajes* (1936), que tuvo una definitiva edición, *Almudena o historia de viejos personajes* (1944), relato realista ambientado en el Madrid de la pequeña burguesía de entonces.

Almudena Mordejai, de la novela *Misericordia* (1897), de Benito Pérez Galdós, está tomado de la realidad: era un moro ciego que pedía limosna junto al palacio del duque de Tamames, en Madrid. Visionario y medio brujo, representa el misticismo exaltado de la fantasía en una especie de idealismo exótico cuando no de locura. V. Benigna.

Alonso   Protagonista de la obra más significativa de Jerónimo de Alcalá *Alonso, mozo de muchos amos* (1624-1626), titulada *El donado hablador* en ediciones posteriores. Aunque se ha considerado una prolongación del *La-*

zarillo, no es Alonso propiamente un pícaro, sino un conformista que acaba en ermitaño.

Alonso Mora, personaje que lleva consigo la angustia y la inadaptación, protagoniza la serie narrativa de Pedro de Lorenzo *Los descontentos: Una conciencia de alquiler* (1952), *Cuatro de familia* (1956), *Los álamos de Alonso Mora* (1970) y *Gran Café* (1975).

Alonso Quijano, «el Bueno» Nombre familiar y sobrenombre que atribuye Cervantes a don Quijote. V. Don Quijote.

Alpujarra   Comarca de la cordillera Penibética que se extiende por las provincias de Granada y Almería, es el escenario natural de uno de los mejores libros de Pedro Antonio de Alarcón, *La Alpujarra* (1873), donde supo fundir elementos muy diversos: pasajes de crónicas acerca de la rebelión de los moriscos—de *La guerra de Granada...* (1627), de Hurtado de Mendoza, y del *Romancero* (1834), de José María del Mármol—con oportunas interpretaciones de la historia, la geografía y la tradición sobre tales acontecimientos, así como una amenísima relación de viajes y un acertado estudio de las gentes de la comarca. // Es también escenario del libro de andar y ver *Apócrifo de la Alpujarra* (1969), del pintor y escritor Francisco Izquierdo.

Altea (Alicante)   Dice Gabriel Miró: «Altea: con un dulce sonrojo en su cal y en la piedra desnuda de su campanario... Pueblo claro, torrado de sol, nacido delante de las inmensidades de los valles, de las sierras, de la marina; con humos campesinos y nieblas de mar, con gorriones y gaviotas, almeces y cerezos. ¡Por fuerza había de ser alegre y dichoso!».

Álvaro V. DON ÁLVARO.

Álvaro Tarfe «La condición literaria de este personaje—observa J. M.ª Valverde—es verdaderamente excepcional: aparecido en el falso *Quijote* de Avellaneda como figura secundaria, es luego raptado, en genial golpe de mano, por Cervantes, que le hace aparecer hacia el final de la segunda parte del auténtico *Quijote* para que preste testimonio ante notario de que los verdaderos don Quijote y Sancho Panza son éstos que ha encontrado, volviendo de la derrota de Barcelona, y no los que vio en Zaragoza, según contó el otro autor. Se trata, pues, de una sublime ironía cervantesca: pálida sombra en Avellaneda, en manos de Cervantes cumple su extraña y sorprendente misión».

Álvaro, el Tuzaní Personaje histórico y protagonista del drama de Calderón *Amar después de la muerte* (1640). Se le ha llamado también Álvaro de las Alpujarras, porque allí tuvieron lugar, en tiempos de Felipe II, las sublevaciones de los moriscos. El título de la obra se debe a que Clara, recién desposada con Álvaro, es asesinada por un soldado español al negarse ella a sus deseos. Álvaro, disfrazado, busca al criminal, y al ver que se gloría de su furia, le clava su daga, diciendo: «¿Fue como esta puñada?», lo que Menéndez Pelayo consideraba un rasgo shakespeariano, por cuanto Álvaro el Tuzaní viene a ser un «carácter asombroso» que simboliza la venganza más sombría, al modo africano.

Ama y Sobrina Formando una especie de coro en el *Quijote*, el Ama y la Sobrina se sienten espantadas ante las manías caballerescas del hidalgo, y tratan de encarrilarlo hacia la cordura. El Ama es la más genuina representación de las dueñas de la época, que, por llevar mucho tiempo al servicio de su señor, se creen con derecho a darle consejos y a intervenir en todos los asuntos de la casa. V. DUEÑA.

Amadís de Gaula Protagonista de la famosa novela homónima (1508) de Garci Rodríguez de Montalvo. El primero y más importante de los libros españoles de caballerías fue muy popular, como lo demuestran las numerosas imitaciones, continuaciones y traducciones de que fue objeto. «La figura de Lanzarote—dice Martín de Riquer—, creada por el arte prodigioso de Chrétien de Troyes, adquiere, tres siglos más tarde, nuevo vigor en Amadís de Gaula, que, en ciertos aspectos, parece una transcripción del caballero artúrico». Amadís vive todo género de aventuras fantásticas y de prodigiosos encuentros sin apartar jamás de sus pensamientos a su dama, la bellísima Oriana, por cuya intervención es armado caballero. Es el más valiente, el más cortés, el más fiel de los vasallos, el más cumplido enamorado, el hombre más justo, el más fiel de los amigos. Es tan perfecto en todo que parece un ser ideal. Amadís no es el hombre, sino el canon, el paradigma, el ejemplo: ese modelo al que es imposible llegar.

Amadís de Grecia (1530?, 2.ª ed., 1535), compuesto por Feliciano de Silva, es una de las más conocidas continuaciones del *Amadís de Gaula*.

Amado Es el nombre poético que da a Cristo en sus obras san Juan de la Cruz.

Amante, La Protagonista de la obra poética homónima (1925) de Rafael Alberti, que no es otra sino su mujer, la también escritora María Teresa León. // Personaje central de la obra dramática de Joaquín Calvo Sotelo *La amante* (1968), prototipo de la esposa infiel por aburrimiento.

Amante liberal, El Personaje y título de una de las *Novelas Ejemplares* (1613) de Cervantes. V. RICARDO Y LEONISA.

Amantes de Teruel, Los Este mito amoroso, que se ha supuesto procedente del episodio de Girolamo y Salvestra, del *Decamerón*, de Boccaccio, según la tesis de Jaime Caruana, procede de una tradición turolense recogida por el gran prosista italiano: Isabel de Segura y Diego Marsilla vieron contrariados sus amores por los padres de ella, que la obligaron a casarse con otro. Al separarse para siempre, el mismo día de la boda pidió Diego a Isabel una última prueba de amor, un beso, que ella le negó por pertenecer ya a otro hombre, y Diego, ante la negativa, cayó muerto. Al día siguiente, expuesto su cadáver en la iglesia, llegó Isabel y al darle el tan anhelado beso, quedó muerta sobre el cuerpo de su amado. Sus supuestas momias se conservan en San Pedro de Teruel, en sendos mausoleos esculpidos no ha muchos años por Juan de Ávalos. // Los desesperados amores de Diego e Isabel han inspirado diversas obras literarias y plásticas, y en música, una ópera del maestro Bretón. El primero que recoge esta leyenda es Andrés Rey de Artieda en la tragedia *Los amantes* (1581). Siguió la epopeya trágica de Juan Yagüe de Salas *Los amantes de Teruel* (1616). Existe otra obra del mismo título atribuida a Tirso de Molina, y hay una refundición de ésta en la comedia homónima (1638) de Juan Pérez de Montalbán. Más tarde trataron asimismo el tema Francisco Mariano Nifo y Luciano Francisco Comella. Pero halló su refundición definitiva, en plena eclosión romántica, en la obra de Juan Eu-

genio Hartzenbusch *Los amantes de Teruel*, representada desde 1837 y que inspiraría luego la citada ópera de Bretón. Hartzenbusch logró combinar la leyenda tradicional con el lirismo del romancero y con el sentido del honor de nuestro teatro clásico, lo que explica el éxito de este drama, basado ante todo en la emoción.

Amarilis Nombre de una pastora que aparece en la primera de las *Églogas* de Virgilio, así como en otros poetas latinos—entre ellos Ovidio—y en el griego Teócrito. // En el siglo de oro varios poetas españoles resucitan este personaje femenino, representativo aparentemente de la joven pastora o campesina, aunque falso y convencional casi siempre. // Amarilis—a la que también llama Marcia Leonarda—es protagonista de la *Égloga a Amarilis*, escrita por Lope de Vega en 1632, aunque publicada póstumamente en *La vega del Parnaso* (1637). En este personaje literario poetiza Lope sus amores con Marta de Nevares Santoyo, no muy lícitos. El poeta, que la creía perfecta, estaba ciego y sumiso a sus deseos. De ella tuvo una hija, Antonia Clara, a la que amó y cantó en apasionados versos. // Con el nombre de Amarilis hay una poetisa cubana del siglo XVII, no identificada. Sólo se conoce su *Epístola a Belardo*, que inserta Lope de Vega—al cual iba dirigida—al final de su *Filomena* (1621). Según algunos críticos, es Lope el autor de la epístola. // Otra es la protagonista de la novela pastoril *La constante Amarilis* (1609), de Cristóbal Suárez de Figueroa, donde se narran los amores de don Andrés Hurtado de Mendoza y doña María de Cárdenas.

Amaríllida V. DÓRIDA y AMARÍLLIDA.

Amaya Protagonista de la novela histórica homónima (1877), subtitulada *o los vascos en el siglo VIII*, de Francisco Navarro Villoslada, verdadera epopeya de Euscaria en el momento de unirse—por medio del cristianismo—la raza visigoda con la vasca, frente al poder del islam. El amor unió a una vasca, heredera del imperio eúscaro, con el guerrero Ranimiro. De tales amores, consagrados por oculto matrimonio cristiano, nació una hija, Amaya, cuyo nombre significa «el fin de la lucha», convirtiéndose así en un símbolo, pues en ella y con ella se acabaría la actitud montaraz del pueblo vasco, pagano y valeroso.

Amazonas   En la mitología clásica, las mujeres de alguna de las razas guerreras que se suponía habían existido en los tiempos heroicos. Lope de Vega las hace protagonistas de la comedia mitológica *Las amazonas* (1604), conocida también con el título de *Las mujeres sin hombres*.

Amiga   En el conjunto de la obra poética de Pedro Salinas, la amada—a la que idealiza y sitúa en un plano de igualdad—es, ante todo, la amiga, innovación ésta con respecto a otros poetas.

Amigo   Del poeta gallego Martín Códax—que vivió en la Corte de Fernando III el Santo—se conservan siete *Canciones de amigo*, en las que deja ya en esbozo un proto-protagonista del enamorado.

Amigo Manso, El   Personaje central (Máximo Manso) de la novela homónima (1882) de Benito Pérez Galdós: un joven estudiante de filosofía que, al evadirse de la cotidiana vulgaridad de la existencia, se ve sometido a las burlas del destino. Se ha dicho que es una novela de acción interior que prefiguró las de Unamuno, ya que en ella el personaje es independiente del autor. F. Acebal la adaptó al teatro.

Amigo Melquíades, El   Del sainete homónimo (1914) de Carlos Arniches: ambientado en el Madrid castizo de los barrios bajos, es prototipo del juerguista, borrachín y seductor ocasional.

Aminta   Inspirado su nombre en el drama pastoril de Torquato Tasso, es la protagonista—pródiga en enredos y engaños—de la narración de María de Zayas y Sotomayor *La burlada Aminta*, inserta en sus *Novelas amorosas y ejemplares* (1673).

Amor   Es el personaje central de los textos más antiguos de nuestra literatura, cien años anteriores al *Poema del Cid*: se trata de las jarchas, de dos a cinco versos, en romance mozárabe, ya con palabras castellanas, casi todas de tipo amoroso, en las que una muchacha se lamenta con gran delicadeza de los desdenes de su *habib* o amigo. // Amor es protagonista dual del poemita anónimo de comienzos del siglo XIII *La razón feita d'amor*, en que se ofrece el encuentro de dos enamorados, sus protestas de pasión y su posterior separación. // Amor es principal interlocutor del *Diálogo entre el Amor y un caballero viejo* (1569), de Rodrigo Cota de Maguaque: el viejo increpa al Amor causa de celos y pasiones—y se felicita de estar ya fuera de su dominio; el Amor le responde mostrándole sus aspectos más positivos hasta convencerle. // El amor en el otoño de la vida es protagonista de fondo de la novela de Pío Baroja *Los amores tardíos* (1926), que cierra la trilogía *Agonías de nuestro tiempo*. // Amor es personaje abstracto de las obras más significativas de Pedro Salinas: *La voz a ti debida* (1923), *Razón de amor* (1936) y *Largo lamento* (1939). // En su identidad con la muerte es también personaje abstracto de *La destrucción o el amor* (1935), de Vicente Aleixandre.

Ana Nombre y semblanza literarios de la que fue su esposa, Ángeles de Castro, protagoniza la novela *Señora de rojo sobre fondo gris* (1991), de Miguel Delibes, quien refleja muy bien la identificación sentimental basada en el recuerdo, cuando se ha tenido la desgracia de perder a la persona amada. Al presentar este libro dice Delibes: «A la muerte de mi mujer, perdí la ilusión. De un salto, pasé de la juventud a la vejez, del afán creador al más puro escepticismo. Pensé en dejar de escribir».

Ana Kleiber Protagonista de la obra dramática homónima (1960) de Alfonso Sastre, representa la pasión inútil que conduce a felicidades utópicas y a búsquedas condenadas al fracaso.

Ana María Musa del poeta salmantino-extremeño José María Gabriel y Galán en el poema «Mi montaraza», fiel reflejo del amor tradicional y campesino. // Protagonista de la novela de Gregorio Martínez Sierra *Tú eres la paz*: eso es Ana María para el voluble y enamoradizo escultor Agustín, a quien dará el sosiego perdido y el amor.

Ana Ozores, que protagoniza la famosa novela de Leopoldo Alas, Clarín, *La Regenta* (1884), es así llamada por su matrimonio con el regente de la audiencia de Vetusta (Oviedo), ciudad que es, de otra parte, el escenario o protagonista de fondo. Una vieja y levítica ciudad en que la joven y bella Ana Ozores—casada desproporcionadamente con un hombre muy mayor—se ahoga. Su vida inútil y aburrida la hace aún más inestable. Ni siquiera logra ver cumplido su deseo de maternidad y se lanza en busca de algo que llene su vida. Su vida matrimo-

nial no existe. Se siente, pues, insatisfecha. Se halla ante el peligro de tentaciones diferentes: la exaltación religiosa o el amor. Elige lo primero, que se convierte en una aberración fomentada por don Fermín de Pas, el todavía joven canónigo magistral de la catedral, quien llega a sentir una sacrílega pasión amorosa por Ana; al descubrirlo ella, se entrega al donjuán Álvaro Mesía, muy amigo de su esposo. El adulterio se descubre por una ambiciosa sirvienta, Petra, que, en un momento, es dueña de la situación, y el triste y ridículo marido—que tanto había leído a Calderón—reta en duelo a don Álvaro, quien le da muerte en el lance para luego huir a Madrid. Ana queda sola y desdeñada por el despechado don Fermín de Pas. Como dice Clarín, «volvió a la vida rasgando las tinieblas de un delirio que le causaba náuseas».

Ana Pacheco De la comedia de Agustín Moreto *No puede ser el guardar a una mujer* (1654), que, inspirada en otra obra de Lope de Vega, *El mayor imposible*, ofrece un prototipo de sabiduría femenina.

Anacleto De la comedia satírico-social, muy de circunstancias, de Pedro Muñoz Seca *Anacleto se divorcia* (1934): este personaje trata de poner en ridículo la adopción del divorcio, establecido en 1933.

Ancianos Protagonizan la comedia de Víctor Ruiz Iriarte *El landó de seis caballos* (1950): para ellos, el tiempo se ha detenido tan atrás que su mayor felicidad es seguir haciendo lo mismo que hacían en los añorados años del reinado de Alfonso XII. // Un anciano solitario abandonado por la sociedad—caso tan abundante hoy en la vida real—protagoniza la novela de Miguel Delibes *La hoja roja* (1959).

Andalucía   Es una de las tierras más pródigas en suscitar evocaciones literarias—como escenario o paisaje natural—, acaso porque su embrujo y su gracia suelen considerarse representativos de España entera, especialmente a partir del romanticismo y, sobre todo, para los extranjeros. Pero, aun dentro de la propia Andalucía, cada ciudad supone un matiz, un toque diferente de esa singular personalidad, lo que ha expresado como nadie Manuel Machado en estos versos: «Cádiz, soleada claridad. / Granada, / agua oculta que llora. / romana y mora, Córdoba callada. / Málaga, cantaora. / Almería, dorada. / Plateado Jaén. Huelva, la orilla / de las tres carabelas, / y Sevilla»... En el renacimiento, el poeta más significativo de lo andaluz es Fernando de Herrera. En el barroco, Andalucía está representada por Góngora. Pero uno y otro sólo son dos precedentes lejanos. Es preciso llegar al siglo XIX para ver reflejados los pueblos, las ciudades y las gentes de Andalucía en la literatura. Se debe comenzar por Fernán Caballero, seudónimo de Cecilia Böhl de Faber, en sus obras *Un verano en Bornos* y *Cuadros y costumbres andaluzas*, con muy precisa localización de la zona occidental (Sevilla, Cádiz, Jerez, los Puertos, etc.). Por su parte, Serafín Estébanez Calderón, que hizo famoso el seudónimo de El Solitario, no sólo cultivó el costumbrismo, sino que acertó a reflejar en sus vivaces *Escenas andaluzas* (por ejemplo, «Pulpeta y Balbeja», «La rifa», «La feria de Mairena») los bailes, el toreo, las fiestas, la gracia y el garbo de sus gentes, sobre todo los de Málaga, su ciudad natal. En línea muy diferente, tanto o más que la ambientación andaluza de algunas de las *Leyendas* de Gustavo Adolfo Bécquer, son sus *Rimas*—síntesis de la poesía popular y de la poesía culta—las que armonizan más estrechamente con las esencias del canto andaluz. El gran precursor—que se anticipó a Rubén Darío—del modernismo, el malagueño Salvador Rueda, presenta en *Cuadros de Andalucía*, *El patio andaluz*, *En tropel* y en otras obras una visión de vibrante colorido y gran riqueza léxica, mientras que otro significativo modernista, el almeriense Francisco Villaespesa, fácil, fecundo y superficial, nos ofrece una Andalucía oriental y decadentista. Si ya otro andaluz universal, don Juan Valera, había mirado su propia tierra con clásica actitud, en otra orilla estética—la del tradicionalismo sentimental—los hermanos comediógrafos Serafín y Joaquín Álvarez Quintero componen cuadros costumbristas (*Las flores*, *La reja*, *El patio*) graciosos y llenos de vida.

Manuel Machado dará a sus versos de factura modernista la música de su Andalucía natal, cuya gracia popular canta en sonoras estrofas. Juan Ramón Jiménez, en *Arias tristes*, por ejemplo, acierta a expresar la recóndita nostalgia y la melancolía incurable de una Andalucía soterrada, más profunda. Después, Federico García Lorca estiliza, con un lirismo más misterioso y culto que popular, la Andalucía de sus obras más significativas (*Romancero gitano*, 1928; *Poemas del cante jondo*, 1931), en tanto que Rafael Alberti da una visión (*Marinero en tierra*, *El alba del alhelí*) esencialmente colorista o pictórica. En línea más popular, José María Pemán brinda una nota de finísima gracia gaditana («A la rueda, rueda», «Señorita del mar», *La viudita naviera*). Luis Cernuda ofrece, en *Ocnos*, una serie de evocaciones andaluzas, plenas de elementos sensitivos. Como una constante de las tierras del sur, el barroquismo literario reaparece en Fernando Villalón, que recrea lo romántico y lo tradicional (*Andalucía la Baja*, 1927; *Romances del ochocientos*, 1929) y en otros poetas como Adriano del Valle y Rafael Laffón. Y aún cabría añadir matices muy diferentes en Juan Francisco Muñoz y Pabón

Andrea

(*El buen paño*), José Carlos de Luna (*El Piyayo*), Juan Rejano, Joaquín Romero Murube, José Antonio Muñoz Rojas (*Historias de familia, Las cosas del campo*), Juan Ruiz Peña (*Historia en el Sur*), Aquilino Duque (*Los cuatro libros cardinales*), José Martín Recuerda o José Manuel Caballero Bonald (*Ágata, ojo de gato*, 1974; *Campo de Agramante*, 1992), entre otras.

Andrea   De la novela *Nada* (1944), de Carmen Laforet. La joven Andrea—en parte, la propia autora—llega a Barcelona llena de ilusiones, si bien el mundo que la rodea la llevará al desengaño.

Andrenio   Personaje alegórico de la novela filosófica de Baltasar Gracián *El criticón* (1651), simboliza—frente a su antagonista Critilo, revivificación de Prometeo—el mito de Adán. Andrenio es el hombre de la naturaleza, que ha vivido en estado salvaje. V. Critilo.

Andrés Hurtado, personaje central de la novela de Pío Baroja *El árbol de la ciencia* (1911), es un médico que lleva una existencia vulgar, sin un solo atisbo de felicidad. Tiene conciencia de fracaso porque se da cuenta de que no ha sabido vivir.

Androcles   Esclavo romano que, según Aulo Gelio y Séneca, huyó a África, donde curó a un león herido, que ya no quiso separarse de su salvador. Nuevamente capturado y entregado a las fieras del circo, el león que debía devorarlo se arrodilló a sus pies: era su antiguo amigo. Lope de Vega, en *El esclavo de Roma*, dramatiza esta historia del esclavo Androcles—al cual llama Andronio—, inventando una trama de amor y celos como causa de la herida del esclavo.

Anfitrión   En la mitología clásica es rey de Tirinto y esposo de Alcmena. Como quiera que Zeus—el padre de los dioses—se había enamorado de ésta, bajó a la tierra y adoptó el aspecto de Anfitrión—que se hallaba ausente—con objeto de seducirla, relación de la que nació el semidiós Heracles. Este mito es una manifestación del doble que, al pasar a la literatura, tiene su punto de partida en el *Anfitrión* del latino Plauto, que complica la leyenda con una serie de situaciones propias de la comedia de enredo. López de Villalobos la tradujo en 1517, e hicieron adaptaciones de la misma Fernán Pérez de Oliva y Juan de Timoneda.

Anfriso   V. Alba (duque de).

Ángel Guerra   Protagonista de la novela homónima (1891), que inicia la etapa espiritualista de Benito Pérez Galdós. Ángel Guerra sufre una profunda crisis moral tras de la muerte de su esposa y de su madre, por lo que abandona su vida libertina y sus ideas extremistas, consagrándose a su hija Ción, a la que pone como institutriz a Leré, de la cual se enamora muy pronto. Pero la niña muere y Leré decide entrar en un convento, en Toledo. Allí se establece Ángel Guerra, y cuando él pensaba también seguir la vida monástica, es herido mortalmente por los familiares de una antigua amante. En sus últimos momentos confiesa su amor por Leré y, resignado, ve en la muerte la solución de su existencia. A juicio de Gregorio Marañón es «la mejor novela mística que se ha escrito en español, con un nivel de espiritualidad inigualable».

Ángela   Protagoniza la comedia de enredo de Calderón de la Barca *La dama duende* (hacia 1629). Es una viuda joven y despreocupada a la que sus dos hermanos, a fin de protegerla, tienen secuestrada en la casa paterna. Tras mil equívocos triunfará la verdad y acabará casándose con don Manuel, un buen amigo de la familia. // Protagonista de una novela de este nombre (1887), de Luis Ocharán Mazas, dentro del costumbrismo decimonónico a la manera de Trueba.

Angélica La bellísima Angélica, heroína del *Orlando furioso* de Ariosto, da lugar en la literatura española a recreaciones o imitaciones muy diversas: así, en el poema caballeresco *Las lágrimas de Angélica*, de Luis Barahona de Soto; en el poema *La hermosura de Angélica* (1602) y en la comedia *Angélica en el Catay*, de Lope de Vega; en «Angélica y Medoro», uno de los más bellos romances de Luis de Góngora, y con este mismo título, en un melodrama en verso de José de Cañizares. // En nuestro teatro clásico hay otra Angélica, distinta, protagonista de la comedia de Tirso de Molina *La villana de la Sagra* (1634), una bella labradora a la que su padre quiere casar con un comendador a fin de tener nietos caballeros.

Angelina De la comedia de humor—llevada al cine—de Enrique Jardiel Poncela *Angelina o el honor de un brigadier*. A la vez coqueta e incauta, sucumbe al fin ante el encanto varonil y seductor de Germán, en medio de la sorpresa y el disgusto de familiares y amigos. Se trata de una sátira deliciosa de la sociedad española de fines del XIX.

Angelita De la comedia homónima (1930) de José Martínez Ruiz, Azorín, que, dentro de una situación de extrarrealidad, supone una figura claramente romántica.

Anselmo Protagonista del cuento «El testamento», incluido en *El centro de la pista*, de Arturo Barea. Descendiente de buena familia, en su largo contacto con gentes diversas—ha ejercido como abogado, juez y notario—comprende que en la vida lo importante es ganarse las horas, no heredarlas.

Anteo V. CABALLERO BOBO, EL.

Antequera (Málaga) es cantada por Pedro Espinosa en *Panegírico a la ciudad de Antequera* (1626) y, en nuestro siglo, sirve de escenario a la obra de José Antonio Muñoz Rojas *Las musarañas* (1957), un delicado tejido de historias ambientadas en ella.

Anticristo Este personaje misterioso al que se alude en varios pasajes de las Escrituras, según los cuales deberá aparecer hacia el fin de los tiempos como uno de los signos que precederán a la segunda venida de Jesucristo, tuvo su primera versión dramática, hacia 1610, en el monasterio de Tegernsee (Alta Baviera). En España, el dramaturgo Juan Ruiz de Alarcón compuso un *Anticristo* (1663)—cuyo estreno trataron de reventar Lope de Vega y otros enemigos literarios—basado en los Evangelios apócrifos, en un *Tratado del Juicio Final*, del dominico fray Nicolás Díaz, y en tradiciones no canónicas.

Antón Retaco Protagonista de una serie de cuentos infantiles (1955) de María Luisa Gefaell.

Antonia V. PRABOS Y ANTONIA.

Antonia Quijana Es el nombre de la Sobrina, en el *Quijote* de Cervantes. V. AMA Y SOBRINA.

Antonio De la comedia de Alfonso Paso *La corbata* (1963), pretende ser un personaje representativo de la clase media.

Antonio Azorín Protagonista—en parte autobiográfico—de la novela *La* *voluntad* (1902), de José Martínez Ruiz, Azorín, símbolo de la generación del 98, hombre sin audacia y sin fe, cuya abulia—según él mismo reconoce—paraliza su voluntad. José María Valverde lo considera «pariente» del Juan de Mairena de Antonio Machado y «progenitor» del Sigüenza de Gabriel Miró. Protagoniza asimismo el libro *Antonio Azorín* (1903), donde el autor, en la dedicatoria a su hermano Ricardo, se lamenta de la sencillez de la vida de su personaje, al cual cabe aplicar esta frase de los *Ensayos* de Montaigne: «Yo no puedo registrar ni mi vida ni mis acciones; la fortuna las ha puesto muy abajo; tan sólo, mis fantasías».

Antonio el Camborio, del poema de Federico García Lorca «La muerte de Antoñito el Camborio», es prototipo del granadino castizo y achulapado.

Antoñita la Fantástica Una chiquilla graciosa, llena de garbo y desparpajo, protagoniza varios cuentos infantiles de Borita Casas, ofrecidos desde 1948 en unas emisiones radiofónicas.

Añón (Zaragoza) Pueblecito próximo al Moncayo, que en otro tiempo perteneció a la orden de San Juan, es descrito por Gustavo Adolfo Bécquer en las *Cartas desde mi celda*.

Apolo Se basó en este dios helénico Calderón de la Barca para su comedia mitológica *Apolo y Climena* (1661), sobre los amores del dios con la sacerdotisa de Diana, impregnándola, además, de las características propias de la comedia de enredo. // Bajo el nombre de Apolo se encubre Leopoldo Alas, Clarín, en el opúsculo satírico-mitológico *Apolo en Pafos* (1887): citado judicialmente por Mercurio, Clarín se ve obligado a comparecer ante Apolo, acusado de publicar folletos de crítica sin

interés. Se considera su obra crítica más característica.

Apolodoro De la novela *Amor y pedagogía*, de Miguel de Unamuno. Se trata de un desdichado personaje que termina ahorcándose. Dejar embarazada a la criada de la casa es lo único que hizo Apolodoro, a quien su padre había preparado para genio. Tan sólo fue un fracaso: el resultado de unos pedantescos ideales de formación pedagógica.

Apolonio Este lejano personaje legendario, príncipe de Tiro—cuyo antecedente remoto parece ser la historia de Moisés—, en el cual se unen la gracia antigua—de acentuado matiz heleno—y el ingenuo primitivismo medieval, aparece en el poema anónimo *Libro de Apolonio* (h. 1235-1240). V. BELARMINO Y APOLONIO.

Araceli V. GABRIEL ARACELI.

Aracil, María Personaje real que protagoniza la novela de Pío Baroja *La dama errante* (1908). Baroja no da sobre ella informaciones completas; tan sólo asegura que nada tiene que ver con Soledad Villafranca, la amiga del anarquista Ferrer. Sin embargo, el doctor Aracil, padre de María, se vio comprometido en el atentado regio—la bomba puesta por Mateo Morral en la calle Mayor de Madrid contra los reyes Alfonso XIII y Victoria Eugenia el día de su boda—y hubo de huir por diversas tierras españolas acompañado de su hija: en eso se inspira la novela.

Aragón Literariamente se puede afirmar que existe un Aragón romántico que se inicia como escenario de evidente atracción a partir del primer tercio del siglo XIX. Así, por ejemplo, los trágicos amores de Diego Marsilla e Isabel de Segura—a los que se unen diversos hechos de la historia de Teruel—, que ya habían sido llevados a la épica por Yagüe de Salas y al teatro por Pérez de Montalbán y Tirso de Molina, resurgen con la eclosión romántica y son llevados de nuevo a la escena por Hartzenbusch y otros autores. Otra leyenda—en ese caso de ambientación zaragozana—será recogida por García Gutiérrez en *El trovador*. De otra parte, las ruinas y bellezas naturales del monasterio de Piedra serán cantadas por Campoamor y Núñez de Arce. El espíritu viajero y romántico de Gustavo Adolfo Bécquer no podía quedar indiferente ante la belleza natural del Moncayo y el encanto de parajes abandonados como el monasterio de Veruela, donde escribió sus *Cartas desde mi celda*, evocando el paisaje, las leyendas y los tipos humanos de los pueblos próximos de Añón, Agramonte, Trasmoz, Vera y Tarazona. Esa fuerza del paisaje y las gentes de Aragón no pasará tampoco desapercibida para Benito Pérez Galdós, sobre todo en su impresionante «Zaragoza», de la primera serie de los *Episodios nacionales*, y en el drama ansotano *Los condenados*. Lo aragonés cala asimismo, entre otros ejemplos que cabría añadir, en los recios versos de *La Dolores* (1892), de Feliu y Codina, libreto al que puso música para la ópera homónima el maestro Bretón; o en algunos relatos de José María Matheu sobre tipos y costumbres.

En Miguel de Unamuno y en Pío Baroja hallamos algunas referencias de pasada; más explícito se muestra Azorín en sus evocaciones de literatos o momentos de la historia aragonesa.

Otros autores más cercanos a nosotros—aragoneses todos ellos—muestran interés, en algunas de sus obras, por los escenarios o los tipos de su patria chica: Benjamín Jarnés, Tomás Seral y Casas, Ildefonso Manuel Gil, Ramón J. Sender, José Ramón Arana, Ramón Gil Novales, etc.

Aranda de Duero (Burgos) «Aranda—dice Camilo José Cela en *Veinte leguas de Duero*—es pueblo importante y grandón, polvoriento, rico... Aranda de Duero tiene bellas arquitecturas, la Colegiata, por ejemplo. Y dos ermitas en paisaje umbrío. Y seis bosques de varia suerte... Y cuatro ríos... Y un vino que se deja beber por poco dinero».

Aranjuez (Madrid) Los dos lugares de residencia de la corte de los Austrias eran El Escorial y Aranjuez. En cuanto a este último, Cervantes, en el *Quijote*, alude al «Aranjuez de sus fuentes»; Lope de Vega, en *La noche toledana*, hace del real sitio una muy detenida descripción; Azorín observa, en *Valores literarios*, que «Aranjuez, en otoño, tiene un encanto que no tiene (o que tiene de otro modo) en los días claros y espléndidos de la primavera»; para Camilo José Cela (*Primer viaje andaluz*), «Aranjuez es un oasis amable y versallesco en medio del páramo».

Árbol Un árbol centenario es el eje y el relator de la acción de la novela de Elena Quiroga *La sangre* (1953).

Arcadia Originariamente era una región montañosa del Peloponeso habitada por cazadores y pastores, tierra de una tranquilidad paradisíaca, por lo que mereció el calificativo de «feliz». Literariamente, en *Las geórgicas* de Virgilio, y luego en el renacimiento español, es prototipo de un país ideal donde reina la felicidad. Dentro de tal concepción idealizante, y basándose en la famosa novela del italiano Sannazaro, Lope de Vega escribió otra *Arcadia* (1598), la cual, a su vez, se fundamenta en la comedia de igual título del propio autor: al fin, Arcadia y Anfriso (el duque de Alba) logran vencer mil obstáculos y se casan.

Arcalans Un encantador, antagonista del héroe, en la novela caballeresca *Amadís de Gaula*. Lo cita Cervantes en la segunda parte del *Quijote*.

Arcelina Figura central de la comedia novelesca de Juan de la Cueva *La constancia de Arcelina*, cuya rivalidad con su hermana Crisea sube de punto al amar las dos a Menalcio, a la vez que odian a su admirador Fulcino.

Arcos de la Frontera (Cádiz) En este bellísimo pueblo blanco ambientó Pedro Antonio de Alarcón su mejor obra, *El sombrero de tres picos* (1874)—inspiradora del compositor Manuel de Falla para el ballet homónimo, cuyos figurines diseñaría Picasso—. Alarcón rehízo en ella otra obra anterior, *El molinero de Arcos*, por cuanto se supone—aunque parezca negarlo el comienzo—que la acción de esta novela transcurre en un pequeño molino aún existente en Arcos, sobre el río Guadalete.

Ardilla Personaje de la fábula de Tomás de Iriarte «La ardilla y el caballo».

Arenas de San Pedro (Ávila) «Ya casi ha oscurecido cuando entramos en Arenas de San Pedro, otro pueblo de la montaña, pero con un poquito de fama y de historia... La calle Mayor, paralela a la sierra, discurre al pie mismo de ella y sigue hacia abajo, hasta que tropieza con el río Arenas, que da nombre al pueblo; y allí se acaba todo» (Gaziel, *Castilla adentro*).

Areusa V. ELICIA Y AREUSA.

Arévalo (Ávila) «Se tiende al sol de Castilla Arévalo y a su cielo eleva las torres de sus iglesias y conventos en la lengua de tierra que forman las confluencias del Adaja con el Arevalillo» (Miguel de Unamuno, *Andanzas y visiones españolas*).

Argamasilla de Alba (Ciudad Real) Al final de la primera parte del *Quijote* inventa Cervantes una Academia de Argamasilla que ha hecho sospechar que esta localidad sea el innominado lugar de la Mancha con que se inicia la famosa novela. El falso *Quijote* de Avellaneda la identifica con la patria del caballero andante, tradición que persiste en esta localidad, así como la creencia infundada de que en ella fue encarcelado Cervantes. Se ha dicho también que el gran novelista estuvo preso en la cárcel de Medrano; y allí, en 1863, el tipógrafo y editor Manuel Rivadeneyra imprimió una bella edición del *Quijote* preparada por Hartzenbusch. Esa llamada cueva de Medrano es la bodega de una casa de dos plantas quemada en 1880.

Ariadna La mítica Ariadna—enamorada de Teseo, al que facilitó un hilo para que pudiera salir del laberinto de Creta tras de matar al Minotauro—es evocada, en el siglo XVII, por el comentarista e imitador de Góngora José García de Salcedo Coronel, en el libro de poemas *Ariadna* (1624); y en el XX la recrea Ramón J. Sender en la novela *Los cinco libros de Ariadna* (1957).

Arias Gonzalo Personaje histórico recreado literariamente por el duque de Rivas en un drama romántico homónimo (1827).

Aris, prototipo del bohemio utópico, protagoniza la comedia de Alfonso Paso *La cigarra* (1960).

Arminda De la obra dramática de Lope de Vega *Arminda celosa*, cuya acción transcurre en Inglaterra. La reina

Arminda tiene celos de su esposo y de su doncella, Octavia, y desposee al consorte de su condición real.

Arnaldos Personaje del romancero que evoca a la esposa muerta: «Voy a ver a la mi esposa, / que ha tiempo que no la vi; la tu esposa ya se ha muerto, / su figura vésla aquí». De la pervivencia posterior de este romance cabe anotar el hecho de que, a la muerte prematura de la primera esposa de Alfonso XII, la reina Mercedes, se hizo muy popular una canción con letra derivada del mismo, canción o elegía en la que, más tarde, se inspiró Juan Ignacio Luca de Tena para sus dos obras dramáticas ¿Dónde vas, Alfonso XII y Dónde vas, triste de ti? V. ALFONSO XII.

Arnalte De la novela de Diego de San Pedro Tratado de amores de Arnalte y Lucenda (1491), donde el protagonista refiere el vano empeño que puso en su pasión amorosa.

Arnesto De la comedia de Juan Ruiz de Alarcón La industria y la suerte: el mercader Arnesto, un nuevo rico, rivaliza con don Juan por alcanzar el amor de una dama.

Arquitecto Personaje alegórico principal de la obra dramática de Fernando Arrabal El arquitecto y el emperador de Asiria (1961): representa el mundo racional y civilizado frente a lo primigenio de su rival.

Artá, cuevas de (Mallorca) «Se llega a las cuevas de Artá, que son una de las maravillas de esta venturosa isla [...] Has entrado en la oscuridad. Entonces, con la antorcha que llevamos, empieza la fantasmagoría. Todo lo que se distingue es cosa soñada... Esta impresión de ceguera absoluta es, tal vez, la impresión más profunda que uno se lleva de la cueva» (Santiago Rusiñol, La isla de la calma).

Artabás Según Hurtado y Palencia, «personaje legendario godo, a quien imploran los árabes y que, después de humillarlos, les da sus aldeas y cortijos» (La generosidad de Artabás, El primer conde de Andalucía).

Artistas Personaje colectivo de la novela de Vicente Blasco Ibáñez La maja desnuda (1906), escrita a la manera de ciertas ficciones modernistas, siguiendo el modelo de D'Annunzio.

Asno A partir de la famosa novela satírica del latino Apuleyo El asno de oro (siglo II), este animal aparece no pocas veces en las literaturas occidentales. En el Quijote de Cervantes, el rucio de Sancho Panza viene a simbolizar la sencillez y elementalidad de su propia existencia en una especie de simbiosis entre el simple escudero y el sufrido animal. // Al poeta culterano Rodrigo Fernández de Ribera se debe una floja imitación de Apuleyo, La Asinaria. // Un asno protagoniza, asimismo, la sátira de Juan Pablo Forner contra Iriarte, titulada El asno erudito (1782). V. BURRO; PLATERO.

Astorga (León) «Pueblo antiguo, pueblo religioso. Capital de la Maragatería es Astorga. Y Astorga es cruce y nido de tres caminos: uno, el de Santiago; otro, el del Bierzo; y el tercero, el del Páramo. Astorga, episcopal y catedralicia, trajo a Gaudí para que hiciera un palacio al obispo. Y lo hizo tal que el obispo lo dedicó a museo» (Pío Baroja, Reportajes).

Astraliano Personaje de La Galatea (1588), de Cervantes. Encubre a don Juan de Austria, hijo natural de Carlos V y Bárbara Blomberg.

Asturias

Asturias Su primer gran pintor literario es el zamorano afincado en Oviedo Leopoldo Alas, Clarín, que muestra en sus relatos lo rural (*¡Adiós, Cordera!*, *El sombrero del señor cura, Doña Berta*) y lo urbano (la novela *La Regenta*, donde Oviedo, protagonista de fondo, es llamada Vetusta). Buena parte de las novelas de Armando Palacio Valdés se desarrollan en su tierra asturiana (*Aguas fuertes, El señorito Octavio, Marta y María, El idilio de un enfermo, José, La fe, El cuarto poder, El maestrante, La aldea perdida, Santa Rogelia, Sinfonía pastoral*). La santanderina Concha Espina sitúa en tierra asturiana su novela *Altar mayor* (1926). El astur Ramón Pérez de Ayala prefiere el paisaje urbano, por cuanto algunas de sus novelas se desarrollan en Pilares, nombre que da a Oviedo (*Tigre Juan, El curandero de su honra, Belarmino y Apolonio, La pata de la raposa*). Alfonso Camín, aunque residente mucho tiempo en América, exalta su tierra en el soneto «Occidente asturiano» y en el poema «Las dos Asturias». El periodista Juan Antonio Cabezas refleja en la novela *La montaña rebelde* las raíces idílicas de la tierra. Entre las obras del dramaturgo Alejandro Casona, la más entrañable para él es *La dama del alba*, centrada en el paisaje y el alma de Asturias. La obra *Hablando solo* o el soneto «Los tres», inserto en *Geografía es amor*, dicen mucho de la asturianía del poeta José García Nieto. De ambiente astur son las novelas *Nina, Nosotros, los Rivero* y *Diario de una maestra rural*, de Dolores Medio. José María Jové ofrece en dos narraciones de ambiente asturiano, *Un tal Suárez* y *Mientras llueve en la tierra*, el choque de lo insólito con lo cotidiano. La cuenca minera es el escenario o protagonista colectivo de varios libros del poeta Manuel Pilares: *Poemas mineros, El andén*—de rasgos autobiográficos—, *Historias de la cuenca minera* y *Cuentos de la buena y de la mala pipa*. Asimismo, la novela *La arran-cada*, del vasco Héctor Vázquez Azpiri, presenta un emocionante relato de la pesca en Asturias.

Atienza, Manuel Héroe de la defensa nacional en la guerra de la independencia (1808-1814), protagoniza una de las *Historias nacionales* (1859) de Pedro Antonio de Alarcón, la titulada «El carbonero alcalde».

Atila La figura terrible del rey de los hunos, llamado «el azote de Dios», ha merecido la atención de diversos escritores españoles. Así, Cristóbal de Virués publicó una tragedia en verso, *Atila furioso* (1609), de carácter fantástico, y Luis Vélez de Guevara la obra *Atila, azote de Dios*.

Augusta Nombre dado a Zaragoza—recordando su nombre latino de Caesaragusta—por Benjamín Jarnés en algunas de sus novelas. // Personaje de *Corte de amor*, de Valle-Inclán, símbolo de voluptuosidad: «Era el amor de Augusta alegría erótica y victoriosa, sin caricias lánguidas, sin decadentismos anímicos».

Augusto Pérez Protagonista de la novela *Niebla* (1914), de Miguel de Unamuno; personaje muy unamuniano, aspira a eternizarse dentro de una concepción intelectualista en torno al problema de la identidad.

Aurelia Protagonista de la comedia de Alfonso Paso *Aurelia y los hombres* (1961), está impregnada de ternura y de fe en el amor.

Aurelio Uno de los interlocutores—el otro es Antonio—del *Diálogo de la dignidad del hombre* (1546), de Fernán Pérez de Oliva. Discuten acerca de la dignidad humana: el primero la denigra; el segundo la ensalza.

Aurora Protagonista de la comedia de Lope de Vega *La bella Aurora* (póstuma, 1635), inspirada en la fábula de Céfalo, Procris y la Aurora, a la que Ovidio dio forma poética varias veces.

Autor Personaje conceptual que encubre al poeta Cristóbal de Castillejo en su famoso *Diálogo entre el autor y su pluma*, donde expone con tristeza «los dolores del servir y no medrar». Castillejo culpa a la pluma de no mejorar de fortuna, pero aquélla le responde que la culpa es de él, por no ser bullidor ni apropiado para vivir en la corte.

Avelino Diz de la Iglesia Como Silvestre Paradox, personaje creado por Pío Baroja: otro superviviente de la vida bohemia.

Ávila El paisaje más austero de la vieja Castilla cabe buscarlo en las soledades de Ávila, «tierra de cantos y de santos». Por algo, sin duda, es cuna de santa Teresa. Varios han sido los escritores que han tratado de captar el misterio y la espiritualidad abulenses: desde el cronista italiano del siglo XV Lucio Marineo Sículo a los franceses contemporáneos Mauclair y Montherlant; y entre los españoles, Quadrado, Bécquer, Unamuno, Azorín, Larreta, Sandoval, Díez-Canedo, Salaverría, Grandmontagne, Santayana, Sánchez Albornoz, Cela, Ridruejo, Garciasol o Delibes. En Ávila sintió Unamuno el sabroso néctar de los grandes recuerdos que tomaban ser y se volvían como tangibles en cada casa, en cada esquina. La Ávila de 1517 es evocada en la obra dramática de Henri de Montherlant *El Maestre de Santiago*. La del reinado siguiente, la de la época de Felipe II, en la novela de Enrique Larreta *La gloria de don Ramiro*. El paisaje urbano de Ávila, que parece anclado en esos siglos de oro, lo evocan asimismo novelistas posteriores

como Adolfo de Sandoval (*La gran fascinadora*, *Una historia de amor*) y Miguel Delibes (*La sombra del ciprés es alargada*), para quien el secreto de Ávila es su capacidad de mortificación ante la vida de este mundo terreno.

Avilés (Asturias), bajo el nombre literario de Nieva, sirve de escenario a la novela de Palacio Valdés *Marta y María* (1883): «La villa de Nieva tiene soportal en casi todas sus calles».

Aviraneta, Eugenio de Aventurero y conspirador que figuró, durante la guerra de la independencia, en la partida del cura Merino, era antepasado de Pío Baroja, a quien inspira—como personaje central—el ciclo narrativo *Memorias de un hombre de acción*, una especie de historia novelada de las ideas liberales en la España del XIX que se ha comparado a los *Episodios nacionales* de Galdós. Pero mientras en éstos buscaba don Benito la unidad de la época, Baroja resalta, por el contrario, la multiplicidad de hechos y circunstancias. Forman este ciclo *El aprendiz de conspirador* (1913), *El escuadrón del brigante* (1913), *Los caminos del mundo* (1914), *Los recursos de la astucia* (1915), *La ruta del aventurero* (1916), *La veleta de Gastizar* (1918), *El sabor de la venganza* (1921), *La leyenda de Juan de Alzate* (1922) y *Las figuras de cera* (1924).

Axa La morilla de Jaén que aparece en el famoso romance novelesco «Tres morillas me enamoran / en Jaén: Axa, Fátima y Marién».

Azael Personaje de *La leyenda de Al-Hamar* (1847), de José Zorrilla: surgido de las aguas de una fuente, pronostica la gloria—en nombre de Alá—al rey nazarí.

Azarías, de la novela de Miguel Delibes *Los santos inocentes* (1981), es la personificación del hombre del campo, siempre sojuzgado.

Azorín   V. Antonio Azorín.

Azpeitia (Guipúzcoa)   «Y cruzamos Azpeitia. Las calles son estrechas, formadas de casas con enormes aleros, con balcones de anchurosa repisa, con zaguanes oscuros, negros... Allá, en el fondo, sobre el verdor de las montañas, aparece una enorme sombra. Es el monasterio de Loyola» (Azorín, *Los pueblos*).

B

Babia (León) «La Babia es un país triste, desnudo y riguroso en invierno. Sin embargo, las praderas de esmeralda que verdeguean por las llanuras, sus abundantes aguas, la alineación simétrica de sus montecillos cenicientos de roca caliza y los leves vapores que levanta el sol del verano de sus húmedas praderas contribuyen a darle por entonces un aspecto vago, suave y melancólico» (E. Gil y Carrasco, «La Babia», en *Semanario Pintoresco Español*, 1839).

Babieca El caballo del Cid, no pocas veces citado en el *Poema*. V. CID.

Bachiller En nuestra literatura hay dos bachilleres de nombre sobradamente conocido: el bachiller Sansón Carrasco en el *Quijote*, y el bachiller Trapaza, de Castillo Solórzano. V. DON QUIJOTE; TRAPAZA.

Badajoz «La muy noble y muy heroica ciudad de Badajoz—dice Félix Urabayen en *La última cigüeña*—, cuyo escudo fue un castillo lamido por el Guadiana, tiene, para el viajero, sorpresas inauditas». «En Badajoz—observa Cela en *Páginas de geografía errabunda*—las plazas se llaman campos... Badajoz es una vieja ciudad subida a un monte. A medida que pasan los años, tiende a bajar a la llanura. Badajoz es una ciudad amable, aureolada de un tópico de dureza y acritud. Badajoz lucha, con

gran alegría y sin gran confianza, contra su leyenda, quizá porque sabe que la leyenda—blanca, negra o color de rosa—es un poco la fe de vida de los pueblos».

Baeza (Jaén) Debe a Antonio Machado—como Soria y Segovia—haber quedado incorporada a la geografía literaria española, acaso porque significa en la vida y la obra del gran poeta una síntesis de lo castellano y lo andaluz: «¡Desde mi ventana, / campo de Baeza, / a la luna clara!».

Bailén (Jaén) La memorable batalla de Bailén, decisiva en nuestra guerra de la independencia, se evoca magistralmente en uno de los *Episodios nacionales*, «Bailén», de Galdós. // Ya en nuestro siglo, se sitúa en Bailén la novela de Manuel Halcón *Las aventuras de Juan Lucas* (1945).

Baldovinos Personaje del romancero al que se cita en la segunda parte del *Estebanillo González*.

Baleares (islas) Ocupan lugar muy importante dentro de nuestro mapa literario. Mallorca ha merecido la mayor atención. El destierro de Jovellanos en el castillo de Bellver de la capital palmesana; la estancia de George Sand con Chopin en la cartuja de Valldemosa; el descanso creador de que gozó en esta isla Rubén Darío, así como las visitas y estancias de otros poetas y pintores —Rusiñol, Mir, Vázquez Díaz—han prestado a Mallorca una nota de romanticismo que ha contribuido a su mejor conocimiento.

Balneario   Es el escenario o personaje de fondo del primer relato escrito por Carmen Martín Gaite (*El balneario*, 1954), quien de niña y adolescente acompañó a su padre a uno de tales establecimientos, cuya atmósfera de reposo logró reflejar en estas páginas.

Baltasar, último rey de Babilonia, es llevado a la escena por Calderón en el auto sacramental *La cena del rey Baltasar* (1634), donde hace una exaltación del sacramento de la Eucaristía.

Baraona (Soria)   «Al atardecer, desde un carrascal—dice Ortega y Gasset en *Notas*—diviso Baraona de las Brujas. Sobre la llanada—una de las más elevadas de España—se alza un castillo cónico. En su cúspide, la iglesia otea sobre el horizonte y, bajo ella, arrebujado el cerro, se agarra el caserío. Es un pueblo alucinado y alucinante».

Barataria (ínsula)   Don Quijote había prometido a Sancho que le haría gobernador. Al llegar ambos a la residencia de los duques, éstos hacen de la promesa una broma. El duque concede a Sancho el gobierno de un lugar de su pertenencia—con el falso nombre de ínsula Barataria—, ordenando a sus moradores que reciban a Sancho como si fuera su gobernador. Gracias a los sensatos consejos de don Quijote, Sancho se muestra prudente y eficaz. Pero al final se finge una conspiración y Sancho renuncia al poder, para volver al servicio del caballero andante. La ínsula Barataria ha venido a ser un símbolo del reino fabuloso y efímero.

Barba Azul   Inspirado en el famoso cuento de Perrault, protagoniza la novela *El secreto de Barba Azul* (1923), de Wenceslao Fernández Flórez.

Barbastro (Huesca)   «Nos encontramos en Barbastro, ciudad con pujos y seguramente con deseos de capitalidad, que es algo así como la entrada a los territorios de Sobrarbe y Ribagorza... Barbastro, la antigua Burtina de los ilergetes, acusa su pasado visigótico con influencias francesas y carolingias» (Santiago Lorén, *Aragón*).

Barcelona ha servido de ambientación a diversas obras literarias. Cervantes sitúa en ella algunos capítulos del *Quijote* y, en parte, la novela ejemplar *Las dos doncellas*. Asimismo, hay referencias a la ciudad condal en varias obras de Tirso de Molina y en *El peregrino en su patria*, de Lope de Vega. Pero es a partir de la segunda mitad del siglo XIX cuando Barcelona—próspera, febril, con una burguesía en auge—entra de lleno en la literatura, especialmente en la catalana. Ya en el siglo XX, Barcelona es el escenario favorito de Ignacio Agustí, a quien se debe un excelente ciclo novelístico, la saga de los Rius (*Mariona Rebull, El viudo Rius, Desiderio, 19 de julio, Guerra civil*), que va desde la Barcelona finisecular al fin de la contienda civil. Es escenario también de no pocas novelas desde los años cincuenta a nuestros días: *Dinero para morir* (1958), de Ramón Eugenio de Goicoechea; *La ciudad amarilla* (1958), de Julio Manegat; *Los misterios de Barcelona* (1968), de Juan Perucho; *Si te dicen que caí* (1973) y *El amante bilingüe* (1990), de Juan Marsé; *La gangrena* (1975), de Mercedes Salisachs; *El misterio de la cripta embrujada* (1979), de Eduardo Mendoza, etcétera.

Bargiela, Camilo   Letrado, diplomático y periodista gallego, lo retrata

Alejandro Pérez Lugín en la novela *La Casa de la Troya* (1915) como un personaje singularmente atractivo.

Barlaam y Josafat Protagonistas de la novela mística homónima, la más célebre de la edad media europea, escrita para la instrucción religiosa. Es una adaptación cristiana de la leyenda de Buda. El joven príncipe Josafat, tras de recibir las enseñanzas de su maestro el ermitaño Barlaam, se convierte al cristianismo. Su inclusión—siglo XIII—en el *Speculum historiale*, de Vicente de Beauvais, y en la *Leyenda áurea*, de Jacobo de la Voragine, explican su gran difusión. En España inspiró a Ramón Llull su *Blanquerna*; al infante don Juan Manuel, el *Libro de los Estados*; y a Lope de Vega una comedia que, a su vez, influiría en *La vida es sueño*, de Calderón. Todavía en el siglo XVIII, Barlaam y Josafat siguen protagonizando «comedias de santos».

Barón Personaje que da título a una comedia (1803) de Leandro Fernández de Moratín: una ricachona de Illescas pretende casar a su hija con un tipo que se hace pasar por barón.

Basilio, del drama de Calderón *La vida es sueño*. Imaginario rey de Polonia, aficionado a la astrología, deduce de ciertos horóscopos que tendrá un hijo malvado que le destronará, sumiendo al país en la anarquía; así, a fin de evitarlo, manda encerrar secretamente a su hijo Segismundo. // Personaje central de la novela de Manuel Sánchez Camargo *Nosotros los muertos* (*Relato del loco Basilio*), 1948, triste visión de la vida en un manicomio.

Batuecas, Las (Salamanca) Por alusión al tradicional atraso en que viven los habitantes de esta alejada y montañosa comarca, «estar o vivir en Las Batuecas» viene a ser símbolo de ignorancia o rusticidad. Con sentido irónico alude a Las Batuecas Mariano José de Larra, en sus *Artículos*.

Baztán, valle del (Navarra) «El Baztán es un valle blando, como un jardín francés. Y tan bello, que más que navarro parece del Labourd. Por añadidura, lo pueblan gentes con este sentido tan íntimo y personal de lo suyo como son los vascos... Aquí, en esta Arcadia de suelo municipalizado y feliz, se dio y se mantuvo, y aún hay su eco, un caso de discriminación social incomprensible entre los vascos: los «agotes», que han encontrado asiento al amparo de la Torre de los Ursúa» (J. Miner Otamendi, *Los pueblos malditos*).

Beatriz Gabriel Miró, en su novela más significativa, *Las cerezas del cementerio*, presenta una nueva Beatriz, distinta de la de Dante, una mujer ya madura, casada y con un hijo, una especie de Beatriz al revés. Joven, culta, inteligente, es entregada en matrimonio por su padre a un hombre mayor al cual no ama. Ni en exceso espiritual ni demasiado virtuosa, así la describe Miró: «Su cuerpo tentaba por su gentilísima opulencia y contenía el más lascivo pensamiento por su actitud de castidad y señorío». Por el hecho de no amarle, se espanta de causar deseo en el esposo. Se siente deseada, y así como ante el joven Félix acentúa su coquetería, ante el marido la contiene. // Otra Beatriz, casada y asediada por Julio, es el personaje central de la novela de Ricardo León *Alcalá de los Zegríes*.

Bedel Un bedel castellano muy aficionado a la caza, que renuncia a una posible vida mejor en Chile y regresa a su terruño nativo, protagoniza las obras de Miguel Delibes, con evidentes rasgos de su autor, *Diario de un cazador* (1955) y *Diario de un emigrante* (1958).

Belalcázar (Córdoba), donde pasó varias temporadas, es el escenario de la novela de Corpus Barga *La vida rota*, convertida luego en *Los galgos verdugos* (1970) y reeditada póstumamente con el título de *Los pasos contados* (1979).

Belardo, nombre pastoril que se da Lope de Vega a sí mismo y con el cual aparece en *La Arcadia*, así como en comedias y poemas de sus comienzos.

Belarmino y Apolonio Coprotagonistas de la novela homónima (1921) de Ramón Pérez de Ayala. Son dos zapateros: Belarmino, con manías filosóficas, y Apolonio que presume de poeta. Se mueven en un ambiente bajo, casi picaresco, y emplean un lenguaje artificioso.

Belisa En 1588, Lope de Vega se casó por poderes con Isabel de Urbina o de Alderete, a la que había raptado tres meses antes: era hija de un escultor y hermana del regidor de Madrid. A los pocos días se alistó voluntario en la armada invencible, desde donde le escribe este romance, que la convierte en su musa Belisa: «De pechos sobre una torre, / que la mar combate y cerca, / mirando las fuertes naves / que se van a Inglaterra, / las aguas crece Belisa, / llorando lágrimas tiernas». En esa expedición escribiría *La hermosura de Angélica*, olvidando a su musa primera, Filis, trasunto de Elena Osorio. De regreso a Valencia, vive feliz, como demuestran muchos de sus romances a Belisa. Ella morirá en 1594, pero le seguirá inspirando nuevas obras: la comedia *El acero de Madrid*, protagonizada por Belisa, personificación de la mujer enamorada cuya familia se opone a su amor, y *Los melindres de Belisa*, más tarde reeditada con el título de *La dama melindrosa*, una joven casadera, bella y rica y por ello muy cortejada, pero tan exigente y caprichosa que no acepta a

sus pretendientes. V. DON PERLIMPÍN/ BELISA.

Bella y Bestia Personajes de la novela de Miguel Delibes *Aún es de día* (1949), recreación del cuento fantástico de madame Leprince de Beaumont, en que gracias al amor de la Bella compasiva, el Monstruo recobra su figura verdadera, la de un príncipe.

Bella Malmaridada, La Protagonista del bello romance amoroso del siglo XV «la bella malmaridada / de las más lindas que vi», inspira a Lope de Vega la comedia homónima (hacia 1596), en la cual acierta a conjugar lo serio con lo cómico: Leonardo desdeña a su mujer, Lisbella, y se entrega a una vida disoluta, lo que trata de aprovechar el conde Cipión para seducirla, pero Leonardo se entera a tiempo y, vestido de criado, puede comprobar la inocencia de su mujer, lo que le induce a volver con ella.

Bellido Dolfos El zamorano que mató al rey Sancho II el Fuerte durante el asedio de Zamora es el traidor por antonomasia, como afirma un famoso romance histórico: «Rey don Sancho, rey don Sancho, / no dirás que no te aviso / que del cerco de Zamora / un alevoso ha salido. / Bellido Dolfos se llama, / hijo de Dolfos Bellido; / cuatro traiciones ha hecho, / y con ésta serán cinco».

Belona, diosa romana de la guerra, es uno de los personajes fantásticos del poema épico de Ercilla *La Araucana*. Belona muestra al poeta, en un sueño, la batalla de San Quintín; por su parte, el mago Fitón le hace ver en una esfera la futura victoria de Lepanto.

Beltenebros, que significa «bello tenebroso», es el nombre que tomó Amadís de Gaula cuando se retiró a la ermita de la Roca Pobre, desesperado por los reproches de su dama a causa de los celos.

Benavente, conde de Alonso de Pimentel, quinto conde de Benavente, que permaneció fiel al emperador Carlos V durante la guerra de las Comunidades (1521), sirve al duque de Rivas como protagonista de «Un castellano leal», uno de sus *Romances históricos*: en cumplimiento de una orden del soberano, abandonó su palacio para alojar al duque de Borbón, pero tras la marcha de éste quemó el edificio para purificarlo.

Benedicto XIII Pedro Martínez de Luna, el célebre papa Luna, que se encerró en su fortaleza de Peñíscola (Castellón), sirve a Blasco Ibáñez como protagonista de la novela *El papa del mar* (1925).

Benigna, de la novela de Pérez Galdós *Misericordia* (1897), tipo paralelo al de Clara Pegotty de *David Copperfield* de Dickens, es la vieja criada que cuando su señora cae en la miseria, gasta sus propios ahorros y hasta pide limosna para atenderla. Como dice María Zambrano, «es un personaje único en el mundo de Galdós, único también en la literatura española. Benigna, con su evangelio, se convierte en el verdadero eje, en protagonista de la tragedia, en víctima y liberadora que paga por todos y a todos salva. Vive de milagro. Más que trabajadora, es taumaturga. Nina pide limosna con la naturalidad de quien piensa que el pedir y el dar es la ley del mundo, de quien no cree en la justicia, sino en la misericordia».

Berenguer, conde de V. Caín de Cataluña.

Beringuella V. Bras-Gil.

Bernarda Alba Protagonista de la tragedia en prosa de Federico García Lorca *La casa de Bernarda Alba* (póstuma, 1945). Viuda de carácter duro e inflexible que sólo se preocupa del qué dirán, ejerce un rígido autoritarismo sobre sus hijas, a las que tiene encerradas en casa. Es el tipo más representativo de nuestra antañona manera de ser, algo así como un símbolo de la mujer fanatizada por una tradición que no analiza ni discute.

Bernardo del Carpio Es quizá el único héroe legendario de nuestra épica, al cual se supone sobrino de Alfonso II el Casto, por ser fruto de los amores secretos de la hermana del rey con Sancho Díaz de Saldaña. Es la gran figura de la independencia hispana al vencer a Roldán en Roncesvalles. La versión poética de la rota de Roncesvalles fue muy pronto divulgada en España a través de la *Crónica* del Pseudo-Turpín —tan vinculada a Santiago de Compostela— y de la *Chanson de Roland*. La leyenda de Bernardo del Carpio dio lugar en Castilla a numerosos cantares de gesta recitados por todas partes, hoy perdidos y que se prosificaron en crónicas (como la *Primera crónica general* de Alfonso X el Sabio). Asimismo originó romances históricos que llevan su nombre (como «Con cartas y mensajeros / el rey al Carpio envió»). Sigue siendo muy celebrado también a partir del XVII, pues se trata de un héroe muy popular en el cual se perfila ya la cristiana y española predilección por las vidas difíciles y desgraciadas, tan abundantes en nuestra literatura. Así, es protagonista de los poemas épicos *España defendida* (1612), de Cristóbal Suárez de Figueroa, y *Bernardo* o *Victoria de Roncesvalles* (1624), de Bernardo de Balbuena. En el teatro dio lugar a la *Comedia de la libertad de España por Bernardo del Carpio* (1579), de Juan de la Cueva; a la comedia caballeresca *La casa de los celos y selvas de Ardenia* (hacia 1585), de Miguel de Cervantes; a *Las mocedades de Bernardo del Carpio* y *El casamiento en la muerte*, de Lope de Vega; o a la refundición de Cubillo de Aragón titulada *El conde de Saldaña y las mocedades de Bernardo del Carpio*. Todavía siguieron ocupándose de este personaje, en los siglos XVIII y XIX, Manuel José Martín, Juan Nicasio Gallego, Eugenio de Tapia, Juan Eugenio Hartzenbusch (*Alfonso el Casto*) y Milá y Fontanals.

Berrugo, El Apodo con que se conoce al usurero de la novela de José María de Pereda *La puchera* (1888).

Betis V. GUADALQUIVIR.

Bías Este filósofo de la antigüedad, uno de los siete sabios de Grecia, es recreado literariamente por el marqués de Santillana en el *Diálogo de Bías contra Fortuna*, poema donde el filósofo y la diosa discuten sobre lo vano, transitorio y deleznable de las cosas humanas.

Bibiana Protagonista de la novela homónima (1967) de Dolores Medio.

Bien Plantada, La V. TERESA.

Bierzo, El De las tierras de León es, sin duda, la de El Bierzo—rodeada de montañas y cruzada por el Sil—la que ha ofrecido mayores atractivos literarios y ha encontrado un singular cantor, el poeta y novelista de Villafranca, Enrique Gil y Carrasco. Cantó a la naturaleza en el poema «La violeta» y en leyendas como *El lago de Caicedo*; en artículos como «Un recuerdo de los templarios»—evocación del castillo de Ponferrada—; en narraciones costumbristas o descriptivas como *El pastor trashumante*, *El segador*, *Los maragatos*, *La Babia*, *San Marcos de León* y *Bosquejo de un via-*

je, y, sobre todo, en la novela histórica, al estilo de Walter Scott, *El señor de Bembibre* (1844), en que ofrece diversos paisajes del Bierzo con calidades pictóricas, «a lo Carlos Haes», como ha dicho Azorín. Se trata de la primera novela española en la cual se da importancia al paisaje, que alcanza una categoría literaria inusitada hasta ese momento. // A esta misma comarca de Villafranca de El Bierzo han dedicado su atención, en nuestros días, escritores nativos como Ramón Carnicer, Ramón González Alegre, Antonio Pereira y Luis Mateo Díez, entre otros.

Bilbao Sirve de fondo y de protagonista colectivo a la novela de Miguel de Unamuno *Paz en la guerra* (1897) que es, en realidad, la novela de «su» Bilbao, el de la segunda guerra carlista cuyo bombardeo presenció siendo un niño, así como en su poema «A la Basílica de Bilbao», que le recuerda su fe cuando era muy pequeño y las magnolias de la Plaza Nueva. Más cerca en el tiempo, Bilbao es el escenario de varios libros de Juan Antonio de Zunzunegui centrados en la vida de la capital vasca: la serie *Cuentos y patrañas de mi ría* (1926-1944) y las novelas *Chiripi* (1931), *El chiplichandle* (1940), *¡Ay, estos hijos!* (1943), *La quiebra* (1947), *La úlcera* (1948) y *Las ratas del barco* (1950). Otro narrador, José Luis Martín Vigil, es autor de la novela *Una chabola en Bilbao* (1960). Por su parte, Luis Antonio de Vega ambienta en el viejo casco de la ciudad vasca la novela *El amor de la sota de espadas* (1955).

Billy the Kid, o Billy el niño, el famoso bandido norteamericano, es el protagonista de la novela de Ramón J. Sender *El bandido adolescente* (1965), rica en peripecias y escrita en admirable estilo.

Blanca Coprotagoniza, con Rosa, la comedia humorística de Enrique Jardiel

Poncela *Blanca por fuera y Rosa por dentro* (1943): son dos hermanas, una fea y simpática, y la otra guapa pero de mal carácter. Aquélla ha muerto. Rosa vive y pierde la memoria en un accidente, tras del cual adquiere la fisonomía de Blanca, y empieza a enamorarse de su cuñado ante el estupor de su propio marido.

Blancaflor V. Flores y Blanca-flor.

Bobo En nuestro teatro anterior al siglo de oro—singularmente en los pasos de Lope de Rueda—es el personaje cómico que precede al gracioso. // Cervantes, en sus comedias, Rojas Villandrando en su *Viaje entretenido* y Quevedo en *Los sueños* hacen referencias al bobo.

Bocanegra, Simón Este marino genovés—fuerte de carácter, pero muy sensible al amor paterno—protagoniza un drama histórico, homónimo (1843), de Antonio García Gutiérrez.

Boda Una boda en un pueblo—el cual sigue con curiosidad sus incidentes—es la protagonista de fondo de la novela *La boda* (1959), de Ángel María de Lera.

Bofarull, prototipo del huertano de Valencia, es la figura central de la novela de Vicente Blasco Ibáñez *La barraca* (1898).

Bonifacio Mingote, un pícaro redomado, es el personaje más interesante de la novela de Pío Baroja *Mala hierba*, que, con *La busca* y *Aurora roja*, constituye la trilogía *La lucha por la vida*, ambientada en los suburbios de Madrid a comienzos del siglo XX.

Bonifacio Reyes, patético personaje de la novela de Leopoldo Alas, Clarín,

Su único hijo (1890). Hombre débil y sin fortuna, vive sometido a su mujer. Un día llega a la ciudad una compañía de ópera y Bonifacio se deja seducir por Serafina, tiple y amante del director de la compañía, quien, a su vez, sostiene relaciones íntimas con la mujer de Bonifacio. Nace un hijo de dudosa atribución. Pero el infeliz Bonifacio afirma que el hijo es suyo, su único hijo.

Borgia, Los Grafía italiana de la famosa familia valenciana de los Borja, que son recreados literariamente por Antonio Martínez Mediero en la comedia *Aria para un papa español* (1963), divertimento especialmente centrado en César, que alcanzó el pontificado.

Bornos (Cádiz) Cecilia Böhl de Faber, Fernán Caballero, pasó las vacaciones estivales de 1850 en este pueblo, en el cual ambientaría su novela *Un verano en Bornos* (1858), autobiográfica en alguna medida. «Este pueblo—dice—es muy lindo: Bornos es un pueblo serrano, culto y ataviado».

Bosque Sensible a las bellezas del mundo exterior, Pedro de Espinosa, en *El bosque de doña Ana* (1624), describe este ameno lugar con ocasión de una cacería a la cual asistió el rey Felipe IV. En nuestro tiempo es escenario natural de *El bosque animado* (1943), novela poemática, sin duda la mejor de todas las suyas, de Wenceslao Fernández Flórez. Lo es también de la novela de otro autor gallego, Carlos Martínez Barbeito, *El bosque de Ancines* (1947), inspirada en unos crímenes allí ocurridos a mediados del siglo XIX.

Botones En el conjunto de relatos titulado *Andrés* (1967), Dolores Medio, con entrañable acercamiento y amor a los humildes, nos ofrece un tipo de muchacho, el botones, realmente atractivo.

Bradomín Personaje central de las *Memorias del marqués de Bradomín*, narración novelesca en alguna medida autobiográfica, de Ramón del Valle-Inclán, que se imaginan contadas por un noble aventurero que vivió a principios del XIX, y también, de las cuatro *Sonatas*: la de *Primavera*—juventud, en la dulce Italia—; la de *Estío*—madurez lujuriosa, en Méjico—; y las de *Otoño* e *Invierno*—ya viejo, pero siempre sensual—, viniendo a ser el *alter ego* de su creador literario. Como éste dice, el marqués de Bradomín es «un don Juan admirable. ¡El más admirable, tal vez!... Era feo, católico y sentimental». Tiene, además, algo de Casanova, y remite a D'Annunzio y a Barbey d'Aurevilly, pero en el fondo es un autorretrato de Valle-Inclán, si bien un tanto artificioso e idealizado por la fantasía del autor: un esteticista que se mueve entre la tradición y la modernidad.

Bras–Gil Este pastor y la pastora Beringuella son los enamorados de la primera de las *Farsas* y *Églogas* (1514) de Lucas Fernández.

Brígida, del drama en verso de José Zorrilla *Don Juan Tenorio* (1844), supone una resurrección—decimonónica y romántica—de Trotaconventos y de Celestina: atraída por el dinero del audaz y generoso don Juan, no siente ningún escrúpulo en prender la llama del amor en el corazón candoroso de la novicia doña Inés. V. DON JUAN.

Brígida Vaz Es el tipo de tercera, reproducido del de Celestina por el autor luso-hispano Gil Vicente en la *Barca do Inferno*.

Brihuega (Guadalajara) «Desde el atajo, Brihuega tiene muy buen aire, con sus murallas y la vieja fábrica de paños, grande y redonda como una plaza de toros. Por detrás del pueblo, corre el Tajuña, con sus orillas frondosas y su vega verde. Brihuega tiene un color gris azulado, como de humo de cigarro puro» (Cela, *Viaje a la Alcarria*).

Bringas, La de Protagonista de la novela homónima (1884) de Benito Pérez Galdós. Rosalía de Bringas simboliza el deseo de aparentar, de figurar por encima de sus posibilidades. Es la representante más genuina del quiero y no puedo tan frecuente en la sociedad española.

Briolanja La princesa que se enamora e incluso se declara a Amadís de Gaula; pero él, fiel a Oriana, la rechaza. V. AMADÍS DE GAULA.

Brujas En la imaginación popular son hechiceras que realizan acciones extraordinarias con el diablo. Ya en el siglo de oro hallamos alusiones literarias a las brujas en Cervantes (*El coloquio de los perros*), Juan de la Cueva (*El infamador*), Timoneda (*Cornelia*), Ruiz de Alarcón (*La prueba de las promesas* y *La cueva de Salamanca*), Calderón (*La dama duende*) y María de Zayas (*La inocencia castigada*). Del XIX al XX, como personajes literarios unas veces se las relaciona con la Inquisición y otras se las considera como mujeres que hechizan por su gracia y su hermosura. Así, por ejemplo: *La bruja, el duende y la Inquisición* (1841), composición burlesca del poeta Eugenio de Tapia; *La bruja*—subtitulada *Anales secretos de la Inquisición*—(1886), novela por entregas de Pedro Escamilla, seudónimo de Juan de Castellanos y Velasco; o también *La bruja*, libreto para una zarzuela con música del maestro Chapí, de Miguel Ramos Carrión; la novela de José Más *La bruja* (1917); *Las brujas de la ilusión* (1923), novela de Salvador González Anaya; y *Las brujas*, drama del poeta extremeño Luis Chamizo.

Burro

Bruno Protagonista de la obra dramática de Joaquín Calvo Sotelo *El poder* (1965). El autor se pregunta: «¿Quién conoce mejor que este personaje, instigador de todas las conspiraciones, los resortes de ese poder al cual termina accediendo?».

Bruto V. MARCO BRUTO.

Buda V. BARLAAM Y JOSAFAT.

Buitrago es uno de los personajes más logrados de la comedia de Cervantes *Los tratos de Argel*: es el gracioso, soldado en Orán, que gasta en comer todo lo que recauda pidiendo «para las almas».

Buitrago (tierra de) El marqués de Santillana era señor de esta villa de la sierra madrileña, cuyo paisaje describe en las *Serranillas*.

Burgo de Osma, El (Soria) Como dice Dionisio Ridruejo en *Castilla la Vieja*, «El Burgo de Osma es villa levítica con catedral, seminario y palacio episcopal... El Burgo, aunque labrador en la vega del Ucero y eclesiástico en grado sumo, ha sido sobre todo plaza comercial de algún relieve... El pueblo es algo más que tranquilo, pero precioso, con un equilibrio y un orden perfectos. La calle Mayor, que lo recorre de punta a punta, va enteramente recorrida de soportales... La catedral es uno de los organismos acumulativos que describen un curso de historia arquitectónica».

Burgos La *caput Castellae* o cabeza de la Castilla medieval, perdió su antigua hegemonía en la edad moderna, cuando se vio desplazada, al advenir los Austrias, del primerísimo lugar que había ocupado con Toledo en el proceso integrador de España. Así, salvo ciertas alusiones de Cervantes, Lope de Vega, Tirso de Molina, Moreto o Rojas Zorrilla, el Burgos del siglo de oro no ha pasado a la literatura. Sí, en cambio, su historia medieval y sus grandes figuras—los condes de Castilla, el Cid, los infantes de Lara—, que han pasado a la épica, al romancero y al teatro. Todavía en el siglo XIX, cuando el duque de Rivas inserta en sus *Romances históricos* «El moro expósito»—basado en la leyenda de los infantes de Lara—, hace una evocación de Burgos en el siglo X llena de anacronismos pero interesante por su pintoresquismo. Del XIX para acá han dedicado a Burgos no pocas referencias extranjeros como Gautier y Ozanam, y entre otros españoles, Galdós, Azorín, Manuel Machado, Salaverría, Gerardo Diego, Agustín de Foxá, José María Alfaro («Oda a Burgos»), Lope Mateo, Dionisio Ridruejo, Camilo José Cela, Fernando Díaz-Plaja...

Burguesía Es el personaje colectivo de la novela de humor de Manuel Abril «*La Salvación*». *Sociedad de Seguros del Alma* (1931). // Juan Antonio de Zunzunegui, en *¡Ay, estos hijos!* (1943), dejó al descubierto una burguesía que parece haber olvidado sus antiguos valores ejemplarizantes.

Burlador Libertino que hace gala de engañar y seducir a las mujeres. Lo inmortaliza en la literatura Tirso de Molina en *El burlador de Sevilla y convidado de piedra*, primera obra que trata de la figura universal de don Juan. V. DON JUAN.

Burro Este sufrido animal es el protagonista de una de las fábulas más conocidas de Tomás de Iriarte, *El burro flautista*, cuya moraleja es que los burros aciertan sólo por casualidad, lo mismo que los escritores que no seguían las reglas del neoclasicismo. V. ASNO; PLATERO.

Buscón, El (escenarios) La famosa novela picaresca de Quevedo se desarrolla en los siguientes escenarios: Alcalá de Henares, Torrejón, Rejas, Madrid, Cercedilla, Segovia, Las Rozas, Madrid, Illescas, La Sagra, Toledo y Sevilla, además de uno no bien precisado (Segovia, el puerto de Guadarrama, la Venta de los Viveros). V. PABLOS DE SEGOVIA.

Byron, lord La figura de este famoso poeta romántico inglés la evoca Gaspar Núñez de Arce en el poema *La última lamentación de lord Byron* (1879), canto puesto en boca del lírico británico, una especie de reflexión acerca de sus desengaños y, a la vez, de sus idealistas afanes de liberar a Grecia de la opresión de los turcos.

C

Caballero En lo histórico y en lo literario, la figura del caballero aparece con diferentes simbolismos: como vasallo y guerrero en el Cid Campeador (*Poema*); como paladín en los romances fronterizos; como cortesano, primero en *El libro del caballero y del escudero* y en *El conde Lucanor*, ambos del infante don Juan Manuel, y luego en *El cortesano*, del italiano Castiglione, y en *El discreto*, de Baltasar Gracián; como leal amador en el *Amadís de Gaula*; como caudillo en el Gran Capitán; como poeta y soldado en Garcilaso; como misionero en san Francisco Javier; como militar y santo en Ignacio de Loyola; como idealista loco en don *Quijote*; y como burlador de mujeres en don Juan.

Caballero de la Blanca Luna En el *Quijote*, de Cervantes, es el nombre fingido del bachiller Sansón Carrasco, quien, disfrazado de caballero, se hace el encontradizo con el caballero andante y le derrota, imponiéndole como condición que se retire a su aldea y renuncie a sus aventuras durante un año. V. Sansón Carrasco.

Caballero bobo, El Personaje de la comedia homónima (1608) de Guillén de Castro, cuyo argumento procede de la leyenda de *Barlaam y Josafat*: Aurora, encerrada por su padre en una fortaleza a fin de evitar las desgracias que predice un oráculo, es salvada por Anteo, el caballero bobo, con quien acabará casándose.

Caballero Cifar V. Cifar.

Caballero del Cisne, El Personaje central de la leyenda de ese nombre, aparecida originariamente en Alemania, que, relacionada con el mito de Psiquis y Cupido, reaparecerá en el siglo xix en *Lohengrin*, de Wagner. En España, la *Historia del Caballero del Cisne* se inspira en una leyenda épica cuyo objeto era explicar los orígenes de Godofredo de Bouillon, el primer rey de Jerusalén. Luego se introducirá en *La gran conquista de ultramar* (1503). // En el romanticismo protagoniza una de las primeras novelas históricas al estilo de Walter Scott, *Los bandos de Castilla* o *El Caballero del Cisne* (1830), de Ramón López Soler, cuya acción sucede en tiempos de Juan II. El Caballero del Cisne—don Ramiro de Pimentel—está enamorado de doña Blanca de Castilla, a la cual quiere casar su padre con don Pelayo, hijo de don Álvaro de Luna; pero al fin se casará con el Caballero del Cisne.

Caballero encantado, El Personaje central de la penúltima novela, de este nombre (1909), de Benito Pérez Galdós. Es un tipo fantástico y extraño, y la obra parece tener conexiones con la novela modernista, entonces en boga.

Caballero de las espuelas de oro, El Última comedia (1964) —entre el poema biográfico y el apunte histórico— de Alejandro Casona, que con ese nombre presenta la figura de Francisco de Quevedo y hace aparecer en escena a dos figuras femeninas importantes en su vida, Monna Laura y Moscatela.

Caballero de Gracia, El Protagonista de la comedia sacra, homónima (póstuma, 1669), de Tirso de Molina. Es la historia, un tanto novelada, del caballero Jacobo de Gratis (o de Trenci), que fundó en el siglo XVI el oratorio del Caballero de Gracia, todavía existente en Madrid. Inspiró aún en el siglo XIX comedias dramáticas a Antonio Enríquez Gómez y a Luis Mariano de Larra, e incluso queda un eco algo posterior de este personaje en el caballero que aparece en la zarzuela arrevistada *La Gran Vía* (1886), con libreto de Felipe Pérez y González y música de Chueca y Valverde.

Caballero del milagro, El De la comedia homónima (1598) de Lope de Vega, subtitulada *El arrogante español*, rasgo que lo define, y cuya ágil acción refleja un magnífico cuadro de costumbres de la época.

Caballero Negro, El V. RICARDO JORDÁN.

Caballero de Olmedo, El Protagoniza la comedia de ese nombre (1641), de Lope de Vega, inspirada en la canción popular «Que de noche le mataron / al caballero / la gala de Medina, / la flor de Olmedo», basada a su vez en un hecho real: el caballero es don Alonso de Molina, el hombre que conquista a su dama corriendo toros en la plaza y ganándose, por su valor, las simpatías del padre de doña Inés y el favor real;

pero el rival, derrotado, se venga dándole muerte de una manera vil.

Caballero perfecto, El Personaje principal de la comedia homónima (1620) de Alonso Jerónimo de Salas Barbadillo, inspirada sin duda en *El cortesano* de Castiglione.

Caballero puntual, El Protagonista de la comedia homónima, en dos partes, (1614-1619), muy influida por el *Quijote*, de Salas Barbadillo: se trata de un pobre infeliz que padece monomanía de grandeza.

Caballero de la Tenaza, El Se encubre a sí mismo Quevedo con tal denominación en sus *Cartas del Caballero de la Tenaza* (1629), nombre con el cual se le conocía en la corte; en ellas traza una sátira caricaturesca de la España de su tiempo.

Caballero de la Triste Figura Sobrenombre de don Quijote. V. DON QUIJOTE.

Caballero Varona, El Protagoniza la comedia homónima (1921) de Jacinto Grau. Eliseo Varona —especie de Casanova y de don Juan— es un aventurero de vida turbia que saca partido de su atractivo viril.

Caballero del verde gabán, El Don Diego Miranda, el caballero vestido de verde a quien encuentra don Quijote (cap. XVI, 2.ª parte), viene a ser un estrafalario personaje del cual se vale Cervantes para vanagloriarse, pues asegura que ya están impresos 30.000 ejemplares de su obra «y llevan camino —añade— de imprimirse 30.000 veces de millares, si el cielo no lo remedia».

Cabañal, El (Valencia) Este barrio y puerto pesquero al norte de El

Grao es el escenario de la novela de Blasco Ibáñez *Flor de mayo* (1895). Sirvió de fondo al cuadro de Sorolla *¡Y aún dicen que el pescado es caro!*

Cabra   V. DÓMINE CABRA.

Cabra (Córdoba)   Pueblo natal de don Juan Valera, quien lo describe—a veces con el nombre de Villa Alegre— en algunas de sus novelas, como *Juanita la Larga* y *Pepita Jiménez*.

Cabrera (isla de, Baleares)   Vicente Espinel situó un episodio de su *Vida del escudero Marcos de Obregón* en esta isla.

Cabrera, Ramón, el famoso militar y jefe carlista, llamado el Tigre del Maestrazgo, protagoniza la novela histórica de Jesús Fernández Santos *Cabrera* (1982), cuya acción se inicia con la invasión napoleónica y se cierra con la entrada inminente de los cien mil hijos de san Luis.

Cáceres   Al decir de Sánchez Rojas, «Cáceres no tiene desperdicio, ni piedra ociosa, ni rincón inútil». Cual un guía deseoso de mostrarnos sus bellezas, Fernando Baeza describe este sugestivo paseo: «Cruzamos el Arco de la Estrella y nos adentramos en la ciudad antigua, con sus palacios de Moctezuma, de la Generala, de Ovando, de Sánchez-Paredes, de Alcuéscar, de Ulloa, de Aldana, de los Golfines—aquellos ladrones cuatreros "que esperan el día del juicio"—, de Mayoralgo, de Godoy, de Abrantes, de Carvajal; con sus torres de Bujaco, de la Yerba, del Postigo, de las Cigüeñas, Desmochadas; con sus iglesias de Santa María, de San Mateo, de Santiago, de Santo Domingo, de San Juan. Probablemente, no resta en Europa un conjunto gótico parecido».

Cacique   Voz caribe—jefe en algunas tribus de indios de la América Central y del Sur—, se ha trasplantado a España con caracteres de institución permanente, por cuanto su reflejo en la literatura es inevitable. Basten como botones de muestra la novela de Felipe Trigo *Jarrapellejos* (1914), el delicioso sainete de Arniches *Los caciques* (1924), repuesto con éxito años después, o la novela de Luis Romero *El cacique* (1963).

Cádiz, la ciudad más antigua de Occidente, con sus tres mil años de existencia, es una ciudad literariamente privilegiada. La cita ya el geógrafo griego Estrabón (siglo I a. d. C.). En nuestra literatura áurea, Cervantes la evoca (*Quijote*, 2.ª parte) como el puerto principal para ir a las Indias occidentales, y Mateo Alemán nos presenta a Guzmán de Alfarache remando y medrando en Cádiz. En el siglo XVIII, el sainetero gaditano González del Castillo escribe obras como *El día de toros en Cádiz, El café de Cádiz, La feria del Puerto, El desafío de la Vicaría* y *El lugareño en Cádiz*, de gran interés costumbrista. Poco después aparecen las *Tradiciones gaditanas*, de Adolfo de Castro. Entrado el XIX, surge el Cádiz romántico y colorista de lord Byron, Dumas, Gautier, Dembowski, Borrow, Davillier y D'Amicis. De nuestros escritores del XIX, los testimonios más valiosos son los de Fernán Caballero y de Galdós, uno de cuyos *Episodios Nacionales*, «Cádiz», es fiel retrato del momento culminante del liberalismo en la ciudad. Las costumbres de sus clases populares al finalizar la centuria las refleja muy bien la novela de Palacio Valdés *Los majos de Cádiz* (1896). En nuestro siglo tenemos el Cádiz de Alberti, o el de su bahía (*Marinero en tierra*, 1924); el de Pemán («Señorita del Mar», *La viudita naviera*); el de Ramón Solís (en visión histórica, *El Cádiz de las Cor-*

Café

tes), o novelesca: *Un siglo llama a la puerta, El dueño del miedo, El mar y un soplo de viento*; o el de José Luis Cano (*Sonetos de la bahía*).

Café Dijo don Miguel de Unamuno que la verdadera universidad popular española ha sido el café. Introducidos en España desde la segunda mitad del XVIII por italianos como Gippini (que poseía este tipo de establecimientos en Madrid, Barcelona, Cádiz, Sevilla y San Sebastián), han sido escenario de conspiraciones, reuniones políticas y tertulias de artistas y escritores, por lo que se han convertido no sólo en el escenario sino en el protagonista colectivo de numerosas obras literarias: *El café de Barcelona* es el título de un sainete de Ramón de la Cruz; *El café de Cádiz* es otro sainete de González del Castillo; Leandro Fernández de Moratín sitúa en el café madrileño de la Fonda de San Sebastián su *Comedia nueva* (1792). A los cafés madrileños ochocentistas hacen referencia Larra (los del Príncipe y de Venecia), Alcalá Galiano y Mesonero Romanos. La primera novela de Galdós, *La Fontana de Oro*, se sitúa en este café, fundado hacia 1766 en la Carrera de San Jerónimo de Madrid. Ya en el siglo XX, el café es el protagonista del sorprendente libro *Pombo* (I, 1918; II, 1924), de Ramón Gómez de la Serna, pontífice máximo de la tertulia literaria—la sagrada cripta, como la llamaba—de ese famoso café situado en la madrileña calle de Carretas hasta la guerra civil; después de ésta, otro café protagoniza la novela *La colmena* (1951), de Camilo José Cela: varios centenares de personajes se mueven por el Madrid deprimido de los años cuarenta, sin otro nexo que la frecuentación de un café, con la sola preocupación de sobrevivir y con dos temas de conversación: la comida y el sexo. Muy distinto es el talante de otro café madrileño, en el que Antonio Díaz

Cañabate sitúa *Historia de una tertulia* (1952). Cela escribiría, algo después, una novela corta, *Café de artistas*. Por su parte, Rafael Azcona ha trazado una sátira de los cafés madrileños y de los jóvenes provincianos que llegan a ellos con la ilusión de triunfar como artistas o escritores en la novela *Los ilusos* (1958).

Caín Desde el *Caín* (1821) de lord Byron, la literatura ha venido dando del homicida bíblico una visión poética o simbólica. Recordemos, en la nuestra, la novela *Libro de Caín* (1958), de Victoriano Crémer.

Caín de Cataluña, El Protagonista—que se corresponde con el conde Berenguer—del drama histórico-legendario de este título (1671), de Francisco de Rojas Zorrilla.

Calatañazor (Soria) «Y de pronto, en un recodo, a la izquierda, lo increíble: Calatañazor. Piedras grises, adobes, paredes casi tejidas con ramas y pedrezuelas. Las ruinas de un castillo. Arriba, el azul brillante. Calles pinas, sin gentes; curvos balcones de madera tosca; aleros saledizos que no dan sombra a nadie... Dentro de un rato, cuando el sol, que se está ennegreciendo por el borde, se haya escondido; cuando se haga mayor el silencio y triunfe el violeta y las estrellas hagan su algara súbita sobre el pueblo cristiano, subirán a las casas, encenderán el fuego, pedirán noticias al conde Sancho García, que va a entrar con mesnadas en tierra de moros y escucharán al viento oscuro, hasta que llegue el sueño y el escenario se traslade desde la tierra invisible al cielo altísimo y profundo que cuenta las horas en el reloj de las constelaciones, impasible y siempre el mismo, milenio más, milenio menos» (Julián Marías, «Viaje al año mil», en *ABC*, 30-8-1953).

Calatayud (Zaragoza) Escenario del drama lírico de José Feliu y Codina con música del maestro Bretón, *La Dolores* (1892). V. DOLORES.

Calatrava (comendador de) Personaje real que aparece en la comedia dramática de Lope de Vega *Fuenteoveju-na*. Traidor en todo momento, es causa y víctima a la vez de la venganza de ese pueblo cordobés, que no es una venganza individual—como en *Peribáñez* o en *El mejor alcalde, el rey*—, sino colectiva. El hecho, ocurrido en 1470, es bien conocido: harto este pueblo de los desmanes de don Fernán Gómez de Guzmán, comendador mayor por la orden de Calatrava, se amotinó una noche y lo mató en su casa. Cuando el juez fue enviado por los Reyes Católicos, todos los procesados contestaron que lo había matado Fuenteovejuna. Y el pueblo, entonces, pasó a la jurisdicción real. V. FUENTEOVEJUNA.

Calderón, Rodrigo Favorito del duque de Lerma—que a causa de su encumbramiento y fortuna, conseguidos sin reparar en medios, fue ahorcado públicamente en la plaza Mayor de Madrid, en el año 1621—, es el personaje central del drama en verso de Adelardo López de Ayala *Un hombre de estado* (1851), que gira en torno a su vida corrupta y su trágico final, que no le impidió mantener su soberbia, por lo que se hizo famosa la frase popular: «Tiene más orgullo que don Rodrigo en la horca».

Calila y Dimna Son dos lobos hermanos que protagonizan y dan título a una famosa colección de cuentos y apólogos orientales que hizo traducir (1251) Alfonso X el Sabio de la versión árabe. Ejercieron gran influencia posterior, desde Llull, Juan Ruiz y el infante don Juan Manuel hasta Samaniego.

Calíope Musa de la poesía heroica a la cual se refieren Cervantes (*Parnaso*), Góngora (*Sonetos*) y Lope de Vega (*Arcadia*), entre otros poetas.

Calisto y Melibea De la tragicomedia de Fernando de Rojas conocida como *La Celestina* (1499). Representan la invitación gozosa al amor, con unos ideales ya renacentistas que chocan violentamente con el sentido moral y el freno de toda libertad característicos de la edad media. Calisto y Melibea son prerrenacentistas por su deseo y gozo de vivir, aunque medievales porque llevan en su fondo más íntimo la noción, heredada, del pecado. Calisto—cazador, buen cantor, tañedor de instrumentos como buen galán de fines del siglo XV—es la pasión juvenil, temblorosa y anhelante: vive de, en y para Melibea. El perfil de ésta—de ilustre prosapia—es asimismo prototipo femenil de la época. El amor se apodera súbitamente de ella y su inicial instinto de resistencia se transforma pronto en apasionada entrega. Calisto es egoísta, y antes que nada se abandona a su gustosa felicidad. Calisto se pierde en su amor porque ella es para él la más alta cima de la belleza y de la vida: «Melibeo soy y a Melibea adoro y en Melibea creo y a Melibea amo», dice cuando se pregunta si es cristiano. En su ardoroso y alocado amor, ella es su diosa, su religión, su universo, un modelo de belleza equiparable a lo que serían después las concepciones pictóricas femeninas de Rafael, Veronés, Tintoreto o Rubens. No se concibe a Calisto sin Melibea ni a ésta sin aquél. Así, cuando el joven muere al escalar la tapia del jardín, Melibea, sola, ya no puede vivir, porque carece de la razón de existir al perder el objeto de su amor. Y entonces, al arrojarse al vacío, pronuncia estas palabras: «¡Oh, mi amor y señor Calisto! ¡Espérame, ya voy; detente, y no reproches mi tardanza!». Calisto y Melibea son, en suma, la encarnación literaria del amor-pasión, que, aspirando a un alocado sueño de dicha, se estrella fatalmente con la muerte. V. CELESTINA; ELICIA Y AREUSA; SEMPRONIO Y PÁRMENO.

Camacho Las bodas de Camacho son un conocido episodio de la segunda parte del *Quijote*. El rico Camacho, que va a casarse con la bella Quiteria, novia del infeliz Basilio, prepara el banquete de bodas. Basilio aparece en pleno festejo y simula suicidarse, y cuando todos creen que está a punto de morir, se le concede casarse *in articulo mortis* con Quiteria. Basilio se levanta y queda patente la burla, tratando de apaciguar la situación el caballero andante. // Recrea este personaje Juan Meléndez Valdés en la comedia *Las bodas de Camacho el rico* (1784). // Esa idea de riqueza se refleja, acaso, en un tal Francisco Camacho, hacendista, al que hace alusión Galdós en su novela *Lo prohibido* (1884-1885).

Camila Es un nombre singularmente literario. Aparece ya en la poesía latina como una de las heroínas de *La Eneida*, de Virgilio. Dentro de la literatura española, en las *Églogas* de Garcilaso de la Vega, Camila, amada de Albanio, es prototipo de mujer esquiva. // En el *Quijote*, Camila—la hermosa que no sabe resistir los halagos de quienes la rodean—es un símbolo de femenil volubilidad. // De los amores de Lope de Vega con Micaela de Luján, comedianta, casada con un cómico, de la cual tuvo siete hijos (entre ellos sus dilectos Marcela y Lope Félix), surgió una nueva musa poética: Camila Lucinda, a la cual llama también Celia. Alude a ella en *La hermosura de Angélica* (1602) y en varios sonetos, como aquel que empieza: «Daba sustento a un pajarillo un día, / Lucinda».

Camino Es un escenario esencial en la obra poética de Antonio Machado.

«Nadie como él—observa Emilio Orozco—se ha detenido con la atención que merece en la consideración de la palabra "camino", símbolo central, y el más repetido, simple y claro de toda su poesía». Como el propio poeta decía, «se hace camino al andar». // La palabra camino, en su acepción más elevada, la empleó santa Teresa en su *Camino de perfección*, título que luego dio Pío Baroja a una de sus novelas. // Son varios los escritores de nuestro tiempo que emplean tal palabra para titular sus obras: Miguel Delibes en *El camino*, Francisco Camba en *Camino adelante* y Juan Antonio de Zunzunegui en *El camino alegre*.

Campanela Ciudad literaria en la cual ambienta Manuel Linares Rivas el drama *La garra* (1914), cuya protagonista, una pobre mujer abandonada por su marido, se siente agobiada por los prejuicios sociales y el carácter levítico de la ciudad (sin duda, Santiago de Compostela).

Campeador Batallador, vencedor de batallas, voz con la cual se califica a Rodrigo Díaz de Vivar en el *Poema del Cid*. V. CID, EL.

Campesino Unas veces es evocado con nostalgia, como ocurre en la novela histórica *Campesinas* (1860), de Antonio de Trueba; otras, con un dolorido sarcasmo, como lo hace Valentín de Lomas Carvajal en *Catecismo del campesino* (1889), ante la dramática situación de la población rural gallega de su tiempo; con sentida exaltación lírica de sus valores morales, en el libro de poemas *Campesinas* (1904), de José María Gabriel y Galán; o con tremendo realismo en la novela *Réquiem por un campesino español* (1960), de Ramón J. Sender.

Campo Se atisba ya como escenario, en el siglo XIII, en Berceo. Se reitera en el xv, en las *Églogas* de Garcilaso, aunque no alcanza plena profundidad hasta fray Luis de León, pese a que diga con humildad en *De los nombres de Cristo*: «Algunos hay a quienes la vista del campo los enmudece, y debe ser condición de espíritus de entendimiento profundo; mas yo, como los pájaros, en viendo lo verde, deseo o cantar o hablar». El otro gran descubridor literario del campo es san Juan de la Cruz, que exalta las bellezas de la creación y a través de ellas encuentra a la divinidad. Más tarde, ya en el siglo xix, con el movimiento romántico y con los atisbos del realismo incipiente (Antonio de Trueba, Fernán Caballero) vuelve a interesar la naturaleza, aunque hasta la generación del 98 no aparecerá en nuestra literatura un sentimiento generalizado del paisaje. Pero fuera de tales movimientos o tendencias también hallamos una emoción sincera ante lo rural (por ejemplo, *Los pastores de mi abuelo*, de José María Gabriel y Galán, o *Las cosas del campo*, 1953, de José Antonio Muñoz Rojas, donde se funden paisaje y paisanaje).

Campo de Criptana (Ciudad Real) «Es Campo de Criptana un pueblo tan propiamente manchego, tan genuino y, a la vez, tan pintoresco y singular, que, si no existiera, habría que inventarlo. Porque Campo de Criptana no es sólo el paisaje, ese compendio de maravillas en que se mece la mirada, sino, además, el espíritu de sus gentes... No se concibe una pincelada de la Mancha que no ofrezca un rincón cualquiera de Campo de Criptana» (J. A. Vizcaíno, *Caminos de La Mancha*).

Campos (Tierra de) y campos góticos V. Palencia.

Campuzano Protagonista de la novela ejemplar de Cervantes *El casamiento*

engañoso: valentón y presumido, es sin embargo un hombre ingenuo y abandonado por su mujer, y merece la compasión de todos.

Canarias Si por su belleza y su clima han merecido el nombre de islas Afortunadas, tampoco han pasado desapercibidas para la literatura: dos dramaturgos universales se fijan en ellas: el inglés Shakespeare, al calificar el vino de Canarias de «maravillosamente suave y penetrante», porque «perfuma la sangre», y el español Lope de Vega en dos comedias, *Los guanches de Tenerife* y *San Diego de Alcalá*; en esta última se evocan motivos de Fuerteventura y Gran Canaria. En la segunda mitad del siglo xix hay ya una floración de poetas isleños que se inspiran en paisajes y tipos autóctonos: Miguel Miranda (*Leyenda lanzaroteña*, 1862) y Roque Morera, que describe la sociedad canaria de fin de siglo. Entre los siglos xix y xx surge la gran trilogía de poetas canarios: Tomás Morales, rubeniano, colorista y luminoso en sus *Poemas de la gloria, del amor y del mar* (1908), luego incluidos en sus *Obras completas* con el título de *Las rosas de Hércules* (1921-23), y en su *Himno al volcán* (el Teide), obra maestra de grandilocuencia wagneriana; Saulo Torón, que en *El caracol encantado* no sólo exalta un mar mitológico, sino que frente a la grandiosidad oceánica, expresa líricamente sus reflexiones ante el destino; y Alonso Quesada (seudónimo de Rafael Romero Quesada), que en *Crónicas de la ciudad y de la noche*, *La umbría* y *El lino de los sueños* canta en voz baja lo cotidiano y familiar». Por su parte, Claudio de la Torre, en su comedia *Tic-tac* (1925), presenta un ambiente y unos personajes canarios. De entre los poetas isleños nacidos ya en el siglo xx que han cantado a su tierra y a su mar cabe citar a Gutiérrez Albelo (*Cristo de Tacoronte*), García Cabrera (*Las islas en que vivo*),

Pancho Guerra (creador del personaje Pepe Moragas, una especie de Cantinflas isleño), Josefina de la Torre (*Poemas de la isla*) y María Rosa Alonso (*Un rincón tinerfeño*), así como a los narradores Alfonso García Blanco (*Tristeza de un caballo blanco, Guad*) y J. J. Armas Marcelo (*Calima, El otro archipiélago*). De entre los escritores no canarios que han ambientado algunas de sus obras en el archipiélago no es posible silenciar los sonetos *De Fuerteventura a París*, de Miguel de Unamuno—lírico recuerdo de cuando estuvo allí desterrado por la dictadura de Primo de Rivera—ni la novela de Carmen Laforet *La isla y los demonios* (1952).

Cancionera   Protagonista de la comedia del mismo nombre (1924) de los hermanos Álvarez Quintero, viene a ser el símbolo, encarnado en una mujer, de la poesía andaluza.

Candaya   País imaginario—entre India y China—al cual debía llevar a don Quijote y Sancho por el aire el caballo de madera Clavileño (*Quijote*, segunda parte). V. CLAVILEÑO.

Candelas   Del ballet *El amor brujo* (1915), con libreto de Gregorio Martínez Sierra y música de Manuel de Falla. Mujer que amó a un gitano que murió y desde ese momento se ve perseguida por el espectro del amante muerto, celoso de Carmelo, el nuevo enamorado de la muchacha. Al final Carmelo y Candelas consiguen darse un beso que sella su amor y disipa para siempre las obsesionantes apariciones del espectro.

Cantabria   Nombre—hoy resucitado por esa comunidad autónoma—que recibió antiguamente la región norteña de nuestra península habitada por los cántabros. Se le ha dado también el de Asturias de Santillana y el de la Montaña. La tradición cultural de Cantabria trae a cada paso evocaciones literarias: en Santander, de Pérez Galdós, Pereda y Menéndez Pelayo; en Treceño, del padre Guevara; en Vega de Carriedo, del lugar en que estuvo la casa de los padres de Lope de Vega; en Bejarís—en pleno valle de Toranzo—, donde se hallaban hasta no hace mucho los muros de su casa solariega, de Quevedo; en Viveda—cerca de Santillana del Mar—están la torre y la casa originaria de Calderón; y en la propia Santillana—villa anclada en el siglo XV—vida y fantasía se sintetizan en dos nombres del pasado: el marqués de Santillana—que fue señor de la villa—y el fabuloso personaje de Gil Blas, creado por la pluma del francés Lesage. Cantabria es también objeto de una evocación en la novela de Ricardo León *Casta de hidalgos*. Del siglo XIX acá, la Montaña es evocada por Amós de Escalante en varios cuadros de costumbres y, sobre todo, en la leyenda histórica relativa al siglo XVII *Ave, maris stella*. Pero si hay un escritor que haya descrito más y mejor los paisajes, ambientes y tipos de su tierra, tal escritor es José María de Pereda: el paisaje rural y sus gentes en *Escenas montañesas, La puchera, Tipos y paisajes, Peñas arriba, El sabor de la tierruca*; Santander—la inmediatamente anterior a su destrucción por la explosión del buque *Cabo Machichaco* (1893)—en *Pachín González*, y la ciudad que sigue a esa tragedia, en *Sotileza*. El hermoso valle del Pas—pintado por Zuloaga—fue captado asimismo por Concha Espina en *La esfinge maragata*, mientras que en *La niña de Luzmela* describe la casa que ella tenía en el pueblo de Mazcuerras. El Cantábrico ha sido el personaje predilecto de Jesús Cancio, llamado el poeta del mar (*Odas y cantiles, Bruma norteña, Maretazos, Barlovento*) y también de José del Río Sainz en *Versos del mar y de los viajes* (1912) y *Versos del mar y otros poemas* (1925). El gran poeta montañés Gerardo Diego hizo de su ciudad natal el escenario de su obra *Mi Santander, mi cuna, mi palabra* (1961), y de *El jándalo* (1964), el protagonista colectivo del montañés que emigra a tierras del sur para establecerse y trabajar en ellas.

Cantar de Mío Cid (escenarios del) V. POEMA DEL CID (ESCENARIOS DEL).

Cañamar Personaje de una jácara de Quevedo.

Cañizares Protagonista del entremés de Miguel de Cervantes *El viejo celoso* (1615), tan grotescamente enamorado de su joven esposa Lorenza que llega a excluir las figuras masculinas de los tapices que adquiere para su casa. Este tipo ya lo había trazado el autor en la novela ejemplar *El celoso extremeño*, con el nombre de Carrizales. V. CARRIZALES.

Capitán Amorrortu Protagonista de la novela homónima (1953) de Juan Antonio Espinosa, en que el autor recrea sus experiencias de marino.

Capitán Chimista Personaje central de la novela de Pío Baroja *La estrella del capitán Chimista* (1931), pirata, médico y combatiente que junto a otro vasco, el capitán Embil, hace incursiones por Cuba, Tahití, Filipinas, los mares del sur, Perú, Gran Bretaña y España.

Capitán Montoya En la leyenda homónima de José Zorrilla, don César Montoya ayuda en un trance apurado a don Fadrique de Toledo y éste le concede la mano de su hija. Esta leyenda tiene antecedentes en el Lisardo de *Soledades de la vida y desengaños del mundo* (1658), de Cristóbal Lozano, y en *El es-*

tudiante de Salamanca (1840), de José de Espronceda.

Capitán Ribot De la novela de Armando Palacio Valdés *La alegría del capitán Ribot* (1900), donde se relatan los amores de este marino con una mujer casada.

Capitán Veneno De la novela corta homónima (1881) de Pedro Antonio de Alarcón. Se trata de don Jorge de Córdoba, un tipo rudo e irascible, conocido como el capitán Veneno.

Carabel De la novela de Wenceslao Fernández Flórez *El malvado Carabel* (1931), personaje cuyo carácter queda definido por el título.

Caracho Protagoniza la novela de Ramón Gómez de la Serna *El torero Caracho* (1926), en la cual trata de personificar al viejo torero castizo.

Carbayona Nombre literario dado a Oviedo por Juan Cueto. El nombre procede del Carbayón, un famoso árbol que hubo en la ciudad.

Cardenio Personaje, caracterizado por su cobardía, que tiene amores con Luscinda (*Quijote*, I, XXIII-XXXVI). Este personaje cervantino inspiró a Shakespeare una comedia hoy perdida, *The history of Cardenio*, representada en el palacio real de Londres en el año 1613. V. LUSCINDA.

Cardeña (monasterio de, Burgos) Es el escenario donde el Campeador despide a su esposa doña Jimena y a sus hijas, Elvira y Sol (*Poema del Cid*, I).

Carlomagno, emperador de Occidente, se convirtió muy pronto en una figura legendaria y, en el siglo XIII, en

Carlos

uno de los héroes de los primeros cantares de gesta franceses, popularizándose asimismo en nuestra literatura a través de *Roncesvalles* o el *Poema de Bernardo del Carpio.*

Carlos V. Diana.

Carlos I de España y V de Alemania, estudiado por historiadores y humanistas como Juan Ginés de Sepúlveda (*De rebus gestis Caroli Quinti*), Pero Mexía (*Historia del emperador Carlos V*) o Prudencio de Sandoval (*Historia de Carlos V*), es recreado literariamente por Luis Zapata en el poema épico *Carlo famoso* (1566) y llevado al teatro por Diego Jiménez de Enciso en *La mayor hazaña de Carlos V*, sobre el retiro del emperador en el monasterio de Yuste.

Carlos II el Hechizado Este desdichado monarca protagoniza el drama histórico homónimo (1837) de Antonio Gil y Zárate, que, por lo que encerraba de protesta contra la España tradicional, produjo escándalo cuando se representó. // Protagoniza asimismo la novela histórica de Diego San José *La corte del rey embrujado* (1923).

carmen «El carmen granadino—dice Emilio Orozco—es exponente de la complejidad de arte y naturaleza que, en lo esencial, caracteriza el paisaje de Granada... Si quisiéramos buscar en el conjunto de la visión del paisaje de Granada algo que se pueda ofrecer como cifra o síntesis de su sentido estético, quizá no encontraríamos nada tan expresivo de su característico sincretismo de arte y naturaleza como el "carmen", esta agrupación de huerto, casa y jardín, surgida en el movido terreno de las laderas de sus colinas». El poeta cortesano Agustín Collado del Hierro escribió, hacia 1635, un *Canto* a los cármenes granadinos, escenario también de la novela de Palacio Valdés *Los cármenes de Granada* (1927).

Carmen Aunque no la haya creado un autor hispano, no puede faltar aquí este prototipo español de la mujer fatal, fascinante y seductora, que sugiere a Prosper Mérimée la novela homónima (1837), recogida por el compositor Ernesto Hajffter en el poema sinfónico *Muerte de Carmen*. El personaje de la cigarrera sevillana sigue viva—sea una gitana navarra de Echalar, sea pura ficción—porque es la mujer que enloquece a los hombres. Según el relato de Mérimée, un sargento de dragones llamado José se enamora perdidamente de ella y, en vez de conducirla a la cárcel, le permite huir, siendo por ello expulsado de la milicia. Carmen se incorpora a una partida de bandidos. José lo deja todo para irse con ella. Pero Carmen, cansada del ex sargento, se enamora de un torero. Dominado José por los celos, mata a Carmen a la entrada de la plaza de toros donde torea su amante. Símbolo del amor y de la muerte, Carmen es además, para los extranjeros, la personificación de la mujer fatal española, ardiente e indomable.

Carmen Sotillos Única protagonista viviente de la novela *Cinco horas con Mario* (1979), de Miguel Delibes. Acaba de perder a su marido y vela el cadáver durante la noche. Va leyendo algunos párrafos de una biblia, subrayados por él. Al hilo de la lectura parece ir resucitando momentos de su propia vida en común, repleta de errores e incomprensiones: Mario, un hombre liberal; ella, la mujer española tradicional, apegada a moldes hechos y prejuicios sociales. Ella, sin duda, desconocida para él en posibles aspectos positivos y, sobre todo, desconocedora en absoluto de su marido.

Carmiña y Gerardo Coprotagonistas de la novela de Alejandro Pérez Lugín *La casa de la Troya* (1915)—fiel reflejo de la vida universitaria en Santiago de Compostela—, ofrecen una muestra del casto amor a la española que aún se conservaba a comienzos del siglo XX.

Caronte, el barquero infernal de la mitología griega que conducía las almas de los muertos al otro lado de la laguna Estigia, es el principal personaje del *Diálogo de Mercurio y Carón* (hacia 1530), de Alfonso de Valdés. El dios mitológico Mercurio es su antagonista. Ambos discurren con finísima sátira acerca del desafío caballeresco entre Carlos I de España y Francisco I de Francia.

Carpena Es el personaje de enlace que se halla presente en los sucesos que acontecen en la tercera serie de los *Episodios Nacionales* de Galdós.

Carranza, Bartolomé Esta figura histórica es recreada literariamente por Joaquín Calvo Sotelo en la obra dramática *El proceso del arzobispo Carranza* (1964), cuya apariencia de objetividad encubría la defensa de un perseguido por la Inquisición.

Carriedo (vega de, Santander) «Esta vega de Carriedo no debe confundirse con la otra vega [la del Pas], que lo es por antonomasia. Lope de Vega no nació aquí, pero sí su padre que, como montañés, se tenía por irremediablemente hidalgo, aunque según parece ejerciese el oficio de cestero antes de dedicarse en Madrid al de bordador. Lo uno no quita lo otro, pues la Montaña era tan pobre que, a despecho de los espiritados personajes que llegan hasta Pereda, no comportaba desdoro para los hidalgos "vivir por sus manos", como se demostró durante el pleito sobre exenciones nobiliarias sobre el servicio militar llevado contra el Bastón de Laredo: "Tiene su silla en la bordada alfombra / de Castilla, el valor de la Montaña / que el valle de Carriedo España nombra. / Allá otro tiempo se cifraba España"—dice Lope de Vega—y añade: "Allí tuve principio". La casa de Lope desapareció devorada por un incendio» (Dionisio Ridruejo, *Castilla la Vieja*).

Carrizales Protagonista de la novela ejemplar de Cervantes *El celoso extremeño*. Indiano rico de sesenta y ocho años, se establece en Sevilla y se casa con Leonora, de sólo catorce. Enloquecido por supuestos celos, la encierra en una torre. Pero un joven, Loaysa, enamorado de la muchacha, consigue llegar allí. Aunque no llega a consumarse el adulterio, el viejo los sorprende juntos. Su venganza, sin embargo, está impregnada de comprensión: hace testamento a favor de su mujer y le ruega que, cuando él muera, se case con Loaysa. El autor reitera este personaje en el Cañizares de *El viejo celoso*. V. CAÑIZARES; LOAYSA.

Carvalho V. PEPE CARVALHO.

Casa de huéspedes, con las ilusiones y amarguras de las gentes modestas en ella residentes, es el escenario y protagonista de fondo de la novela de Concha Alós *Los enanos* (1962).

Casa de tócame Roque, La Se trata de una casa de la calle del Barquillo de Madrid—demolida en 1850—que sirve de escenario a un sainete de ese título, de Ramón de la Cruz; ha quedado como símbolo popular de confusión, riña o alboroto.

Casada *La perfecta casada* (1583), de fray Luis de León, no es propiamente un personaje. Es un arquetipo que debe corresponder a la mujer en el matrimonio, donde «la moral y la mística se amansan y se vuelven caseras». // Personaje central de la comedia *La perfecta casada* (hacia 1637), de Álvaro Cubillo de Aragón, quien, como contraposición a fray Luis, traza jocosamente el tipo extremoso de la esposa fiel.

Casandra De la comedia novelesca de Lope de Vega *El castigo sin venganza* (1631)—basada en una narración del italiano Mateo Bandello—, es prototipo de la mujer adúltera.

Casilda Coprotagonista de la comedia de Lope de Vega *Peribáñez y el comendador de Ocaña* (hacia 1605-1608), donde se demuestra cómo un matrimonio para ser feliz no necesita lujos ni ostentaciones. Lo dice la propia Casilda: «Más quiero yo a Peribáñez / con su capa la pardilla / que al comendador de Ocaña / con la suya guarnecida». // Protagonista de la novela de Felipe Trigo *Así paga el diablo*. V. PERIBÁÑEZ.

Casta y Susana Las dos chulapas madrileñas de *La verbena de la Paloma* (1894), sainete lírico de Ricardo de la Vega con música de Bretón.

Castellón Ya el viajero holandés Enrique Cock ofrece en sus *Anales* (1585) una elogiosa descripción de esta ciudad, a la que en nuestro siglo Azorín, Miró y Joan Fuster han dedicado algunas de sus mejores páginas. Pío Baroja, en alguna de sus narraciones de ambientación decimonónica (*La venta de Mirambel*, *Los confidentes audaces*), la convierte en escenario.

Casticismo Un casticismo mal entendido—esto es, tomar por costumbres castizas lo que es mala educación—es el protagonista conceptual del magnífico artículo de Mariano José de Larra «El castellano viejo».

Castilla No es sólo paisaje natural o urbano, sino espíritu. Germen o núcleo originario de nuestra nacionalidad, ha sido, desde sus orígenes, el impulso que ha hecho a España. Al paisaje castellano—un paisaje sin curvas, el de los héroes y los místicos—se le han buscado diversas interpretaciones. Desde el 98, sobre todo, los hombres de la periferia peninsular persiguieron la comprensión de Castilla, su secreto, el porqué de su significación histórica. Dos grandes del 98 son los máximos pintores literarios de Castilla en general: uno, el poeta sevillano Antonio Machado, en su hermoso poemario—todo sencillez y profundidad—*Campos de Castilla* (1912) y en el romance—no exento de notas sombrías—*La tierra de Alvargonzález* (con versiones en prosa y verso); el otro, el prosista levantino José Martínez Ruiz, Azorín, en *El alma castellana* (1900) y muy singularmente en *Castilla* (1912), colección de breves y certeras evocaciones («La catedral», «Las nubes», «Una ciudad y un balcón»). // Castilla la Vieja es captada, además, por otros escritores, como los regeneracionistas Emilio Ferrari en el poema *Las tierras llanas* (1897) y Julio Senador en el ensayo *Castilla en escombros* (1915); José María Gabriel y Galán en *Castellanas* (1902) y *Nuevas castellanas* (1905), donde nos presenta un paisaje y un paisanaje no sólo vistos, sino vividos día a día; Manuel Machado en el espléndido poema «Castilla», inspirado en el Cid; Claudio Rodríguez, que, en *Conjuros* (1958), canta con fuerza y originalidad el campo y el aire castellanos; Miguel Delibes en diversas novelas (*Diario de un cazador*, *El camino*, *Los santos inocentes*) o en libros-testimonio (*Castilla habla*), que nos adentran en su paisaje, sus raíces, su lengua; o en libros de andar y ver, como los de Julio Escobar, *Itinerarios por las cocinas y bodegas de Castilla* (1965) o Jorge Ferrer Vidal, *Viaje por la sierra de Ayllón* (1970) y *Viaje por la frontera del Duero* (1980). // Castilla la Nueva ya en el siglo XIV fue escenario de las andanzas del Arcipreste de Hita en su *Libro de Buen Amor*; entre el XVI y el XVII Toledo y el Tajo sirven de ambientación a Garcilaso, al anónimo autor del *Lazarillo*, a Tirso de Molina (*Cigarrales de Toledo*) y a Cervantes (*La ilustre fregona*), quien además hace inmortales las llanuras de La Mancha en el *Quijote*. En el siglo XX, bajo el innegable influjo de Antonio Machado, Enrique de Mesa evocará la sierra madrileña en *Andanzas serranas*, *Cancionero castellano*, *El silencio de la Cartuja* y *La posada del camino*, y también Leopoldo Panero en *Versos del Guadarrama*. La mejor prosa de Camilo José Cela aparece en *Viaje a la Alcarria* (1948) y posteriormente en *Nuevo viaje a la Alcarria* (1986). José Luis Sampedro, en la novela *El río que nos lleva* (1961) describe el paisaje del Tajo en tierras de Guadalajara.

Castillo Como escenario, en su sentido más profundo del propio yo, aparece en el libro cumbre de la mística de santa Teresa, *El castillo interior o tratado de las moradas* (1588); en la mera acepción de lugar fortificado, en la comedia fantástica de Calderón *El castillo de Lindabridis*; en un doble significado, material y anímico, en la *Descripción del castillo de Bellver* (1809), de Jovellanos, donde permaneció prisionero cinco años: pocas veces un escenario real—el castillo de Palma de Mallorca y el bosque que lo circunda—refleja mejor un estado del alma. // Aparece además en el drama histórico de Marcos Zapata *El castillo de Simancas* y en la novela *El castillo de irás y no volverás* (1921), de Salvador González Anaya.

Castro Urdiales (Santander) V. FICÓBRIGA.

Castroforte de Baralla es un pueblo gallego de la provincia de Pontevedra inventado por Torrente Ballester como ambiente de su novela *La saga/fuga de J.B.* (1972).

Catalina de Oviedo Protagoniza la comedia en verso de Cervantes *La gran sultana* (1615). Procede de un suceso histórico: el cautiverio de Catalina de Oviedo, una andaluza que, encerrada en el harén del Gran Turco, gracias a su belleza no sólo pudo mantenerse cristiana, sino que llegó a ejercer una benéfica influencia sobre la suerte de otros españoles sumidos en la esclavitud.

Catalinón es el inconfundible tipo del gracioso en *El burlador de Sevilla* (hacia 1630), drama atribuido a Tirso de Molina.

Caupolicano Jefe araucano que se distinguió en su lucha contra los españoles, es el principal personaje del poema épico de Alonso de Ercilla *La Araucana* (1569-89). V. LAUTARO.

Cava, La Sobrenombre—en árabe significa la prostituida—dado a la hija del legendario conde don Julián, ultrajada por el último rey godo don Rodrigo, que protagoniza la más antigua de nuestras gestas, el *Cantar de la hija del conde don Julián y la pérdida de España*, del cual ya se hace eco la *Chronica Gothorum* (siglo XI).

Cayetano Salgado Personaje central de la trilogía *Los gozos y las sombras*, de Gonzalo Torrente Ballester, que integran las novelas *El señor llega* (1957), *Donde da la vuelta el aire* (1960) y *La Pascua triste* (1962), V. PUEBLANUEVA DEL CONDE.

Cayo

Cayo, de la novela de Miguel Delibes *El diputado voto del señor Cayo* (1978), representa la naturalidad y la nobleza del hombre del campo frente a los intereses partidistas del hombre de la ciudad.

Cecilia Protagonista de la comedia dramática de Manuel Tamayo y Baus *Lo positivo* (1892): huérfana y, al principio, frívola e interesada, acabará por comprender que lo que cuenta en la vida es el amor sincero.

Ceferino Sanjurjo De la novela de Armando Palacio Valdés *La hermana San Sulpicio* (1889), es un médico seducido por la belleza y la simpatía de una novicia con la cual acabará casándose.

Céfira Figura femenina de las *Églogas* (1496-1516) de Juan del Encina.

Celedonia V. AGLIBERTO

Celestina Arquetipo de la vieja tercera, protagoniza la acción en prosa, homónima (1499), de Fernando de Rojas. Celestina pone en comunicación a los jóvenes amantes Calisto y Melibea. Es un personaje universal de nuestra literatura, sólo equiparable a don Quijote y a don Juan. Celestina es la sabiduría del oficio más antiguo del mundo, que urde pasiones ajenas en provecho propio. Su nombre se ha convertido en apelativo: tal es la fuerza de este personaje, que surge ya en el teatro latino clásico y que tiene por antecedente inmediato a Trotaconventos. El tirón de Celestina radica en sus rasgos, a la vez repugnantes e impregnados de simpatía, de perfidia, de cálculo y de socarronería. Es un personaje sublime de mala voluntad, que que denigra cuanto de noble e ingenuo hay en la alocada pasión de Calisto y Melibea. La inmoralidad de Celestina es paralela a la amoralidad del mundo. La gran ironía de esta vieja tercera, su profundo y naturalísimo saber —que supone una gran intuición— y su maravillosa experiencia hacen que conozca como nadie las debilidades explotables del hombre: del jovenzuelo inexperto, del grave y sesudo varón, del docto personaje y del más vulgar desconocido posee Celestina el secreto: todos ellos acudirán a su puerta. He aquí su impunidad y su inmenso e increíble poder. // Reaparece este personaje en *Segunda comedia de Celestina* o *Resurrección de Celestina* (1534), imitación de la obra de Rojas debida a Feliciano de Silva. // Jerónimo de Salas Barbadillo escribió *La hija de Celestina* (1612), su primera novela, cuyo éxito le llevó a hacer una refundición. // El personaje continúa en la comedia de enredo de Agustín de Salazar y Torres *Segunda Celestina*. // Y aún vuelve a recrearla Juan Eugenio Hartzenbusch en la comedia de magia *Los polvos de la madre Celestina*, adaptada del teatro francés, según el propio autor. V. CALISTO Y MELIBEA; CENTURIO; ELICIA Y AREUSA; SEMPRONIO Y PÁRMENO.

Celia, a la que llama también Camila Lucinda, cantada por Lope de Vega es Micaela Luján —casada, bella e inculta—, de la cual tendrá cinco hijos. // Personaje infantil creado por Elena Fortún que incurre en deliciosas distracciones y cuenta a todos, a veces ante la incomprensión de los mayores, los menudos incidentes de su vida diaria: *Celia, lo que dice* (1932), *Celia en el colegio* (1932), *Celia en el mundo, Celia novelista* (1934), *Celia y sus amigos, Cuchifritín, el hermano de Celia* (1935), *Matonkiki y sus hermanos* (1938), *Celia en la revolución* (póstuma, 1987).

Celos Cervantes, que define los celos como «campos sutiles que entran por otros cuerpos sin romperlos, apartarlos ni dividirlos», nos ha dejado dos precisos personajes del celoso: Cañizares, del entremés *El viejo celoso*, y Carrizales, de la novela ejemplar *El celoso extremeño*. // Los celos son el protagonista central de la deliciosa comedia de José López Rubio *Celos del aire* (1950). V. CAÑIZARES; CARRIZALES.

Cementerio En la primera obra dramática de Antonio Gala, *Los verdes campos del Edén* (1963), un cementerio es el escenario de la acción, ya que en ese momento de sistema autoritario en nuestro país, por paradójico que pareciera, era posible vivir en un cementerio.

Centauro Flores Personaje alegórico-fantástico de la novela de Antonio Robles Soler *El refugiado Centauro Flores* (1944), donde se reflejan las luchas de nuestra guerra civil y de los exiliados—como el propio autor—en Méjico.

Central (cordillera) El *Libro de la montería*, de Alfonso XI, es, como apunta Criado de Val, «una auténtica joya no sólo para cuanto guarda relación con la caza, sino como guía insustituible a través de los montes, caminos y pueblos de la cordillera Central, en el siglo XIV».

Centurio De *La Celestina* (1499), de Fernando de Rojas, descrito a la manera de los jayanes del siglo XIV, es el gracioso o figurón que tiene por antecedente al *Miles gloriosus* del latino Plauto. V. CALISTO Y MELIBEA; CELESTINA; ELICIA Y AREUSA; SEMPRONIO Y PÁRMENO.

César Moncada Personaje central de la primera de las novelas que integran la trilogía *Las ciudades*, de Pío Baroja, *César o nada* (1910). César es el hombre de acción que, sacado de las intrigas cortesanas de la Roma eclesiásti-

ca, viene a parar en las intrigas caciquiles de un pueblo de Zamora con la noble idea de la regeneración, aunque fracasa.

Ceuta Ya aparece descrita en el *Poema de Alfonso Onceno*. En un romance del XVI inspirado en la *Crónica General*, se dice: «En Ceuta está don Julián, en Ceuta, la bien nombrada». En nuestro tiempo, Tomás Salvador evoca, en la novela *Cabo de vara* (1958), la vida del penal de Ceuta a fines del siglo XIX.

Chanfalla y Chirinos Coprotagonistas de *El retablo de las maravillas*, delicioso entremés de Cervantes. Se basa en el apólogo XXII de *El conde Lucanor*, del infante don Juan Manuel: el dueño del retablo, Chanfalla, y su compañera Chirinos, han descubierto que embaucando al prójimo se gana más que presentando fantoches, y así, en lugar de su acostumbrado espectáculo representan lo que llaman una escena mágica, es decir, engañan al público dándole gato por liebre.

Chiclana (Cádiz) En una casa-palacio de esta localidad vivió su infancia Cecilia Böhl de Faber, Fernán Caballero: la transformaría en el alcázar infantil que describe en su novela *No transige la conciencia*.

Chinchón (Madrid) «Desde la iglesia se baja a la plaza por callejas y escaleras que son como pasadizos y accesos interiores de un gran anfiteatro. La plaza, de planta irregular, está rodeada, como la enorme cazuela de un teatro, de dos y tres pisos... La plaza se usa como coso en las fiestas del pueblo; pero es tan bella, tan armoniosa y graciosamente proporcionada, tan llena de encanto popular, que ella misma es una fiesta permanente para los ojos. Una copa del rico aguardiente de Chinchón, bebida bajo sus propios portales, ayudará a calibrar bien la seca y fuerte y, a la vez, delicada graduación que tiene allí el vivir» (Gaspar Gómez de la Serna, *Castilla la Nueva*).

Chipiona (Cádiz) Antonio Machado centró en Chipiona la figura del por él inventado profesor y filósofo apócrifo Juan de Mairena.

Chirinos V. CHANFALLA Y CHIRINOS.

Chiruca De la comedia homónima —fácil y taquillera— (1941) y de su continuación *La duquesa de Chiruca* (1942), de Adolfo Torrado.

Chisgarabís V. PERO GRULLO.

Cíclope V. POLIFEMO Y GALATEA.

Cid, El Rodrigo Díaz de Vivar no es sólo un personaje histórico y un hombre lleno de valor, ternura y humanidad, sino un héroe mítico, por lo que se ha convertido en un personaje literario. Sobrio y austero lo retrata el *Poema*, leal a su rey Alfonso VI a pesar de la injusta humillación del destierro: «¡Dios, qué buen vasallo, si oviesse buen señor!». Se caracteriza, ante todo, por su mesura. El primer paso hacia la unidad española —anticipándose en más de tres siglos a los Reyes Católicos— lo da el Cid. Aunque su misión de héroe —el Cid campeador es el señor que campea, que lucha contra los moros— no le permite una vida familiar reposada, es prototipo del esposo fiel y buen padre de sus hijas. Así, ha podido ser elevado a símbolo del valor y de la hidalguía castellanos, por lo que desde las primeras manifestaciones de la épica hasta el romanticismo, y aun después, ha inspirado numerosas obras literarias. Ocupa el primer lugar, por su cronología e im-

portancia, el *Cantar de Mío Cid*, gesta castellana que Menéndez Pidal consideraba redactada hacia 1140, primero por un solo autor y luego —desde sus investigaciones de 1961— por dos, un juglar de San Esteban de Gormaz y otro de Medinaceli. El profesor Timoteo Riaño, por el contrario, sostiene que Per Abbat —un sacerdote de Fresno de Caracena, soriano, no es el copista, sino el autor, con lo cual retrasa su datación a 1207. El *Cantar* se divide en tres partes: el destierro, las bodas y la afrenta de Corpes y tiene evidente interés lingüístico, literario e histórico. Lo publicó Tomás Antonio Sánchez en 1779. Menéndez Pidal fijó y anotó el texto en 1908. De sus adaptaciones al castellano moderno cabe mencionar la de Pedro Salinas en verso, la de Alfonso Reyes en prosa y la de Camilo José Cela en verso romanceado. // Cronológicamente le sigue el *Cantar de Rodrigo* o *Mocedades de Rodrigo*, que narra las hazañas juveniles del Cid: hay una redacción en prosa, que se remonta a la *Crónica* de 1344, y otra vez en verso, fechada a comienzos del siglo XV, que se halla en la *Crónica rimada de las cosas de España*. // Del *Cantar de Rodrigo* derivan casi todas las obras relativas al héroe: el romancero del Cid y diversas obras de teatro. // Menéndez Pelayo agrupó los romanceros sobre el Cid en tres series: las mocedades de Rodrigo, la partición de los reinos y cerco de Zamora y conquista y castigo de los condes de Carrión. // En cuanto al teatro, destacan la *Comedia de la muerte del rey don Sancho y reto de Zamora*, de Juan de la Cueva; *Las almenas de Toro*, de Lope de Vega; y sobre todo, *Las mocedades del Cid* y *Las hazañas del Cid* —ambas publicadas en 1618—, de Guillén de Castro: de la primera de éstas deriva *Le Cid* (1636), del francés Corneille. Está inspirada a la vez en Guillén de Castro y en Corneille la comedia *El honrado de su padre* (hacia 1657), de Juan Bautista Diamante. Ya en el siglo XIX destacan el drama *Jura en Santa Gadea* (1845), de Hartzenbusch, y una novela histórica, *El Cid Campeador* (1851), de Antonio de Trueba. En el siglo XX el drama de Eduardo Marquina *Las hijas del Cid* (1908), y el emotivo poema «Castilla», de Manuel Machado. // En el *Poema* se basa la ópera *El Cid* (1885), con música de Massenet.

Cide Hamete Benengeli   No es en realidad un personaje, sino un fingido autor del *Quijote*, que constituye un aspecto de la parodia que en la famosa novela se hace de los libros de caballerías. Gracias a tal ficción Cervantes halla un hábil recurso narrativo para quedar él en segundo término.

Ciego, El   Personaje del *Lazarillo de Tormes* (1554). Es el primer amo al que sirve el protagonista, niño todavía, y al cual acompaña pidiendo limosna. El ciego—astuto y avaro—aparenta ser hombre devoto y sabe de remedios y oraciones, que ofrece a cambio de dinero. // El ciego como personaje colectivo lo incorpora Antonio Buero Vallejo en su obra dramática *En la ardiente oscuridad* (1950).

Cifar   Protagonista de la *Historia del caballero Cifar*, libro de caballerías del siglo XIV, no reimpreso hasta 1512, cuyo autor parece ser el arcediano Ferrant Martínez. Cifar es llamado caballero de Dios, al que la Providencia favorece con excelente fortuna. Su escudero Ribaldo le auxilia no sólo con proverbios—como Sancho a Don Quijote—, sino con sus manos y con su prudencia. La figura de Cifar se basa, sin duda, en la leyenda bizantina de san Eustaquio (o Plácido), modificada en el desenlace y mezclada con elementos hagiográficos, caballerescos y didácticos.

Cifuentes (Guadalajara)   «Al mediodía, los amigos entran en Cifuentes, un pueblo hermoso, alegre, con mucha agua, con mujeres de ojos negros y profundos, con comercios bien surtidos... Cifuentes es la capital de la Alcarria. La Alcarria se distingue por la miel, y donde más miel se da, es en el partido de Cifuentes» (Camilo José Cela, *Viaje a la Alcarria*).

Cigarra y Hormiga   Coprotagonistas de una de las más conocidas *Fábulas morales* (1781-1784) de Félix María de Samaniego: la cigarra, símbolo de la despreocupación; la hormiga, de la previsión y el trabajo.

Cigarral   Nombre genérico de la casa toledana de recreo, rodeada de huerta y situada por lo general en las afueras, junto al río Tajo, es escenario de la obra en prosa de Tirso de Molina *Los cigarrales de Toledo*. A la manera bocaciana del *Decamerón*, unos nobles y sus amigos se reúnen durante cuarenta días en sus cigarrales, obligándose cada uno a divertir a los demás. Así, se hilvana un relato de aventuras amorosas, incluyéndose varios poemas y tres piezas teatrales: *El vergonzoso en palacio*, *Cómo han de ser los amigos* y *El celoso prudente*.

Cintia   Bajo la influencia del latino Propercio, es el nombre dado a su musa literaria, en sus *Poemas*, por Bartolomé Leonardo de Argensola.

Cipión y Berganza   Coprotagonistas del *Coloquio de los perros*, de Cervantes, intercalado en la novela ejemplar *El casamiento engañoso* (1613). Cipión y Berganza, perros del hospital de la Resurrección, en las afueras de Valladolid, poseían la facultad de hablar durante la noche: en Berganza domina la fantasía; en Cipión, la prudencia y la gravedad.

Cipriana, del *Buscón* (1625) de Quevedo, es prototipo de la vieja hipócrita.

Cipriano Protagonista del drama de Calderón *El mágico prodigioso* (1637) —que tiene su modelo inmediato en *El esclavo del demonio* de Mira de Amescua y es antecedente del *Fausto* de Goethe—, es un joven estudiante de Antioquía que al leer un oscuro pasaje de Plinio el Viejo, está a punto de lograr la intuición de Dios. Pero el diablo le tienta y le hace precipitarse hacia la belleza de Justina; mas cuando intenta abrazarla se encuentra con un esqueleto. Desilusionado, volverá a la luz de Dios. En este personaje confluyen la leyenda hagiográfica—escrita por Simeón Metaphrastes—relativa al pacto de Cipriano y su conversión y los elementos, entre simbólicos y espectaculares, de una comedia de enredo.

Circe Esta maga mítica, que en el libro X de *La Odisea* homérica transforma en animales a los compañeros de Ulises, es recreada por Lope de Vega en el poema *Circe* (1624) y por Calderón en el auto sacramental *Los encantos de la culpa* (1649) y en la comedia *El mayor encanto, amor* (1635).

Ciro el Grande, emperador de los persas, es recreado por Lope de Vega en la mejor de sus comedias de historia antigua—basada en Herodoto—, *Contra valor no hay desdicha* (h. 1625-1630).

Cisneros El famoso cardenal Francisco Jiménez de Cisneros es llevado a la novela histórica *Fray Francisco* por Luis Coloma y al teatro por José María Pemán en el drama *Cisneros* (1934).

Ciudad V. CORTE Y ALDEA.

Ciudad Real La encarnación más pura de la simple belleza horizontal, conjugada con la diafanidad de su cielo, esto es, el paisaje meseteño, debe buscarse en los llanos de Ciudad Real hacia Albacete, en la que podríamos llamar la jurisdicción ideal de don Quijote, tan bien descrita por Cervantes y luego por Azorín, Francisco García Pavón, Eladio Cabañero, Juan Alcaide y José Antonio Vizcaíno, entre otros. V. MANCHA, LA.

Ciudad Rodrigo (Salamanca) «Es una ciudad colocada en una eminencia, rodeada de murallas... Tiene hermosas casas de sillería con grandes escudos, un magnífico ayuntamiento y un castillo derruido: el de don Enrique de Trastámara» (Pío Baroja, *Los recursos de la astucia*, XIII).

Clara, una mujer educada y prudente que acepta el amor tal cual es, como una revelación, protagoniza la comedia de Calderón *Guárdate del agua mansa* (1649), una de las más ágiles del gran dramaturgo. // Clara es la joven astuta que esconde sus frivolidades con fingidos rubores en la comedia de Leandro Fernández de Moratín *La mojigata* (1804). // Clara, víctima de celos infundados, es la protagonista de la comedia dramática de Manuel Tamayo y Baus *La bola de nieve* (1856).

Clara Aldán protagoniza la trilogía de Gonzalo Torrente Ballester *Los gozos y las sombras* (1957-1962).

Clara Diana, curioso personaje del monje cisterciense Bartolomé Ponce, *Clara Diana a lo divino* (1582), transposición mística de la *Diana* de Montemayor: el autor quiso dirigir a la Virgen los elogios a que había dado lugar la belleza de aquélla.

Claridiana Personaje de la novela *El caballero del Febo*, citada por Cervantes en la primera parte del *Quijote*.

Clavijo y Fajardo, José Este erudito escritor canario, educado en Francia, donde hizo amistad con Voltaire, Buffon y otros escritores y mantuvo una relación amorosa con una hermana de Beaumarchais (a la que éste hace referencia en sus *Memorias* y en la comedia *Eugenia*), prototipo del caballero español que supo superar una existencia desordenada, acabó siendo él mismo un personaje tal que atrajo la atención del gran poeta alemán Goethe, a quien inspiró la tragedia *Clavijo*.

Clavileño El carácter brioso de este caballo de madera, que para diversión de los duques había de llevar por los aires a don Quijote y Sancho hasta la fabulosa Candaya, procede sin duda de apólogos orientales y tiene un precedente clásico en el homérico caballo de Troya. V. CANDAYA.

Clemencia Protagonista de la novela homónima (1852) y en parte autobiográfica—pues recuerda su desdichado primer matrimonio—de Cecilia Böhl de Faber, Fernán Caballero. Clemencia, huérfana sumisa, arruina su felicidad al casarse por obediencia con un libertino, el marqués de Valdemar, quien morirá poco después. Más tarde encontrará en Pablo (que encubre a Federico Cuthlert, el gran amor de la autora) la felicidad.

Cleopatra, la fabulosa reina de Egipto ha inspirado diversas obras literarias—basadas en las *Vidas paralelas* de Plutarco—a Jodelle, Sa de Miranda, Shakespeare, Gautier y Bernard Shaw. // En la literatura española es notable la comedia de Francisco de Rojas Zorrilla *Los áspides de Cleopatra*, una de las pocas obras de nuestro siglo de oro con verdadero clima trágico.

Cleopatra Pérez Protagonista de la novela homónima (1884) de José Or-

tega Munilla, que da origen a otras novelas aristocráticas, llamadas así por su ambientación, tales como *La Montálvez* (1888) de Pereda y *Pequeñeces* (1891) del padre Coloma.

Clérigo y Caballero V. ELENA Y MARÍA.

Clérigo de Maqueda, El Personaje del *Lazarillo de Tormes* (1554). Segundo de los amos de Lázaro, es un avaro que guarda los bodigos o panes votivos en un arca cerrada con llave.

Clori V. ROXANA Y CLORI.

Cofradía del Avellano (Granada) Así como Pedro Antonio de Alarcón había formado parte de la tertulia literaria La Cuerda Granadina, Ángel Ganivet—con Afán de Ribera, Almagro San Martín y otros escritores—constituiría otra tertulia, la de la Cofradía del Avellano, que se reunía en el bello paraje de la fuente del mismo nombre, en las afueras de Granada.

Colón, Cristóbal escribe una autobiografía en su desaparecido *Diario de a bordo* (1492-93), transcrito parcialmente por fray Bartolomé de las Casas, en el cual se muestra fluctuando a lo largo del viaje entre la euforia y la incertidumbre. // Como personaje histórico ha inspirado algunas obras literarias: la comedia de Lope de Vega *El Nuevo Mundo descubierto por Colón*; los «Recuerdos de un grande hombre», uno de los mejores *Romances históricos* (1841), del duque de Rivas; el poema *Colón* (1852), de Ramón de Campoamor y la novela póstuma *En busca del Gran Khan* (1929), de Vicente Blasco Ibáñez.

Comendador de Ulloa Don Gonzalo de Ulloa—antagonista de don Juan—aparece ya en *El burlador de Sevilla* (hacia

1630), atribuida a Tirso de Molina, y luego en *Don Juan Tenorio* (1844), de Zorrilla.

Concha, de las *Sonatas* de Ramón del Valle-Inclán, a la vez mística y sensual, representa muy bien la fusión amor-voluptuosidad-muerte

Concha Puerto, de la comedia de los hermanos Serafín y Joaquín Álvarez Quintero *Puebla de las Mujeres* (localidad por ellos inventada que se identifica con Moguer; 1912) es una seductora muchacha que aspira a casarse y hace caer en sus redes al joven abogado Alfonso, que ha ido allí a resolver ciertos asuntos familiares.

Conde Alarcos Personaje central de un romance juglaresco muy divulgado en el siglo XV: una infanta pide al rey, su padre, que la case con el conde Alarcos, el cual, aunque tiene mujer e hijos, le dio prendas de amor. Por orden del rey, el conde mata a su esposa; luego morirán también los culpables, emplazados por aquélla ante la justicia divina. Tan trágica historia pasará también al teatro: en *La fuerza lastimosa*, de Lope de Vega, imitada por Harsdörfer; en *El valor perseguido y traición vengada*, de Pérez de Montalbán; y en *El conde Alarcos*, de Guillén de Castro, luego imitado con el mismo título por Lope de Vega, Mira de Amescua, J. J. Milanés y Jacinto Grau, y fuera de España por Schlegel.

Conde de Albrit V. ABUELO.

Conde Arnaldos V. ARNALDOS.

Conde Claros Personaje del romancero. Es una reminiscencia de la leyenda de Eginhardo o Gerineldo, secretario de Carlomagno, de quien se enamoró Emma, hija del emperador: «Media noche era por filo, / los gallos querían cantar; / conde Claros por amores / no podía reposar».

Conde Irlos Hombre de acción procedente del romancero, protagoniza la comedia homónima de Guillén de Castro, que pudo influir en las comedias caballerescas de los seguidores de Calderón (Cubillo de Aragón, Rojas, Zorrilla, etc.).

Conde Lozano Como otros personajes poéticos del ciclo de romances del Cid, la figura del conde Gómez de Gormaz, llamado el conde Lozano, carece de fisonomía única. Las distintas versiones sí tienen un punto común, la lozanía—es decir, la fuerza, la altivez—del conde, aspecto que también hallamos en el *Cantar de Rodrigo* y en *Las mocedades del Cid*, de Guillén de Castro.

Conde Lucanor Protagonista del *Libro de los enxiemplos del conde Lucanor et de Patronio*, del infante de Castilla don Juan Manuel, escrito en 1335 pero no impreso hasta 1575. Viene a ser una reflexión autobiográfica del propio autor—escrita para ser legada a sus descendientes—, puesto que refleja a un gran señor que expone a su leal consejero Patronio los casos vividos o muy singulares—a veces un tanto vagos y difusos—que llegan a su conocimiento.

Condenado por desconfiado, El V. PAULO.

Condesa traidora Protagoniza un romance amoroso del siglo XV conservado por las crónicas, que acaban generando dos versiones de la leyenda. En la primera variante de la *Crónica najerense*, doña Sancha—esposa de Garci-Fernández, hijo de Fernán González y segundo conde de Castilla—, deseosa de casarse con Almanzor, le traiciona; pero esta situación aún se complica en la *Estoria de España*, según la cual el conde se casó dos veces, siendo traicionado por las dos condesas. // El personaje pasa luego al teatro: en la tragedia *Sancho García* (1771), de José Cadalso; en la tragedia de Cienfuegos *La condesa de Castilla*; y en el drama *Sancho García* (1842), de José Zorrilla.

Conquistadores, Los   Los conquistadores como personaje colectivo tienen una destacada presencia en las obras de los historiadores de Indias españoles de los siglos XVI y XVII, y muy particularmente en la *Historia verdadera de la conquista de Nueva España* (1632), de Bernal Díaz del Castillo. Este autor, prototipo de escritor-soldado del siglo de oro y expedicionario a Méjico con Hernán Cortés, recogió con frases cortas y expresividad llana, llena de frescura y espontaneidad, la aventura de los conquistadores españoles. // Protagonistas de *Los conquistadores* (1918) de José María Salaverría son también los españoles que llevaron a cabo la conquista y colonización de América; aunque con exagerado idealismo, el autor intenta una plausible exégesis de aquellos hombres arriesgados.

Consolación   De la comedia *El genio alegre* (1906), de Serafín y Joaquín Álvarez Quintero: es una muchacha de irresistible encanto, capaz de traer a la vieja casona de su tía una ráfaga saludable de gracia y juventud. Consolación, que acabará enamorando de verdad a su primo—mujeriego y superficial—, es además una gentil profesora de optimismo, aunque sea sólo por la alegría de haber nacido.

Constancia   Protagoniza la novela ejemplar de Cervantes, *La ilustre fregona*, ambientada en el mesón del Sevillano, cerca de Zocodover, en Toledo. Tomás

de Avendaño y su amigo Diego de Carriazo se aposentan en el mesón. Atraído Tomás por la belleza de Constancia, moza del mesón, se hace mozo del mismo. Se descubre al fin que la bellísima fregona es de familia ilustre, y su padre la reconoce. El fingido mozo se casará con ella. Para algunos se trata de un personaje real, hija de una noble dama que la dio a luz en el mesón; para otros supone una referencia a la hija natural del autor, Isabel de Saavedra. // En nuestro siglo ha inspirado la zarzuela *El huésped del Sevillano*, con libreto de Juan Ignacio Luca de Tena y música de Jacinto Guerrero. // Distinta es la Constancia de la novela de Juan Valera *Las ilusiones del doctor Faustino* (1875), un símbolo de orgullo y egoísmo femeninos.

Consuelo   Protagonista de la comedia homónima (1870) de Adelardo López de Ayala, es la mujer vana y ambiciosa que prefiere el lujo y la riqueza al verdadero amor; al final se ve abandonada de todos.

Contreras, Alonso de   De humilde familia, se alistó a los catorce años en las tropas de Flandes, desertando de ellas para enrolarse como corsario contra los turcos en las galeras de Pedro de Toledo, en las que llegó a capitán de fragata. A su regreso a España se hizo ermitaño en el Moncayo, de donde lo sacaron para procesarle, acusado de ser el rey oculto de los moriscos. Absuelto de este proceso, que inspiró a su amigo Lope de Vega la comedia *Rey sin reino*, volvió a pelear en Flandes y en Italia y marchó después a Puerto Rico. En 1630 comenzó a redactar el *Discurso de mi vida*, que parece una novela pero no es sino su vida misma, plagada de lances y aventuras, rápida y concisamente relatada, por lo que resulta una lectura apasionante. // La figura de Alonso de Contreras la ha recreado literariamente

Convidado de piedra, El

Torcuato Luca de Tena en *La otra vida del capitán Contreras* (1953), donde se funden historia y fantasía.

Convidado de piedra, El   Tirso de Molina, en *El burlador de Sevilla y convidado de piedra*, obra teatral a él atribuida (hacia 1630), decide traer una estatua a cenar: no es la sombra de un fantasma, como en el *Macbeth*, de Shakespeare, sino un personaje de granítica solidez. Esto—como dice el hispanista británico Bell—«sólo lo ha podido imaginar un escritor español. El español, al aceptar lo sobrenatural, lo hace de una forma concreta y evidente».

Convivencia   Ricardo Rodríguez Buded hace de la convivencia forzosa el protagonista colectivo de la comedia *La madriguera* (1960), donde aparecen varias familias obligadas a vivir realquiladas en una misma casa.

Cordera   De «¡Adiós, Cordera!», el cuento más conocido de Leopoldo Alas, Clarín: se trata de una vaca que, en las plácidas praderas de Oviedo, acompaña a los huerfanitos Rosa y Pinín. Pero un día aciago la vaca cambia de dueño y se irá en un tren de ganado, camino del matadero. Los dos niños se quedarán solos.

Córdoba   Como escenario literario, el duque de Rivas evoca en *El moro expósito* (1834) la Córdoba del siglo x de un modo anacrónico y pintoresco. Fernández Grilo ha sido considerado el poeta romántico de Córdoba (debido a poemas como «A las ermitas de Córdoba»). Don Juan Valera pintó en sus novelas el medio andaluz y muy singularmente los patios cordobeses. Como dijo Azorín, «Córdoba es don Juan Valera». Otra visión distinta es la que ofrece Pío Baroja en *La feria de los discretos* (1905), donde describe la ciudad y pinta el ca-

rácter de sus gentes, reflejado en las cordobesas Rafaela y Remedios. Diferente es la visión estilizada, cerrada y solitaria de García Lorca: «Córdoba para morir... / Córdoba, lejana y sola». Manuel Machado ya le había dedicado antes este verso definitorio: «Romana y mora, Córdoba callada».

Coria (Cáceres)   Dice Pío Baroja en *Los recursos de la astucia*: «Coria, más que un pueblo con una catedral, es una catedral con un pueblo. Es una ciudad levítica por excelencia».

Coriolano   Nombre tomado del famoso general romano, es uno de los interlocutores—los otros son Pacheco, Marcio y el propio autor—del *Diálogo de la lengua* (1534) de Juan de Valdés en torno al ennoblecimiento de ésta.

Corneja   Protagoniza alegóricamente la sátira de Juan Pablo Forner contra Vargas Ponce, *La corneja sin plumas* (1795).

Cornelia   Personaje central de la novela ejemplar de Cervantes *La señora Cornelia* (hacia 1615), hermosa y noble dama de Bolonia seducida por el duque de Ferrara bajo palabra de matrimonio.

Coronada   Personaje de las obras *Malditas sean Coronada y sus hijas* (1949), *Coronada y el toro* (1982) y otras posteriores, pertenecientes al «teatro furioso» de Francisco Nieva.

Corpes (robledal de)   Lugar o escenario natural donde los infantes de Carrión perpetraron la afrenta y abandono de sus esposas, doña Elvira y doña Sol, las hijas del Cid. Según ciertas opiniones, se corresponde topográficamente con la villa soriana de Castillejo de Robledo.

Corregidor, El De *El sombrero de tres picos* (1874) de Pedro Antonio de Alarcón—deliciosa novela corta que inspiraría al compositor Manuel de Falla—, es, pese a la categoría de su cargo, el viejo audaz y libertino que, atraído por la gracia y la belleza de la molinera, la «señá» Frasquita, pretende conquistarla y no lo consigue. V. FRASQUITA; TÍO LUCAS.

Corrupción Protagonista colectivo o ambiental de no pocas novelas de nuestro tiempo, como *Las corrupciones* (1965), de Jesús Torbado, *El ayudante de verdugo* (1971) y *Relato de ambigú* (1989), de Juan Pedro Aparicio.

Cortadillo V. RINCONETE Y CORTADILLO.

Corte y aldea Ya en la poesía latina—en el *beatus ille* de Horacio—se inicia el tópico tradicional de enfrentar estos dos escenarios: las cortes o ciudades—símbolo de vicio y corrupción—y las aldeas y el campo, paradigma de virtud y sencillez. // En la literatura española cabe destacar, en esta línea horaciana, el *Menosprecio de corte y alabanza de aldea* (1539), de fray Antonio de Guevara. En nuestro siglo, Jacinto Benavente enfrenta ambos escenarios en la comedia costumbrista *Al natural* (1903); Antonio de Obregón en la obra poética *El campo, la ciudad, el cielo* (1929); Manuel Arce, en la novela *Pintado sobre el vacío* (1958). // La corte es el personaje central del ciclo de Valle-Inclán *El ruedo ibérico*, que se inicia con *La corte de los milagros* (1922), donde recrea la España de Isabel II y de la restauración de forma esperpéntica y demoledora. // Las Cortes de Cádiz (1812) son el protagonista de fondo del drama histórico *Cuando las Cortes de Cádiz* (1934), de José María Pemán. Por su parte, el novelista Ramón Solís ofrece una esplén-dida interpretación histórica de la época en el ensayo *El Cádiz de las Cortes* (1958).

Cortés, Hernán, el famoso conquistador, es personaje él mismo en sus *Cartas de relación* (1519-1526), donde refiere sus hazañas. También es personaje destacado de diversas obras de los historiadores de Indias, y en especial de la *Historia verdadera de la conquista de Nueva España*, del escritor y soldado Bernal Díaz del Castillo.

Coruña, La Emilia Pardo Bazán ha dado a su ciudad natal el nombre de Marineda, con el cual aparece en algunas de sus narraciones (*Insolación, Cuentos de Marineda*, etc.). Unamuno, sensible como pocos al paisanaje, dice en *Andanzas y visiones españolas*: «Respiré sobre todo en La Coruña un aire social de tolerancia y amplitud de criterio que contrasta con el hosco inquisitorialismo que nos sofoca en otras partes de España». Escritores más próximos en el tiempo, como Victoriano García Martí (*Galicia, la esquina verde*), Mariano Tudela (*El libro de Galicia*), José María Castroviejo (*Galicia, guía espiritual de una tierra*) o Camilo José Cela (*Del Miño al Bidasoa, Páginas de geografía errabunda*) describen muy diversos aspectos de la ciudad.

Covadonga (Asturias) Dice Ramón Pérez de Ayala, en *Rincón asturiano*: «Covadonga es una palabra mágica. Es la flor de la leyenda. Es natural que la España moderna se haya originado en Covadonga, porque en Covadonga y su contorno radica el paisaje más eminente, fragoso, bronco y selvático de toda España». // En la tradición española, este paraje montañoso de Asturias es la cuna de la reconquista, donde se hicieron fuertes los monarcas cristianos—los reyes godos—tras la entrada de los musulmanes en la península.

Covaleda (Soria) Su paisaje de pinos y su espíritu se reflejan fielmente en la *Elegía en Covaleda* (1960), donde la evoca desde la niñez y ante el recuerdo de su padre muerto el poeta José García Nieto.

Covarrubias (Burgos) «Es más que un repertorio de monumentos ilustres. Es un ambiente, uno de esos ambientes cerrados con todo el tiempo junto. Y, además, no padece, como los más de ellos, de la melancolía del abandono» (Dionisio Ridruejo, *Castilla la Vieja*).

Crisanto y Daría Coprotagonistas de la leyenda piadosa homónima de Calderón: prefieren el martirio al amor terrenal.

Crispín Tiene sus antecedentes en la *commedia dell'arte* italiana, en la cual es el criado complaciente. En la literatura española, aparece en algunas comedias de Francisco de Rojas y en otros dramaturgos del siglo de oro, de donde la adaptó a la escena francesa Scarron. Pero se perfila con singulares trazos en *Los intereses creados* (1907), de Jacinto Benavente. En esta obra es algo más que un servidor ladino y sin escrúpulos. Posee a la vez el espíritu del gracioso y el pesimismo del pícaro, dentro de un gran sentido práctico. «Todos llevamos—dice Crispín—en nosotros a un gran señor de altivos pensamientos, capaz de todo lo grande y de todo lo bello, y a su lado, al servidor humilde, el de las ruines obras, el que ha de emplearse en las bajas acciones a que obliga la vida». V. LEANDRO.

Cristina Protagoniza el entremés de Cervantes *La guarda cuidadosa* (hacia 1615), que es un delicioso cuadro costumbrista. La fregona Cristina, cortejada por un sacristán con dinero y un solda-

do fanfarrón sin un cuarto, acabará prometiéndose en matrimonio con aquél. // V. RODRIGO Y CRISTINA.

Cristino Un ermitaño, a quien el dios Amor hace colgar los hábitos tentándole con la hermosura de una ninfa, es el protagonista de la farsa de Juan del Encina en forma de égloga titulada *Cristino y Febea*.

Cristo La historia intensamente dramática de la vida de Cristo, magníficamente reflejada en las escenificaciones religiosas de la Natividad, la Epifanía, la Pasión y la Resurrección, impresionó fuertemente la imaginación popular española. Así, la figura de Cristo aparece ya en el poema hagiográfico de mediados del siglo XIII, *Libro de la infancia y muerte de Jesús*, anónimo, conocido también por el extraño título que por error le puso algún copista, *Libre dels tres reys d'Orient*. En el siglo XVI tenemos el *Retablo de la vida de Cristo* (1505), hermoso ejemplo de poesía evangélica narrativa del monje Juan de Padilla, más conocido como «el Cartujano»; el *Auto de la Pasión* (hacia 1540), de Lucas Fernández, patética rememoración escénica basada en los oficios de la Semana Santa; la obra del beato Alonso de Orozco *De nueve nombres de Cristo*, editada en 1888 por el padre Muiños, quien ve en ella el antecedente de la muy famosa *De los nombres de Cristo* (1583), de fray Luis de León, o de las dos significativas obras de fray Luis de Granada, *Vita Christi* (1561) e *Introducción al símbolo de la fe* (1583-1585). En el siglo XVII, la epopeya de Diego de Hojeda *La Cristiada* (1608), en torno a la Pasión, cuyo modelo fue una obra latina de Jerónimo Vida; el poema de Luis Belmonte Bermúdez *La aurora de Cristo* (1616); los *Epigramas y jeroglíficos a la vida de Cristo* (1635) de Alonso de Ledesma; el soneto «A Cristo Crucificado» («No me mueve, mi Dios, para quererte...» que se imprime por primera vez en el año 1628, en la *Vida del espíritu*, de Antonio de Rojas: es anónimo, aunque se haya atribuido a san Ignacio, a san Francisco Javier, a santa Teresa, a Lope de Vega, a fray Pedro de los Reyes y a fray Miguel de Guevara; o la *Pasión de Nuestro Señor Jesucristo* (1638), poema en tercetos de Francisco de Borja y Aragón, príncipe de Esquilache. A caballo entre los siglos XVIII y XIX el abate Marchena, literato revolucionario y descreído, escribió una célebre oda, notable por la intensidad de su fe, titulada *A Cristo crucificado*. Tras esta superabundancia en el barroco, y luego de cierta sequía en el racionalista siglo XVIII, se puede recordar, en el XIX, el *Himno al Mesías*, una de las mejores composiciones de Gabriel García Tassara, y la pieza teatral de Enrique Pérez Escrich *La pasión y muerte de Jesús* (1856), que se llegó a representar como un espectáculo edificante en los viernes de cuaresma. En el siglo XX, Miguel de Unamuno ha glosado la figura de Cristo en su poema religioso «El Cristo de Velázquez» (1920): tras los salmos de este gran poema escribió uno de sus más profundos ensayos, *La agonía del cristianismo* (1924), donde vibra su acendrado sentimiento religioso. Por su parte, el fino prosista Gabriel Miró, en las *Figuras de la Pasión del Señor* (1916), obra sutil y rica en simbolismos, ofrece una serie de plásticas estampas. Con la aparición—durante la guerra civil—de sus *Tres cantos a Cristo crucificado*, se convierte José Bergamín en uno de nuestros más significativos sonetistas. Poco después se publica *Retablo sacro del nacimiento del Señor* (1940), de Luis Rosales, uno de los mejores libros de poesía religiosa de nuestro tiempo. Mercedes Salisachs recrea la muerte de Jesús en su novela histórica *El declive y la cuesta* (1946). José Martín

Recuerda, en la obra dramática (no estrenada, publicada en 1969) *El Cristo*, viene a dar un aldabonazo frente a cierta actitud de incomprensión religiosa. Fernando Arrabal, dentro de su teatro del absurdo, escribe *El triunfo extravagante de Jesucristo* (1982). Camilo José Cela lo inviste con los atributos del pantocrátor en una tierra norteamericana, levítica y homicida, en la novela *Cristo versus Arizona* (1988).

Cristóbal de Lugo, personaje real que desde la vida del hampa de Sevilla pasó a la santidad ofreciendo a Dios sus propios méritos y cargando con las culpas de una pecadora impenitente, es el protagonista del único drama de santos de Cervantes, *El rufián dichoso* (1615).

Cristollán de España Protagonista de un libro de caballería del mismo nombre, del siglo XVI.

Critilo Personaje alegórico de la novela filosófica de Baltasar Gracián *El criticón* (1651). Representa la vida civilizada, la reflexión, la experiencia. Viene a ser el hombre ideal, una versión española del cortesano renacentista de Castiglione, en contraposición al otro personaje gracianesco, Andrenio, que es el instinto. V. ANDRENIO.

Cudillero (Asturias) Este bellísimo puerto de pescadores es el escenario, con el nombre literario de Rodillero, de la novela *José* (1885), de Armando Palacio Valdés.

Cuenca Aparece, como escenario literario en el siglo de oro, en el poema *Angélica y Medoro*, de Góngora, quien recuerda, asimismo, en *Las soledades*, su viaje por la ciudad y los bailes de las serranas; también es interesante la descripción de Cuenca, casi más romántí-

Cuerda Granadina

ca que histórica, del padre Mariana. En los siglos XIX y XX le han dedicado su atención José María Quadrado, el francés Davillier, Unamuno, Baroja, Eugenio d'Ors, Eugenio Noel, Gerardo Diego, González Ruano, Pedro de Lorenzo, Cela y Meliano Peraile, entre otros. Pero si hay un caso de fusión constante e íntima entre un poeta y una ciudad, ése es el de Federico Muelas con su Cuenca nativa (*Cuenca en volandas*, *Rodando en tu silencio*, el soneto «Cuenca»). Cabe mencionar también a Raúl Torres (*Guía secreta de Cuenca*, 1977) y a Luis Calvo, José Luis Muñoz, José Ángel García o Juan Ruiz Garro, entre otros.

Cuerda Granadina   V. COFRADÍA DEL AVELLANO.

Cuerpo   V. ALMA Y CUERPO.

Cueva de Salamanca   V. SALAMANCA.

Culta latiniparla   De *La culta latiniparla. Catecismo de vocablos para instruir a las mujeres cultas y hembrilatianas*, sátira de Quevedo contra el culteranismo, y en especial contra la moda femenina de hablar afectadamente. Ridiculiza a este personaje, tanto humano como literario, que tiene su trasunto francés en las *précieuses* de Molière (*Les précieuses ridicules*).

Cura   Es, en nuestras letras, personaje de larga tradición. Lo encontramos en el *Quijote* con una mentalidad todavía medieval, como demuestra en el escrutinio y consiguiente auto de fe de la biblioteca del caballero andante. En el siglo XIX hallamos otros curas literarios: *El cura de aldea* (1861), protagonista de esta novela de Enrique Pérez Escrich; el de la novela de Galdós *Doña Perfecta* (1876), antipático y símbolo

del oscurantismo; y el de otra novela, *La fe* (1892), de Armando Palacio Valdés, un pobre cura rural asturiano del que se enamora una beata, lo cual produce en el ingenuo sacerdote el problema de la duda religiosa. En las letras españolas del siglo XX se hace frecuente la figura del cura enfrentado ya no sólo a las tentaciones de la carne, sino también a las contradicciones entre la fe y la lealtad a la institución eclesiástica, o entre las injusticias socio-políticas y la doctrina social de la Iglesia. Personaje destacado de la novela *Réquiem por un campesino español* (1960), de Ramón J. Sender, es un cura, mosén Millán. Un cura milagrero en conflicto con la sociedad que le rodea protagoniza la novela de José Luis Martín Descalzo, *La frontera de Dios* (1956). La prosa sutil y movida por un humor delicioso de Álvaro Cunqueiro nos ofrece las *Crónicas del sochantre* (1959), un cura gallego y socarrón. Y, en fin, los curas posconciliares o de nuevo signo, como *Los curas comunistas* (1965), de José Luis Martín Vigil o *La boda del señor cura* (1977), de Fernando Vizcaíno Casas, sobre el cura que se seculariza y se casa. V. MOSÉN MILLÁN.

Cura de Almuniaced, El   Protagonista de la novela corta homónima (1950), de José Ramón Arana: es el párroco rural que sufre, desde el bando republicano, el odio y la violencia de la guerra civil.

Cura Merino, El   V. MERINO, MARTÍN.

Cura de Monleón, El   El protagonista de esta novela de Pío Baroja, Javier Olarán, joven sacerdote vasco, aparece dominado por la duda.

Cura de los Palacios, El   Protagonista de la novela homónima del siglo

XV, de autor desconocido, con evidentes influencias italianas.

Currita Albornoz, de la novela *Pequeñeces* (1913), del padre Luis Coloma,
posee todos los defectos de la mujer
mundana e inmoral del siglo XIX: orgullosa, cínica, protectora de sus amantes

y dotada de una increíble capacidad de
disimulo.

Currito de la Cruz Protagoniza
la novela homónima (1921) de Alejandro Pérez Lugín: es el inclusero que
llega a matador de toros, a comienzos
del siglo XX.

D

Dafnis y Cloe, la joven pareja de enamorados de la novelita griega de Longo—que ya había recreado Juan Valera en su magnífica versión castellana—reaparece en nuestra literatura al protagonizar un poema de Mauricio Bacarisse.

Daganzo (Madrid)   Escenario del entremés caricaturesco de Cervantes *La elección de los alcaldes de Daganzo* (hacia 1615), en que satiriza a los pretendientes a ese cargo.

Dama Boba   V. FINEA.

Dama Duende   V. DOÑA ÁNGELA.

Dama errante, La   V. ARACIL, MARÍA.

Dandolo   V. JUAN DANDOLO.

Daniel   Protagonista de la obra dramática de Antonio Buero Vallejo *La doble historia del doctor Valmy* (escrita en 1964 pero no estrenada hasta 1976), es un torturador en su vida profesional y un esposo y padre normal en su vida familiar. // Daniel «el Mochuelo» protagoniza la novela de Miguel Delibes *El camino* (1950) y reaparece en su continuación, *Las ratas* (1962), obras en las que el autor hace una crítica de las ciudades, a las que considera enemigas de la vida natural.

Daría   V. CRISANTO Y DARÍA.

David   Esta figura bíblica, recogida del *Libro de los reyes*, es recreada por Cristóbal Lozano en su trilogía ascético-histórica formada por *David perseguido*, *El rey penitente David arrepentido* y *El gran hijo de David más perseguido* (1663-1673). // El David ciego que representa el afán de superación de sus propias limitaciones físicas protagoniza la obra dramática de Buero Vallejo *El concierto de San Ovidio* (1962).

Delincuente honrado, El   Torcuato es el protagonista de la comedia así titulada de Gaspar Melchor de Jovellanos (1774): no puede evitar el duelo contra un rival y le da muerte, de lo que se justifica, pues no mató por crueldad sino obligado a ello por su honor.

Delio   V. DIANA.

Demetrio, llamado «el falso Demetrio», usurpador del trono de Rusia, protagoniza el drama histórico de Lope de Vega *El gran duque de Moscovia y emperador perseguido* (hacia 1606), que más tarde llevarían a la escena el autor italiano Metastasio y el poeta alemán Schiller.

Desconocido   Un soldado de la División Azul (tropas voluntarias españolas que combatieron junto a los alemanes en la guerra mundial 1939-1945), repatriado de Rusia en 1954 y que al volver a España se siente «desconocido», pues el tiempo y las circunstancias le han alejado de sus afectos e ilusiones de antaño, protagoniza la novela homónima (1955), de Carmen Kurtz.

Desengaño Personaje alegórico de *El mundo por dentro* (1610), de *Los sueños* de Quevedo, al cual sirve de guía para visitar la calle mayor de la Hipocresía.

Desheredada, La V. ISIDORA RUFETE.

Desilusión Personaje alegórico de *El mundo por dentro* (1610), uno de *Los sueños* de Quevedo.

Desterrados, Los Estos hombres no integrados en la sociedad o marginados de ella (suicidas, locos, abandonados, vagabundos) son los personajes de la obra homónima (1947) del poeta Rafael Morales.

Deus ex machina En el teatro clásico griego y latino, era un dios que bajaba por medio de un mecanismo hasta el escenario, ya para rescatar al protagonista, ya para resolver un posible conflicto. En el drama moderno corresponde a este artilugio un personaje, alegórico o convencional, capaz de solucionar una situación imprevista.

Diablo Este personaje es común a todas las tradiciones religiosas, populares y literarias, en las que aparece con este nombre general dado a los ángeles rebeldes, o los nombres individuales de Demonio, Lucifer, Satanás, Belcebú, Mefistófeles, el Enemigo, el Maligno, y otras veces, con apelativos burlescos, como Pedro Botero. El tema del pacto con el diablo queda fijado en la leyenda de Teófilo, que a partir del siglo XVI se difunde por todas las literaturas europeas. Pero antes, ya en el siglo XIII, Berceo lo incluye en los *Milagros de Nuestra Señora*, y luego, en el XVII, Calderón lo recoge en *El mágico prodigioso* (1637). // Con carácter satírico-burlesco costumbrista aparece en *El diablo cojuelo*, conocida novela (1641) de Luis Vélez de Guevara. Este personaje, que junto con el estudiante madrileño don Cleofás levanta los tejados de las casas, tratando de curiosear los misterios de la ciudad y de sus gentes (algo así como el revoltoso Puck, de Shakespeare), era muy conocido en la literatura popular y en nuestro folclore, de donde lo tomó el autor. // A Vélez de Guevara se debe también la comedia *El diablo está en Cantillana* (1622), que presenta al rey don Pedro el Cruel, o el Justiciero, en una de las tantas historias que se le atribuyen: la de querer hacer suya a Esperanza, la cual, a fin de evitarlo, se finge un diabólico fantasma. // Ya en el siglo XIX, José de Espronceda presenta en su ambicioso e inacabado poema *El diablo mundo* (1839-1841) la diabólica metamorfosis de un anciano en un joven, su encarcelamiento por escándalo público, su liberación y sus aventuras por los bajos fondos madrileños.

Diana Esta divinidad itálica que los romanos identificaron con la Artemisa griega y que, al decir del poeta latino Catulo, era «señora de las montañas y las verdes florestas», sugirió al italiano Sannazaro el nombre de la protagonista de su novela pastoril *La Arcadia*, modelo según el cual delineó Jorge de Montemayor *Los siete libros de la Diana* (hacia 1559)—reflejo de la dama de la sociedad cortesana de su tiempo—, de la cual haría una continuación, con el título de *Diana enamorada* (1564), Gaspar Gil Polo; esta última obra, atrevida donde las haya, gozó de cierto éxito: prosiguen los amores de Diana, casada con Delio aunque enamorada de Sireno, por lo que hace desaparecer al marido, a fin de que el amor encuentre libre cauce. Como antídoto se publicó una *Clara Diana a lo divino* (1582), réplica religiosa de fray Bartolomé Ponce a las Dianas de Montemayor y Gil Polo. // Con estos antecedentes, el nombre de Diana se siguió empleando para bautizar a otras sucesivas heroínas literarias, como las protagonistas de dos comedias de Lope de Vega: la Diana de *El perro del hortelano* (1618) es la joven condesa enamorada de su secretario, a quien no declara su amor por orgullo de clase, pero a cuya boda con Marcela dificulta; y la Diana de *La boba para los otros y discreta para sí*, que con su gracioso comportamiento hace honor a tan expresivo título. Por su parte, Agustín Moreto, en su comedia más conocida, *El desdén, con el desdén*, presenta una Diana que intenta atraer con fingidos desdenes a Carlos, quien emplea sus mismas armas, aunque todo acabará en boda.

Dido, la legendaria reina de Cartago, cuyos amores desgraciados inmortalizó el poeta latino Virgilio en el libro IV de *La Eneida*, es recreada en nuestro teatro clásico por Cristóbal de Virués en la efectista tragedia *Elisa Dido*, y por Guillén de Castro en otra tragedia, *Dido y Eneas*, henchida de sentimiento y emoción.

Diego, de la novela de Pedro Antonio de Alarcón *El escándalo* (1875), es un hombre de nobles y enérgicos rasgos morales.

Diego de noche Personaje alegórico-proverbial de *Los sueños* (1627) de Francisco de Quevedo.

Dimna V. CALILA y DIMNA.

Dimoni De la narración homónima incluida en los *Cuentos valencianos* (1896), de Vicente Blasco Ibáñez. Es el borracho empedernido que toca muy bien la dulzaina y se enamora de un modo instintivo, elemental.

Dionisio Personaje central de la comedia de Miguel Mihura *Tres sombreros de copa* (1943), quien, tras siete años de noviazgo, contrae matrimonio sin ilusión alguna. «Me caso, pero poco», dice el personaje.

Dios «El misticismo español—observa Bell—, aunque se concentra en el amor de Dios, rebosa la caridad hacia los hombres, con un sentido muy concreto y práctico. Los místicos españoles nunca se mostraron "indiferentes" a la obra de las manos de Dios». Esa, diríamos, humanización de lo divino se refleja siempre en nuestra literatura, en la cual Dios es personaje o referencia de la más alta significación. Recordemos algunos ejemplos desde la edad media a nuestros días. Al comenzar el siglo XV Dios aparece como el centro del mundo en el *Rimado de palacio* (1407), del canciller de Castilla Pero López de Ayala. Ya en el XVI, Dios es personaje central del diálogo de Juan de Valdés *Alfabeto cristiano*. En una línea ascética, también san Ignacio de Loyola ofrece un método para que el hombre, mediante sus *Ejercicios espirituales* (1548), se disponga a la relación de su experiencia con Dios. Desde otra línea, la mística santa Teresa, en *Las moradas* (1577) llega a «encontrarse» con el Creador: «Sólo Él y el alma—nos confiesa—se gozan con grandísimo silencio». También aparece Dios en la poesía—estremecedora, enigmática—de san Juan de la Cruz: «El alma que anda en amor—nos dice en el *Cántico espiritual*—ni cansa ni se cansa». Su lenguaje poético da a las palabras sentidos ilimitados que nos llevan a la contemplación de un Dios infinito. Por su parte, fray Juan de los Ángeles expone su doctrina mística en los *Diálogos del espiritual y secreto reino de Dios* (1595). En el siglo XVII, Francisco de Quevedo, en la obra ascética *Providencia de Dios* argumenta su existencia y la de un alma inmortal, y en otra obra política, la titulada *Política de Dios, gobierno de Cristo y tiranía de Satanás*, nos ofrece un modelo de humanismo cristiano a seguir. En la literatura dramática Dios es el personaje supremo, muchas veces tratado o aludido por los principales autores del siglo de oro, y singularmente en los autos sacramentales, en especial en *El gran teatro del mundo* (hacia 1645), de Calderón, que es el mejor compendio de la espiritualidad del barroco. En el ilustrado y racionalista siglo XVIII cabe anotar las odas, un tanto retóricas, de Juan Meléndez Valdés: *A la presencia de Dios* y *Al Ser incomprensible de Dios*. En el romántico, liberal, revolucionario y positivista XIX apenas se cultiva la poesía religiosa; destaca, como excepción el agustino Conrado Muiños, por ejemplo. Es mucho más abundante en cuanto a preocupación religiosa la literatura del siglo XIX: así, en los ensayos *Mi religión* (1904), *Del sentimiento trágico de la vida* (1912) y *La agonía del cristianismo* (1925), de Miguel de Unamuno, para quien creer en Dios sin pasión en el corazón, sin angustia en el conocimiento y sin algo desesperado en el mismo consuelo, supone creer más en el Dios-idea que en el Dios-mismo, tesis que más tarde compartirá el británico Graham Greene. Dios aparece como una poderosa imagen total de vida de inspiración panteísta en la tardía y no muy conocida obra de Juan Ramón Jiménez *Dios deseado y deseante* (1954). Es importante observar que el estallido y las consecuencias de la guerra civil de 1936-1939 reavivan el sentimiento religioso de no pocos poetas de

ideologías muy distintas: así, Luis Rosales en *Retablo sacro del nacimiento del Señor* (1940); Luis Felipe Vivanco en *Tiempo de dolor* (1940); Leopoldo Panero en *La estancia vacía* (1945): «Tú me ciñes / de vida verdadera. / Tú eres vida. / Tú eres Dios»; Blas de Otero en su poesía inicial (*Cántico espiritual*, 1942); José Luis Hidalgo (*Raíz*, 1947; *Los muertos*, 1947); Carlos Bousoño (*Subida al amor*, 1945; *Primavera de muerte*, 1946); José María Valverde (*Hombre de Dios*, 1945); Dámaso Alonso, en su existencialista y estremecedor *Hijos de la ira* (1944), y en su más sereno *Hombre y Dios* (1955) o en su nueva vivencia existencial, *Duda y amor sobre el Ser Supremo* (1985). Dios, o más bien la búsqueda de Dios, se refleja en algunas obras de José García Nieto (*Sonetos para mi hija*, 1953*; La red,* 1955; *Hablando solo,* 1968*, Carta a la madre,* 1988), en las que el poeta canta gozoso las ataduras con que se ve unido a Dios y a la creación. También está Dios presente en *Sangre de par en par* (1960), de Ramón de Garciasol, donde se humaniza la figura del Creador; y en el poemario religioso de Carlos Murciano, *Desde la carne del alma* (1963), sobre todo en el poema final, «Dios encontrado». En cuanto al teatro, son significativas *La sangre de Dios* (1955), de Alfonso Sastre—recreación de la historia de Abraham e Isaac—, y *El cuervo* (1957), donde el mismo autor vuelve a plantear el problema de la existencia del creador. En el campo de la narrativa merece especial mención *La frontera de Dios* (1956), de José Luis Martín Descalzo, junto a otras novelas del mismo autor (*Fábulas con Dios al fondo,* 1957), todas ellas en la línea del existencialismo cristiano; y también *El trapecio de Dios* (1954), de Jorge Ferrer; *Hicieron partes* (1957), de José Luis Castillo Puche; *El becerro de oro* (1957), de José Vicente Torrente; o *Cuando amanece* (1961), de José Vidal Cadelláns.

Discordia Personaje alegórico de *Los sueños* (1627) de Quevedo.

Discreción Figura alegórica del auto sacramental de Calderón *El gran teatro del mundo* (hacia 1645).

Discreta enamorada, La V. FE-NISA.

Discreto, El Prototipo, antes que personaje, de la obra homónima (1646) de Baltasar Gracián. Opuesto al cortesano de Castiglione, Gracián analiza los veinticinco «realces» o condiciones que ha de tener el hombre de mundo, aduciendo un ejemplo histórico para cada uno de ellos.

Doctor Angélico Personaje central—el médico don Ángel Jiménez—de *Papeles del doctor Angélico* (1911) y *Años de juventud del doctor Angélico* (1918), de Armando Palacio Valdés, donde relata la historia azarosa de este supuesto amigo suyo.

Doctor Centeno, El Protagonista de la novela homónima (1883) de Benito Pérez Galdós.

Doctor Faustino De la novela de Juan Valera *Las ilusiones del doctor Faustino* (1875). Es «un doctor Fausto en pequeño», según su autor: filósofo frustrado, racionalista, es «un compuesto—prosigue Valera—de vicios, ambiciones, ensueño, escepticismo, descreimiento, concupiscencia...».

Doctor Lañuela, El De la novela fantástica, homónima (1863), del militar y poeta Antonio Ros de Olano: tiene un marcado acento romántico.

Dolor Es el protagonista conceptual o abstracto de las *Coplas que fizo a la muerte de su padre* (hacia 1479), com-puestas por Jorge Manrique tras haber perdido a su progenitor, don Rodrigo, gran maestre de la orden de Santiago, en 1476. Aunque pueden rastrearse sus fuentes en la *Biblia* y en el tópico latino del *ubi sunt?* (¿dónde están?), «arrancando del dolor individual, se levantan a la consideración del dolor humano en toda su amplitud y trascendencia». // El dolor es también, cargado de humanos acentos, el gran protagonista del mejor y más auténtico libro de Miguel Hernández, *Cancionero y romancero de ausencias* (1938-1941)—iniciado a la sombra de su hijo muerto—, de un fuerte patetismo que había mostrado poco antes en *El hombre acecha* (1938).

Dolores Destinataria del inspirado poema homónimo (1889) de Federico Balart, que sirve además de título a una colección de elegías dedicadas a su mujer, cuya muerte suscita en el poeta una honda melancolía mitigada por cristiana resignación. // Protagonista del drama *La Dolores* (1892), de Feliu y Codina, en el que se inspiraría el maestro Bretón al componer la música de la ópera del mismo nombre. Moza de una posada de Calatayud, ha tenido un amante, el barbero Melchor, bravo y fanfarrón. Otros hombres se enamoran de ella, entre ellos Lázaro—un huérfano que estudia para sacerdote—, a cuyo amor acaba correspondiendo Dolores. Pero Melchor la ultraja con la famosa copla («Si vas a Calatayud / pregunta por la Dolores») y Lázaro mata a su rival.

Dómine Cabra, de la novela picaresca *Vida del buscón llamado don Pablos* (1626), de Francisco de Quevedo, es el maestro de gramática latina con estudiantes a pupilo, «archipobre y protomiseria», al decir de su creador literario, y cuyas comidas «sin principio ni fin» eran «eternas». Es símbolo por antonomasia de la tacañería. Es pobre para sí y para cuantos le rodean. Se diferencia de los demás avaros de la literatura universal (los de Plauto, Molière o Balzac), porque trata de justificar racionalmente su avaricia cuando dice a los estudiantes: «Sólo una cabeza no ofuscada por los horrores de la digestión es capaz de elevarse hasta los conceptos aristotélicos».

Domingo de Silos, santo, pastor, eremita y benedictino en San Millán de la Cogolla y luego en Silos, es el primero de los personajes hagiográficos que, en la *Vida* que le dedica, describe Gonzalo de Berceo.

Dominica Del drama de Jacinto Benavente *Señora ama* (1908), ha vivido cegada por el cariño hacia su marido, pero en ella la mujer escondía a la madre. Y cuando da a luz, lo maternal reemplaza a lo femenino.

Don Álvaro, que protagoniza el drama romántico del duque de Rivas *Don Álvaro o la fuerza del sino* (1835), es el héroe perseguido por una fatalidad contra la que nada pueden las fuerzas humanas. Se trata de un personaje de origen misterioso que mata en accidente fortuito al marqués de Calatrava, padre de su amada doña Leonor, el cual le había sorprendido cuando iba a raptarla. Huye a Italia y, tras varios lances, vuelve a España e ingresa en un convento, cerca del cual se había retirado Leonor sin que nadie lo supiera. Allí encuentra a don Álvaro don Alfonso, hijo menor del marqués de Calatrava, que también andaba en su busca; le desafía, y don Alfonso resulta herido de muerte. A sus gritos acude su hermana Leonor, a quien Alfonso, creyéndola cómplice de su antiguo amante, da muerte. Don Álvaro, entonces desesperado ante esta persecución implacable del destino, se

arroja desde lo alto de un precipicio, renunciando así a su salvación, como si fuera un personaje de tragedia griega. Con música de Verdi, resurgirá después en la famosa ópera italiana (con libreto de Piave, basado en la obra de Rivas) *La forza del destino*. «Inmenso como la vida humana—dice Menéndez Pelayo—, rompe los moldes comunes de nuestro teatro, aun en la época de su mayor esplendor, y alcanza un desarrollo tan vasto como el que tiene el drama en manos de Shakespeare y de Schiller». Sin embargo, para nuestra sensibilidad actual este drama resulta artificioso y efectista.

Don Álvaro de Mesía V. ANA OZORES.

Don Amor Es uno de los personajes más jocundos del *Libro de Buen Amor* (1330-1343), de Juan Ruiz, arcipreste de Hita. Es de notar la bellísima descripción de los meses representados en la tienda de don Amor, en la que se observan reminiscencias del *Libro de Alexandre*.

Don Antonio, protagonista del sainete de Carlos Arniches *Es mi hombre* (1921), demuestra cómo la miseria y el hambre, llegados a una situación límite y espoleados por el cariño a una hija buena y adorable, pueden hacer un héroe, un valentón, de un hombre miedoso y pusilánime, y todo ello envuelto en esa increíble amalgama de humor caricaturesco y de humanísima ternura tan característica del autor.

Don Avito Carrascal De la novela *Amor y pedagogía* (1902) de Miguel de Unamuno. Maniático partidario de la eugenesia, se casa para obtener un hijo-genio, que resulta un pobre infeliz. Pero el recalcitrante don Avito aplicará su método a la educación del hijo póstumo del genio fracasado. Unamuno hizo en esta novela una sátira del positivismo de fines del siglo XIX.

Don Bela, de *La Dorotea* (1632), de Lope de Vega, es el indiano que cree poder suplir con oro, joyas y vestidos el ingenio, la elegancia y la cultura de que carece. V. DOROTEA.

Don Belianís Protagonista de la novela caballeresca—citada por Cervantes en el *Quijote*, I, 62—*Belianís de Grecia* (1547).

Don Bueso, considerado—según M. Alvar—como una supervivencia del poema épico medieval alemán *Kudrun*, protagoniza el romance *Don Bueso y su hermana*.

Don Carlos, primogénito de Felipe II, quien le hizo encarcelar por su carácter violento, lo que precipitó el fin de su vida. Todo esto originó una leyenda en la que la verdad histórica fue idealizada o alterada, fomentando ya la admiración, ya la leyenda negra contra Felipe II. Trató esta figura Diego Jiménez de Enciso en el drama *El príncipe don Carlos*; y más tarde el alemán Schiller en el famoso drama *Don Carlos*.

Don Carnal y doña Cuaresma, del *Libro de Buen Amor* (1330-1343) de Juan Ruiz, arcipreste de Hita. Como observa Gutiérrez Estévez, «el combate de don Carnal y doña Cuaresma es el drama ritual que sintetiza la concepción popular sobre algunos temas centrales para el cristianismo europeo. La actuación ritual de don Carnal y doña Cuaresma, su combate en el escenario temporal de cada año, está dirigido a la víctima del modelo de vida cotidiana y ordinaria. Esta pelea, desarrollada en otras literaturas románicas, procede del *fabliau Bataille de Karesme et de Charnage*».

Don Celso, de la novela de José María de Pereda *Peñas arriba* (1893), es prototipo del viejo hidalgo montañés enamorado de su tierra y de sus libros, instalado en su vieja casona, llamada de Tablanca por el novelista (Tudanca, en la realidad).

Don Cilindro, objeto inanimado del *Nuevo fabulario* del poeta Ramón de Basterra, que viene a sustituir a los animales de las fábulas esópicas, es como un personaje alegórico de la nueva era tecnológica. V. DON ÉMBOLO.

Don Claribalte Protagonista de la novela de caballería homónima (1519), atribuida a Gonzalo Fernández de Oviedo, si bien se considera de otro autor de igual nombre.

Don Cleofás, estudiante madrileño, coprotagonista de la novela—entre satírica y picaresca—de Luis Vélez de Guevara *El diablo cojuelo* (1641), concebida a la manera de *Los sueños* de Quevedo. Don Cleofás Leandro Pérez Zambullo libera al diablo cojuelo de la redoma en que lo había encerrado un mago y le enseña los aspectos que más pueden interesarle de ciudades como Madrid y Sevilla. V. DIABLO.

Don Clorato de Potasa Protagonista de la novela de humor homónima (1929) de Edgar Neville.

Don Cristóbal Personaje guiñolesco de las farsas de Federico García Lorca *Tragicomedia de don Cristóbal* (1931) y *Retablillo de don Cristóbal* (1931).

Don Cuadros Prototipo del traidor en el romance del *Infante vengador*: «Helo, helo, por do viene / el Infante vengador... / Perfilándoselo iba / en las alas de su halcón. / Iba a buscar a don Cuadros, / a don Cuadros, el traidor».

Don Diego V. LINDO DON DIEGO, EL.

Don Diego Carriazo, de la novela ejemplar de Cervantes *La ilustre fregona* (1613), quien, como dice su creador literario, «llevado de una inclinación picaresca... se fue por ese mundo adelante, tan contento de la vida libre».

Don Diego y Laura Coprotagonistas de la novela de María de Zayas y Sotomayor *La fuerza del amor* (1637).

Don Diego de noche Personaje de la novela homónima (1623) de Alonso Jerónimo de Salas Barbadillo, la cual incluye un variado epistolario jocoso.

Don Dinero, personaje que aparece en la famosa y contundente letrilla de Quevedo «Poderoso caballero es don Dinero».

Don Domingo de don Blas, de la comedia de Juan Ruiz de Alarcón *No hay mal que por bien no venga*, es un hidalgo excéntrico, a la vez valeroso y comodón, cuyo atenuado egoísmo se hace compatible con la generosidad.

Don Duardos, de la tragicomedia homónima (hacia 1522) en lengua castellana del hispano-luso Gil Vicente. Príncipe disfrazado de labrador, intenta lograr el amor de la campesina Flérida; al fin, ella lo acepta y don Duardos le descubre su verdadera identidad.

Don Eleuterio Protagonista de *La comedia nueva* (1792), de Leandro Fernández de Moratín, presenta muchos puntos de contacto con el detestable autor teatral Luciano Francisco Come-

lla, inspirador del personaje, luego recogido por los hermanos Álvarez Quintero en *La musa loca* (1905).

Don Eligio, de la comedia de los hermanos Quintero *El genio alegre* (1908), es prototipo del administrador sesudo, grave y engolado.

Don Eloy Personaje central de la novela de Miguel Delibes *La hoja roja* (1959), es el jubilado solitario que acabará casándose con su analfabeta criada, Desi, quien acepta con total naturalidad tan desigual matrimonio.

Don Émbolo Es uno de los objetos inanimados con carácter de personaje alegórico del *Nuevo fabulario* de Ramón de Basterra. V. DON CILINDRO.

Don Ermeguncio Protagonista de la deliciosa epístola satírica «A Claudio», de Leandro Fernández de Moratín, en que ridiculiza a un «filosofastro» que clama pedante e hipócritamente contra el siglo, al que acusa de corrupto; el personaje, caricaturesco, es equiparable al don Hermógenes de *La comedia nueva*.

Don Fadrique Del drama de Lope de Vega *Fuenteovejuna y el comendador de Ocaña*; es el noble pérfido que abusa de su cargo para atropellar el honor de sus vasallos: recibido en casa del labriego Peribáñez, se siente atraído por la belleza de Casilda, esposa de éste, y urde la estratagema de alejar al marido para conseguirla, lo que no logra, siendo al fin asesinado por Peribáñez, conducta que es aprobada por el rey. // Protagonista de la comedia palaciega de Antonio Mira de Amescua *Galán, valiente y discreto*: luego de enredosos lances, la duquesa de Mantua—que tenía varios pretendientes—acabará casándose con el en un principio aborrecido don Fadrique, que supo ser para ella «galán, valiente y discreto». // De la comedia de Juan Ruiz de Alarcón *Ganar amigos*, don Fadrique es uno de los personajes más atractivos por su nobleza y caballerosidad.

Don Fausto Bengoa, aburrido y sombrío, prototipo de la medianía, protagoniza la serie narrativa de Pío Baroja *El pasado*, integrada por las novelas *La feria de los discretos* (1905), *Los últimos románticos* (1906) y *Las tragedias grotescas* (1907).

Don Félix de Montemar, protagonista de *El estudiante de Salamanca* (1841) de José de Espronceda, segundo don Juan Tenorio, es arquetipo del libertino a la vez que un símbolo del espíritu revolucionario y anárquico, muy grato a su autor y característico del satanismo literario de ciertos personajes románticos. Esta leyenda del joven libertino. que tras una vida desordenada contempla, en fantástica visión, su propio entierro, ya había aparecido antes en el estudiante Lisardo, de las *Soledades de vida y desengaños del mundo* de Cristóbal Lozano, así como en Céspedes y Meneses (*Poema trágico del español Gerardo*) y, posteriormente, en Zorrilla (*El capitán Montoya*). V. DON JUAN; DOÑA ELVIRA.

Don Fermín de Pas V. ANA OZORES.

Don Fernando Protagonista de la comedia de enredo de Lope de Vega *Amar sin saber a quién* (1630). // Es el principal personaje de la comedia religiosa de Calderón *El príncipe constante* (hacia 1629), basada en la expedición a Marruecos del infante don Fernando de Portugal, que muere en el cautiverio habiéndose negado a aceptar la libertad, porque hubiera significado la pérdida de Ceuta para los cristianos. // Don Fer-

nando de Villalaz, de la novela mística *El amor de los amores* (1910), de Ricardo León, a quien su propio autor considera «un Don Quijote a lo divino».

Don Florindo, protagonista del libro de caballería homónimo (1530) de Fernando Basurto.

Don Friolera, prototipo del marido cornudo, caricaturesco personaje de *Los cuernos de don Friolera* (1921), perteneciente a la serie de esperpentos de Valle-Inclán *Martes de Carnaval.*

Don Frutos de Calamocha, el tosco pueblerino que ha de renunciar a su boda con una señorita aristócrata de Madrid, protagoniza las comedias de Manuel Bretón de Herreros *El pelo de la dehesa* (1840) y *Don Frutos en Belchite.*

Don Furón, mozo del arcipreste de Hita en el *Libro de Buen Amor* (1330-1343), es predecesor del hidalgo sin dinero del *Lazarillo de Tormes* (1554).

Don García En la comedia de Lope de Vega *El testimonio vengado*, basada en la *Crónica general*, es hijo del rey de Navarra Sancho el Mayor. // El don García de la comedia de Antonio Mira de Amescua *Obligar contra su sangre* es un tipo vacilante, raro en nuestra literatura, tan pródiga en personajes impulsivos. // El de la obra maestra de Juan Ruiz de Alarcón *La verdad sospechosa* es un embustero incorregible, un mentiroso nato que cultiva la mentira como un juego o un arte. Sirve de modelo al Dorante de *Le menteur*, de Corneille, y al Lelio de la comedia homónima de Goldoni.

Don Gaspar Personaje central de la comedia de capa y espada *El amor al uso*, de Antonio de Solís: es un galán que cambia de dama por conveniencia y ama sin pasión. // Protagonista de la novela de Emilia Pardo Bazán *La sirena negra* (1908), siente una voluntad superior que le domina y encuentra la fuerza necesaria para aceptar la vida tal como es.

Don Gil Protagoniza la mejor obra de Antonio Mira de Amescua y una de las más significativas de nuestro teatro, *El esclavo del demonio*, que reproduce la leyenda de san Gil de Santarem, especie de Fausto portugués, siguiendo el *Flos sanctorum* de Villegas (hacia 1594) o, acaso, la *Historia de santo Domingo* (1584), de fray Hernando del Castillo. Vendió su alma al diablo y, ebrio de pasión por Leonor, se encontró en brazos de un esqueleto, y se convirtió después. La obra de Mira de Amescua la refunden con el título *Caer para levantar, san Gil de Portugal,* Matos, Cáncer y Moreto, y luego influye en *El mágico prodigioso*, de Calderón.

Don Gil de las calzas verdes Protagonista de la comedia homónima de Tirso de Molina. Se trata de una mujer, doña Juana Solís, que, abandonada por su prometido don Martín—que busca matrimonio más ventajoso—, se propone reconquistarle por medio de estratagemas inesperadas, como disfrazarse de hombre, lo que finalmente consigue tras situaciones y embrollos varios de gran comicidad.

Don Gonzalo En la comedia de Carlos Arniches *La señorita de Trevélez* (1916), el hermano de ésta, don Gonzalo, procede con tierna y profunda humanidad en el afecto que siente por su hermana Flora, aunque a veces llegue a situaciones ridículas.

Don Gonzalo González de la Gonzalera Personaje principal de la novela del mismo nombre (1878) de José María de Pereda. Hijo de un borracho, abandona su aldea de la Montaña de Santander y emigra a América, de donde vuelve rico y presuntuoso, alardeando de hidalgo: es prototipo del hortera, del advenedizo, tan frecuente en nuestro país en todas las épocas.

Don Gutierre Con este figurón, protagonista de *El Narciso en su opinión*, de Guillén de Castro, aparece en nuestra escena del siglo de oro el presumido y enamorado de sí mismo, todavía caricaturesco, que será llevado a la perfección por Moreto en *El lindo don Diego*. // Otro don Gutierre muy distinto es el protagonista del drama de Calderón *El médico de su honra* (1637), que guarda semejanza con otro del mismo autor, aparecido en *A secreto agravio, secreta venganza* (hacia 1636), donde don Gutierre no mata por sospechas infundadas, sino por la propia intensidad de sus celos.

Don Hermógenes es el pedante de *La comedia nueva* (1792), de Leandro Fernández de Moratín, en el cual se creyó ver caricaturizado al abate don Cristóbal Cladera, delicioso pedante de la época.

Don Hilarión En el sainete lírico de Ricardo de la Vega con música de Tomás Bretón, *La verbena de la Paloma* (1894), es el boticario enamoradizo que trata de atraer a las jóvenes Casta y Susana (ésta, novia de Julián), sobrinas de la «señá» Antonia, que se muestra complaciente ante las dádivas y promesas del viejo.

Don José, Pepe y Pepito Abuelo, padre y nieto protagonizan la comedia homónima (1952) de Juan Ignacio Luca de Tena.

Don Juan, el legendario seductor español que desde *El burlador de Sevilla y*

Don Juan

convidado de piedra (1630), atribuido a Tirso de Molina, ha pasado a todas las literaturas y a la música, es, de los mitos literarios modernos, el de mayor universalidad. En el mito de don Juan convergen dos temas, apuntados ya en el propio título de la obra: el del seductor o burlador de mujeres (que representa la transgresión moral) y el del convidado de piedra (que simboliza la expiación de sus culpas); de esta fusión surgirá, ya en el siglo XIX, el famoso *Don Juan Tenorio* de Zorrilla. De este tipo literario hay antecedentes en la propia literatura española; así, por ejemplo, en *El rufián dichoso*, de Cervantes; en *El esclavo del demonio*, de Mira de Amescua; y en *La fianza satisfecha*, de Lope de Vega. En *El burlador de Sevilla* se traza la figura del alegre libertino que, frente a las mujeres, encarna la potencia desenfrenada del sexo, que no admite diferencias entre la humilde pescadora y la altiva princesa. Cuando la duquesa Isabel le pregunta, angustiada, quién es, el Burlador le responde: «¿Quién soy? Un hombre sin nombre». Y cuando el rey indaga qué sucede, el propio seductor contesta, cínico y altivo: «¿Quién ha de ser? Un hombre y una mujer». O lo que es lo mismo, más bien dos sexos frente a frente que dos personas bien diferenciadas.

Las continuaciones españolas de la figura de don Juan son innumerables: en el siglo XVIII el de Antonio de Zamora (*No hay plazo que no se cumpla y deuda que no se pague y convidado de piedra*), bárbaro y descortés; el de José Zorrilla (*Don Juan Tenorio*, 1844), el más arraigado en el alma popular, que se sigue representando todos los años, es el donjuán por antonomasia gracias a su vibración romántica, envuelta en la gallardía, apostura, vitalidad y aureola de pecador; no se redime por el amor de Dios, sino por el amor de doña Inés, que todo lo purifica e ilumina con su inocencia: ésta es la gran transformación hecha por Zo-

rrilla. Antes era libre; ahora, consagrado a doña Inés, borra sus aventuras y abandona su papel de seductor al encontrar la redención. Se pueden recordar, además: el de Alonso Córdoba Maldonado (*La venganza en el sepulcro*); el arrogante y pretencioso de Espronceda (*El estudiante de Salamanca*); *El nuevo don Juan*, de López de Ayala, que ridiculiza al tenorio moderno; el de Echegaray (*El hijo de don Juan*); el de Unamuno (*El hermano Juan*); el de Villaespesa (*El burlador de Sevilla*); el de Valle-Inclán (el marqués de Bradomín «feo, católico y sentimental») de las *Sonatas*; el de Martínez Sierra (*Don Juan de España*), el de los Machado (*Juan de Mañara*); el paternal *Don Juan de Azorín*; el desgarrado de Pérez de Ayala (*El curandero de su honra*, *Tigre Juan*); el displicente de Marquina y Hernández Catá (*Don Luis Mejía*); el *Don Juan, buena persona* de los Quintero; el de Jacinto Grau (*Don Juan de Carillana* y *El burlador que no se burla*); o el *Don Juan* intelectual de Torrente Ballester... En las literaturas extranjeras ha proliferado todavía más la figura de don Juan. En Francia, el descreído o impío de Molière; el misterioso y afrancesado de Dumas padre (*Don Juan de Marana*); el de Stendhal; el de Baudelaire (*Don Juan de los infiernos*); el de Maupassant; el de Rostand (*La última noche de don Juan*); el de Verlaine (*Don Juan burlado*); el poético de Delteil; el espiritualista de Lenormand; el de Mérimée, un tanto pintoresco; el diabólico de Barbey d'Aurevilly; el de Bataille; el desmitificador de Montherlant, y el más reciente de Suzanne Lilar (*El burlador o el ángel del demonio*). En Inglaterra, *El libertino*, de Shawell, el de Byron, del cual se enamoran las mujeres, el de George Bernard Shaw (*Hombre y superhombre*, y también *Doña Juana*: no el seductor, sino la seductora); y el de Arnold Bennet (*Don Juan de Mañara*). En lengua alemana, los donjuanes de Hoffmann, Lenau y Max Frisch (*Don Juan, o el amor a la geometría*). En Portugal, el desolado de Guerra Junqueiro (*La muerte de Don Juan*). En Italia, *El disoluto* de Goldoni o el jactancioso *Convidado de piedra*, de Cicognini, y el libreto de Daponte, que origina la famosa ópera de Mozart, a la que seguirán las de Glück y Strauss. Y en Rusia, el de Pusskin, que es un donjuán espadachín.

La figura de don Juan se ha interpretado con rasgos y matices diversos no sólo en las numerosas recreaciones literarias, sino también por críticos y pensadores. Mientras unos han visto en él un símbolo del sexo, el goce y la alegría de vivir, otros lo han considerado como un afeminado, un rufián, un buscador o incluso una especie de asceta que, más allá de sus diversas relaciones con distintas mujeres, anhela hallar respuesta a su falta de plenitud. Por otra parte, la degeneración de don Juan es el donjuanismo: el don Juan seductor es en realidad un seducido ya que su vida representa lo contrario de su fachada exterior. Un donjuán, un tenorio, un hombre sin señorío, un agresor de la mujer con el señuelo de su apostura y ofrecimientos placenteros. V. JUAN DE MAÑARA.

Don Juan de Austria, hermano bastardo de Felipe II, vencedor de los moriscos en la Alpujarra (1568) y de la escuadra turca en Lepanto (1571), es recreado literariamente por Juan Rufo en el poema épico *La Austríada* (1584), en torno a sus éxitos de armas. // Protagoniza también, bajo el nombre que le sirve de título, la novela *Jeromín* (1905-1907), del padre Luis Coloma.

Don Juan de Mendoza, de la comedia *Las paredes oyen*, de Juan Ruiz de Alarcón, pobre y jorobado pero noble,

parece un retrato de su creador literario, pues, como éste, posee gran belleza de alma. El autor dice por boca de su personaje: «En el hombre no has de ver / la hermosura o gentileza; / su hermosura es la nobleza; / su gentileza, el saber». V. DON MENDO.

Don Juan de Roca Protagonista del drama de Calderón *El pintor de su deshonra*: la sed de venganza de este marido ultrajado es menos efectista que en otros personajes análogos.

Don Juan de Tabares Malvado y rencoroso, perseguidor implacable de su hermano Luis, protagoniza el poema de Gaspar Núñez de Arce *El vértigo* (1879).

Don Julián El conde don Julián, gobernador hispano-visigodo de Ceuta, que según la leyenda dejó pasar el estrecho de Gibraltar y penetrar en la península a los moros para vengar así el ultraje cometido por el rey don Rodrigo a su hija, la Cava, es recreado por Miguel Agustín Príncipe en el drama *El conde don Julián* (1839). // Otro don Julián distinto protagoniza el más famoso drama de José Echegaray, *El gran Galeoto* (1881): caballero de cierta edad, se casa con la bella y joven Teodora, a la vez que acoge a un muchacho, Ernesto, como si fuera su hijo. Ante murmuraciones y reticencias, siente la punzada de los celos y morirá entristecido. // Don Julián es un curita joven en la novela de Emilia Pardo Bazán *Los pazos de Ulloa* (1886): como capellán y administrador del pazo, recibe, apocado y nervioso, desprecios y desconsideraciones. // En la literatura contemporánea este personaje ha sido tratado por Juan Goytisolo en su novela *Reivindicación del conde don Julián* (1970), original y creativa visión de este tema característico de la tradición española.

Don Lope   El caballero cristiano que protagoniza la «Historia del cautivo» de Miguel de Cervantes insertada en el *Quijote* está recogido de una leyenda argelina que el escritor conoció durante su cautiverio en Argel. Se trata, por otra parte, de una nueva redacción de su comedia *Los baños de Argel*. // Don Lope de Almeida, protagonista del drama de Calderón *A secreto agravio, secreta venganza* (hacia 1636), se venga cumplidamente de un secreto propósito de agravio.

Don Lorenzo   Personaje central de la comedia de Manuel Linares Rivas *La mala ley* (1923), es víctima—como el shakespeariano rey Lear—de la más despiadada ingratitud. // Don Lorenzo de Avendaño, protagonista del drama de José Echegaray *O locura o santidad* (1877), es un extraño pensador solitario que, sumido en profundas lecturas y arriesgadas abstracciones, lucha contra su propia rigidez moral.

Don Lucas   De la obra más representativa de Francisco de Rojas Zorrilla, *Entre bobos anda el juego*, es don Lucas del Cigarral, personaje-clave para entender la llamada comedia de figurón, que se inicia en nuestro siglo de oro para ser muy imitada luego por Corneille, Scarron y otros autores franceses. Es el viejo que pretende casarse con una jovencita (tipo que luego se repetirá en Moratín), cuyo amor se inclina, lógicamente, hacia un muchacho de su edad. // Otro don Lucas protagoniza la comedia, asimismo de figurón, de José de Cañizares, *El dómine Lucas*, malicioso e interesado a la vez que dominado por el sentimiento del honor, por lo que resulta caricaturesco. // En la novela de Juan Antonio de Zunzunegui *La úlcera* (1949), don Lucas es el indiano que vuelve de América sin dinero y se encierra a malvivir en un pueblo minero del País Vasco.

Don Luis   V. DON JUAN DE TABARES.

Don Luis Mejía   Antagonista de don Juan en el *Don Juan Tenorio* (1844) de Zorrilla. Unas veces parece su imitador; otras, su rival; pero caerá bajo la espada de Tenorio. // Los poetas modernistas Eduardo Marquina y Hernández Catá lo reivindican en la obra en colaboración *Don Luis Mejía*, donde el vencido don Luis se transforma de antiguo antagonista eliminado en protagonista de un donjuanismo de vida interior. V. DON JUAN.

Don Magín   Es el protagonista de la primera de las narraciones de Miguel de Unamuno recogidas en el volumen *San Manuel Bueno, mártir, y tres historias más* (1931). Como dice Pedro Salinas, «es un sacerdote ejemplar, verdadero padre de almas, amparo y curador de todo el pueblo... Don Manuel muere en olor de santidad, y su heroísmo es el de haber mantenido en la esperanza de la inmortalidad al pueblo entero cuando él no la tenía o creía no tenerla». Su gran drama interior reside en su falta de fe y en verse obligado a ocultarlo a fin de no debilitar la religiosidad de sus feligreses. Es la mejor de las narraciones unamunianas.

Don Mendo,   de la comedia de Juan Ruiz de Alarcón *Las paredes oyen*. Antagonista de don Juan de Mendoza, es prototipo del murmurador o maldiciente—incluso de la mujer que ama—, que además se siente protegido porque, a diferencia de aquél, es un hombre apuesto y rico. // Otro don Mendo, caricatura del caballero medieval engañado por su esposa, protagoniza la parodia escénica—obra maestra del género llamado «astracanada»—de Pedro Muñoz Seca *La venganza de don Mendo* (1918), que se sigue representando con gran éxito. Se ha hecho tan popular como el *Don Juan Tenorio* de Zorrilla. V. DON JUAN DE MENDOZA.

Don Pablos V. PABLOS DE SEGOVIA.

Don Pedro Hambre Personaje alegórico del libro de Edgar Neville *Frente de Madrid* (1941).

Don Pelayo Este noble visigodo, vencedor de los musulmanes en Covadonga y fundador del reino de Asturias, se convirtió en el primer héroe de la reconquista, por lo que fue celebrado no sólo en crónicas y romances, sino también en largos poemas como *El Pelayo* (1615), de Alonso López Pinciano, y en muy diversas obras dramáticas: *El último godo*, de Lope de Vega; *La restauración de España*, de Luis Vélez de Guevara o *El restaurador*, de Juan Bautista Diamante; luego en los siglos XVIII y XIX, la tragedia en verso *Pelayo* (1769), de Gaspar Melchor de Jovellanos, y otra de igual título (1805) de Manuel José Quintana, además del poema inacabado de Espronceda *El Pelayo* (iniciado en 1825).

Don Perlimpín y Belisa Coprotagonistas de la farsa de Federico García Lorca *Amor de don Perlimpín con Belisa en su jardín* (1933), «complejo ritual de iniciación en el amor».

Don Quijote En el protagonista de la gran novela de Cervantes (1605) vemos a la vez al español caballeroso y de exaltados sueños y a uno de los personajes eternos de la vida humana: el idealista heroico, sublime, fantástico, espiritado y maltrecho. Paradójicamente, el personaje más universal de la literatura es también el más local. Se sitúa en la llanura de la Mancha y desde allí se proyecta hacia los últimos confines del mundo en la infinitud de sus ideales caballerescos, de los que viene a ser último representante, como es asimismo postrero ejemplar de una raza o especie sin continuadores. Personificación de la valentía andante y heroica, es el héroe consumido de tristeza porque sus nobles sueños chocan con una mezquina o malévola realidad. Por otra parte, empleó su tiempo de ocio en leer libros de caballerías con tanta afición y gusto que se olvidó hasta de la administración de sus propios bienes. No existe en la literatura un héroe tan universal que, como don Quijote, haya perdido la razón a causa de la lectura. Pero cabe observar a la vez que la locura de don Quijote es única y exclusivamente literaria, es decir, la más sublime de las locuras imaginables. De ahí que cause lástima y admiración a un mismo tiempo, porque, como dijo el poeta inglés Wordswoorth, «la razón anda en el recóndito y majestuoso albergue de su locura». Ha perdido, sí, el juicio por la lectura de libros de caballerías. Pero su ideal, que quiere llevar a la práctica, es restaurar la justicia pura en el mundo. Luego don Quijote recupera la razón después de un sueño. Así pues, será la razón la que le salve. Y es que uno de los rasgos que mejor perfilan a don Quijote es el planteamiento de sus quiméricas hazañas dentro de la lógica más rigurosa. Por otro lado, a la vez que héroe de un idealismo místico y activo, es prototipo del amor en su expresión más elevada. El quijotismo es la ejemplar amalgama de una moral, una religión y una estética. Existe el don Quijote de la literatura, pero también existe el don Quijote de la vida, del espíritu, de lo eterno. Hay el don Quijote de Cervantes y el de la humanidad. Si bien es cierto que necesitó de su creador literario, cabe pensar que sin éste también hubiera existido. Diríase que el alma de un pueblo a veces presiente, y hasta espera, el advenimiento de un héroe, de un símbolo. ¿Es que no actúa don Quijote viva e intensamente en los espíritus? ¿Es que no alienta en nosotros? «Cervantes—ha escrito Unamuno—sacó a don Quijote del alma de su pueblo y del alma de la humanidad toda, y en su inmortal libro se lo devolvió a su pueblo y a toda la humanidad. Y, desde entonces, don Quijote y Sancho han seguido viviendo en las almas de los lectores del libro de Cervantes y aun en la de aquellos que nunca lo han leído».

Cabría aún añadir que la figura de don Quijote es inimitable. Como se sabe, el falso *Quijote* se publicó con el seudónimo de Alonso Fernández de Avellaneda en Tarragona en 1614, nueve años después de haberse publicado la primera parte del auténtico (Madrid, 1605), y un año antes de que apareciera su segunda parte (1615). Pues bien, el *Quijote* de Avellaneda es una fallida imitación del verdadero. Los caracteres del personaje aparecen desorbitados, están faltos del equilibrio que poseen en el original. Carece además de humanidad y simpatía. Y cuando se ha intentado recrear el personaje cervantino se presenta un tanto desfigurado. Tal es el caso—coetáneo del de Avellaneda pero sin intención de suplantarlo—de Alonso Jerónimo de Salas Barbadillo en *El caballero puntual* (1614-1619), cuyo protagonista es un don Quijote que aparece aquejado de monomanía de grandeza, caricaturizado, empequeñecido; incluso cuando Guillén de Castro lo lleva a la comedia novelesca en *Don Quijote de la Mancha*, se presenta un tanto desfigurado y sin alma. // La novela cervantina inspiró la ópera *Don Quixotte* (1910), con música de Massenet.

Don Ramón de Villaamil, alias Miau, es el protagonista de la novela de este nombre (1888), de Benito Pérez Galdós: es el cesante, es decir, el empleado público decimonónico, expulsado y readmitido según los sucesivos cambios de gobierno. Es prototipo de la clase media modesta de fines del siglo XIX, de pobreza disimulada, de apuros constantes y de miseria casera, y a la vez prototipo del afán de gastar como los más acomodados, del quiero y no puedo inconfesado e inconfesable que parece ser la divisa del español de todos los tiempos. Como ha dicho García Gómez, Miau y sus hijas, que en Galdós conmueven, nos hubieran hecho reír con música de Chueca.

Don Rodrigo, último rey de los godos y uno de los héroes predilectos del romancero, origina—junto a su amante Florinda, la Cava—una leyenda compuesta de elementos históricos y fantásticos que enlaza con el final de la monarquía visigoda, en el año 711, en que nuestra península fue invadida por los musulmanes. Este personaje histórico-legendario del romancero (por ejemplo *El rey don Rodrigo y la pérdida de España*, derivado de la *Crónica sarracina* de Pedro del Corral) pasará luego al teatro: *El último godo*, de Lope de Vega; *La visión de don Rodrigo*, de Pedro Montengón; *Florinda*, del duque de Rivas; *El puñal del godo*, de José Zorrilla; *Don Rodrigo*, de Antonio Arnao, e incluso a obras de autores extranjeros como Walter Scott (*The vision of don Roderick*), Robert Southey o Washington Irving.

Don Roque Protagonista de la comedia de Leandro Fernández de Moratín *El viejo y la niña* (1786-1790). Don Roque se casa con la jovencísima doña Isabel, la niña, enamorada de don Juan, a quien estaba prometida desde su infancia. Sola y sin recursos, creyéndose abandonada de su amado, se deja casar con don Roque. Las torpezas y los enredos vendrán después, y la niña acabará en un convento.

Don Sandalio, de la narración breve de Miguel de Unamuno *La novela de don Sandalio, jugador de ajedrez*, es el personaje rutinario que todos los días va al casino a echar una partida: un tipo siempre frecuente en todas partes.

Don Silves de Selva, uno de los continuadores de las hazañas caballerescas de Amadís de Gaula, protagoniza la obra homónima (1546) de Pedro Luján.

Don Simón, frívolo y equívoco, es el personaje central de la comedia de enredo, con delicioso gracejo andaluz, *Los tres etcéteras de don Simón* (1958), de José María Pemán.

Don Tello, en la comedia dramática de Lope de Vega *El mejor alcalde, el rey* (1620-1623), personifica la tiranía de los señores medievales poderosos: a diferencia del Fernán Gómez de *Fuenteovejuna*, don Tello es un tirano ocasional contra el cual se rebela la conciencia humana ultrajada. // Don Tello, rico hombre de Alcalá, protagonista de la comedia histórica de Agustín Moreto *El valiente justiciero*, es otro ejemplo de la arrogancia generalizada de los nobles en el siglo XVII.

Don Tirso de Guimaraes Protagoniza la novela homónima (1911) de Luis Antón del Olmet: es la antañona figura de un hidalgo gallego.

Don Víctor Quintanar es el regente o presidente de la audiencia de Vetusta (Oviedo) y esposo de Ana Ozores, en la novela de Clarín *La Regenta* (1884). Prototipo del marido viejo y en exceso confiado, es causante él mismo, en el fondo, del engaño de que

es víctima, que le lleva a morir en duelo a manos de su ofensor. V. ANA OZORES.

Don Zulema V. ABAD DE MONTEMAYOR.

Donaire La figura del donaire (don aire, señor del aire) designa el papel que desempeña el gracioso en las comedias de Lope de Vega e incluso en el teatro posterior, pues el embrión de los graciosos se halla ya en los bobos de Lope de Rueda y en los lacayos de Torres Naharro, aunque el donaire no se desarrolló enteramente hasta el siglo XVIII. V. GRACIOSO.

Doncella La doncella o muchacha disfrazada de hombre es una figura que se ha dado en la vida real (por ejemplo, en el caso de la monja alférez, doña Catalina de Erauso). En la literatura, aparece en la novela ejemplar de Cervantes *Las dos doncellas*, que huyen de casa de sus padres en traje varonil por seguir cada una al hombre que ama, y regresan al fin con ellos, ya como esposas. También abunda en las comedias de Tirso y de otros autores coetáneos.

Donina, de la comedia dramática de Jacinto Benavente *La noche del sábado* (1903). Es hija de Imperia, la protagonista. A los catorce años huye de casa con un artista del que está muy enamorada. Pero a diferencia de su madre— una cortesana—, Donina es una sentimental, y cuando advierte que su amante la ha vendido a un príncipe, apuñala a este último y muere obsesionada por su culpabilidad. V. IMPERIA.

Doña Alda, del famoso romance del ciclo carolingio «En París está doña Alda, /esposa de don Roldán», que cuenta el sueño, en que presiente la muerte de su esposo.

Doña Ana, cuyo amor se disputan don Mendo y don Juan, es el personaje central de la comedia de Juan Ruiz de Alarcón *Las paredes oyen*, que fustiga la maledicencia.

Doña Ángela, la mujer casamentera, es la principal figura femenina de la comedia de Lope de Vega *¿De cuándo acá nos vino?*

Doña Beatriz Prototipo de la adúltera del siglo XV, es muy bien perfilada por Lope de Vega en la comedia dramática de honor *Los comendadores de Córdoba* (1604), basada en un hecho real de tiempos de Juan II.

Doña Berta, personaje y título de una de las narraciones breves de Clarín (1892), es un modelo de mujer modesta y humilde, víctima de la sociedad en la que vive.

Doña Blanca de Navarra es recreada literariamente por Francisco Navarro Villoslada en la conocida novela histórica homónima (1847).

Doña Brianda Personaje secundario de *La venganza de Atahualpa*, pieza teatral juvenil de Juan Valera (1878). Prototipo de la chacha viuda de la Andalucía decimonónica que se ve obligada por necesidad a vivir en casas ajenas haciendo de niñera, ama de llaves o señora de compañía, es uno de los personajes más humanos y representativos que salieron de la pluma de Valera.

Doña Clarines, de la comedia homónima de los hermanos Serafín y Joaquín Álvarez Quintero. Para las gentes sencillas de la quinteriana ciudad de Guadalema, doña Clarines no estaba bien de la cabeza. Su pretendido carácter retraído encerraba, sin duda, la huella dolorosa de algún desengaño juvenil

amoroso. No solterona, sino soltera, aislada en su mundo interior, doña Clarines es una gran señora por su porte, su dignidad y hasta por la claridad (de ahí el nombre con que la bautizan sus autores) con que sabe decir las cosas.

Doña Claudia, de la novela ejemplar atribuida a Cervantes *La tía fingida*. Destaca la vida poco edificante de este personaje y de la supuesta sobrina Esperanza, que acabará casándose con un estudiante.

Doña Cuaresma V. DON CARNAL Y DOÑA CUARESMA.

Doña Elvira Las hijas del Cid, Rodrigo Díaz de Vivar, cuyos nombres verdaderos eran Cristina y María, aparecen con los de doña Elvira y doña Sol en el conocido episodio del robledal de Corpes, del *Cantar*, donde fueron ultrajadas y abandonadas por sus esposos, los infantes de Carrión. Después se casarían con los infantes de Navarra y de Aragón, respectivamente, de cuyos dominios serían reinas. En nuestro siglo, las recrea Eduardo Marquina en el drama en verso *Las hijas del Cid* (1908), en el que cabe destacar el carácter decidido y orgulloso—como el de su padre—de Elvira, en contraste con la nota sensible y tierna—a la manera de su madre—de Sol. // Personaje central de la comedia histórica de Lope de Vega *Las almenas de Toro*, sobre el cerco de Zamora. Cuando el atacante, Sancho II el Fuerte, ve a doña Elvira—sin reconocerla—asomarse a las almenas de su ciudad, se enamora de ella, y cuando los soldados le revelan que es su propia hermana, manda a los ballesteros que la asaeteen, trocándose así su errado amor en odio; pero el Cid—caballero y pacificador—impide el fratricidio. // La leyenda de doña Elvira de Navarra y la de los hijos de Sancho el Mayor fue llevada al teatro por

Lope de Vega (*El testimonio vengado*), Cañizares (*Cómo se vengan los nobles*), Zorrilla (*El caballo del rey don Sancho*) y García Gutiérrez (*El bastardo*), entre otros. // Una doña Elvira, musa poética, protagoniza los romances pastoriles y amatorios de Juan Meléndez Valdés. // Del poema de José de Espronceda *El estudiante de Salamanca* (1839): es la dulce heroína romántica abandonada por don Félix de Montemar, la cual, como dice su creador literario, «murió de amor».

Doña Endrina, de *El Libro de Buen Amor*, del arcipreste de Hita, es la «dueña chica», viuda enamoradiza que busca a una vieja mediadora—Trotaconventos—que facilite sus amores. El galán de doña Endrina es unas veces—en tercera persona—don Melón de la Huerta; pero otras es el propio Juan Ruiz, al cual llama ella «mi amor de Fita». En estos amores del siglo XIV hallamos el germen de la *Tragicomedia de Calisto y Melibea*, de Rojas, aunque tienen muy distinto signo.

Doña Esquina, de la comedia homónima de Agustín Moreto, es la caricatura literaria de la ramera trotacalles de nuestro siglo de oro.

Doña Flor, de la comedia de Juan Ruiz de Alarcón *Ganar amigos*, es una de sus más logradas figuras femeninas: algo frívola, pero siempre leal y generosa.

Doña Francisquita Principal personaje de la comedia lírica homónima (1923), de Guillermo Fernández Shaw, y con música del maestro Amadeo Vives, inspirada en *La discreta enamorada* (hacia 1606), de Lope de Vega.

Doña Grúa, objeto inanimado del *Nuevo fabulario* de Ramón de Basterra, viene a sustituir, a los animales de las fábulas esópicas en un expresivo personaje alegórico de nuestra era tecnológica.

Doña Inés La figura más delicada del famoso drama en verso de José Zorrilla, *Don Juan Tenorio* (1844). Destinada por voluntad de su padre, el comendador Ulloa, a la vida conventual, a los diecisiete años es presa fácil de las maquinaciones de la encubierta tercera, Brígida. Porque la inocente doña Inés lleva ya en su pecho un alma de mujer que será capaz de inspirar, por primera vez, el amor de don Juan, y de redimirle. Doña Inés ofrendó por don Juan no sólo su amor casto, sino su vida y su propia alma. De ahí que se la equipare a las más grandes heroínas poéticas, desde Antígona a Virginia, pasando por Ofelia y Beatriz. // La doña Inés de la novela homónima (1925) de Azorín es la mujer que se acerca al otoño de la vida abandonada de su don Juan. Tratando de superar esa crisis se va a Segovia, donde se enamora de un joven poeta que de niño había vivido en la Argentina; pero al enterarse del desenlace trágico de un idilio semejante al suyo, ocurrido en una generación anterior dentro de la familia del muchacho, renuncia a su enamorado y se marcha a Buenos Aires, donde funda una escuela para niños pobres.

Doña Isabel Protagoniza la novela histórica de Francisco Martínez de la Rosa *Doña Isabel de Solís, reina de Granada* (1837).

Doña Isidora, de la novela amorosa y ejemplar de María de Zayas *El castigo de la miseria* (1637), es prototipo de la vieja que trata de disimular su edad con afeites, cuyo antecedente lejano se halla en *Aulularia,* del autor latino Plauto.

Doña Jerónima Protagoniza la comedia de intriga de Tirso de Molina *El amor médico* (1635): se vestirá de hombre—de médico—para acabar casándose con don Gaspar, el galán al que buscaba afanosamente.

Doña Jimena, hija del conde de Oviedo y prima hermana del rey Alfonso VI, es la esposa de Rodrigo Díaz de Vivar, a la vez que clave esencial de su existencia. Por Jimena, el Cid combate y vence; por ella conquista Valencia incluso después de muerto. Jimena es símbolo de la esposa leal, enamorada y fidelísima: «Ya doña Ximena, la mi mugier tan complida, / commo a la mi alma yo tanto vos quería». Así aparece Jimena en el *Cantar de Mío Cid* y en algunos romances («En Burgos está el buen rey», «Cada día que amanece», «En el día de Reyes», etc.). En el siglo XVII, Guillén de Castro llevará la figura de Jimena al teatro en las dos partes de *Las mocedades del Cid*, y el francés Corneille en *Le Cid*. En el XX, será recreada por María Teresa León en un apasionado relato, calificándola de «gran señora de todos los deberes», que vivió a la sombra de una figura mítica. Luis Escobar la hace personaje central de la tragicomedia *El amor es un potro desbocado* (1959), basada en el choque del amor con las convenciones sociales. Y Antonio Gala en la obra dramática *Anillos para una dama* (1973), donde intenta desmitificarla, de modo que su condición de mujer se ve fatalmente reducida a una mera figura histórica.

Doña Juana Protagonista de la comedia histórica de Lope de Vega *Lo cierto por lo dudoso*: renuncia al hipotético amor del rey don Pedro y a la corona para seguir, fiel y firme, por el que siente hacia el infante don Enrique, lo que al fin aprobará el desdeñado monarca. // Personaje de ficción es la doña Juana de la comedia de Tirso de Molina *Don Gil de las calzas verdes* (1615): toda la obra gira en torno a las astucias de doña Juana para que don Martín cumpla su palabra de matrimonio. // La reina de Castilla y esposa de Felipe el Hermoso, doña Juana la Loca, es evocada en la elegía homónima (1918) de Federico García Lorca.

Doña Juanita De la comedia de humor de José María Pemán *El fantasma y doña Juanita* (1927).

Doña Lambra Personaje legendario del cantar de gesta del siglo XII *Los siete infantes de Lara*, del cual pasó al romancero y luego al teatro, en el que desde Juan de la Cueva hasta el duque de Rivas quedaría prefigurada como la más antigua mujer fatal de la literatura española. En la fría perversidad de doña Lambra, que instiga al débil Ruy Velázquez a perder a sus siete sobrinos, late una siniestra sed de venganza.

Doña Leonor Principal figura femenina de la comedia de figurón de Antonio de Zamora *El hechizado por fuerza*: para hacer decir a don Claudio que prefiere sus femeniles encantos a cierta capellanía, doña Leonor se valdrá del recurso de hacerle creer que está hechizado y que morirá si no se casa. Por supuesto, todo acaba en boda.

Doña Luz Protagoniza la novela homónima (1879) de Juan Valera, en la que plantea la tesis de que nadie—seglar o religioso—está privado del amor humano. Doña Luz—que pasó toda su vida esperando algo que jamás llegó—viene a ser un prototipo de la soñadora mística.

Doña Manuela, de la novela de Vicente Blasco Ibáñez *Arroz y tartana* (1894). Hija de un rico usurero, al quedarse viuda vuelve a casarse. Pero enviuda otra vez, y ella y sus hijas llevan una vida de lujo que las conduce a la miseria. La muerte del caballo que arrastraba el carruaje familiar (la tartana) viene a ser un símbolo de su desastre económico.

Doña María Pacheco Personaje real que protagoniza la tragedia histórica de Francisco Martínez de la Rosa *La viuda de Padilla* (1814).

Doña Mencía   Protagoniza la comedia de enredo de Antonio Mira de Amescua *La Fénix de Salamanca* (hacia 1630). Es una hermosa viuda que, con los vestidos de don Carlos y con ayuda de su sirvienta Leonarda, también disfrazada de hombre con el nombre supuesto de Caramillo, sigue a su amado don Garcerán. // Del drama romántico homónimo (1838), de Hartzenbusch; no es una figura romántica, sino más bien una heroína de tragedia antigua: cuando en su marido descubre a su propio padre, nos hace recordar a Esquilo o a Sófocles, en cuya obra el incesto es un crimen por culpa de un destino cruel. // Doña Mencía es el bellísimo pueblo blanco, cordobés, que sirve como escenario en algunas novelas de Juan Valera.

Doña Mesalina, cuyo nombre toma el autor de la esposa del emperador romano Claudio, ejecutada por su inmoral conducta, protagoniza la novela homónima (1910), de José López Pinillos, Parmeno.

Doña Micaela, personaje siniestro, casi esperpéntico, de la novela de Ramón Pérez de Ayala *Los trabajos de Urbano y Simona* (1923). Es la madre de Urbano. «A mí me enseñaron—dice—que la educación consiste precisamente en oponerse, y cuando no, en sobreponerse a la naturaleza». V. Urbano.

Doña Perfecta, de la novela homónima (1876) de Benito Pérez Galdós—novela, a su vez, reflejo de la vida en una ciudad levítica, donde se ven muy diversos tipos genuinamente españoles de fines del xix—, es la representación de la intransigencia y el fanatismo religioso. La madre de Galdós, doña Dolores, fue al parecer una mujer enérgica, por lo que algunos han querido ver en ella el modelo en que se inspiró el novelista para trazar tan controvertido personaje, fiel reflejo de la tradición y la religiosidad rígidamente entendida por entonces en ciertos sectores de la sociedad española. Su mismo nombre literario, doña Perfecta, corrobora la seguridad del personaje en su perfección ideológica y moral. Es un símbolo del espíritu fanático y autoritario. De ahí su alto valor representativo y su universalidad. Ella es la causa—en la novela—de la muerte de un joven ingeniero de ideas liberales. Doña Perfecta, que cree en muchas cosas, se equivoca también a menudo, pero siempre con absoluta sinceridad. Es muy destacable la vigorosa caracterización psicológica de la protagonista y el inevitable choque moral entre los dos personajes centrales, de gran fuerza dramática. Doña Perfecta es una de las creaciones más logradas de toda la narrativa de Galdós.

Doña Rodríguez, prototipo de la dueña de los siglos xvi-xvii, aparece en el *Quijote*, de Cervantes. V. Dueña.

Doña Rosita, que da título al poema dramático de Federico García Lorca *Doña Rosita la soltera o el lenguaje de las flores* (1935), es un delicioso símbolo literario de la soltera dulcemente resignada por la fuerza imperiosa y curativa del tiempo. Rosita, que desde niña vive con sus tíos, mantiene un noviazgo con un primo suyo. Pero su feliz existencia se quiebra de pronto. El primo marcha a América y al principio, su juramento de que volverá para casarse mitiga la pena de Rosita. El primo no vuelve. Rosita es ya doña Rosita. Y resignada, dice: «Sería el cuento de nunca acabar. Yo sé que los ojos los tendré siempre jóvenes y sé que la espalda se me irá curvando día a día. Después de todo, lo

Doña Sancha

que me ha pasado, le ha pasado a mil mujeres».

Doña Sancha   En el romancero descubrimos muchos signos de ternura, como el amor de doña Sancha, reina de Castilla y León, por su hijo menor, «su claro espejo». // Había sido antes reina de León, y su matrimonio con Fernando I de Castilla lo refiere Antonio García Gutiérrez en el drama histórico *Las bodas de doña Sancha*.

Doña Sirena, de la comedia de Jacinto Benavente *Los intereses creados* (1907), es un personaje muy representativo de la nobleza o clase media arruinada que, conservando las apariencias, se ve obligada a aceptar con disimulo el papel de tercera.

Doña Sol   V. Doña Elvira.

Doña Tadea, de *Los cuernos de don Friolera* (1921), de Ramón del Valle-Inclán, es la beata del pueblo, a la que el autor designa con expresiones tan peyorativas como «el garabato de su silueta» y «cabeza de lechuza».

Doña Urraca, hija de Fernando III de Castilla, de quien heredó en feudo la ciudad de Zamora, se hace personaje poético en numerosos romances viejos (aquel en que muestra su afecto por Arias Gonzalo; o aquel otro, «Afuera, afuera, Rodrigo», en el que, desde lo alto de la torre de Zamora, echa en cara al Cid el haber preferido como esposa a Jimena, induciéndole a levantar el cerco de la ciudad); luego, en dos dramas de Guillén de Castro, *Las mocedades del Cid* y *Las empresas del Cid*; y más tarde en la novela histórica que lleva su nombre (1849), de Francisco Navarro Villoslada.

Doña Violante es una típica heroína de Tirso de Molina, protagonista de la comedia *La villana de Vallecas*. Se trata en realidad de una dama valenciana que, seducida y abandonada, se va a Madrid disfrazada de vendedora de pan en busca de su fugitivo y vil burlador.

Dórida y Amaríllida   Nombres poéticos con los que Gutierre de Cetina encubre a sus amadas, una de las cuales parece ser la condesa Laura Gonzaga. No se ha podido precisar, en cambio, quién fue la dama de los «ojos claros, serenos» de su famoso madrigal.

Dorotea   es una de las figuras femeninas que desfilan por el *Quijote*. Víctima del veleidoso Fernando, Dorotea—bella y equilibrada—es prototipo de la más deliciosa feminidad. // Protagonista de la acción en prosa *La Dorotea* (1632), de Lope de Vega. Tiene gran interés autobiográfico: Dorotea (Elena Osorio) decide romper sus relaciones amorosas con Fernando (Lope) a instancias de su madre Teodora (Inés Osorio), que prefiere para su hija los galanteos de un indiano rico, don Bela (Francisco Perrenot de Granvela). Dorotea representa la enamorada con la locura o arrebato de sus primeras ilusiones. // De una de las últimas comedias de Miguel Mihura, *La bella Dorotea* (1963): abandonada por su prometido el día en que iba a contraer matrimonio, desafía las convenciones sociales y sale a la calle vestida de novia. V. Teodora.

Drac (cuevas del, Mallorca)   «Hace unos días visitaba las cuevas del Drach, aquel maravilloso laberinto subterráneo de fantásticas salas, artesonado de estalactitas y pavimento de estalagmitas, que, a las veces, juntándose, forman caprichosas columnas en que el juego de las concentraciones calcáreas finge monstruos que trepan por la fusta... Es el más extraordi-

104

nario espectáculo de un escenario de hadas o de gnomos» (Miguel de Unamuno, *Andanzas y visiones españolas*).

Drake, Francis   Es recreado literariamente en el poema de Lope de Vega *La Dragontea* (1598): trata de la muerte de este célebre corsario inglés, «el Dragón», aunque también alude a otros episodios de su vida.

Droga y drogadictos   La novela de Julio Manegat *La feria vacía* (1961) tiene como protagonista a un morfinómano que escapa del sanatorio para volver a la droga, si bien acaba encontrando el camino de la salvación.

Dueña   En la antigua sociedad española era la mujer viuda, ya mayor, que para autoridad y vigilancia de las demás criadas había en las casas principales. Como tipo literario fue perfilado por numerosos escritores de los siglos XVI y XVII (por ejemplo, doña Rodríguez, en el *Quijote*).

Dueñas (Palencia)   «Pocos kilómetros antes de llegar a Venta de Baños, está Dueñas, un pueblo atroz. Se alza en la caída de un cabezo con aire de pueblo alerta. Es del color de la tierra. Las casas, de adobe, bajo la luz de la siesta, casi incorpóreas, tiemblan, como hechas de luz y colágine, y una enorme iglesia se levanta en lo alto, defensiva y hostil» (José Ortega y Gasset, *El espectador*).

Duero (río)   Personaje alegórico que interviene en la acción de la tragedia *El cerco de Numancia* (hacia 1581), de Miguel de Cervantes. // Como referencia poética o escenario literario, Francisco de la Torre (en la segunda mitad del siglo XVI) canta, exaltándolas, las orillas del Duero; Luis de Góngora alude a las «apacibles soledades» de una quinta junto a este río; y en nuestro siglo, el río

Duero es una de las imágenes constantes en la obra poética de Antonio Machado (por ejemplo, *Campos de Castilla*, 1912).

Dulcinea del Toboso   Nombre literario de la aldeana—también imaginada—Aldonza Lorenzo, a la que don Quijote ama a la manera en que los caballeros andantes adoran a su amada en los libros de caballerías. En la inmortal novela cervantina, don Quijote habla de ella con el lenguaje de los profetas y aun de los místicos: «Ella combate y vence en mí; y yo vivo y respiro en ella y recibo de ella la vida y el ser». Dulcinea vive en la imaginación de don Quijote. Es una creación suya que con el tiempo se ha convertido en símbolo de mujer adorada, mujer ideal. Dulcinea es, en suma, el eterno mito literario del amor subjetivo, la ilusión romántica del amor inventado.

Duque de Estrada, Diego   Noble y soldado en Nápoles, tras una vida agitada ingresó en un convento de Cagliari, donde ultimó su obra autobiográfica *Comentarios del desengaño de sí mismo* (publicada por Gayangos en 1860), muy interesante por cuanto lo es él como personaje y, a la vez, por ser un documento directo de la vida en España e Italia en el siglo XVI.

Duques   Personajes de la segunda parte del *Quijote*: son un matrimonio aristócrata que pasa el verano en una residencia situada en Aragón, a la cual llegan el caballero andante y su escudero. El duque ha leído la primera parte de la novela de Cervantes, siéndole conocido el protagonista, y se dispone a distraerse unos días con él y con Sancho. Hombre poderoso, con numerosos criados a su servicio, logra que don Quijote y su escudero vivan el ambiente y las aventuras de los libros de caballerías, como el episodio de Clavileño y la gran farsa de la ínsula Barataria. Aunque los duques tratan afablemente al caballero y a su escudero, hay en ellos una intolerable intención de burla, patente en su dictamen sobre los azotes que hay que dar a Sancho para desencantar a Dulcinea. Se supone que Cervantes se inspiró en personajes reales: don Carlos de Borja y doña María Luisa de Aragón, duques de Luna y Villahermosa, que poseían en las inmediaciones de Pedrola el palacio de Buenavista.

Duquesa de San Quintín   Protagonista de la obra dramática de Benito Pérez Galdós *La de San Quintín* (1894), con evidente influencia de Ibsen, donde se muestra la regeneración por el trabajo de unos aristócratas arruinados.

E

Écija (Sevilla) Conocidas son las tórridas temperaturas estivales de esta localidad hispalense. Pero hace falta el talento creativo del escritor para describirlas. Con su sapiente barroquismo eufemístico, dijo Eugenio d'Ors en un conocido soneto: «Ciudad del Sol, te llamaremos "una", / que Écija archiva sol cada mañana, / como la crisolinfa paladiana, / en su apretada carne, la aceituna», al que la gracia gaditana de José María Pemán replicó con otro soneto: «Ciudad del Sol, la llamaremos «una»; / nada de crisolinfa ni camelos, / que lo que Écija archiva con locura / no es linfa paladiana, sino fuego». Pemán cierra el soneto así: «y saltar vieron de tu entraña pía / tanto sol, que la historia te llamará / con razón la sartén de Andalucía».

Eco y Narciso Personajes mitológicos recreados por Calderón en el drama homónimo (1661), donde contrasta el amor de la ninfa Eco con el egoísmo de Narciso. La obra de Calderón—que se inspiró en Virgilio—la imitaría después el italiano Carlo Gozzi.

Edipo El conocido mito de este héroe tebano que, según había pronosticado el oráculo, mataría a su padre y se casaría con su madre, y que había llevado Sófocles a la tragedia griega, es recreado por Martínez de la Rosa en otra tragedia homónima (1829), una de las mejores de nuestro siglo XIX, aunque en ella abunda el sentimentalismo de la época.

Egle V. AGLAYA.

Ejercicio, Orden, Obediencia Personajes alegóricos de la obra dialogada de Alfonso de Palencia *Tratado de la perfección del triunfo militar* (1460), vienen a ser las virtudes que adornan al soldado español.

Elche (Alicante) «Es—dice Ciro Bayo en *Lazarillo español*—un precioso pueblo con las casas descabezadas, que ese efecto producen los blancos terrados, y que está en realidad sitiado por un ejército inmenso de palmeras y de granados... La atmósfera, impregnada de aroma; la tez morena de las mujeres; el calor, en fin, hacen de Elche un pueblo verdaderamente oriental».

Electra En la mitología griega, hija del rey Agamenón y de Clitemnestra. En unión de su hermano Orestes vengó la muerte de su padre, cometida por aquélla y su amante Egisto. Pérez Galdós recreó este mito en la figura de la protagonista de su drama *Electra* (1901), cuyo estreno resultó un acontecimiento no tanto por su valor intrínseco cuanto por resultar, entonces, obra de circunstancial combate ideológico-político.

Elena y María Coprotagonistas del *Debate de Elena y María*, poema anónimo del siglo XIII, llamado también del «clérigo y el caballero». Elena, amiga de un abad, y María, amiga de un caballero, discuten—no sin cierta burla o sátira social—cuál de ellos es mejor. // Elena es protagonista de la novela picaresca y obra capital de Jerónimo de Salas Barbadillo *La hija de Celestina* (1612), donde al contar su vida desenvuelta, el autor censura los vicios de la época.

Elicia y Areusa, discípulas y pupilas de Celestina aunque menos perversas que ésta, se incorporan a la tragicomedia de Rojas como tipos complementarios de la pareja central—Calisto y Melibea—: Elicia es amante de Sempronio, y Areusa de Pármeno. V. CALISTO Y MELIBEA; CELESTINA; CENTURIO; SEMPRONIO Y PÁRMENO.

Elicio, de *La Galatea* (1585) de Miguel de Cervantes, es un pastor de las riberas del Tajo enamorado de la pastora Galatea, tan notable por su belleza como por su discreción. V. GALATEA.

Elisa, cantada por Garcilaso de la Vega en las *Églogas* (hacia 1532), parece ser su amada doña Isabel Freyre; según otros, Inés de Castro.

Eloísa Figura central de la comedia de humor de Enrique Jardiel Poncela *Eloísa está debajo de un almendro* (1940), aparece envuelta en una trama de misterio policíaco, aunque desarrollada en un ambiente de farsa guiñolesca.

Elvira De la comedia de Lope de Vega *El mejor alcalde, el rey* (1620-1623). Bellísima aldeana gallega, poco antes de casarse con su prometido es raptada por su padrino de boda, el infanzón don Tello. El rey hará justicia y al fin podrá casarse con su amado Sancho. // De la comedia de Juan Ruiz de Alarcón *Los pechos privilegiados* (1634): el rey de León va a casarse con Leonor, hija del conde Melendo, pero se encapricha de una hermana de éste, Elvira, a la cual pretende seducir, sin conseguirlo. El conde rompe sus vínculos de vasallaje y sale del reino. Entonces el rey pide la mano de Elvira. La razón del título de esta comedia se debe a que el rey de León concedía la calificación de «pechos privilegiados»—como en este caso—a las mujeres que tenían el privilegio de amamantar a los condes de Villagómez. // En la novela de Gabriel Miró *El obispo leproso* (1926), Elvira es la solterona esquiva y maliciosa. // *La soledad de La señorita Elvira* (1963), comedia de Lauro Olmo, puede ser fruto de las imposiciones de una sociedad en extremo represiva. // V. DOÑA ELVIRA.

Emigrantes Son protagonista colectivo frecuente en la literatura española, lo que explican obvias circunstancias económico-históricas. Basten algunos ejemplos: los emigrantes a América—tan numerosos en el siglo XIX y hasta comienzos del XX—protagonizan la novela de Vicente Blasco Ibáñez *Los argonautas* (1914); los emigrantes de Extremadura y Andalucía que han invadido Barcelona son el personaje colectivo de la novela de Francisco Candel, *Donde la ciudad cambia su nombre* (1957); las aventuras de un ex bedel, Lorenzo, al «hacer las Américas», constituyen el escenario de fondo de la novela de Miguel Delibes *Diario de un emigrante* (1958); en la comedia de Lauro Olmo *La camisa* (1962), la emigración al centro de Europa en los años cincuenta y sesenta es el verdadero protagonista, como lo es también en la novela de Antonio Pereira *Un sitio para Soledad* (1969).

Emanu, de la obra dramática de Fernando Arrabal *El cementerio de automóvi-*

les (1957), parece una traslación alegórica o abstracta de Jesucristo, pues se trata de un personaje increíble: un músico que toca para los pobres y que por ello es detenido, tras de la traición de un amigo.

Emeterio Alfonso, de la novela corta de Miguel de Unamuno *Un pobre hombre rico*. Es un empleado soltero y dueño de un pequeño capital. Su cualidad es ser ahorrativo; lo ahorra todo: dinero, trabajo, salud, afectos. Sólo es eso, un pobre hombre rico.

Enajenado   El protagonista de la comedia de Enrique Jardiel Poncela *Agua, aceite y gasolina* (1946) es un enajenado mental que recobra la razón creyendo que ha recuperado el afecto de su antigua enamorada, la cual, en realidad, es una muchacha muy ingenua que se ha prendado de él.

Eneas   V. DIDO.

Enfermedad   Personaje alegórico que interviene en la acción de la tragedia de Miguel de Cervantes *El cerco de Numancia* (hacia 1581).

Enrico   Antagonista de Paulo en el drama *El condenado por desconfiado* (hacia 1635), de Tirso de Molina. Espadachín desenfrenado y sacrílego que lleva una vida turbulenta y vergonzosa, es el hombre que sólo obedece a sus caprichos. V. PAULO.

Enrique, de la comedia palaciega de Tirso de Molina *Amar por razón de estado* (1631), cuyo amor por Isabela—con la cual acabará casándose—produce celos, por error, al duque de Cleves. // De la comedia en verso de Calderón *La banda y la flor* (1622)—reflejo de la vida galante de la época del emperador Carlos V—, está enamorado de Lísida, pero

antes de ser correspondido se ve obligado por delicadeza a no desairar el amor que le profesa Cloris, hermana de aquélla. // De la tragedia neoclásica, al estilo de Alfieri, *El duque de Viseo* (1801), de Manuel José Quintana. Usurpador del ducado de Viseo, ama a Matilde, por ser el vivo retrato de Teodora, mujer de su hermano. // Del drama de Antonio García Gutiérrez *El encubierto de Valencia*: de origen desconocido y misterioso, ahijado del mercader Juan de Bilbao, al conocer la sublevación de las Germanías discute con su amigo el marqués de Cenete—general de Carlos V—y tras diversas vicisitudes acabará en el cadalso. En 1852 Vicente Boix publicó una novela histórica homónima.

Enrique III, el Doliente, rey de Castilla, es el protagonista de fondo de la novela histórica de Mariano José de Larra *El doncel de don Enrique el Doliente* (1834).

Enriqueta y Matilde   En el drama de José Echegaray *Mancha que limpia* (1895) se enfrentan la hipocresía de Enriqueta con el apasionamiento leal de Matilde, en medio del efectismo característico del autor.

Equis y Zeda   Personajes alegóricos de la obra poética de Gerardo Diego *Fábula de Equis y Zeda* (1932), deliberada parodia—y a la vez homenaje en clave de humor—de las fábulas mitológicas del período barroco de nuestra literatura.

Erauso, Catalina de   De esta valerosa guipuzcoana, que vestida de hombre pasó la mayor parte de su vida en América—adoptando el nombre de Antonio Erauso—nos han llegado noticias y memoriales diversos. Juan Pérez de Montalbán la hizo protagonista de su

Ercilla, Alonso de

comedia *La monja alférez*, y a ella misma se le atribuyen unas memorias que, con el título de *Historia de la monja alférez*, se publicaron en París (1829), aunque deben considerarse apócrifas.

Ercilla, Alonso de Este famoso poeta, autor de *La Araucana*, es el protagonista del drama histórico *Alonso de Ercilla* (1848), de Juan Ariza.

Ermitaño Personaje del debate medieval *Revelación de un ermitaño* (1382), que con influencias de Dante repite la misma línea argumental de la *Disputa del alma y el cuerpo*, en que una y otro se increpan culpándose de sus pecados. V. CRISTINO.

Ernesto, del drama de José Echegaray *El gran Galeoto* (1881). Aficionado a la literatura y muy idealista, las malévolas murmuraciones de la gente le precipitan a enamorarse de Teodora, la bellísima esposa de don Julián. V. DON JULIÁN; TEODORA.

Escarramán, personaje del hampa recién salido de galeras, aparece en el entremés de Cervantes *El rufián viudo* (hacia 1615). // Tipo burlesco de la comedia del mismo título de Agustín Moreto.

Escobedo, Juan Secretario de don Juan de Austria que fue asesinado en Madrid (1578) por orden del secretario de Felipe II Antonio Pérez, protagoniza *Una noche en Madrid en 1578,* uno de los *Romances históricos* (1841) del duque de Rivas.

Escorial, El (Madrid) El asombro ante la construcción del monasterio escurialense que hizo erigir Felipe II se reflejó en la literatura a partir de su terminación en 1584. Sin duda es Lope de Vega quien lo expresa más abiertamente: «El templo del Escorial, / maravilla octava ha sido / desde nuestro polo al Austro / y del ocaso a Calisto». En nuestro siglo El Escorial sirve de fondo o escenario a la novela de Manuel Azaña *El jardín de los frailes* (1927), donde evoca recuerdos de niñez y adolescencia, pues se educó con los agustinos; a una novela de Ramón Nieto, *El sol amargo* (1961), sobre el turismo en esta villa, considerado con un sentido de crítica social desde el punto de vista de la población autóctona que lo recibe y lo padece; y al poema de José García Nieto «Nueva meditación en El Escorial», inserto en su libro *Geografía es amor* (1969).

Esclavitud, de nombre bien significativo, es la protagonista de la novela *Morriña* (1889), de Emilia Pardo Bazán. Ha nacido de amores culpables y sacrílegos y tiene que dedicarse a servicios domésticos, expuesta a que se quiera abusar de ella, por lo que se propone poner fin a su vida.

Escudero En la edad media era el joven noble que aspiraba a más y se ponía al servicio de un caballero. Pero antes de ser escudero los adolescentes nobles cumplían funciones de pajes o donceles, constituyendo el último escalón de la jerarquía nobiliaria. Literariamente, a mediados del siglo XVI ofrece singular interés el escudero del *Lazarillo de Tormes* (1554), el tercero de los amos de Lázaro. Pretende ser hidalgo y aparentar que es rico, pero está cargado de deudas y ni siquiera tiene para comer. Como dice Marcel Bataillon, «el episodio del escudero elegante que come el pan que le mendiga su criado, nos ofrece una creación genial: la de un personaje único de pobre vergonzante que, si bien es tratado por su autor de un modo cómico, también lo es con simpatía». El escudero sólo está preocupado por las apariencias: quiere vestir bien, tener una casa y un criado, aunque esté vacía la casa y haya de padecer hambre o consentir que el criado le alimente mendigando para él. // Ya había aparecido esta figura en el siglo XIV, en el *Libro del caballero y del escudero* (1326), obra del infante don Juan Manuel, si bien con una significación y enfoque diferentes.

Escultor de su alma, El Protagonista del drama místico en verso, homónimo, (póstumo, 1904), de Ángel Ganivet, de un simbolismo que muestra ya el propio título.

España Se convierte en personaje de fondo o en escenario fundamental de obras significativas de muy diversos escritores, sobre todo en ensayos u otros libros de pensamiento. La relación se haría interminable. Sólo cabe espigar algunos de los ejemplos que, del siglo XIII al XX, nos parecen más representativos. La todavía no nacida España del siglo XIII es el personaje central de las obras en prosa del rey de Castilla Alfonso X el Sabio, la *Estoria de España* (1270) y la *General Estoria* (1272), de las más tempranas obras escritas en una lengua vernácula, manifestación de un sentido nacional incipiente que se apoya en una concepción del pasado no exenta de mitos.

En el siglo XV España aparece ya como escenario histórico y motivo de reflexión en el *Libro de la consolación de España*, obra anónima, acaso de un converso, escrita entre 1434 y 1449: a través de un supuesto diálogo entre el autor y España se examinan las causas y efectos de la crisis existente bajo el reinado de Juan I de Castilla.

En el siglo XVI España es uno de los personajes alegóricos que intervienen en la tragedia *El cerco de Numancia*, de Cervantes, escrita hacia 1581.

Durante el siglo XVII Agustín de Ro-

jas Villandrando corrió todos los azares de un músico ambulante por los caminos, villas y lugares de España, ofreciendo en *El viaje entretenido* (1603) una ágil pintura de tales andanzas. Cristóbal Suárez de Figueroa, en *España defendida* (1612) hace de nuestro país el protagonista de dicho poema heroico, pero también ofrece una visión satírica de la sociedad de su tiempo en su obra más conocida, *El pasajero* (1617). Cervantes no sólo en el *Quijote* (1605-1615), sino también en las *Novelas ejemplares* (1613) y en sus *Comedias y entremeses* (1615) nos brinda un retrato magistral de la España de su tiempo. Quevedo, en *España defendida y los tiempos de ahora* (1609), exalta nuestra lengua, historia y costumbres, mientras en *Los sueños* (1631) satiriza tipos, modas y aspectos sociales y políticos. Saavedra Fajardo, preocupado por el presente y el futuro de España, escribió una serie de obras como *Locuras de Europa*, de 1643, y *Empresas políticas* o *Idea de un príncipe político cristiano*, de 1640, encaminadas a la acción práctica. Baltasar Gracián, en su novela alegórica *El criticón* (1653) mostrará asimismo, a través de sus personajes Andrenio y Critilo, su honda preocupación nacional.

Dentro ya del siglo XVIII, el retraso de España y la excesiva credulidad de sus gentes respecto a duendes, hechiceros y fábulas mágicas es el tema de fondo del *Teatro crítico* (1727-1739) y de las *Cartas eruditas y curiosas* (1742-1760) del padre Benito Jerónimo Feijoo. En las *Cartas marruecas* (póstuma, 1789), escrita a la estela de las *Cartas persas* de Montesquieu, José Cadalso hace una crítica serena de la decadencia española. Por su parte, Juan Pablo Forner manifiesta un nacionalismo exaltado en una época de aceptación y calificación exageradas de lo francés. Así, su *Oración apologética por la España* (1796) es una categórica respuesta a la insultante pregunta «¿Qué se debe a España?», aparecida en la *Enciclopedia* de Diderot y D'Alembert.

Entre el siglo XVIII y comienzos del XIX, en la noble figura de Jovellanos no se sabe qué admirar más: si las descripciones de los campos, ríos y montañas de nuestra península o la España que él, progresista y europeísta, anhelaba. La España «escenario» de entonces hay que buscarla también en la utilísima obra de Antonio Ponz *Viaje de España* (1792-1794), en dieciocho volúmenes, que además de amplio inventario de nuestros tesoros artísticos es un libro sugerente que aborda múltiples aspectos. Los paisajes, los caminos, las ciudades y gentes son escenario natural y personaje colectivo de la obra del español de origen irlandés José María Blanco y Crespo (llamado redundantemente Blanco-White), escrita y publicada primero en inglés (*Letters from Spain*, 1822), por hallarse exiliado en Londres, con el seudónimo de Leocadio Doblado, y luego en castellano (*Cartas de España*). Mas el retrato psicológico de la España del primer tercio del XIX se hace aún más sutil en los artículos de Mariano José de Larra, quien analiza la rudeza de las formas sociales («El castellano viejo»), la deficiente formación de los jóvenes («El casarse pronto y mal») o la indolencia de la administración pública («Vuelva usted mañana»). «Por nuestra patria—dice Larra—no pasan los días: bien es verdad que por ella no pasa nada; ella es la que, por el contrario, suele pasar por todo... En España, media España muere de la otra media»...

La España de los años que siguen a la muerte de Larra está maravillosamente observada y descrita en *La Biblia en España* (1843)—traducida, ya en nuestro siglo, por Manuel Azaña—del propagandista bíblico británico George Borrow, más conocido como don Jorgito el Inglés. Otro documento literario de mayor calado histórico son los *Episodios*

nacionales (iniciados en 1873) de Benito Pérez Galdós, en cuarenta y seis volúmenes. Los diez de la primera serie abarcan la lucha contra la invasión napoleónica, desde Trafalgar hasta la batalla de los Arapiles; la segunda serie narra las disensiones internas del reinado de Fernando VII; la tercera recoge la muerte de éste y la primera guerra carlista, con el triunfo de los liberales y la consolidación del reinado de Isabel II; la cuarta trata del final del mismo y de la revolución de 1868; y la quinta y última versa sobre la primera República y los comienzos de la restauración. Son novelas históricas—a veces historias noveladas—en las que intervienen más de medio millar de personajes que representan a todas las clases sociales y reflejan la vida política y cotidiana del siglo XIX. Galdós se valió de personajes de ficción, como Gabriel Araceli en la primera serie o Monsalud en la segunda, para unir unas series con otras. Ricardo Fernández de la Reguera y su mujer, Susana March, también han hecho de España—en sus avatares histórico-sociales y políticos—el personaje central de los *Episodios nacionales contemporáneos* (1963-1972), que en la línea de los galdosianos, abarcan desde la guerra de Cuba (1896-1898) hasta la proclamación de la segunda República (1931).

España, o más exactamente el problema de España, se presenta de una forma directa, haciéndonos penetrar en las causas de su decadencia, en el *Idearium español* (1897) de Ángel Ganivet. Ya un poco antes el jurista y sociólogo Joaquín Costa—que con Lucas Mallada y Ricardo Macías Picavea representa el regeneracionismo—estimaba que la decadencia nacional era un problema interno de nuestro proceso histórico. Costa y Ganivet son los precursores—tras Larra—de la llamada generación del 98, grupo de escritores «cuya conciencia personal y española despierta y madura entre 1890 y 1900». En amplio sentido cabe considerar hombres del 98 a Unamuno, Azorín—el definidor de la generación—, Valle-Inclán, Benavente, Baroja, Maeztu y los hermanos Manuel y Antonio Machado; sus inmediatos continuadores fueron Ortega y Gasset, Eugenio d'Ors y Gabriel Miró. Sienten todos ellos la preocupación de España, aman el paisaje y son más críticos que constructivos.

Tras el 98, cabe recordar las obras de Eugenio Noel, *Nervios de la raza* (1915), *Vida de santos, diablos, mártires, frailes, clérigos y almas en pena* (1916), *España, nervio a nervio* (1924) y *Aguafuertes ibéricos*, cuyos aspectos más pintorescos o genuinos se acentúan incluso en *La España negra* (1920) del pintor y escritor José Gutiérrez Solana, de gran fuerza plástica aunque rayana en el esperpento. En otro ángulo muy distinto, el de la reflexión, aparece *España invertebrada* (1921), de José Ortega y Gasset, donde el autor, al analizar nuestros problemas históricos, aboga por la necesidad de forjar un nuevo tipo de español. Desde una posición pedagógica, nuestro país es el amplio escenario de la obra de Luis Bello *Viaje a las escuelas de España* (1926-1929), rica en noticias histórico-artísticas. España es paisaje, a la vez que motivo de reflexión, en la obra *España* (1931; edición definitiva, 1978), ensayo de materia contemporánea de Salvador de Madariaga. Con intención reivindicativa y apologética, Ramiro de Maeztu, en su *Defensa de la Hispanidad* (1934), hace una crítica demoledora de las leyendas negras contra nuestro país. De otro talante es la reivindicación del papel evangelizador de España en América que hace José María Pemán en la obra dramática *La santa virreina* (1939). Dos años antes, y desde una óptica diferente, Manuel Azaña, presidente de la segunda República, había hecho de España el gran protagonista de *La velada de Benicarló* (1937), su testamento espiritual,

que es a la vez una visión personalísima de nuestra historia en sus momentos clave.

No se pueden omitir dos libros importantes, polémicos y enfrentados: uno, *España en su historia (Cristianos, moriscos y judíos)*, de Américo Castro (1948), que intenta demostrar que la convivencia entre esas tres sociedades produjo resultados excelentes para el arte, aunque también el aislamiento de España respecto del exterior; el otro es la réplica de Claudio Sánchez Albornoz, *España, un enigma histórico* (1957), obra ambiciosa y documentadísima acerca de nuestra significación histórica. Todavía cabe citar otras obras de evidente interés, como *Raíz y decoro de España* (1941), de Gregorio Marañón; *A qué llamamos España* (1971), de Pedro Laín Entralgo, y *España inteligible: razón histórica de las Españas* (1985), de Julián Marías.

Espartero, Baldomero Este famoso general, que firmó por los isabelinos el Convenio de Vergara y fue regente en 1841, es llevado a la literatura por Antonio García Gutiérrez en *El sitio de Bilbao* (1837).

Espejo En la literatura europea renacentista el espejo tiene una especial significación normativa o ética. Tal es el caso de los «espejos de príncipes» de Maquiavelo y Fénelon, que en las letras españolas tienen sus paralelos en los de Rivadeneyra, Gracián y Saavedra Fajardo. Ya con anterioridad habían aparecido obras como el *Espejo de reyes* (1341-1344), de Álvaro Pelayo, obra de preceptiva regia y de crítica política, y el *Espejo de verdadera nobleza*, del siglo xv, de Diego de Valera, donde se explica lo que debe ser la aristocracia real.

Esperanza Isla inexistente, algo así como un símbolo y escenario final de la obra dramática de Juan Alonso Millán *Stratojet 991* (1971). Es el lugar adonde arriban los supervivientes de una tragedia nuclear.

Esplandián Hijo de Amadís y de Oriana, protagoniza *Las sergas de Esplandián* (1510), última parte del *Amadís de Gaula*—aunque sin el interés de las hazañas de éste—, de Garci Rodríguez de Montalvo. En el episodio del escrutinio de la librería de don Quijote, el cura lo condena a la hoguera.

Esposa Una esposa que hace creer al marido que va a ser madre—engaño que soluciona un posible problema de infidelidad—protagoniza la comedia de José López Rubio *Una madeja de lana azul celeste* (1951); y otra esposa que, abandonada por su marido, decide prescindir de cuanto la rodea para crearse una realidad a su medida es el personaje principal de otra deliciosa comedia del mismo autor, *La venda en los ojos* (1954).

Esquilache La figura histórica de este controvertido marqués, político de origen italiano, es recreada por Antonio Buero Vallejo en la obra dramática *Un soñador para un pueblo* (1958). En un pasaje de la misma, el marqués de la Ensenada dice: «El pueblo siempre es menor de edad», lo que atenúa Esquilache cuando afirma: «Todavía es menor de edad».

Esquivias (Toledo) Dice el poeta Vicente Aleixandre: «Esquivias: bello nombre. La plaza es grande, / demasiado, y está desierta. Casas / torcidas, que apenas se sostienen, con un esfuerzo antiguo. / Torcidas o cansadas, cual si cambiado hubieran de postura, / hace siglos tras siglos».

Estaciones Las cuatro fases del curso solar, primavera, verano, otoño e invierno, que se corresponden con las de la Luna y con las edades de la vida humana, se simbolizan en nuestra literatura en las cuatro alegóricas *Sonatas* (1902-1905) de Ramón del Valle-Inclán.

Esteban Del drama de Jacinto Benavente *La malquerida* (1913), es prototipo del padrastro enamorado de la hijastra. V. ACACIA; MALQUERIDA, LA; RAIMUNDA.

Estebanillo González Protagonista de *La vida y hechos de Estebanillo González* (1646), biografía dentro del esquema de la novela picaresca de Esteban González, personaje real, bufón del cortejo de los Piccolomini, en Italia, pero no escrita por él—como se venía creyendo—, sino por Gabriel de la Vega, poeta en la corte de Flandes, luego de recorrer diversos países durante la guerra de los Treinta Años (1621-1645). Tiene varios oficios y en las batallas no pasa de ser un pícaro cobarde, reflejo de tantos españoles de la época. Es el antihéroe, «licenciado en desvergüenzas y doctor en truhanerías». // El francés Alain René Lesage es autor de una acertada imitación, *Histoire d'Estevanille Gonçales* (1734).

Estela De la comedia costumbrista de Lope de Vega *La hermosa fea*. El príncipe Ricardo, para evitar verse despreciado por Estela—como otros que la han pretendido—, finge que le ha parecido fea. Y aunque ella trata de vengar tal ultraje, se deja ganar, al fin, por el ingenio de Ricardo, quien logra obtener su amor. // De la comedia *El amor y la amistad*, de Tirso de Molina, Estela es una de las más bellas figuras femeninas por él creadas; esta obra aparece luego refundida por Antonio de Solís con el título *Pruebas de amor y amistad*. // De la comedia poética de Alejandro Casona *La barca sin pescador* (1945), viene a personificar la ensoñación.

Estella (Navarra) Pío Baroja hace una excelente descripción de Estella—así como del norte de Navarra—en su novela *Zalacaín el aventurero*, ambientada en el siglo XIX y que tiene por escenario Estella, sede de la corte de don Carlos durante ciertos períodos de las guerras carlistas.

Estrella Protagonista del drama *La estrella de Sevilla*, atribuido a Lope de Vega. Tal es el sobrenombre que, por su belleza y virtud, se da a doña Estrella Tabera, hermana de don Bustos, regidor de la ciudad. Próxima su boda con el noble don Sancho Ortiz de las Roelas, el rey Sancho IV la ve asomada al balcón durante una visita a Sevilla, se enciende en deseos por ella y, sobornando a una esclava, logra penetrar en su casa. Su hermano Bustos la salva de la seducción del rey, quien ordena darle muerte. Estrella, aunque no deja de amar a su prometido, al perder tan trágicamente a su hermano se retira a un convento.

Etelfrida En la comedia histórica de Lope de Vega *La imperial de Otón* (1595-1601), uno de los personajes más sobresalientes es la esposa de Odón, Etelfrida, fuerte y decidida, que le anima siempre con la esperanza de verle emperador.

Eufemia, «la que habla bien», protagoniza la *Comedia llamada Eufemia* de Lope de Rueda, considerada como su mejor obra dramática.

Eugenia, «la bien engendrada», de la comedia de Jacinto Benavente *Vidas cruzadas* (1929), viene a simbolizar la íntima y permanente disyuntiva entre el bien y el mal.

Eugenio, «el bien nacido», protagoniza la novela de Rafael García Serrano *Eugenio, o la proclamación de la primavera* (1938), en la cual se dan muchos rasgos

del ideal falangista de aquellos años bélicos.

Eusebio, «el piadoso», protagoniza la leyenda de Calderón *La devoción de la Cruz* (1633): lanzado a una vida marginada de bandolerismo, sólo se detiene cuando ve la figura de la cruz, de la cual es devoto. Herido de muerte, se confiesa y se salva por su fe sincera. // Protagonista de la novela homónima (1786-1788) de Pedro Montengón, de la cual se hicieron numerosas reediciones. Viene a ser el Emilio de Rousseau a la española. // Personaje central de la obra dramática de Max Aub *Espejo de avaricia* (1935). Es el viejo avaro burlado por su criada, que le ha ido cambiando sus doblones auténticos por otros falsos.

Eva, la primera mujer, que hizo perder a Adán el paraíso, ha sido llevada no pocas veces a la literatura. En las letras españolas cabe recordar la novela de Felipe Trigo *Evas del Paraíso* (1909); *Eva libertaria* (1923), novela de Rafael López de Haro; el delicioso cuento de Edgar Neville «Eva y Adán» (1926); la novela de Julia Maura *Eva y la vida* (1943), y la comedia de Jaime de Armiñán *Eva sin manzana* (1954).

Evelina Protagonista de la novela *El médico rural* (1912), de Felipe Trigo, que contiene numerosos elementos autobiográficos.

Exilio El exilio como situación vital es una situación que pocas veces se escoge libremente; suele ser más bien una cruel realidad que se impone. Históricamente, la presencia de grupos significativos de escritores en el exilio ha sido, en el caso de España, una constante a lo largo de los siglos XIX y XX; y comúnmente sus razones han sido de tipo ideológico y/o político. Así, en la pasada centuria hubo varias oleadas de exilia-

Extraño, El

dos, empezando por los afrancesados y los liberales perseguidos por Fernando VII. En distintas épocas padecieron exilio el filólogo y polemista Puigblanc, el poeta y periodista Blanco-White, el también poeta y dramaturgo duque de Rivas, Martínez de la Rosa, dramaturgo y político, Agustín Durán, crítico y editor, el abate Marchena, Sebastián Miñano, Alcalá Galiano... Entre los centros de actividad y de publicaciones de los grupos de exiliados destacaron ya desde el primer cuarto de siglo Londres y París. En el presente siglo se registra una gran oleada de exiliados, con amplia representación del mundo de las letras, tras la derrota republicana en la guerra civil de 1936-1939; la dureza de la represión durante y después de la misma obligó a abandonar España a poetas como Juan Ramón Jiménez, León Felipe, Luis Cernuda, Jorge Guillén, Pedro Salinas, Rafael Alberti, José Moreno Villa, Emilio Prados, Manuel Altolaguirre y José Herrera Petere; a dramaturgos como Jacinto Grau, Gregorio Martínez Sierra y Alejandro Casona; a novelistas como Max Aub, Arturo Barea, Ramón J. Sender, Rosa Chacel y Francisco Ayala; y a intelectuales como José Bergamín, José Gaos, Salvador de Madariaga, Américo Castro y Claudio Sánchez Albornoz. // En ocasiones la situación de exilio condicionó absoluta y casi obsesivamente la producción literaria de quienes la padecían. Tal es el caso del poeta José Domenchina, exiliado en Méjico, adonde fue aparar buena parte de la diáspora republicana. De ello dan testimonio sus libros *Destierro* (1942), *Pasión de sombra* (1944), *Exul umbra* (1948), *La sombra desterrada* (1950) y *El extrañado* (1958). // Unos exiliados son el protagonista colectivo de la novela de Carmen Mieza *La imposible canción* (1962), reflejo de la vida difícil de tantos españoles en Méjico tras la guerra civil.

Extraño, El Protagonista del libro homónimo (1954) del poeta Leopoldo de Luis, representativo de la toma de conciencia existencial.

Extremadura Pese a su situación —un tanto alejada de las grandes rutas, excepto con el vecino Portugal— Extremadura ha interesado siempre a los extranjeros que han visitado la península Ibérica (Jouvin, Borrow, Legendre, Sermet, Villeboeuf) y a nuestros grandes escritores (Pedro Antonio de Alarcón, Unamuno, Baroja, Salaverría, Sánchez Rojas, Urabayen, Pemán, Cela, Fernando Díaz-Plaja, Llovet, Antonio Ferres, etc.). Y muy singularmente a los autores autóctonos: al poeta salmantino-extremeño José María Gabriel y Galán, sobre todo en *Extremeñas* (1902), donde destaca su primer poema en el dialecto regional, «El Cristu benditu»; al novelista Antonio Reyes Huertas, gran enamorado y fiel ambientador de su patria chica, Campanario (*Lo que está en el corazón*, *La sangre de la raza*, *Los humildes senderos*, *La ciénaga*, *Estampas campesinas extremeñas*); al poeta de la Tierra de Barros Luis Chamizo, singularmente en *El miajón de los castúos* y en *Poesías extremeñas*; y a dos cacereños: el poeta Juan Solano y el excelente prosista Pedro de Lorenzo (*Extremadura, la fantasía heroica*, 1961; *Imagen de España: Extremadura*, 1968).

F

Fabia Personaje celestinesco de la comedia de Lope de Vega *El caballero de Olmedo* (hacia 1620-1625): es la «madre», como la llama el criado Tello, aunque sólo sea una versión atenuada de Trotaconventos y de Celestina.

Fabián Conde Protagonista de la novela de Pedro Antonio de Alarcón *El escándalo* (1875), tiene puntos de contacto con el don Alonso del duque de Rivas y el Tenorio de Zorrilla—espadachín, pendenciero, jugador y seductor—, y encuentra también un alma pura—Gabriela—capaz de redimirle.

Fabio Nombre poético y personaje ficticio o destinatario de la *Epístola moral a Fabio* (principios del siglo XVI), de Andrés Fernández de Andrada, reflexión sobre la brevedad de la vida.

Faetón Este personaje mitológico, que ya aparece en *Las metamorfosis* del poeta latino Ovidio, es recreado en nuestra literatura por Juan de Tassis y Peralta, conde de Villamediana, en la *Fábula de Faetón*.

Fama Personaje alegórico que interviene en la acción de la tragedia de Miguel de Cervantes *El cerco de Numancia*, escrita hacia 1581.

Familia A partir de la segunda mitad del siglo XVIII la familia es personaje colectivo o de fondo de muy diversas obras. Recordemos algunos ejemplos: la comedia de Luciano Francisco Comella *La familia indigente*; la novela de Fernán Caballero, *La familia de Alvareda* (1856), protagonizada por gente de buen corazón, piadosa y «temerosa de Dios», que vive en el pueblo sevillano de Dos Hermanas; *La familia del tío Maroma*, sainete de Ricardo de la Vega ambientado en las capas más populares de la sociedad decimonónica; *La familia de León Roch* (1878), novela de Benito Pérez Galdós, reflejo de la alta sociedad madrileña que se debate entre la fe y el escepticismo; *Historias de familia* (1946), en que José Antonio Muñoz Rojas relata poéticamente aspectos sanos y sencillos de la vida cotidiana; la comedia de Edgar Neville *La familia Mínguez* (1946), vista desde el ángulo de un delicioso humor; *Balcón al Atlántico* (1955), novela en la que María Luz Morales ofrece un ejemplo de la vida familiar en el siglo XIX; *Cuatro de familia* (1956), de Pedro de Lorenzo, que sitúa a estos personajes en el ambiente de inquietud, prebélico, de los años treinta; la obra dramática de Ricardo Rodríguez Buded *Un hombre duerme* (1960), cuyo protagonista colectivo es una familia sin recursos en la que, además, los hijos entran en conflicto generacional con los padres; *Historia de una familia histérica*, planteada en clave de humor por Noel Clarasó; la obra dramática de Alfredo Mañas *La historia de los Tarantos* (1962), sobre el enfrentamiento de dos familias entre cuyos hijos ha surgido el amor; *El carrusel* (1964), de Víctor Ruiz Iriarte, sobre la descomposición familiar; el fracaso de otra familia protagoniza la novela de José Manuel Caballero Bonald *Agata, ojo de gata* (1974).

Fanto Fantini   Personaje central de la deliciosa novela de Álvaro Cunqueiro *Vida y fugas de Fanto Fantini* (1972).

Fáñez de Minaya, Alvar   Sobrino y lugarteniente de Rodrigo Díaz de Vivar, a quien representa al aceptar éste el casamiento de sus hijas con los infantes de Carrión, es uno de los personajes más atrayentes del *Cantar de Mío Cid*. V. CID, EL.

Fátima   Una de las morillas que aparecen en el célebre romance novelesco «Tres morillas me enamoran / en Jaén: / Axa, Fátima y Marién».

Febea   V. CRISTINO; ERMITAÑO.

Federico   Protagonista de la comedia novelesca de Lope de Vega *El halcón de Federico*: es el caballero pobre enamorado de una dama rica y está inspirado en un cuento de Boccaccio.

Fedra   La historia mítica de Fedra —enamorada de su hijastro Hipólito, quien se negó a corresponderle— ha inspirado varias tragedias en la antigüedad clásica (Sófocles, Eurípides, Séneca) y en las literaturas modernas (Racine, etc.). En España, Pablo de Olavide, escritor y político ilustrado de finales del siglo XVIII, escribió una *Fedra* neoclásica siguiendo las normas de la tragedia francesa. Y a Miguel de Unamuno se debe otra. *Fedra* (1918), que se aleja de la línea clásica al introducir en ella

su concepto del sentimiento trágico de la vida.

Felipe Carrizales   V. CARRIZALES.

Felipe Crespo   Protagonista la novela de Ricardo León *El amor de los amores* (1910). Es el joven calavera al fin arrepentido que halla una luz de amor que le compensará de sus anteriores decepciones.

Felipe II, rey de España entre 1556 y 1598, es recreado literariamente en dramas y comedias de autores del siglo de oro (Lope de Vega, Pérez de Montalbán, Calderón), donde se le presenta como el rey justo por excelencia, «sabio, prudente y segundo Séneca». En nuestro siglo, José María Pemán lo hace protagonista de una comedia dramática homónima (1958) en la que analiza su controvertida personalidad.

Félix de Montemar   V. DON FÉLIX DE MONTEMAR.

Félix Muriel, personaje central del libro de relatos de Rafael Dieste *Historias e invenciones de Félix Muriel* (póstumo, 1985), que refleja biográficamente a su autor entre elementos simbólicos y fantásticos.

Félix Valdivia, coprotagonista de la novela de Gabriel Miró *Las cerezas del cementerio* (1930): joven indagador de la belleza, ante Beatriz—que se espanta de causar deseo en su esposo, mientras acentúa su coquetería con él—experimenta las más diversas reacciones, pues una veces ve en ella a una madre dulce y otras a una amante expertísima.

Félix Vargas, de la obra homónima (1928) de José Martínez Ruiz, Azorín, viene a ser una personificación del propio autor.

Felixmarte de Ircania, protagonista del libro de caballerías del mismo nombre (siglo XVI).

Felixmena Nombre pastoril que aparece con frecuencia en los sonetos de Luis de Góngora.

Fenisa Protagoniza *El anzuelo de Fenisa* (1617), una de las más celebradas comedias de Lope de Vega, inspirada en una narración del *Decamerón* (VIII, 10) de Boccaccio. Fenisa pone sus cinco sentidos en cuanto hace, y sobre todo en jugar con sus pretendientes y aduladores. También aparece este personaje en otras obras de Lope, como *La discreta enamorada* (hacia 1606).

Fénix Musa a la que canta Pedro Soto de Rojas en *Desengaño de amor en rimas* (1623). Se trata de una mujer desconocida, ante la cual el poeta siente «fuego en el pecho y mares en los ojos».

Fermín de Pas V. ANA OZORES.

Fernán González, primer conde independiente de Castilla y valeroso guerrero «que moros ni cristianos non le podían vencer», suscita gran interés como personaje literario, inicialmente en un supuesto poema épico del siglo XII reflejado en la *Crónica najerense* (hacia 1160). Otros cronistas, el Tudense y el Toledano, informan de la fundación del monasterio de San Pedro de Arlanza y de las tensas relaciones del primer conde castellano con los reyes leoneses. Un monje de Arlanza, escritor del mester de clerecía, escribió el *Poema de Fernán González* (hacia mediados del siglo XII), que se prosificó en la *Crónica general*. En el siglo XIV debió de escribirse un nuevo cantar de gesta del cual se aprecian vestigios en la *Crónica de 1344*. Pero ya antes el personaje había aparecido en el *Cantar de Mío Cid* y en Gon-

zalo de Berceo, donde el buen conde es el protegido de Dios, quien le inspira y promete la victoria frente a moros y cristianos. Su existencia legendaria le hará protagonista a principios del siglo XVI de otro poema o *Vida rimada de Fernán González*, del benedictino Gonzalo Arredondo y Alvarado. Y más tarde pasará al teatro, tanto en el siglo de oro (*El conde de Fernández González*, de Lope de Vega; *La más hidalga hermosura*, de Rojas Zorrilla, como en el romanticismo.

Fernández de Córdoba, Gonzalo, más conocido históricamente como el Gran Capitán, es introducido en nuestras letras por Hernán Pérez del Pulgar en *Las hazañas...* (1527), crónica que narra sus vicisitudes militares, sobre todo en lo que se refiere a la guerra de Granada.

Fernando De la acción en prosa de Lope de Vega *La Dorotea* (1632), es, aunque lo negara su autor, un *alter ego* suyo: caballero, poeta, apuesto galán que tan pronto muere de amor y celos como está desdeñoso ante la mujer de la que antes se sentía enamorado. // En la novela de Ramón Pérez de Ayala *Troteras y danzaderas* (1912), Fernando es para Rosina el hombre guapo por quien ella muere de amor. // V. DON FERNANDO; TEÓFILO.

Fernando el Católico es recreado literariamente por Lope de Vega en la comedia histórica *El mejor rey de España*, donde se refieren los pormenores de su boda con Isabel de Castilla. // Protagoniza también la obra de Baltasar Gracián *El político don Fernando* (1640), apología del rey aragonés.

Fernando Ossorio, personaje central de la novela de Pío Baroja *Camino de perfección* (1902), en la que se analiza su evolución espiritual en una lucha atormentada con la realidad.

Fernando de Portugal, llamado «el santo infante», hermano del rey portugués don Enrique el Navegante, caído en manos de los marroquíes y muerto en prisión, protagoniza el drama histórico de Calderón *El príncipe constante* (1636).

Fernando Ramírez, protagonista de dos dramas titulados *El tejedor de Segovia,* el primero de autor desconocido y el segundo de Ruiz de Alarcón, es una briosa figura de nuestro teatro del siglo de oro, a la vez que un antecedente de los héroes románticos, por su poderosa personalidad real y por sus novelescas aventuras. Se le considera emparentado con Juan Lorenzo, personaje histórico valenciano de principios del siglo XVI con el que guarda similitudes, así como con ciertos personajes del dramaturgo decimonónico García Gutiérrez.

Fernando III el Santo es llevado a la literatura en dos poemas épicos: uno de Juan de la Cueva, *Conquista de la Bética,* donde se glosa esta hazaña del rey castellano, y otro sobre el mismo tema de Juan Antonio de Vera y Figueroa, *El Fernando,* que estilísticamente imita a *La Jerusalén libertada,* de Tasso, que antes había traducido.

Ficóbriga Nombre literario dado por Benito Pérez Galdós a la población montañesa de Castro Urdiales.

Fierabrás Gigante sarraceno que protagoniza un cantar de gesta francés, homónimo, del siglo XII, en el cual se inspiró Calderón para su drama *La puente de Mantible.*

Figurón En nuestro teatro del siglo de oro algunas comedias de carácter se llamaban de figurón, cuando los rasgos del protagonista se exageraban hasta la caricatura, significando el hombre fantasioso que aparenta más de lo que es.

Fileno Personaje de Juan del Encina, en la *Égloga de Fileno, Zambardo y Cardonio*: enamorado de Cefira y por ella desdeñado, cuenta sus penas a Zambardo y Cardonio, y como éstos no pueden remediarle, se suicida.

Fili Nombre literario de una mujer por él amada, con el que Francisco de Figueroa, el Divino, tituló el soneto «A los ojos de Fili».

Fílida Protagonista de la novela pastoril *El pastor de Fílida* (1582), de Luis Gálvez de Montalvo, obra con clave que prefigura la novela cortesana. Bajo los nombres pastoriles se ocultan personajes reales. El autor se da el nombre de Siralvo, enamorado de Fílida, a la cual se suele identificar con una hermana del duque de Osuna.

Filis Como observa Joan Corominas, significa «gracia y delicadeza en decir las cosas», del nombre poético femenino, tan empleado en la lírica del siglo de oro que llegó a tomarse como cifra de la delicadeza poética. // Garcilaso de la Vega, en sus *Églogas,* presenta una Filis de la que está enamorado Alcino, viniendo a ser prototipo de la amada ausente. // Lope de Vega, a sus diecisiete años, se enamoró en Madrid de Elena Osorio, hija de un representante teatral y mujer de Cristóbal Calderón, también comediante. Es la Filis de sus poemas amatorios (por ejemplo, la égloga Filis, 1635), pero ya antes le había inspirado *La Dorotea* (1632), cuya protagonista se llama, precisamente, Elena, siendo Fernando el propio Lope. // Varios poemas de José Cadalso son amorosos y están dedicados a una Filis que es María

Ignacia Ibáñez, actriz que murió inesperadamente para desesperación del poeta, lo que le llevó al deseo de desenterrar el cadáver de su amada. Filis es la verdadera protagonista de sus *Noches lúgubres* (póstuma, 1782), elegía autobiográfica. // Juan Meléndez Valdés publicó, bajo el título *A la paloma de Filis*, composiciones amatorias, a veces de acentuada sensualidad.

Filomena Protagonista de la obra poética homónima (1621) de Lope de Vega, donde exhuma la fábula clásica de Progne, Filomena y Teseo, si bien encubre varios hechos autobiográficos. // V. PROGNE Y FILOMENA.

Finea Protagoniza la comedia de Lope de Vega *La dama boba* (1617), que no se recata de confesar ante su amado: «No he tenido otro maestro / que Amor. Amor me ha enseñado / toda la ciencia que tengo». Boba antes de amar, es sabia en cuanto ama.

Finisterre (La Coruña) «El embravecido mar de Finisterre lanzaba sus verdes y espumosas olas contra los peñascos... Allí no se escucha más que el silbido del viento y de unas olas siempre en lucha y que amenazan tragar los pequeños pueblecillos que se extienden a la orilla como abandonados despojos» (Rosalía de Castro, *La hija del mar*).

Firme (ínsula) Lugar fabuloso o imaginario que aparece en la novela caballeresca *Amadís de Gaula*. V. AMADÍS DE GAULA.

Fitón V. BELONA.

Flérida En las *Églogas* (hacia 1533) de Garcilaso de la Vega es la amada del pastor Tirreno. Flérida, mujer de otro, consentidora y propicia al deseo amoroso, es un símbolo femenino del capri-

cho y del goce fugitivo. // Hay otra Flérida, duquesa de Parma, protagonista de la comedia en verso de Calderón *El secreto a voces*: está enamorada, sin que nadie lo sepa, de su vasallo y deudo Federico. Todo acabará en boda.

Flor, Roger de Este aventurero catalán de origen germánico, situado entre los siglos XIII y XIV, que mandó una expedición en auxilio del emperador de Bizancio, protagoniza el drama histórico de Antonio García Gutiérrez *Venganza catalana* (1864).

Flora La influencia de Horacio en España—estudiada muy a fondo por Menéndez Pelayo—se observa no sólo en el estilo, sino hasta en el nombre de la musa literaria, Flora, del poeta Lupercio Leonardo de Argensola, autor, entre otras composiciones, de la sátira «A Flora».

Flora de Trevélez V. SEÑORITA DE TREVÉLEZ, LA.

Floralba Figura femenina a la cual dedica Francisco de Quevedo uno de sus más famosos sonetos: «¡Ay, Floralba!, soñé que te... ¿Dírelo? / Sí, pues que sueño fue: que te gozaba».

Flores y Blancaflor Coprotagonistas de la narración homónima, una de las más conocidas de la edad media. Es de origen oriental y en ella domina la idea de la fatalidad amorosa; la primera referencia a esta narración en nuestro país se halla en la *Gran conquista de Ultramar*, libro de caballerías anónimo de principios del siglo XIV, y el nombre de ambos amantes aparece citado por poetas como Francisco Imperial y el arcipreste de Hita. Una versión completa, coincidente con el poema francés, pero que posiblemente llegó a España a través de Italia (se ha insistido en la influencia de un

Florinda

poema toscano y del *Filocolo*, de Boccaccio) se publicó en Alcalá (1405).

Florinda   V. Don Rodrigo.

Florisel de Niquea   Como observa el hispanista Audrey Bell, «la novela pastoril invadió la caballeresca en la parte novena del *Amadís de Gaula*, de Feliciano de Silva. El caballero don Florisel de Niquea se hizo pastor un cuarto de siglo antes de que se imprimiesen *Menina e moça* de Ribeiro y la *Diana* de Montemayor».

Fontana de oro, La   Este antiguo y famoso café madrileño, donde inicialmente se instaló (1820) una sociedad patriótica presidida por Calvo de Rozas y en el que había una tribuna para oradores políticos (Alcalá Galiano lo describe en sus *Memorias de un anciano*; también hablan de él Gorostiza, Miñano y algún clérigo liberal), es evocado por Mariano José de Larra en sus artículos y posteriormente inspira a Benito Pérez Galdós, sirviéndole de escenario o protagonista colectivo en la primera, cronológicamente, de sus novelas, titulada *La Fontana de Oro* (1870).

Fortuna   Personificación alegórica de la suerte, aparece a menudo en nuestra literatura con una significación alegórica. Así, por ejemplo, en dos obras del marqués de Santillana, *El infierno de los enamorados* y el *Diálogo de Bías contra Fortuna* (hacia 1448) en el poema de Juan de Mena *Laberinto de Fortuna*, donde el poeta, requerido por la Providencia, describe la casa de Fortuna, desde la cual contempla los siete círculos de los planetas; y en fin, la fantasía moral que se suele agregar a *Los sueños*—*La hora de todos y la Fortuna con seso*, de Quevedo, sátira político-costumbrista en la que da al traste con el tópico de la Fortuna, al presentarla, junto a su compañera la

Ocasión, cometiendo una y otra todo género de locuras.

Fortunata y Jacinta   Coprotagonistas de la novela homónima (1886-1887) de Benito Pérez Galdós, que tiene por escenario el Madrid de fines del siglo XIX. Simbólicamente, vienen a ser una recreación literaria de Marta y María: Fortunata, la mujer bravía del pueblo, la naturaleza instintiva; Jacinta, la mujer de clase bien, la dulce y resignada espiritualidad, enfrentadas por su amor a un señorito insustancial, Juanito Santa Cruz, en medio de una trama argumental un tanto folletinesca.

Francisca   Protagonista de la novela de Emilia Pardo Bazán *Insolación* (1889): es una joven viuda, devota y remilgada, que acabará cediendo con naturalidad a los deseos del enamoradizo don Diego Pacheco.

Francisco de Asís, san   Es evocado en un libro con tal título de 1882 por Emilia Pardo Bazán, que supo en él dar forma artística a diversas tradiciones, entre ellas la posible venida del santo de Asís a España. // También recrea la figura del *Poverello* José María Tenreiro en *Dama Pobreza* (*Un milagro de san Francisco*), 1926.

Francisco Javier, san   Misionero jesuita, llamado el apóstol de las Indias y del Japón, es el protagonista del drama histórico de José María Pemán.

Frasquita   En la novela corta de Pedro Antonio de Alarcón *El sombrero de tres picos* (1874), basada en un antiguo cuento popular y que luego inspiraría el ballet homónimo con música de Manuel de Falla, es la hermosa mujer del molinero, de la cual se encapricha, sin obtener sus propósitos, el corregidor. V. Corregidor, El; Tío Lucas.

Fray Garín   Protagonista de la leyenda del mismo nombre, muy difundida en Cataluña. Se trata de un santo varón valenciano, Joan Garí, que, desde fines del siglo IX hacía penitencia en las peñas de Montserrat. La recogió, en el siglo XVI, Cristóbal de Virués en *El Monserrate* (1587).

Fray Gerundio   Personaje principal de la novela *Fray Gerundio de Campazas* (1758-1770), en la que el padre José Francisco de Isla satiriza a ciertos oradores sagrados de su época, que habían convertido el púlpito en risible teatro de absurdos despropósitos y pedantescos desatinos, de los que fray Gerundio de Campazas es un símbolo caricaturesco. Dice el autor que «fray Gerundio, hijo del rústico Antón Zotes, aún no sabía leer ni escribir y ya sabía predicar».

Fray Gil de Santarém   Como un Fausto portugués, entre la predestinación y el libre albedrío, es un personaje legendario—con ciertas variantes—del drama de Antonio Mira de Amescua *El esclavo del demonio* (hacia 1612).

Fray Miguel de Zuheros, de la novela de Juan Valera *Morsamor* (1899). Pequeño Fausto que, mediante un bebedizo, se convierte de viejo caduco en mozo extravagante, a través de cuyas fantasías se exaltan las hazañas de los portugueses en las Indias durante el siglo XVI.

Fuenteovejuna   Lope de Vega ha inmortalizado en el drama homónimo (1612) este pueblo cordobés y su venganza contra el comendador Fernán Gómez de Calatrava, producida el 23 de abril de 1476. Famoso se ha hecho el pasaje en que se dice: «¿Quién mató al Comendador? / Fuenteovejuna, señor. / ¿Y quién es Fuenteovejuna? / Todos a una». Un caso excepcional en el que un pueblo es a la vez escenario y protagonista colectivo de un hecho real, transformado luego en una obra literaria imperecedera. V. CALATRAVA.

Fulgencio Entrambosmares, de la novela *Amor y pedagogía* (1902), de Miguel de Unamuno, personaje que se había propuesto la tarea de «catalogar el Universo para devolvérselo a Dios en orden».

Funcionario   Lleva a la novela este tipo social Dolores Medio, en *Funcionario público* (1956), un personaje mediocre que contaba ya con un antecedente próximo, acaso de mayor interés, *El funcionario* (1949), novela de Enrique Azcoaga.

Fútbol   Este deporte que arrastra a las masas es protagonista de fondo de la obra de teatro *Milagro en Londres* (1971), de José María Bellido, sobre las andanzas por el extranjero de los seguidores del equipo español.

G

Gabriel Con este nombre arcangélico, de significado equivalente a «varón de Dios», protagoniza el drama de José Echegaray *El loco dios* (1900). Es un sorprendente personaje aquejado de tan extraña locura que le hace sentirse creador y señor de todas las cosas, viéndose empantanado entre la grandeza de los nobles propósitos y la servidumbre de egoísmos mezquinos. // De la novela de Concha Espina *El metal de los muertos* (1920): marinero del norte, aciagas circunstancias le obligan a buscar trabajo en las minas de Riotinto, donde ha de exponer su vida en un trance de salvamento.

Gabriel Araceli Personaje central de la primera serie de los *Episodios nacionales* (iniciada en 1873) de Benito Pérez Galdós. V. SALVADOR MONSALUD; TITO LIVIANO.

Gabriela, de la novela de Pedro Antonio de Alarcón *El escándalo* (1875), que redime al final al incorregible tenorio Fabián Conde. // Personaje central del cuento del mismo autor *El clavo* (1875). En la novela *Tomás Rueda*, de Azorín, Gabriela es la esposa apacible y buena.

Gaiferos Personaje fabuloso que origina un ciclo de romance. La leyenda lo convierte en sobrino de Roldán y en uno de los doce pares de Francia, dando lugar a tres romances juglarescos de ambiente carolingio: los dos primeros («Estábase la condesa» y «Vámonos, dijo mi tío») refieren la juventud del héroe; el siguiente, que trata de cómo liberó a su esposa Melisendra que estaba en tierra de moros, fue inmortalizado por Cervantes en el pasaje del retablo de maese Pedro, en el *Quijote*: «Caballeros, si a Francia ides, / por Gaiferos preguntade, / decidle que la su esposa / se le envía encomendare». V. MELISENDRA; WALTER.

Galalón Personaje de la leyenda carolingia, citado por Cervantes en el *Quijote* (I, 74).

Galán de la Membrilla, El Protagonista de la comedia homónima (1615) de Lope de Vega, inspirada en una canción popular: don Félix, galán de La Membrilla (Ciudad Real), está enamorado de Leonor, hija de Tello, opulento labrador de Manzanares, amor al que éste se opone. Tras mil lances (rapto, coplas, maldicientes, etc.), todo acabará en boda.

Galanes Son los apuestos varones que dan título a *Dança de galanes*, cancionero español de comienzos del siglo XVII (Lérida, 1603), luego reeditado por la Hispanic Society de Nueva York (1903).

Galatea En la mitología clásica, una de las nereidas amadas por Polifemo. //

En las *Églogas* de Garcilaso de la Vega (hacia 1533), la desdeñosa pastora cuya esquivez atormenta a Salicio. Su nombre lo tomó el poeta del personaje mitológico a través de las *Églogas* del latino Virgilio, donde ya se perfila como prototipo de la coquetería femenina. // Protagonista de la novela pastoril homónima (1585) de Miguel de Cervantes, quien hace de ella—influido por *La Diana* de Montemayor—un modelo de belleza ideal. Algunos, aunque no parece probable, han creído ver en la figura de Galatea a la mujer de Cervantes, doña Catalina de Palacios. De esta obra hizo un arreglo el escritor francés J. P. Claris de Florian con el título de *Galatée, roman pastoral, imité de Cervantes* (1783). V. ACIS; ELICIO; POLIFEMO Y GALATEA.

Galateo Protagonista de la obra de Lucas Gracián Dantisco *Galateo español* (póstuma, 1593): se trata de una adaptación al tipo de nuestros hidalgos decadentes de fines del siglo XVI del cortesano que había perfilado el italiano Della Casa en su *Galateo* (1558).

Galiana V. MAYNETE Y GALIANA.

Galicia Tanto el paisaje natural y urbano como el paisanaje de Galicia han atraído siempre la atención de los escritores. Según Miguel Artigas, ya Góngora en la segunda parte de *Las soledades* refleja de algún modo el paisaje de las rías galaicas. Pero tal interés se acrecienta a partir del romanticismo. En una curiosa y atípica novela de Nicomedes Pastor Díaz, *De Villahermosa a la China* (1858), sus personajes rehúyen la ciudad y se adentran, gozosos, en los suaves paisajes gallegos. Pero, sobre todo, la gran figura de la lírica galaica del siglo XIX es Rosalía de Castro. Rosalía, entrañablemente unida al pasaje de Padrón e Iria Flavia, vibra con sus saudades y sus quejidos y es auténtico símbolo de todos los matices del alma galaica (*En las orillas del Sar*). La óptica naturalista de Emilia Pardo Bazán se proyecta sobre la comunidad rural en sus novelas *Los pazos de Ulloa* y *La madre naturaleza*. Desde otro punto de vista, el espíritu soñador y sensual, supersticioso y embrujado de Galicia tiene su mejor intérprete en Valle-Inclán: en las *Sonatas, Divinas palabras, Comedias bárbaras* y otros escritos ofrece una Galicia de pazos y señores, artificiosa y estilísticamente perfecta, en la que no se sabe qué es más arcaizante, si la figura entre mística y pagana de Bradomín o cuanto le rodea. De muy distinto signo y vuelo más corto son algunas comedias del santiagués Manuel Linares Rivas—*Flor de los pazos, Cristobalón, El alma de la aldea*—en que aparecen el paisaje y la tierra nativos. El coruñés Wenceslao Fernández Flórez deja fluir su ironía mezclada de ternura hacia la tierra y las gentes humildes de la aldea gallega en *Volvoreta* y en *El bosque animado*, sin duda su mejor novela. Rafael Dieste, en sus relatos *Historia e invenciones de Félix Muriel* (1943), describe de manera plástica el legendario ambiente galaico. Lucense, de Mondoñedo, es Álvaro Cunqueiro, que, en la mayor parte de sus obras en gallego y en castellano retrata con mano maestra a los aldeanos, vistos con jocundo humor y gran conocimiento del alma popular; conocimiento que también demuestra en el libro *Viaje por los montes y chimeneas de Galicia*, en colaboración con José María Castroviejo. La rica prosa de este último se apoya también en la ironía en otros libros en torno al mar o a los pescadores de sus costas (*Los paisajes iluminados, Mar de sol, Las tribulaciones del cura de Noceda*). El novelista Gonzalo Torrente Ballester nos describe su ciudad natal, Ferrol, en *Dafne y ensueños*; un pueblo costero, Bueu, en el denso mundo de *Los gozos* *y las sombras*; Santiago de Compostela, en la por él inventada Villasanta de la Estrella, de su novela *Fragmentos de Apocalipsis*; o la también inventada Castroforte de Baralla en su mejor novela, *La saga/fuga de J. B.* Carlos Martínez Barbeito, en el relato *El bosque de Ancines*—basado en un caso de licantropía—nos presenta los tipos del campo con cuadros vigorosos de resonancia valleinclanesca. Entre las obras de Camilo José Cela Galicia está presente en *La rosa* (1959), obra autobiográfica, en la novela *Mazurca para dos muertos*, en los relatos de *El gallego y su cuadrilla* y en el libro de viajes *Del Miño al Bidasoa*. En *Tristura* y en *Viento del Norte*, de la novelista montañesa de estirpe galaica Elena Quiroga, aparece el ambiente remansado de una Galicia tradicional.

Gallardo español, El   Protagonista de la comedia homónima (hacia 1615) y en buena parte autobiográfica de Miguel de Cervantes. La acción transcurre en Orán y trata del soldado español Fernando de Saavedra, trasunto del autor, que recoge no pocos recuerdos de su estancia y cautiverio en la ciudad africana, cuando fue allí comisionado por Felipe II, en 1581.

Galván   Personaje del romancero, procede del ciclo artúrico. Es el prototipo del caballero perfecto, siempre al servicio de las damas y dispuesto a defender causas nobles y justas.

Garci Fernández   Este conde castellano, uno de los sucesores de Fernán González y llamado «el de las fermosas manos», casado con la condesa Argentina (que peregrinó desde Francia a Compostela), es uno de los personajes más atractivos de nuestro Romancero.

García   V. DON GARCÍA.

García del Castañar   Protagonista del drama de Francisco de Rojas Zorrilla *Del rey abajo, ninguno*. Representa al vasallo que lucha entre la necesidad de defender su honor y el deseo de mantenerse fiel a su rey. Pero he aquí que su bella esposa, Blanca, ha sido deshonrada por el propio monarca. En la imposibilidad de vengarse de éste, concluye que quien atentó contra su honor no era el rey, sino un caballero, don Mendo, al cual mata sin vacilar, buscando de ese modo una reparación «cortesana». Por su lealtad al rey, obtendrá el perdón de éste.

García de Paredes, Diego   Este famoso soldado, al que por su arrojo se llamó «Sansón extremeño» y «Hércules de Ocaña», protagoniza la novela histórica de Juan Bautista Diamante *El valor no tiene edad*.

Garcilaso de la Vega   Se hace personaje en sus *Églogas* (hacia 1533), reflejo no pocas veces de las propias pasiones amorosas del poeta. // Por otra parte, es personaje histórico del drama *Garcilaso* (1840), de Gregorio Romero Larrañaga.

Garduña de Sevilla, La   V. RUFINA.

Garín   V. FRAY GARÍN.

Gaviota, La   Protagonista de la novela homónima (1849) de Cecilia Böhl de Faber, Fernán Caballero: es el apodo dado a María Santaló o Marisalda, una chica de trece años que tiene las piernas muy largas y salta como las gaviotas. Se convertirá pronto en prototipo de la mujer instintiva y caprichosa, que acabará siendo víctima de su excesiva mundanidad.

Gazel   Personaje imaginario o pretexto literario del que, en el fingido viaje por España del moro de este nombre, se vale José de Cadalso en sus *Cartas marruecas* (póstuma, 1789) para hacer una ponderada crítica de nuestros grandes defectos nacionales.

Gedeón   Tipo proverbial del majadero, protagoniza la novela de José María de Pereda *El buey suelto* (1878).

Generosidad   Es, en abstracto, el personaje conceptual o de fondo de la comedia de Juan Ruiz de Alarcón *Ganar amigos*.

Genil   Enamorado de la bella Cinaris, es el protagonista simbólico de la *Fábula del Genil*, de Pedro de Espinosa. // **(río)** «Patrio Genil amado» lo llama Pedro Soto de Rojas en el poema *Desengaño de amor en rimas*, inserto en su obra más significativa. *Paraíso cerrado para muchos, jardines abiertos para pocos* (1652), en que canta los cármenes granadinos.

Gerarda   De la acción en prosa de Lope de Vega *La Dorotea* (1632), se corresponde en la vida real con Jerónima de Burgos, con la cual reanudó sus galanteos el poeta cuando en 1614 se fue a vivir a Toledo para tratar de ordenarse sacerdote en un aparente período místico. Con sus ribetes, a la vez, de beata y de hechicera y sus reiterados refranes, aficionada al vino, tanto que tiene la fatalidad de morir cuando busca agua, deriva directamente de la Celestina, de Fernando de Rojas; pero por la soltura de su lengua y de su ingenio, supera a ésta y a otras antecesoras, como Trotaconventos. Lope, con su talento y su desenvoltura, la libera de culpas y de dramatismos: nos la presenta como una inofensiva criatura, inocente y angelical.

Gerardo   Protagoniza la novela de Gonzalo Céspedes y Meneses *Poema trágico del español Gerardo* (1615-1618), cuyas

aventuras—un tanto idealistas—son, en alguna medida, las de su propio creador literario. // V. CARMIÑA Y GERARDO.

Gerineldo   Nombre del héroe de algunos de nuestros romances más populares, basados en la leyenda de los supuestos amores entre Emma, hija de Carlomagno, y Eginhardo, que terminan, según una de las más conocidas versiones, en la boda de los amantes. Como dice el primer verso de uno de tales romances, «más galán que Gerineldo» ha quedado como comparación proverbial del afortunado en amores.

Germán   V. ANGELINA.

Gerona   Esta notable y antigua ciudad, la más esencialmente medieval de las capitales catalanas, es el escenario de *Gerona*, el más emocionante de los *Episodios nacionales*, en que Pérez Galdós rememora la heroica defensa del general Álvarez de Castro ante el asedio francés durante la guerra de la independencia. En la segunda mitad del siglo XIX impresionó al francés Charles Davillier, quien en su *Viaje por España* (1862) afirma: «Gerona es una ciudad antigua y digna de ser visitada y, a menudo, al recorrer sus calles estrechas y tortuosas, se descubren algunas fachadas de casas medievales».

Gerónima   Personaje central de la comedia de Leandro Fernández de Moratín *La petimetra* (1762), fiel retrato de la pobre vanidosa que presume de la dote de su prima para cazar a un posible pretendiente.

Gertrudis   V. TÍA TULA.

Gerundio   V. FRAY GERUNDIO.

Gibraltar (campo de)   Desde la *Ora marítima* del latino Rufo Festo Avieno (siglo IV) hasta poetas de nuestros días como el algecireño Juan José Téllez, pasando por los autores arábigo-andaluces, el romancero, Meléndez Valdés, Gerardo Diego, Alberti o Jorge Guillén, es un interesante punto de referencia de nuestra lírica.

Gil y Pascuala   Coprotagonistas de la *Égloga de Gil y Pascuala*, de Juan del Encina, en la que presenta el contraste entre la corte y el campo.

Gil Arribato   En las *Coplas de Mingo Revulgo* (siglo XV), y por oposición a éste (prototipo del pueblo), Gil Arribato (el que está arriba o encumbrado) es un profeta o adivino que representa a la nobleza, si bien aparece en figura de pastor. Gil Arribato pregunta al pueblo cómo se halla, pues lo ve en mal estado, y Mingo Revulgo contesta que padece infortunio por las pésimas condiciones en que lo tiene su pastor. V. MINGO REVULGO.

Gil Blas de Santillana   Aunque protagoniza la *Historia de Gil Blas de Santillana* (1715-1735), del autor francés Alain-René Lesage, sus antecedentes son españoles, pues proceden de las novelas picarescas *Lazarillo de Tormes*, *Marcos de Obregón*—su modelo más directo—, *Guzmán de Alfarache* y *Estebanillo González*. Asimismo son españoles sus escenarios: Santillana del Mar, Salamanca y Madrid.

Gil de las calzas verdes   V. DON GIL DE LAS CALZAS VERDES.

Gila   V. SERRANA DE LA VERA.

Gilberta, de la comedia de Jacinto Benavente *La mariposa que voló sobre el mar* (1926). Es en realidad un personaje desventurado bajo la apariencia de una mujer frívola: la amante de un multimillonario que costea con largueza un cru-

cero por el Mediterráneo para hacerle olvidar los sinsabores de un fracaso en su carrera de actriz.

Ginebra   En el ciclo artúrico o de la Tabla Redonda, amante de Lanzarote. V. LANZAROTE.

Ginés, san   Notario público de Arlès (siglo IV), se negó a transcribir un edicto de persecución contra los cristianos firmado por el emperador Maximiliano, siendo decapitado. Este tormento, por el cual sería santificado, lo ha convertido en personaje literario. Así, Lope de Vega, en *Lo fingido verdadero* (1608) hace una dramatización del martirio de san Ginés, siguiendo el *Flos Sanctorum* del padre Rivadeneyra. Luego lo llevarían al teatro Jerónimo de Cáncer, Pedro Rosete Niño y Antonio Martínez.

Ginés de Pasamonte, personaje del *Quijote*, es el más caracterizado de los galeotes a los que puso en libertad el caballero andante y que tan mal se lo agradecieron. Parece ser que Cervantes lo tomó de la misma realidad, pues lo conoció—su nombre verdadero era Jerónimo de Pasamonte—siendo ambos soldados en el mismo tercio. En el capítulo XXII de la primera parte Cervantes lo ridiculiza como un delincuente violento y altanero.

Gitanilla, La   Protagonista que da título a una de las más conocidas novelas ejemplares de Cervantes. V. PRECIOSA.

Gloria   Personaje central de la novela homónima (1897) de Benito Pérez Galdós, donde el autor plantea el problema de la diferencia de cultos. Es una joven bella y soñadora, hija de un padre católico, rígido y apegado a la tradición. Se enamora a los dieciocho años de un náufrago judío, del cual tiene un hijo. «Estoy dispuesta—afirma—a renunciar a todo, pero no a mi hijo. Como mujer me desprecio, pero como madre me es imposible hacerlo». Abocada, en su lucha interior, a escoger entre el amor y la fe, asiste a la ilusoria tentativa de conversión de su amante, y perece fatalmente en su postrer anhelo de redimirlo con su muerte. El fanatismo ha tenido la culpa.

Gloria Bermúdez Protagoniza la novela de Armando Palacio Valdés *La hermana San Suplicio* (1889): es una bella y simpática novicia cuya vocación religiosa flaquea, sin poder resistir el asedio de un médico con quien al fin se casa.

Gómez Arias, Lope Este seductor de mujeres—condenado a muerte por los Reyes Católicos—aparece primero en un antiguo romance y luego es llevado al teatro por Luis Vélez de Guevara en *La niña de Gómez Arias*, y por Calderón en otra comedia, *Gómez Arias*. En el siglo XIX, Telesforo Trueba y Cossío escribió en inglés, y luego tradujo al castellano, la novela histórica *Gómez Arias o los moros de las Alpujarras* (1831).

Gonzalo e Isabel Coprotagonistas de la comedia de Jacinto Benavente *Rosas de otoño* (1905). Los devaneos de Gonzalo no tendrían sentido sin la cualidad de Isabel, que es la de perdonar, porque sabe que en el fondo es dueña absoluta de la quebradiza debilidad donjuanesca de su marido.

Gonzalo González de la Gonzalera V. DON GONZALO GONZÁLEZ DE LA GONZALERA.

Gonzalo de Ulloa V. COMENDADOR DE ULLOA.

Goya, Francisco de La poderosa personalidad del genial pintor es recreada literariamente por Ramón Gómez de la Serna en la obra *Goya*, antes que biografía, una semblanza tan certera y ágil que nos hace revivir al personaje. // En 1970 Antonio Buero Vallejo lo lleva a la escena en la obra dramática *El sueño de la razón*, donde la historia, la circunstancia que le rodea, es el fondo de la desventura que tortura y destruye la confianza de Goya en su libertad, en su derecho a desoír los mensajes regios que le exigen someterse y pedir perdón por haberse mostrado liberal.

Gracioso Tipo del teatro español del siglo de oro, llamado también por Lope de Vega figura del donaire, pues a menudo parodiaba los hechos y dichos del protagonista a quien servía de criado. Era la contrafigura de lo espiritual y lo caballeresco, representando, en cambio, la gracia del pueblo: fiel a su amo, malicioso, dicharachero, divertido y a la vez sentencioso, confidente en amores y él mismo enamoradizo, venía a ser el contrapeso cómico de la acción dramática. Sus antecedentes más próximos se hallan en el pastor de las églogas de Juan del Encina, que en los pasos de Rueda se transforma y, ya desarrollado, se convierte en el gracioso, que a veces también recoge algo del carácter del pícaro de nuestra novela. De otra parte, el gracioso de Lope de Vega (que así lo designa en la dedicatoria de *La francesilla*) es más sencillo y elemental que el de Calderón; el de Tirso es más socarrón; más llano y menos exagerado el de Ruiz de Alarcón; y los de Rojas y Moreto parodian en ocasiones, con una acción independiente y secundaria, la acción principal. // V. DONAIRE.

Gradissa V. GRIMALTE Y GRADISSA.

Granada En Granada—frontera andaluza con Levante—hay un pluralismo de paisajes, una luz singular y una atmósfera de arte y ensueño que producen un placer indefinible a la vez para los sentidos y para el espíritu. Por eso ha dado siempre poetas y artistas—desde Pedro de Espinosa a Federico García Lorca, pasando por el compositor Manuel de Falla—y también por eso es una de las ciudades españolas más y mejor evocadas literariamente. Así es desde los romances moriscos y fronterizos (el de *Abenámar*, donde aparece personificada como novia, el del *Rey moro que perdió Granada*, etc.); también figura en un cuento anónimo de mediados del siglo XVI, la *Historia del abencerraje y de la hermosa Jarifa*; y en varios sonetos de Góngora, que son otras tantas imágenes de la ciudad (el Genil y el Darro, ruinas y alameda, el Sacromonte). Como escenario, también, de *Guerras civiles de Granada* (1595), de Ginés Pérez de Hita, comienzo de nuestra novela histórica a la vez que hermosa visión de la ciudad a fines del siglo XV. Ya en pleno período barroco, en los poemas de Soto de Rojas de la obra *El paraíso para muchos, jardines abiertos para pocos* (1652)—de título certero y significativo—y en *La fábula del Genil*, de Pedro de Espinosa. Bien entrado el siglo XIX, al viajero y escritor norteamericano Washington Irving debemos una de las versiones más bellas de España: enamorado de Granada, descubrió su encanto poético antes que nadie en sus deliciosos *Cuentos de la Alhambra*, que escribió en 1829 desde el palacio de Carlos V, donde estuvo alojado. A partir de ese momento, en plena eclosión romántica, son varios también los escritores españoles que ven y evocan la ciudad como no se había hecho antes. Así, Martínez de la Rosa, en la novela histórica *Doña Isabel de Solís, reina de Granada* (1837); Juan Valera, que la convierte en escenario de la novela *Mariquita y Antonio*, donde el autor le dice a su protagonista: «En Granada puedes verlo todo, lo ideal y lo real». Castelar, en *La cuestión de Oriente*, la considera «un resumen de la creación». Pero son sin duda

La leyenda de Alhamar y el poema «Granada»—ambos de Zorrilla—el punto culminante de esa interpretación romántica, un tanto orientalista, de la ciudad del Darro y del Genil, que todavía hallará un representante posterior en Francisco Villaespesa (*El alcázar de las perlas*, 1911). Otro momento, precursor ya del 98, es el que representa Ángel Ganivet, que en *Granada la bella* (1896) ofrece una visión idealizada de su ciudad natal. Manuel Machado la define muy bien en un solo verso, «agua oculta que llora», mientras otro gran poeta, Juan Ramón Jiménez (*Olvidos de Granada*, póstuma, 1960), la denomina «barandal de espumas». Como dijo Valbuena Prat, «la Granada de los romances fronterizos del siglo XV, del Góngora en tono menor Soto de Rojas y del comediógrafo de muñecas Cubillo de Aragón sirve de antecedente, quizá, a la Granada de García Lorca (*Romancero gitano*, *Doña Rosita la soltera* o al poema "Granada" en su libro *Canciones*». Y, cabría añadir, el poema dramático *Mariana Pineda*, donde se dice: «¡Con qué trabajo tan grande / deja la luz a Granada!». Anteriormente, en 1927, había inspirado a Palacio Valdés la novela *Los cármenes de Granada*; más cerca de nosotros, sirve de escenario a Juan Rejano (*El Genil y los olivos*, 1944).

Granja, La (Segovia) «La Granja es de una monumentalidad muy oficial y cuidada, hecha así como para dar paseos con una señorita del brazo... El vagabundo, en La Granja, no se encuentra demasiado a gusto» (Camilo José Cela, *Judíos, moros y cristianos*).

Gratis, Jacobo V. CABALLERO DE GRACIA, EL.

Grazalema (Cádiz) Es escenario de varias comedias de los hermanos Álvarez Quintero.

Gredos (sierra de) «Al borde de ser piedra estamos. Somos / abajo mineral que se diluye, / hasta que suena un grillo, y la sonora / noche de Gredos del silencio fluye» (Ramón de Garciasol, *Anochecer frente a Gredos*).

Grimalte y Gradissa Protagonistas de la novela sentimental homónima (hacia 1495) de Juan de Flores, que viene a ser una continuación de la *Fiammetta* de Boccaccio. Grimalte—repudiado por Gradissa—ofrece los rasgos propios de los enamorados del siglo XV.

Grisel y Mirabella Personajes de la *Historia de Grisel y Mirabella* (hacia 1495), de Juan de Flores: se trata de una cuestión de amor a la manera de las del *Filocolo*, de Boccaccio.

Grisóstomo V. Marcela.

Guadalajara Las descripciones más antiguas de esta ciudad—como la del geógrafo árabe El-Edrisi—coinciden en proclamar su fertilidad, lo que no parece concordar con el significado de su nombre árabe (río de piedras). El holandés Cock, igual que otros viajeros anteriores, como Andrea Navagero, coetáneos como Münzer o posteriores como Davillier y Doré, hacen grandes elogios de su joya arquitectónica, el palacio del duque del Infantado, que era del famoso poeta don Íñigo López de Mendoza, tercer marqués de Santillana. En nuestro siglo han dedicado páginas a Guadalajara y a sus tierras, plumas tan distintas como las de Ortega y Gasset, Gerardo Diego, Agustín de Foxá, Ramón de Garciasol, Camilo José Cela (*Viaje a la Alcarria*, 1948) o Alejandro Fernández Pombo (*Pueblos de Guadalajara y Soria*).

Guadalquivir, que tiene también el antiguo nombre latino de Betis, principal arteria fluvial de Andalucía—la Bé-

tica de los romanos—, es sin duda el río de España más y mejor cantado por los poetas: ya lo hace, en el siglo XV, micer Francisco Imperial, en un poema inserto en el *Cancionero de Baena*, titulado «Por Guadalquivir arribando»; en el XVI fray Luis de León, en otro poema, «Al Guadalquivir», lo califica de divino; Fernando de Herrera dice en sus *Poesías*: «Profundo y luengo, eterno y sacro río», y Juan de Arguijo, al comienzo de otro poema, «Claro Guadalquivir»; en el siglo XVII, Lope de Vega, en unas seguidillas, exclama: «¡Río de Sevilla, / cuán bien pareces / con galeras blancas / y ramos verdes!»; Francisco de Rioja dice: «Otro tiempo profundo y dilatado / te vi correr, ¡oh, sacro hisperio río!»; Góngora, en una letrilla, se pregunta: «¿Arroyo, en qué ha de parar / tanto anhelar y morir, / tú, por ser Guadalquivir, / Guadalquivir por ser mar?»; para Quevedo, el Guadalquivir nace «de fuente pura»; y Pedro de Espinosa, estilizada y brillantemente, lo canta así: «Cubrió el sagrado Betis de florida / púrpura y blandas esmeraldas llena / y tiernas perlas de ribera ondosa». En nuestro siglo, y desde la alta loma de Baeza, Antonio Machado ve cómo corre el Guadalquivir «entre sombrías huertas y verdes olivares», ocultándose y quebrándose cual si fuera «un alfanje roto y disperso que reluce y espeja»; Fernando Villalón (*Garrochistas*, IV) exclama: «¡Islas del Guadalquivir! / ¡Dónde se fueron los moros, / que no se quisieron ir!». Y Federico García Lorca, en el poema «El Guadalquivir», dice que «va entre naranjos y olivos» y que tiene «las barbas granates». // En la narrativa, desde el ambiente en que sitúa Palacio Valdés su novela *La hermana San Sulpicio* (1889), describe el Guadalquivir y sus alrededores.

Guadalema Pequeña ciudad andaluza imaginada por los hermanos Álva-

Guadalupe (sierra de)

rez Quintero para ambientar algunas de sus comedias (*Doña Clarines*, etc.).

Guadalupe (sierra de) Como observa Bell, «es el sentimiento religioso de los paisajes de montaña el que se deja sentir ya en la poesía de Berceo, y el que, luego, inspiraría a Cervantes el elogio de la casi sagrada sierra de Guadalupe».

Guadalupe Limón, de la novela de Gonzalo Torrente Ballester *El golpe de estado de Guadalupe Limón* (1946), es una joven que muestra sus simpatías por los nacionales durante la guerra civil.

Guadarrama (sierra de) En el siglo de oro la canta Lope de Vega: «Con imperfectos círculos enlazan / rayos el aire, que en discurso breve / sepulta Guadarrama en densa nieve, / cuyo blanco parece que amenazan»; y en el siglo XX Enrique de Mesa (*Cancionero castellano*, 1906-1917; *Tierra y alma*, 1906; *El silencio de la Cartuja*, 1916) y José García Nieto, en «Nuevo cuaderno del Guadarrama», inserto en *Geografía es amor* (1969).

Guadiana (río) Góngora, el poeta que más ha cantado a nuestros ríos, evoca al Guadiana «deslizándose entre flores». // Sus orillas sirven de escenario a varias escenas del *Quijote*.

Guadix (Granada), su pueblo natal, es donde sitúa Pedro Antonio de Alarcón la acción de tres de sus más conocidas novelas: *La pródiga* (1882), *El niño de la bola* (1880) y *El sombrero de tres picos* (1874), que más tarde inspirará al compositor Manuel de Falla el ballet homónimo.

Guadralfranco, villa imaginaria en la que se ha producido una tragedia siniestra, es el escenario de la novela de Ramón Pérez de Ayala *La caída de los limones* (1916).

Guerra Personaje alegórico que interviene en la acción de la tragedia de Miguel de Cervantes *El cerco de Numancia* (hacia 1581). // Las guerras producidas a lo largo de la historia de España han dejado huellas incluso en obras de creación literaria, como escenario o protagonista colectivo. A manera de ejemplos cabe dejar constancia de algunas: la *Historia de la guerra de Granada* (póstuma, 1627), de Diego Hurtado de Mendoza, narra las campañas de los ejércitos de Felipe II contra los moriscos granadinos con motivo de la sublevación de las Alpujarras, entre 1568 y 1571, en que Granada es a la vez escenario y protagonista.

Guerra de la independencia, 1808-1814. La cantan varios poetas coetáneos: Juan Bautista de Arriaza en la elegía *El dos de mayo de 1808*; Manuel José Quintana en las odas *Al combate de Trafalgar* (1805) y *A España después de la revolución de marzo* (1808); Juan Nicasio Gallego en otra elegía *El dos de mayo* (1808), que no desmerece de la de Arriaza; y más tarde Bernardo López García, que en sus *Poesías* (1867) incluyó unas décimas *Al dos de mayo*, declamatorias y altisonantes, que le dieron gran celebridad; en prosa, es Benito Pérez Galdós quien refleja de modo perfecto, en los diez primeros volúmenes de sus *Episodios nacionales*, el ambiente, los tipos, las acciones y otras circunstancias de la invasión napoleónica; en nuestro siglo, Héctor Vázquez Azpiri en *Juego de bolos* (1972) describe, con toques esperpénticos, algunos aspectos de la vida en Asturias entre 1808 y 1814.

Las guerras civiles o carlistas del siglo XIX, a partir de 1834, están muy bien descritas en los volúmenes once al veinte de los *Episodios nacionales*, de Galdós;

las refleja asimismo Ramón del Valle-Inclán en la trilogía narrativa *Los cruzados de la causa* (1908), *El resplandor de la hoguera* (1909) y *Gerifaltes de antaño* (1909); y también Pío Baroja en los veintidós volúmenes de la serie de novelas históricas *Memorias de un hombre de acción*, basadas en la vida de su antepasado, el aventurero y conspirador Eugenio de Avinareta, y donde recoge muy diversos acontecimientos que van desde la misma guerra de la independencia hasta la regencia de María Cristina; en nuestro siglo, la comedia de Agustín de Foxá *Baile en Capitanía* (1940), muy lograda evocación de la segunda guerra carlista.

Guerras de África, siglos XIX-XX. Es un ameno e interesante documento literario el *Diario de un testigo de la guerra de África* (1860), de Pedro Antonio de Alarcón, que fue herido en esa campaña, en la cual participó como soldado voluntario; asimismo, las *Notas marruecas de un soldado* (1923), de Ernesto Giménez Caballero, con sus impresiones de la campaña militar en que tomó parte; o la novela *Imán* (1930), de Ramón J. Sender, donde se relata con crudeza el tristemente célebre desastre de Annual de 1921.

Guerra civil de 1936-1939. Su impacto doloroso y traumático en la vida española, no sólo en los tres años de contienda, sino en su huella posterior, supone un punto de referencia inevitable en buena parte de la literatura de nuestro país, tanto en el momento de irse produciendo los hechos bélicos como después. Algunos libros—novelas, singularmente—tratan de ser un mero testimonio; a veces apoyan a uno u otro bando, según el autor y el lugar en que fueron escritos e impresos. Los hay también publicados desde el exilio, ya como serena reflexión, ya como diatriba o crítica, bastantes años después. En cualquier caso, el frente de batalla

o lugares diversos del ensangrentado mapa de España son su escenario; o es su personaje colectivo la propia España, escindida, rota y triste, estúpidamente beligerante. No pocas veces se funden y confunden paisajes y paisanaje. Veremos, pues, cómo van surgiendo desde 1936 a nuestros días algunas de estas obras, de las que sólo es posible, aquí y ahora, intentar una muy breve selección: los libros de poemas de Miguel Hernández *El rayo que no cesa* (1936) —la preguerra como protagonista ideológico—y *Viento del pueblo* (1937)—libro de perfiles revolucionarios y aun propagandísticos—pueden servir de pórtico a esta larguísima serie; Manuel Chaves Nogales designa muy expresivamente nueve novelas cortas sobre la contienda con el título *A sangre y fuego. Héroes, bestias y mártires de España* (1937); Rafael Alberti ofrece su mejor obra dramática, *Noche de guerra en el museo del Prado* (1938). La guerra es también el protagonista ambiental de la novela *Río Tajo* (1938), de César Arconada, exaltación épica de la causa republicana. Desde otra óptica, bien distinta, Agustín de Foxá, en *Madrid, de corte a checa* (1938) hace vibrar al lector con una sorprendente narración que abarca desde el final de la monarquía hasta los días trágicos de la revolución y la guerra. José Herrera Petere muestra varios escenarios bélicos en *Acero de Madrid* (1938), *Puentes de sangre* (1938)—sobre los inicios de la batalla del Ebro—y *Cumbres de Extremadura* (1938). Desde su ideario falangista, Rafael García Serrano inicia su obra narrativa con *Eugenio o la proclamación de la primavera* (1938), seguida de *La fiel infantería* (1943) y *Plaza del Castillo* (1951), que agrupará más tarde en la trilogía *La guerra* (1964), año en que publicará, además, su curioso *Diccionario para un macuto*, centón de frases, modismos y canciones bélicas de la zona nacional. Esta exaltación falangis-

Guerra

ta—que arremete contra el pacifismo a lo Remarque—la expresará Cecilio Benítez de Castro en un libro tan apasionado como escasamente literario, *Se ha ocupado el kilómetro seis* (1939). Mayor calidad y evidente humor ofrece la obra de Jacinto Miquelarena *El otro mundo* (1939), fina sátira acerca de los refugiados en las embajadas. En esa línea, Francisco Camba, en la novela *Madrigrado* (1939), presenta el proceso evolutivo de los comunistas como elemento dominante en el lado republicano. José Montero Alonso compila un interesante *Cancionero de la guerra* (1939), y en *Poesía en armas* (1940), vemos todavía al Dionisio Ridruejo falangista. *Checas de Madrid* (1940), de Tomás Borrás, es un tremendo testimonio de la tragedia vivida por la capital. Escrita en 1938, pero corregida y publicada en 1940 por Benjamín Jarnés, exiliado en Méjico, su obra *Su línea de fuego* es una meditada reflexión sobre la contienda. Ricardo León trata de las dos Españas en la novela *Cristo en los infiernos* (1941). *Frente de Madrid* (1941), colección de relatos de Edgar Neville—entre ellos, *Las muchachas de Brunete*, es decir, sus abnegadas enfermeras—es uno de los libros más emotivos suscitados por la contienda; en esa línea se debe recordar el libro de poemas de José María Alonso Gamo *Paisajes del alma en guerra* (1943). *El diario de Hamlet García* (1944), de Paulino Massip, es su vida misma, o lo que es igual, la de un republicano en el exilio. Antonio Sánchez Barbudo, en *Sueños de grandeza* (1946) describe la disgregación de una familia a causa de la guerra. Francisco Ayala expresa su reacción crítica frente a la brutal experiencia bélica en dos novelas de 1949: *Los usurpadores* y *La cabeza del cordero*. Luis Rosales, tanto en su obra lírica autobiográfica *La casa encendida* (1949) como en sus *Rimas* (1950) trasluce lírica y dolorosamente el caos subsiguiente a la conflagración en-

tre españoles; también está presente este obsesivo punto de referencia en la obra poética *Vencida por el ángel* (1950), de Ángela Figuera. En dos novelas testimoniales de Mercedes Fórmica, *Monte de Sancha* (1950) y *La ciudad perdida* (1951), Málaga es un desgarrador escenario. Luis Romero, en *La noria* (1952), describe de modo realista el comienzo de la posguerra. Ramón J. Sender, en una de sus mejores narraciones, *Réquiem por un campesino español* (publicada primero con el título de *Mosén Millán*, 1953), a través de la evocación de un sacerdote que no ha podido evitar la ejecución de uno de sus feligreses, refiere los sucesos producidos en un pueblo en los inicios de la contienda. José María Gironella comienza en 1953 con *Los cipreses creen en Dios* su exitosa trilogía novelística sobre la guerra civil—en parte, documento; en parte, crítica intencionada—, a la que seguirán *Un millón de muertos* (1961) y *Ha estallado la paz* (1966), y todavía, en 1971, *Condenados a vivir*. En una finísima y satírica comedia, *La venda en los ojos* (1954), José López Rubio hace una crítica de aquellos para quienes la guerra no supuso otra cosa que una posibilidad de lucro a costa de las penurias ajenas. La novela *Cuerpo a tierra* (1954), de Ricardo Fernández de la Reguera, se centra en la angustia de un soldado que siente muy próxima la muerte. En *Duelo en el paraíso* (1955), Juan Goytisolo describe unos niños que, al jugar a la guerra, imitan con tal veracidad el comportamiento de sus mayores (protagonistas de la contienda civil) que uno de ellos muere en el juego. José Luis Castillo Puche, en *El vengador* (1956), logra una de las mejores novelas ambientadas en los últimos días de la conflagración y las primeras semanas de posguerra, y en *Hicieron partes* (1957) refiere la historia de una herencia y las graves consecuencias que, a causa de la guerra, sufrieron algunos de los herederos. Carácter testimonial y crítico ofrece la novela de Emilio Romero *La paz empieza nunca* (1957), situada en los primeros años de posguerra. En 1957 aparecen una ágil narración de la contienda, *Los cinco libros de Ariadna*, de Ramón J. Sender, y *Los que se fueron*, de Concha Castroviejo; ésta publica además, en 1959, *Víspera del odio*, de título bien significativo. En 1959 ultima Manuel Andújar—que emigró a Méjico en 1939—una interesante trilogía acerca de los conflictos de España en vísperas de la guerra: *Partiendo de la angustia* (1944), *El vencido* (1949) y *El destino de Lázaro* (1959). De esta última fecha es *Los inocentes*, de Manuel Lamana, donde presenta las repercusiones morales de la guerra en la conciencia de un niño que vive en la retaguardia republicana. *Tormenta de verano* (1961), de Juan García Hortelano, pretende ofrecer una visión de la posguerra en el veinteinio posterior a su término. *Tiempo de silencio* (1962), de Luis Martín Santos, reconstruye las relaciones humanas—a veces difíciles—tras de la contienda. *Las últimas banderas* (1967), de Ángel María de Lerva, evoca las semanas finales de la guerra, vista desde el lado de los perdedores. Luis Romero, por el contrario, en *Tres días de julio* (1967), y Antonio Martínez Garrido en *El círculo vicioso* (1967), rememoran sus comienzos. Antonio Gala, en el drama *Noviembre y un poco de hierba* (1967), cuya acción transcurre en la cantina de una estación de ferrocarril, se sirve de la guerra como escenario de fondo. El ciclo narrativo *El Laberinto mágico*, de Max Aub (*Campo cerrado*, 1943; *Campo de sangre*, 1945; *Campo abierto*, 1951; *Campo del moro*, 1963; *Campo francés*, 1965), se completa en 1968 con *Campo de almendros*, y en 1994 con *Enero sin nombre* (póstuma), crónica múltiple y vivaz de toda la contienda. La guerra es el escenario de las seis ágiles narraciones que integran el libro de Juan Antonio Gaya Nuño *Los gatos salvajes* (1968). El doble juego del espionaje en cada uno de los bandos contendientes es el protagonista de fondo de la novela de Ángel Ruiz Ayúcar *Las dos brujas* (1969). *San Camilo 1936* (1969), de Camilo José Cela, es un *collage* narrativo sobre los días que transcurren entre el 18 de julio, fecha de su onomástica, y los inicios de la contienda.

Guillermo Valdivia Es, más bien, la sombra de un personaje que marca el ritmo de los que traza Gabriel Miró en la más famosa de sus novelas, *Las cerezas del cementerio* (1910).

Guiomar Nombre literario que encubre el nombre real de Pilar de Valderrama, verdadera y madura pasión del poeta Antonio Machado a la cual dedicó, durante su prolongada relación sentimental, diferentes poemas (*Canciones a Guiomar*, 1933). A tal relación se refirió ella misma—que también cultivaba la poesía—en el libro autobiográfico, *Sí, soy Guiomar. Memorias de mi vida* (póstumo, 1981).

Guipúzcoa V. Vasco (País).

Gutierre V. Don Gutierre.

Guzmán de Alfarache Protagonista de la novela *La vida de Guzmán de Alfarache* (1599), de Mateo Alemán, es el primer pícaro que se presenta bajo tal nombre y, sin duda, el más genuino y célebre de todos. Como dice Guillermo Díaz-Plaja, «asombra este personaje: no es un caballero como Amadís; no es una gran figura religiosa; no es una figura noble por su saber, por su entender, por su fuerza o por su brío. Es un pícaro, sólo un pícaro; un hombre en la calle, un golfillo». Su pesimismo, tan diversamente comentado, apunta no a una sociedad determinada, sino a la humanidad pecadora en general. Hijo de nadie, como Lazarillo, atormentado por el hambre y perseguido por los azares de la fortuna, lleva una vida errante entre España e Italia como soldado, marinero, tahúr, galeote y ladrón; es, sin duda, el más cínico y sarcástico de los pícaros, y según él mismo confiesa, perdió la vergüenza por los caminos. El personaje reaparece en la titulada *Segunda parte del pícaro Guzmán de Alfarache* (1602), de Mateo Luján de Sayavedra, supuesto seudónimo de Juan José Martí.

Guzmán el Bueno   Sobrenombre por el cual se conoce a Alonso Pérez de Guzmán, alcaide de Tarifa a finales del siglo XIII, que prefirió sacrificar a su hijo antes que entregar la plaza a los moros; es llevado a la literatura por Antonio Gil y Zárate en el drama histórico romántico *Guzmán el Bueno* (1842).

H

Halma De la novela homónima (1895), continuación de *Nazarín*, de Benito Pérez Galdós. La condesa Halma se aleja de su familia y se casa con un extranjero soñador. Tras enviudar, vuelve a España y se casa de nuevo con un primo suyo que, por amor, rehace su vida y se regenera.

Hambre Personaje alegórico que interviene en la acción de la tragedia de Miguel de Cervantes *El cerco de Numancia* (hacia 1581).

Hamlet García Expresivo nombre del protagonista de la novela de Paulino Massip del mismo título (1944). De algún modo autobiográfico, muestra al intelectual exiliado que, desde una nueva y dramática realidad, observa a distancia nuestra guerra civil.

Hécula Nombre literario que el novelista José Luis Castillo Puche da a su ciudad natal, Yecla (Murcia), donde sitúa alguna de sus novelas.

Heliodora V. AGLAYA.

Heliogábalo Proclamado emperador de Roma a los catorce años y asesinado a los dieciocho luego de entregarse a la superstición y el libertinaje, lo traen a nuestras letras Antonio de Hoyos y Vinent en la novela *La vejez de Heliogábalo* (1912) y Marcial Suárez en

la obra dramática *Las monedas de Heliogábalo* (1965).

Hermana San Suplicio V. GLORIA BERMÚDEZ.

Hermano Juan, El Protagonista de la obra teatral homónima (1934) de Miguel de Unamuno, en torno al mito de don Juan.

Hermosura Personaje alegórico femenino del auto sacramental de Calderón *El gran teatro del mundo* (1645), que experimenta complacencia consigo misma.

Hero y Leandro Coprotagonistas de la *Historia de Hero y Leandro* de Juan Boscán, paráfrasis del poema griego *Hero y Leandro*, de Museo (siglo v), en que se narra la apasionada y triste historia de estos amantes desgraciados.

Héroe En términos generales, el personaje principal de una obra literaria. «El héroe español—observa Bell—suele ser una figura solitaria. Los héroes de los escritores castellanos (cantares de gesta, romances) son orgullosos y valientes, pero también son llanos, templados, comedidos». // Prototipo, antes que personaje, de *El héroe* (1637), de Baltasar Gracián, escrita acaso como réplica a *El príncipe* (1513) de Maquiavelo. Se ha dicho que el tipo del héroe gracianesco era el rey Felipe IV. Debía poseer, a la vez, humanidad y entendimiento para ganarse la simpatía y hasta la admiración de los demás. // Para Juan Ramón Jiménez el héroe no es el héroe bélico, ni el de Gracián, sino «los españoles que en España se dedican más o menos decididamente a disciplinas científicas o estéticas».

Hidalgo Constituía la categoría inferior de la aristocracia española. Su carencia de fortuna le impedía compararse con los caballeros y la nobleza titulada. De ahí que en nuestra literatura—desde el *Lazarillo* al *Quijote*—el hidalgo haya tenido un puesto importante. Como dice Azorín, el hidalgo es uno de los tipos más nobles y simpáticos de nuestra literatura. «Ese hidalgo puede dar lecciones de gravedad castellana. Serio, digno, celoso de su honor, guardador puntilloso de su dignidad, vive austeramente, no come muchos días y oculta con decoro a todos su hambre». Cabría añadir que en el hidalgo suele darse también una veta de humanismo y de idealismo; el más alto ejemplo de ello es don Quijote. Incluso a fines del siglo XIX, cuando ya han desaparecido los hidalgos como estamento social, pervive aún su espíritu, como demuestran hidalgos montañeses supervivientes de las novelas de Pereda; por ejemplo, don Celso Ruiz de Bejo en *Peñas arriba* (1895) o don Román Pérez de la Llosía en *Don Gonzalo González de la Gonzalera* (1878).

Hijo pródigo, El Esta conocida parábola del Evangelio de San Lucas (XV, 11-32) ha sido objeto de numerosas recreaciones literarias. Lope de Vega la utilizó en *El hijo pródigo*—inserto en el libro IV de *El peregrino en su patria*, 1604; y Jacinto Grau en otra parábola bíblica también titulada *El hijo pródigo*.

Hiltgunda V. WALTER.

Himenea Protagonista de la comedia homónima (hacia 1517) de Bartolomé de Torres Naharro, precursora de las de capa y espada, en la cual asoma ya el punto de honor tan frecuente luego en el teatro clásico.

Hipocresía En *El mundo por dentro*, de los *Sueños* de Quevedo, el autor, guiado por el Desengaño, visita la calle mayor de la Hipocresía—personaje alegórico—, donde ve «por dentro» distintas clases de gentes.

Hipólita Personaje central de la comedia anónima de este nombre, imitación de *La Celestina*, publicada en Valencia en el año 1521.

Hipólito Principal personaje de la comedia de Lope de Vega *Amor, pobreza y mujer*, para quien «todas las cosas criadas / están al amor sujetas, / y no pueden ser perfectas / si están de amor separadas».

Hita (sierra de) Observa Emilio Orozco que en el *Libro de buen amor* «el arcipreste interpreta la sierra de Hita como "el paisaje natural del pecado", "primavera de nieve con hielo: cansancio, temor, miedo"».

Hombre Hay personajes masculinos que, más que por un nombre propio determinado, interesan por su misma condición de hombres en sus diversos matices. Valgan unos cuantos ejemplos: el hombre en sentido abstracto es el personaje de fondo de la obra poética de Leopoldo de Luis: desolado en *Huésped de un tiempo sombrío* (1948) y *El extraño* (1955), o tratando de hallar su «patria oscura», su solidaridad, su dignificación, en *Juego limpio* (1961) y *La luz a nuestro lado* (1964); el hombre de acción, ya en novelas picarescas—*Lazarillo*, Pablos, Guzmán de Alfarache, etc.—, ya en audaces autobiografías—la del capitán Contreras (hacia 1625)—, la del soldado Miguel de Castro (1593-1611), la de Estebanillo González (1646), los *Comentarios* de Diego Duque de Estrada (siglo XVII) o la *Vida* de Torres Villarroel (1743-1758), ya en el ciclo de novelas *Memorias de un hombre de acción*, que con referencia al siglo XIX escribió Pío Baroja inspirándose en su antepasado Eugenio de Avinareta; el hombre incierto, sometido a incertidumbres existenciales, que protagoniza las obras poéticas de Eugenio de Nora: *Cantos al destino* (1943), *Contemplación del tiempo* (1948) y *España, pasión de vida* (1954); el hombre en sus desgracias, que aparece en el *Libro de miseria de homne*, anónimo del siglo XIV; en el *Rimado de palacio* (1407), del canciller Pero López de Ayala; y en nuestro siglo, en *Hijos de la ira* (1944), de Dámaso Alonso, lacerante visión de la miseria del hombre y del lamentable espectáculo del mundo en que vivimos; *El hombre de mundo* (1845), de Ventura de la Vega, el calavera que al casarse sienta la cabeza y es devorado por la pasión de los celos; el hombre obsesionado, sea por sus preocupaciones sociopolíticas—en *Gritos del combate* (1975), del poeta Gaspar Núñez de Arce—, sea por la muerte—*La sombra del ciprés es alargada* (1948), de Miguel Delibes—; y el hombre sereno, que fray Luis de León sitúa en el campo: «¡Qué descansada vida / la del que huye / del mundanal ruido!», dando un sentido cristiano a su modelo latino, el *Beatus ille* de Horacio.

Honorio, del poema de Ramón de Campoamor «El drama universal» (1869), es un símbolo del amor sensual.

Hormesinda, hermana de don Pelayo, fundador del reino de Asturias, pro-

tagoniza la tragedia histórica homónima (1770) de Nicolás Fernández de Moratín.

Hormiga V. CIGARRA Y HORMIGA.

Hortigosa, del entremés de Cervantes *El viejo celoso* (hacia 1615), es la vecina celestinesca que promete a la casada joven—doña Lorenza—aliviarla tanto de la abstinencia como de los malos tratos a que la somete su viejo y celoso marido.

Hospital Escenario y personaje de fondo de la novela de Manuel Pombo Angulo *Hospital general* (1946), en la cual se engarzan con cierto lirismo los más dispares y profundos sentimientos. Tiene como antecedente inmediato *Pabellón de reposo* (1943), de Camilo José Cela.

Huécar (río) Gerardo Diego, en *Romance del Huécar*, dice: «Y el Huécar baja cantando, / sabiendo lo que le espera, / que va al abrazo ladrón / de su nombre y de su herencia», mientras otro poeta, el conquense Federico Muelas (*Elegía pequeña al río Huécar*), lamenta: «Pero nadie, Huécar, / te defiende, nadie».

Huelga, La Personaje conceptual de la novela homónima (1968) de Mauro Muñiz.

Huelva Estrabón (*Geografía*) la cita con su antiguo nombre latino de Onuba. En nuestro siglo, Concha Espina, en la novela *El metal de los muertos* (1920), le da el nombre literario de Estuaria.

Huerta La de Valencia ha sido evocada por Gaspar Gil Polo (*Canto del Turia*) y por Vicente Blasco Ibáñez (*Entre naranjos*); la de Murcia, por Vicente Medina y José Baldo Marín.

Huerto En nuestra literatura este concepto hereda el sentido de lugar deleitoso, de *locus amœnus* que le otorgaban los clásicos latinos. Así ocurre en el *Libro de Aleixandre* (hacia 1240), donde se lee: «Semejava que era huerto del Criador»; así también en *La Celestina* (1499). Como observa Emilio Orozco, «el huerto de Melibea es el escenario de sus amores con Calisto: esta participación del paisaje artificioso del huerto o del jardín como confidente o testigo de la escena de amor pertenece, esencialmente, a las épocas barroco-románticas. Pero, en *La Celestina*, se anticipa a esa generalizada cronología. Todas las escenas de amor de los protagonistas se desarrollan en el huerto de Melibea: allí surge ese amor, cuando Calisto entra persiguiendo su halcón; allí, esa invencible atracción se consuma y satisface». Azorín exhumará ese huerto en uno de los más bellos cuadros literarios de su libro *Castilla* (1912), y Jorge Guillén dará el título de *El huerto de Melibea* (1954) a uno de los poemas de *Cántico*. *El huerto de Epicteto* es el título de un libro de ensayos breves de Antonio Zozaya. Ángel Cruz Rueda bautiza una novela con el título, bello y evocador, de *El huerto silencioso*.

Huesca Juan Bautista Labaña, en su *Itinerario del reino de Aragón* (1610), la describe así: «Huesca, ciudad muy antigua, era ya noble en tiempo de los romanos, llamada por ellos Osca. Está situada en la cabeza de un humilde otero... Fue morada de Sertorio, el cual, para criar los mancebos españoles en letras, fundó en ella una universidad que duró y floreció muchos años». Oscense de origen, el sabio histólogo y premio Nobel de medicina Santiago Ramón y Cajal en su libro autobiográfico *Mi infancia y juventud* dice comentando su primera visita a la ciudad: «Allí, en medio de aquellas ruinas emocionantes [San Pedro el Viejo]..., allí sorprendí de cerca ese perpetuo combate entre el espíritu que aspira a la eternidad y los impulsos ciegos y destructores de los agentes naturales». Para otro ilustre médico y escritor, Gregorio Marañón, en la austera Huesca «se halla la más severa catedral de España, cuya nave solemne y ruda es el monumento arquetípico del alma aragonesa, seria y pura».

Humildes Gentes humildes, en contraste con una familia rica de un pueblo catalán, protagonizan la novela de Mercedes Salisachs *Una mujer llega al pueblo* (1957). // Otro pequeño mundo de gentes humildes, reflejo de la vaciedad, la desesperanza y la angustia de vivir, es el protagonista colectivo de la novela de Jesús Fernández Santos *En la hoguera* (1957).

Hurdes, Las Comarca del vértice septentrional de Extremadura, por su aislamiento y atraso se ha convertido en un tópico o imagen sangrante del subdesarrollo español. El doctor Gregorio Marañón la convirtió en escenario de su *Viaje a las Hurdes* (1922), que hizo acompañado del rey Alfonso XIII. También han ofrecido testimonio de las lamentables condiciones de vida de sus habitantes Antonio Ferres y Antonio López Salinas en el libro en colaboración *Caminando por las Hurdes* (1960), así como Ramón Carnicer en *Cuando las Hurdes se llaman Cabrera* (1964).

I

Ibiza   V. Baleares (islas).

Ifach (peñón de)   «Y de súbito, el Ifach salía de las aguas como si el día iluminase por primera vez sus hermosuras. Suelto, desgajado de la costa, solo en el mar. Peñas de lumbres, de iris húmedos» (Gabriel Miró, *Años y leguas*).

Ignacio de Loyola, san   Fundador de la Compañía de Jesús, es recreado literariamente por el padre Pedro de Rivadeneyra en *Vida de san Ignacio*, primero redactada en latín (1572) y luego en castellano (1583). El haber compartido con su biografiado ideas y opiniones hace de este libro—muy característico de la época—algo vivo y en extremo atractivo para el lector. // En nuestro tiempo evoca su figura José María Salaverría en la obra *Íñigo de Loyola* (1935).

Ildefonso, san   Obispo de Toledo en el siglo VII, es recreado literariamente en una *Vida* compuesta al parecer por un clérigo del siglo XIV.

Imperia   Este personaje, cuyo nombre procede del de una famosa cortesana italiana, protagoniza la comedia de Jacinto Benavente *La noche del sábado* (1903): al lanzarse a una vida de aventuras, abandona a su hija Donina muy pequeña, y luego, cuando ésta es ya una mujer, intenta salvarla en un momento difícil, como si de pronto renaciera en ella el sentido maternal adormecido. V. Donina.

Inés   V. Doña Inés.

Inés de Castro   Hija natural de un rey español y amante de don Pedro, infante de Portugal, fue mandada asesinar en 1355 por el padre de éste, Alfonso IV, en presencia de sus propios hijos. Esta historia patética, la de la desdichada mujer que fue reina después de muerta, tuvo gran eco en la literatura. Ha sido cantada por todos los trovadores; citada por Pero López de Ayala en la *Crónica del rey don Pedro*; evocada en portugués por Camoens en *Os Lusiadas*, así como por los poetas Jerónimo Bermúdez, Hondar de la Motte, Bocage, Ribeiro dos Santos y, muy singularmente, por Luis Vélez de Guevara en la comedia histórica *Reinar después de morir* (1562).

Inés de Vargas   Personaje principal de la leyenda de José Zorrilla *A buen juez, mejor testigo*, inspirada en uno de los *Milagros* de Berceo: antes de que su prometido marche a la guerra de Flandes, le hace jurar ante el Cristo de la Vega de Toledo que a su vuelta se casará con ella. Él incumple la promesa. Inés le cita ante el juez, pero Diego niega. Cuando el juez pregunta a la joven si puede citar testigos, ella dice que hay uno, el Cristo de la Vega. El tribunal y las partes se dirigen a la venerada imagen, la cual desclava su mano derecha y con voz sobrehumana, responde: «¡Sí, lo juro!».

Infamador, El V. LEUCINO.

Infante don García Hijo de Sancho Garcés y último conde de Castilla—asesinado en León por los Velas cuando iba a casarse con Sancha, hermana de Bermudo III—, protagoniza un *Cantar* homónimo.

Infantes de Carrión Aparecen en el cantar III del *Cantar de mío Cid*. Codiciosos de las riquezas (el botín de guerra del Campeador, del que envía una parte al rey Alfonso VI) de Rodrigo Díaz de Vivar, piden al monarca castellano la mano de las hijas de aquél, doña Elvira y doña Sol. El de Vivar se reconcilia con el rey y accede a las bodas por éste propuestas. Los infantes habían dado pruebas de su cobardía en la guerra, siendo objeto de burlas en el palacio. Deseando vengarse, solicitan del Cid que deje ir a sus hijas a sus tierras de Carrión: en el camino, en el robledal de Corpes (¿Castillejo de Robledo?, Soria), las deshonran y azotan, dejándolas abandonadas y maltrechas. El Cid vencerá a los traidores en un torneo o juicio de Dios. Después, sus hijas—anulados sus matrimonios con los infantes—se casarán: Elvira con el príncipe de Navarra y Sol con el de Aragón.

Infantes de Lara Personajes del poema épico los *Siete infantes de Lara*, «sombría epopeya de la venganza», poético trasunto de hechos históricos acaecidos en la fragmentada y aún nonata España del siglo X, probablemente entre los años 990 y 1000, si bien no se publica hasta 1509. La geografía de esta leyenda es en parte burgalesa, y sobre todo

soriana (Almenar, valle del Arabiana, sierra del Almuerzo). De este y otros cantares de gesta—hoy perdidos—pasó la leyenda al romancero, y luego al teatro en diversas refundiciones que se van sucediendo desde Juan de la Cueva y Lope de Vega hasta Hartzenbusch. Los infantes de Lara—o de Salas—, castellanos que bajan a Andalucía, son símbolo del valor, un héroe colectivo compuesto por siete figuras. Juntos van por los campos de Castilla, juntos juegan y, cuando llega el momento, combaten hombro a hombro hasta la última gota de su sangre. Pero estos siete heroicos muertos continuarán viviendo en el poema, resucitados por el llanto de su padre, Gonzalo Gustios, que en la cárcel de Córdoba, ante sus siete cabezas cortadas, hace el elogio de cada uno.

Infantina Figura en el bello romance novelesco del mismo nombre: «A cazar va el caballero, / a cazar como solía... / En una rama más alta / vido estar una infantina; / cabellos de su cabeza / todo aquel roble cubrían».

Ingratitud Personaje alegórico de *Los sueños* (1627), de Quevedo.

Inmortalidad Personaje alegórico del poema de José de Espronceda *El diablo mundo* (1840).

Insatisfecho Un hombre insatisfecho, abúlico y sentimental, protagoniza la novela *Logaritmo* (1933), de Antonio Botín Polanco.

Irene Protagonista de la comedia de Jacinto Benavente *Campo de armiño* (1916): marquesa de Montalbán, es un símbolo femenino delicadamente de lo eterno maternal. // De la comedia de Antonio Buero Vallejo *Irene o el tesoro* (1954): figura irreal, invisible, el fatal desenlace de su vida—un suicidio patético—viene a significar el rechazo de la realidad.

Isabel   V. GONZALO E ISABEL; JUAN MARÍA E ISABEL.

Isabel la Católica   es recreada literariamente por Luis Rosales y Leopoldo Panero en la obra, en prosa y verso, *La mejor reina de España* (1939).

Isabel Freire   Amada y musa literaria de Garcilaso de la Vega.

Isabel II   Aparece como protagonista en el ciclo novelístico, marcadamente satírico, *El ruedo ibérico*, de Ramón del Valle-Inclán, integrado por las narraciones *La corte de los milagros* (1927), *Viva mi dueño* (1928) y *Baza de espadas* (póstuma, 1958). También escribió Valle la comedia esperpéntica *Farsa y licencia de la reina castiza* (1922).

Isabel Segura   V. AMANTES DE TERUEL, LOS.

Isabela   Personaje central de la novela ejemplar de Miguel de Cervantes *La española inglesa* (hacia 1613), cuyo acentuado idealismo hace que Ricardo mantenga su amor por ella cuando ha perdido su belleza física.

Iseo   V. TRISTÁN.

Isidora Rufete   Protagonista de la novela de Benito Pérez Galdós *La desheredada* (1881), es uno de los personajes más trágicos de este autor. Domina-

da por el afán de ascender de posición, supone ilusoriamente que pertenece a una familia de la nobleza.

Isidra   Del sainete lírico de costumbres madrileñas de Carlos Arniches *El santo de la Isidra* (1898). Novia de un chulapo llamado Epifanio, se ve burlada por éste, que vive a costa de otra mujer, la cual deshace el proyectado matrimonio. Un tímido panadero, Venancio, adora a Isidra sin atreverse a declararle su amor, pero al fin se decide y todo acaba bien.

Isidro, san   Patrono de Madrid, es recreado por Lope de Vega en el poema *El Isidro* (1599). // Más tarde lo lleva a la escena Antonio de Zamora, en *El lucero de Madrid y divino labrador, San Isidro.*

Isidro Maltrana   Protagonista de la novela de Vicente Blasco Ibáñez *La horda* (1905). Es un personaje representativo del mundo intelectual español de comienzos del siglo XX, equiparable a los héroes novelescos de la generación del 98 (Antonio Azorín, Fernando Ossorio, Andrés Hurtado, Apolodoro, Pío Cid). Isidro Maltrana, víctima de la abulia y convertido ya en un cínico, reaparece en otra novela del mismo autor, *La maja desnuda* (1906).

Itálica (Sevilla)   Evocada en la famosa canción *A las ruinas de Itálica*, atribuida a Rodrigo Caro y a Francisco de Rioja, aunque su autor más probable es el capitán Fernández de Andrada (nacido en 1580).

J

Jaca (Huesca) «No sé por qué al nombre de Jaca se enlazaba en nuestra imaginación la idea de hórridas breñas y de alpestre naturaleza, de sombrías calles y de ruinosos paradores: tal se nos aparecía su historia... Jamás fue tan infiel la fantasía... La ciudad corresponde a la campiña: pocas se agrupan en tan regular y redonda figura» (José María Quadrado, *Recuerdos y bellezas de España*).

Jacinta Protagoniza la comedia homónima, incluida en su obra miscelánea *Propalladia* (1517), de Bartolomé de Torres Naharro, y viene a ser una especie de Circe española del siglo XVI. // Coprotagonista de la novela de Galdós *Fortunata y Jacinta* (1886-1887), es la representación femenina de una dulce y resignada espiritualidad. // Personaje central de *Aventurarse perdiendo*, narración breve integrada en las *Novelas amorosas ejemplares* (1637), de María de Zayas y Sotomayor: atormentada por sus sueños y presentimientos—parece una anticipación del psicoanálisis—, acaba por «sentir una voz que los demás no sintieron» en el instante en que su esposo muere en la guerra.

Jacinto De la comedia *Jacinta*, perteneciente a la *Propalladia* (1517) de Torres Naharro; es el criado que acaba casándose con su señora, la hermosa Diana.

Jacinto San José, de *Parábola de un náufrago* (1969), de Miguel Delibes, es un hombre tímido y simplón, víctima de cuanto le rodea.

Jadraque (Guadalajara) «Castillo de Jadraque. Otra vez sequedad, tierra lívida o roja. Un cono abrupto, de vertientes casi verticales y en equilibrio; sobre la cúspide, la mole agresiva desafiando al contorno» (José Ortega y Gasset, *Notas*).

Jaén Las referencias a esta ciudad y provincia como ambiente o escenario son frecuentes en nuestra literatura. Figuran, ya en la edad media, en la canción de las *Tres morillas de Jaén*, en el poema de los *Siete infantes de Lara*, en las *Cantigas* de Alfonso el Sabio, en las *Serranillas* del marqués de Santillana (la de Bedmar), o en la poesía burlesca de Jorge Manrique. En el siglo de oro, en *La lozana andaluza* de Francisco Delicado; en el *Libro de las fundaciones* de santa Teresa; en la famosísima *Cena jocosa* de Baltasar del Alcázar; en el *Quijote* y en el *Persiles* de Cervantes; en las *Rimas* de los hermanos Argensola; en Góngora y Quevedo; en el *Viaje entretenido* de Rojas Villandrando; en el *Marcos de Obregón* de Espinel, o en algunas novelas de Castillo Solórzano. Durante el romanticismo, en el duque de Rivas (*Romances históricos*) y en Zorrilla (*Leyendas*). Más tarde, en el famoso *Bailén*, de los *Episo-*

dios nacionales de Galdós, o en la referencia a Marmolejo de la novela de Palacio Valdés *La hermana San Suplicio*. Ya en el xx no faltan alusiones a Jaén en autores como Baroja, Azorín, Antonio Machado, Eugenio D'Ors, Ricardo León, García Lorca, Gerardo Diego, Pemán, Miguel Hernández o Luis Rosales, entre otros.

Jaime Thierry Personaje creado por Pío Baroja, que lo introduce en tres novelas: *Camino de perfección* (1902), *El árbol de la ciencia* (1911) y *Las noches del Buen Retiro*. De carácter típicamente barojiano, es un hombre dispuesto a luchar indisciplinadamente por una vida cuyo sentido apenas puede entrever; en la contienda, acaba rendido.

Jándalo, esto es, el montañés que se establece en Andalucía, es personaje frecuente en algunas novelas de José María de Pereda. El poeta Gerardo Diego, en *El jándalo* (1964), ha reflejado muy bien la sugestión que ofrece a los santanderinos la Baja Andalucía, Sevilla y Cádiz singularmente.

Jarama, El Este río, que da título a la novela de Rafael Sánchez Ferlosio (1956), es el escenario—concretamente, en el enclave de Puente Viveros—y el protagonista colectivo de la misma. El autor se propuso, en ese espacio acotado, ver lo que sucede allí a lo largo de dieciséis horas de un domingo veraniego a un grupo de madrileños, uno de los cuales—una muchacha—se ahoga en el río como remate de una jornada de ocio.

Jardín «El jardín—dice Emilio Orozco—es el paisaje sometido a la espiritualidad formadora, esto es, lo contrario de lo artístico sometido, entregado a las fuerzas naturales». No pocas veces sirve de escenario en nuestra literatura: en el romance de *Gerineldo y la infanta*, o en aquel otro en que el conde Claros y la infanta Clarañina se ocultan en un vergel, así como en el muy conocido de Abenámar: la Alhambra, los Alijares y el Generalife, «huerta que par no tenía». En nuestro siglo, Juan Ramón Jiménez convierte el jardín en ambiente predilecto en un poemario cargado de nostalgias y lleno de sentido musical y romántico: *Jardines lejanos* (1904). Francisco Villaespesa acentuará aún más la nota novelesca y modernista en *El jardín de las quimeras* (1909). Incluso un político como Manuel Azaña no vacilará en dar a un libro de recuerdos—los de sus juegos y estudios infantiles en el colegio de los agustinos de El Escorial—el título, romántico y evocador, de *El jardín de los frailes* (1927).

Jarifa Protagonista del más importante de los poemas amorosos de José de Espronceda, *A Jarifa en una orgía* «Y busco aún, y busco codicioso, / y aún deleites el alma finge y quiere». Teresa Mancha—su amada y musa de *El diablo mundo*—parece ser la inspiradora de Jarifa. // V. ABINDARRÁEZ.

Javier, de la obra dramática de Alfonso Sastre *Escuadra hacia la muerte* (1953): un profesor de filosofía convertido en soldado es consciente de la trascendencia que el asesinato del cabo de su compañía tiene para él y para sus compañeros. Pero se da cuenta de que es inútil luchar porque no hay más que caminos de muerte.

Javier Mariño, de la novela homónima (1943) de Gonzalo Torrente Ballester, ambientada, con elementos autobiográficos, en el París de 1936, describe la lucha interior, religiosa y política, de un falangista que se enamora de una militante comunista, lo que justifica el subtítulo *Historia de una conversión*, que en realidad lo es de los dos, Magdalena y Javier.

Javier Olarán V. Cura de Monleón, El.

Jenaro Protagonista de la novela de José Luis Castillo Puche *Paralelo 40* (1963). Se trata de un obrero que el autor presenta como símbolo frente a la corrupción y la picaresca surgidos en el barrio madrileño llamado Corea a consecuencia de la irrupción de norteamericanos tras los acuerdos de instalación de bases militares aéreas de Estados Unidos.

Jerez de la Frontera (Cádiz) Abundan las alusiones o referencias literarias a esta localidad. Por ejemplo, en un romance tardío sobre el rey don Pedro de Castilla: «Por los campos de Jerez / a caza va el rey don Pedro». Cervantes (*Quijote*, I, XVIII) alude a los «elíseos jerezanos prados», posiblemente porque, según una antigua leyenda asimismo mencionada por Vicente Espinel (*Marcos de Obregón*, I, XIV), se suponían situados cerca de Jerez a causa de cierta dudosa semejanza fonética que presentaban los ríos Lateo y Guadalete. Ya en nuestro siglo, el jesuita y novelista jerezano Luis Coloma supo captar el alma popular de su ciudad natal en la narración histórica *Boy*—en evocación que hizo retroceder al siglo XVI—y en el cuento *Juan Miseria*, situado en nuestra época. Blasco Ibáñez, en *La bodega* (1905), novela en la que el vino es protagonista colectivo, intenta dar una respuesta a los problema sociales del campo andaluz. Antonio Machado nombra fugazmente la ciudad en una pincelada que atribuye a un poeta por él inventado—Juan de Mairena—en su *Cancionero apócrifo*: «En Jerez de la Frontera, / tormentas de vino blanco». García Lorca, en el *Romance de la guardia civil* ofrece esta rápida visión de la ciudad: «Agua y sombra, sombra y agua, / por Jerez de la Frontera». José Manuel Caballero Bonald sitúa en la vendimia Jerezana su novela *Dos días de septiembre* (1962). Tampoco faltan referencias a Jerez en Pilar Pasamar (*La soledad contigo*), Ángel García López y Manuel Ríos Ruiz, entre otros poetas más recientes.

Jeromín Nombre dado, para ocultarle, a don Juan de Austria durante su niñez. Así tituló Luis Coloma su historia novelada *Jeromín* (1905-1907), sobre el hermano natural de Felipe II.

Jerónima Protagonista de la obra de Tirso de Molina *El amor médico*, uno de sus más graciosos divertimentos escénicos. Vive con su hermano, «embebecida en latines» y sin querer hablar de casarse, aunque al final un amigo de la familia acabará conquistando su amor.

Jerónimo, san Es recreado literariamente por el padre José de Sigüenza en una *Vida* que se considera una de las obras maestras de la prosa española del siglo XVI.

Jesús V. Cristo.

Jesús de Ceballos Protagoniza la novela de Ricardo León *Casta de hidalgos* (1908). Descendiente de hidalga familia de Santillana del Mar, abandona muy joven la casa solariega para seguir una vida de amoríos y aventuras. Poco antes de morir vuelve a la fe perdida.

Jesús el Mago Del poema de Ramón de Campoamor *El drama universal* (1864), es un personaje alegórico que simboliza el amor divino,

Jimena En el drama de Juan Ruiz de Alarcón *Los pechos privilegiados* es la selvática nodriza de Rodrigo de Villagómez. // V. Doña Jimena.

Joaquín Monegro V. ABEL.

Joás Protagonista del *Libro de los estados* (1330), del infante don Juan Manuel, basado en la leyenda de *Barlaam y Josafat*. Hijo de un rey pagano, se le oculta toda idea de dolor humano. Pero un día, al encontrarse con un entierro descubre cuanto se le había querido ocultar.

Job Esta figura bíblica fue glosada por fray Luis de León en una de sus obras más famosas, *La exposición del Libro de Job*, exégesis simbólica de la virtud de la paciencia. Más tarde, Felipe Godínez lleva dicha figura a la escena en un auto sacramental, *Los trabajos de Job*.

Jorge, de la comedia de Joaquín Calvo Sotelo *La muralla* (1954), uno de los grandes éxitos teatrales de este autor. Aprovechándose de su situación entre los vencedores de la guerra civil, se apropia de una finca, comportamiento que pretende atenuar mediante su «conversión» al catolicismo. Luego, arrepentido de su delito, quiere restituir la finca, pero a ello se oponen sus familiares y allegados. El verdadero personaje de fondo es la corrupción, el expolio, la prevaricación, el abuso de autoridad.

Josafat V. BARLAAM Y JOSAFAT

José La historia de José, hijo del patriarca Jacob (*Génesis*, XXXVII-L), es uno de los episodios bíblicos más populares y ha inspirado muchas obras poéticas, pictóricas y musicales. En nuestra literatura, aparece no según la versión de la *Biblia*, sino según la del *Corán* (azora 12), en el *Poema de Yuçuf* (fines del siglo XIII o comienzos del XIV), último ejemplo de la literatura aljamiada (en castellano pero con caracteres árabes). En el siglo XVII retoma el personaje Juan de la

Hoz y Mota en la comedia *Josef salvador de Egipto y triunfos de la inocencia*.

José Protagonista de la novela homónima (1885) de Armando Palacio Valdés: es un pescador de Rodillero (nombre que da el novelista a Cudillero) enamorado de Elisa, que es de más alta posición económica. Lo mejor de la novela es el escenario, la descripción de Cudillero.

José Bastida (J.B.) Protagoniza la novela de Gonzalo Torrente Ballester *La saga/fuga de J.B.* (1972), que tiene, como indica su título, una estructura musical. En un pueblo imaginario y levítico, Castroforte de Baralla, el proteico narrador José Bastida, J.B., lleva a cabo una ficción de realismo mágico plena de imaginación e ironía.

José Bonaparte, el rey intruso durante la invasión francesa, llamado por el pueblo madrileño—a causa de su presunta afición a la bebida—Pepe Botellas, es uno de los personajes históricos mejor reflejados por Benito Pérez Galdós en los *Episodios nacionales*.

José Garcés Personaje literario que protagoniza la serie narrativa *Crónica del alba* (1942-1966), probablemente la más ambiciosa de Ramón J. Sender, y la más apreciada por la crítica. El protagonista es un trasunto del propio Ramón J. Sender; esto resulta especialmente evidente si se añade que José es el segundo nombre de pila de Sender, y Garcés su segundo apellido. El planteamiento, próximo al drama, es similar al de *Réquiem por un campesino español* (1953-1960). Forman la serie no menos de nueve novelas autobiográficas, dispuestas de tres en tres tomos.

José Larrañaga, agente de una compañía naviera de Bilbao y retrato del propio Baroja, es el personaje central de la trilogía narrativa de Pío Baroja *Agonías de nuestro tiempo* (1926-1927), integrada por las novelas *El gran torbellino del mundo*, *Las veleidades de la fortuna* y *Los amores tardíos*.

José María Bueno de Guzmán, de la novela más naturalista de Benito Pérez Galdós, *Lo prohibido* (1884-1885), es un personaje que inspira poca confianza, ya que su palabra no es de fiar.

Josefina Manresa, la mujer y musa de Miguel Hernández, a la cual dedica su poema de mayor altura estética, *Canción del esposo soldado*, incluido en *Viento del pueblo* (1937).

Josep Torres Campalans De la novela homónima (1958) de Max Aub, original falsificación biográfica de una existencia de pura ficción.

Jóvenes Unas jóvenes provincianas de clase media protagonizan la novela de Carmen Martín Gaite *Entre visillos* (1958). // La juventud inquieta, con cierta cultura artística y literaria del mítico 1968, es el personaje colectivo de la novela *El mercurio* (1968), de José María Guelbenzu, en la que el propio autor es uno de los personajes individuales.

Juan Protagoniza la comedia de Miguel Mihura *La tetera* (1965). Parece ser el culpable de la muerte del amante de su cuñada, y parece asimismo que intenta eliminar a su insignificante mujer. Pero al final, un amoroso intercambio de miradas entre Juan y su cuñada da a entender que la sospecha inicial es exacta y corresponde a la realidad de cuanto sucede. // Protagonista de la comedia de Jaime Salom *La casa de las chivas* (1968), es un personaje que se debate entre la vocación sacerdotal y la pasión

amorosa que siente hacia Trini. // V. DON JUAN.

Juan Bautista, san Llamado el Precursor, que bautizó en el Jordán a Jesús, es recreado literariamente por Sebastián de Horozco en la *Representación de la historia evangélica del capítulo nono de San Juan*, sobre el relato de la curación del ciego. Después, Ana Francisca Abarca de Bolea lo hace protagonista de nuestra última novela pastoril, *Vigilia y octavario de San Juan Bautista* (1679).

Juan de la buena alma Personaje alegórico de *Los sueños* (1627) de Quevedo.

Juan Caballero Protagoniza la novela homónima (1956) de Luisa Carnés sobre la actividad guerrillera del maquis tras la guerra civil. El nombre del personaje, de cierta significación genérica (como Juan Español), es muy expresivo desde la óptica antifranquista de la autora.

Juan de Cárcamo De la novela ejemplar de Cervantes *La gitanilla* (hacia 1613), es el joven de buena familia enamorado de la gitana Preciosa, la cual le exige, para corresponder a su amor, que deje a sus padres e ingrese en la tribu, lo que él acepta.

Juan Dandolo Protagoniza el drama histórico homónimo (1839) que escribió Antonio García Gutiérrez con la ayuda de Zorrilla; la acción transcurre en Venecia a fines del siglo XV.

Juan Español Personaje legendario o proverbial, representativo del pueblo español, al cual se hace referencia en no pocas obras literarias.

Juan Gallardo, de la novela de Vicente Blasco Ibáñez *Sangre y arena* (1908).

Hijo de un modesto zapatero, llega a ser torero; es un símbolo más de la ambición que de la vocación. Se codea con la alta sociedad, lo que, como contrapartida, produce su ruina familiar y profesional.

Juan Guerra   V. TIGRE JUAN.

Juan José, del drama social homónimo (1895) de Joaquín Dicenta. Es un obrero, amante de Rosa; al preferir ella al señor Paco, su patrono, provoca la venganza de Juan José, que en un acceso de celos mata a los dos. Juan José es no sólo el celoso, sino la conciencia del proletariado, muy agudizada en su tiempo. La obra, muy efectista, tuvo gran éxito.

Juan Labrador Protagonista de la comedia en verso de Lope de Vega *El villano en su rincón* (1617). Un día es destinado a un alto cargo en la corte y llega a la conclusión de que no es el labrador quien necesita al rey, sino al revés. // Alejado y tranquilo, fuera de la corte, protagoniza la mejor comedia del dramaturgo del siglo XVII Matos Fragoso, *El sabio en su retiro y villano en su rincón.*

Juan Lorenzo Personaje real, el curtidor que se alzó en Valencia en el año 1519 contra los privilegios de los poderosos—iniciando así el movimiento social de las germanías—es llevado al teatro en el drama homónimo (1865) de Antonio García Gutiérrez.

Juan Lucas Protagoniza la novela de Manuel Halcón *Las aventuras de Juan Lucas* (1945), cuya acción está situada en la memorable batalla de Bailén y en el conocido episodio de los piqueros de Menjíbar.

Juan de Mairena *Alter ego* y principal personaje creado por Antonio Machado, al cual trata de atribuir irónicamente la responsabilidad de no pocas de sus ideas. Aparece como discípulo de Abel Martín en las páginas tituladas «De un cancionero apócrifo», puestas a continuación de *Nuevas canciones* (1924), y luego lo desarrolla y retrata en la obra *Juan de Mairena. Sentencias, donaires, apuntes y recuerdos de un profesor apócrifo* (1936) y en las notas y ensayos reunidos bajo el título *Sigue hablando Juan de Mairena.* Es en realidad un doble, o el otro yo o el Antonio Machado que creía ser o hubiera querido ser.

Juan Manuel Montenegro, el mayorazgo gallego que ya había aparecido en las *Sonatas,* es el personaje central de las «Comedias bárbaras»—*Águila de blasón* (1907), *Romance de lobos* (1908) y *Cara de plata* (1922)—de Ramón del Valle-Inclán. Es un prototipo del señor feudal, lleno de sensualidad y de violencia.

Juan de Mañara Protagonista del drama homónimo (1927) de los hermanos Manuel y Antonio Machado. La acción gira en torno a Juan de Mañara y Montiel, versión legendaria de la mítica figura de don Juan, que, en el verso de los Machado, se autodefine así: «hacia el mar / mis horas ociosas llevo / de señorito andaluz, / rico, galán y torero, / alegre, porque lo dicen / cazador que tira al vuelo / o al paso, no mal jinete, / buen bebedor y maestro / en el arte de pasar / la vida y matar el tiempo, / mimado de la fortuna / como estos campos me hicieron. / No me duele ser quien soy / ni hay en mí remordimientos»... // V. DON JUAN.

Juan María e Isabel De la comedia de los hermanos Serafín y Joaquín Álvarez Quintero *Amores y amoríos* (1908). Los amores fáciles de él acaban para siempre cuando encuentra en ella la verdad del auténtico amor.

Juan Martín el Empecinado, el famoso luchador en la guerra de la independencia al que hizo ejecutar Fernando VII, es uno de los personajes históricos mejor retratados por Benito Pérez Galdós en los *Episodios nacionales.*

Juan Martínez De la novela de Manuel Chaves Nogales *El maestro Juan Martínez que estaba allí,* es un curioso personaje real, un bailaor al que la revolución bolchevique de 1917 sorprendió actuando en la Rusia todavía zarista.

Juan de Mendoza V. DON JUAN DE MENDOZA.

Juan Miseria Personaje principal de un cuento homónimo del padre Luis Coloma, en el que un fatalismo oriental envuelve dolorosamente ciertas maquinaciones en medio de un ambiente popular andaluz.

Juan Montino Hijo natural del duque de Osuna, protagoniza la novela histórica de Antonio Fernández y González *El cocinero de su majestad* (1857). Aparecen también en ella otros personajes importantes: Felipe III y la reina Margarita, el duque de Lerma, la duquesa de Gandía y Francisco de Quevedo, secretario entonces del duque de Osuna.

Juan Panadero, de las *Coplas de Juan Panadero* (1949), de Rafael Alberti, personifica al español violento e incisivo.

Juan Rana Es el personaje más destacado de los entremeses de Luis Quiñones de Benavente. En realidad se trata de una máscara derivada de la figura de Arlequín, que representaba el cómico Cosme Pérez (*El doctor Juan Rana, El soldado Juan Rana...*).

Juan de Ribera Protagoniza la obra hagiográfica de Gaspar de Aguilar *El gran patriarca don Juan de Ribera, arzobispo de Valencia* (1616), en la que se describen una huelga de jornaleros, la represión del bandolerismo y la expulsión de los moriscos.

Juan Santa Cruz De la novela de Benito Pérez Galdós *Fortunata y Jacinta* (1886-1887). Es el prototipo del hijo de familia acomodada, del señorito satisfecho y veleidoso que enamora a Fortunata, una muchacha del pueblo, abandonándola embarazada para casarse con su prima Jacinta. Volverá a su antigua amante, que lo arriesga todo, incluso su matrimonio con el desdichado boticario Maximiliano Rubín, para entregarse de nuevo al señorito.

Juan de Serrallonga V. SERRALLONGA.

Juan sin tierra Protagonista alegórico de la novela homónima (1975) de Juan Goytisolo, que desvaloriza obsesivamente los mitos de una España a la vez oficial y esperpéntica.

Juan Tenorio V. DON JUAN.

Juana de Arco, santa La heroína llamada la doncella de Orleans, que Francia ha consagrado como símbolo patriótico, ha trascendido al arte y a la literatura de otros países. Así, en nuestras letras protagoniza la obra de Antonio de Zamora *La doncella de Orleans,* y posteriormente el drama en verso *Juana de Arco* (1847), de Manuel Tamayo y Baus, inspirado en la obra homónima de Schiller.

Juana la Loca Fue llevada al teatro por Manuel Tamayo y Baus en su mejor obra, *Locura de amor* (1855). Después la evocaría Benito Pérez Galdós en la tragedia *Santa Juana de Castilla* (1918), que venía a ser la segunda parte de la obra de Tamayo.

Juanita la Larga, de la novela homónima (1895) de Juan Valera. Hija ilegítima, ha heredado el mismo apodo de su madre y no se la mira bien en el pueblo andaluz donde vive. Pero logra granjearse la estimación de todos y se casa con un hombre de relieve y de más edad, a quien respeta y hasta llega a amar, gracias a su sentido común.

Juanita Tenorio Protagoniza la novela homónima (1914) de Jacinto Octavio Picón, cuyo mismo nombre la define como una seductora.

Júcar (río) Es el escenario de un poema de Luis de Góngora incluido en *Angélica y Medoro*: «En los pinares de Júcar / vi bailar unas serranas». En nuestro tiempo, Gerardo Diego inserta en el libro *Hasta siempre* un bello «Romance del Júcar»: «Agua verde, verde, verde, / agua encantada del Júcar». Raúl Torres le dedica un libro, *Río Júcar* (1978).

Judas Macabeo Caudillo de la rebelión judía del siglo II antes de Cristo contra el rey sirio Antíoco IV; es el protagonista de la comedia bíblica homónima, de Calderón.

Judía de Toledo, La V. RAQUEL.

Judit Heroína nacional de los judíos, que, según el relato bíblico, eliminó mediante un ardid al caudillo Holofernes; es el personaje central de la obra de teatro homónima (1926; publicada póstumamente, 1992) de Azorín, que sitúa la acción y la heroína en nuestro tiempo. // La recrea, actualizándola también, Juan Antonio Hormigón en la obra dramática *Judit y Holofernes* (1973), a los que sirve de fondo ambiental la guerra del Vietnam.

Juez, El En *Las noches lúgubres* (póstumo, 1798) de José Cadalso, representa alegóricamente al conde de Aranda.

Julia De la comedia de Adelardo López de Ayala *El tejado de vidrio* (1856). Cuando dice Julia «con nuestro llanto florece su placer», da a entender que las mujeres suelen pagar los delitos de los hombres. // Protagonista de la novela de Pedro Antonio de Alarcón *La pródiga* (1882), de acusado y atractivo dramatismo. // Hija de Beatriz, en la novela *Las cerezas del cementerio* (1910, de Gabriel Miró; es una joven dulcemente apasionada, serena y poseedora de exquisita sensibilidad. Julia, que también se enamora de Félix, se halla en una postura difícil entre el respeto y cariño a su madre y sus celos de mujer enamorada. Cabría preguntarse hasta dónde sabe Julia de la historia de su madre con Félix y hasta dónde se le clava ese amor. // De la novela de Miguel de Unamuno *Nada menos que todo un hombre* (1921): Julia es una hermosa joven que recibe el don de la belleza como una enorme desgracia. Su padre «la vende» en matrimonio. Julia se deja seducir por un galanteador y confiesa su falta. El marido, que se niega a aceptar esa tremenda realidad, reúne a un grupo de psiquiatras y la interna en un sanatorio. Ella muere, y él, abrazado al cadáver de Julia, ante la visión de una soledad sin sentido, se mata.

Julián Del sainete lírico de Ricardo de la Vega, con música de Bretón, *La verbena de la Paloma* (1894), es el joven cajista de imprenta, enamorado y celoso de Susana. // V. DON JULIÁN.

Julián el Hospitalario, san Algunas de las novelas de Cristóbal Lozano contenidas en su obra *Soledades de la vida y desengaños del mundo* (1658) se basan en leyendas hagiográficas como la que lleva este nombre, que posteriormente trataría el novelista francés Gustave Flaubert.

Julianillo Valcárcel Protagonista de la tragicomedia de los hermanos Manuel y Antonio Machado *Desdichas de la fortuna o Julianillo Valcárcel* (1926). Se trata de un valentón despreocupado que, después de una vida de aventuras, descubre que es hijo natural del conde-duque de Olivares.

Julieta De la comedia de Honorio Maura en colaboración con Gregorio Martínez Sierra *Julieta tiene un secreto*.

Julio Protagoniza dos novelas de Benjamín Jarnés: una, la más autobiográfica de todas las suyas, *El convidado de papel* (1928), en la que—como su creador literario—está interno en el seminario de Zaragoza; la otra, *Paula y Paulita* (1929), donde aparece como un modesto contable embebido en estudios filosóficos a la vez que enamoradizo de una madre viuda y de su hija. // De la obra dramática de Antonio Buero Vallejo *Llegada de los dioses* (1971). No ve—como Goya no oye—, pese a lo cual vive una realidad que no es la superficial de quienes le rodean. V. BEATRIZ.

Justina Protagoniza la novela de Francisco López de Úbeda *La pícara Justina* (1605), imagen de la mujer libre dentro del realismo de comienzos del siglo XVII. «Fue mujer—dice su autor—de raro ingenio, de feliz memoria, amorosa y alegre, de buena presencia, porte y brío, ojos azules, cabellos negros, nariz aguileña y tez morena». «Es—afirma Bataillon—una encarnación de la desvergüenza ciudadana (el autor la hace nacer en Mansilla de las Mulas, León, y ella ejerce de pícara romera en la capital, aprovechando que la Corte se había trasladado allí) disfrazada de pueblerina, del mismo modo que las de la ciudad acostumbraban entonces a disfrazarse de villanas». La distingue el frenesí de burlar. Su antecedente es *La lozana andaluza* (1528), de Francisco Delicado. Su larga descendencia literaria va desde *La hija de Celestina*, de Salas Barbadillo, a *La niña de los embustes Teresa del Manzanares* y *La garduña de Sevilla*, de Castillo Solórzano. Fuera de España inspira *La pícara Couresche*, del alemán Grimmelshausen, y *Moll Flanders*, del inglés Defoe.

152

K

Kennedy, J. F. El presidente de los Estados Unidos asesinado en Dallas es evocado en una de las novelas más audaces de los años sesenta, *Yo maté a Kennedy* (1972), de Manuel Vázquez Montalbán, quien la presenta no como una narración, sino como un «conjunto de impresiones, observaciones y memorias de un guardaespaldas».

L

Labrador Personaje alegórico—que trabaja y protesta—del auto sacramental de Calderón *El gran teatro del mundo* (hacia 1645).

Lactancio Caballero que lleva el mismo nombre que el famoso apologista cristiano; es el principal personaje del *Diálogo de las cosas acaecidas en Roma* o *Diálogo de Lactancio y un arcediano* (1530), de Alfonso de Valdés. Esas cosas fueron el asalto de las tropas imperiales a la sede apostólica seguido del sacrilegio de reliquias y el saqueo de Roma, el 15 de junio de 1527. Lactancio—que representa la propia actitud del autor—deplora la situación moral de la corte romana y se muestra partidario de la pobreza evangélica y de la supresión de los aspectos externos de las prácticas religiosas.

Laguardia (Álava) En la novela *El aprendiz de conspirador* (1912), Pío Baroja reconstruye la vida de Laguardia en 1837.

Laínez, Diego Tipo representativo del castellano genuino y vasallo devoto de su rey, cifra en el privilegio del honor todo el sentido de la vida. Aparece literariamente en el romancero del Cid, de donde pasó como personaje a *Las mocedades del Cid* (1618), de Guillén de Castro, y de esta obra a *Le Cid* (1636), de Pierre Corneille.

Lalo De la comedia de Alejandro Casona *Nuestra Natacha* (1935). Es el pésimo estudiante que, por no perder su alegre vida de Madrid, se esfuerza todo lo posible por no acabar nunca los estudios de medicina.

Lambra V. DOÑA LAMBRA.

Lancia Nombre literario dado a Oviedo por Palacio Valdés en su novela *El maestrante* (1893).

Lanuza, Juan de Justicia mayor de Aragón en el siglo XVI, es recreado literariamente en el drama romántico homónimo (1822) del duque de Rivas.

Lanzarote La figura de Lancelot du Lac, uno de los principales héroes de las novelas de la Tabla Redonda y protagonista del *roman* de Chrétien de Troyes *Le chevalier de la charrette* (hacia 1168), tuvo inmensa popularidad en España, tanta que sus amores con la reina Ginebra eran cantados por calles y plazas a través del romancero. Aparece en dos romances del ciclo bretón, uno de los cuales parodió así Cervantes: «Nunca fuera caballero / de damas tan bien servido / como fuera Lanzarote / cuando de Bretaña vino, / que dueñas curaban dél, / doncellas del su rocino».

Laredo (Santander) «Las referencias literarias a Laredo son notorias. Alfonso X sitúa en su iglesia—que aún no era la actual—uno de los milagros de sus *Cantigas*... Cervantes habla de los Cachupines de Laredo, cuya variedad nobiliaria—según nos cuenta José María de Cossío—debió de ser tan grande que de ahí se dedujo decir cachupín y cachupinada como cosa vanagloriosa y ridícula. Y, por último, están los versos irónicos de Lope de Vega al que, cuando solicitaba laureles de poeta, le dice un bedel que: «Llevóselos todos un tratante / para hacer escabeches en Laredo» (Dionisio Ridruejo, *Castilla la Vieja*, I).

Larrañaga Personaje central de la novela de Pío Baroja *Las veleidades de la fortuna* (1926): realiza un viaje por Suiza acompañado de sus primas Pepita y Soledad.

Laura Protagoniza la comedia en verso de Lope de Vega *La vengadora de las mujeres* (1621). Princesa de Bohemia, está persuadida de que las mujeres siempre han sido tratadas con inmerecido y caprichoso desprecio, por lo que quiere vengarse ella misma y vengar a las demás. // Mujer amada y evocada por Nicasio Álvarez Cienfuegos en sus poesías. // Figura femenina del drama histórico de Francisco Martínez de la Rosa *La conjuración de Venecia* (1835): sobrina del tirano Morosini, presidente del Consejo de los Diez, está casada secretamente con Rugiero—el patriota que deseaba liberar Venecia—, el cual acabará en el patíbulo; después se averigua que era hijo natural de Morosini. Laura perderá la razón. // *Laura, o la soledad sin remedio* (1939), de Pío Baroja, presenta a un personaje que lo tiene todo, excepto una felicidad que no sabe cómo conseguir. // Protagonista de la novela de Ramón Ledesma Miranda *Evocación de Laura Estévanez* (1933). // V. Don Diego y Laura.

Laurencia De la comedia dramática de Lope de Vega *Fuenteovejuna* (1612-1614). Como una Juana de Arco de su propio honor ofendido, logra huir y sublevar al pueblo contra su tiránico señor.

Laureola V. Leriano y Laureola.

Lauso, de *La Galatea* (1585), de Miguel de Cervantes, encubre a su creador literario.

Lautaro Es junto con Colocolo y sobre todo Caupolicán, uno de los caudillos de *La Araucana* (1569-1589), poema épico de Alonso de Ercilla, que canta el heroísmo de los indios del valle del Arauco frente a los conquistadores españoles. V. Caupolicán.

Lazarillo de Tormes Protagonista del relato en prosa anónimo publicado en 1554 con el título de *Vida de Lazarillo de Tormes y de sus fortunas y adversidades*, con el cual se inicia la novela picaresca. Ejerció además una influencia decisiva en la narrativa europea de los siglos XVI y XVII, ya que es, de otra parte, la primera novela realista de la literatura moderna. Un pobre muchacho, Lázaro, cuenta en primera persona sus desventuras al servicio de muchos amos. Nacido en las riberas del Tormes, sirve sucesivamente a un mendigo ciego, a un clérigo avaro, a un escudero pobre con monomanía de grandezas, a un fraile mercedario, a un vendedor de bulas, a un maestro de pintar panderos y a un alguacil. Desde esta engañosa «cumbre de toda fortuna» y al precio de ser marido consentidor, explica lo difícil que resulta a un desheredado asegurarse el pan de cada día. Lazarillo fue durante doscientos años un personaje tan universal como Celestina o don Quijote. El nombre y tipo de Lázaro debía de ser tradicional si a él se

Lázaro

refiere cierto pasaje de *La lozana andaluza* (1528), de Francisco Delicado; de otra parte, Juan de Timoneda, en los *Menecmos* (1559) cita a «Lazarillo de Tormes, el que tuvo trescientos y cincuenta amos». Lazarillo es, ante todo, un caminante entre Salamanca—donde nace—y Toledo. Es la ruta que, en su tiempo, describió con precisión, en su *Repertorio*, Juan de Villegas: la aldea de Tejares, muy próxima a Salamanca; la ciudad del Tormes; Ávila, de paso; Almorox, Escalona, Torrijos, Maqueda, La Sagra y Toledo. En 1555 se publicaría en Amberes una *Segunda parte del Lazarillo*, también anónima, que daba entrada a episodios fantásticos. Muy superior es la continuación de un Juan de Luna, publicada en París (1620), asimismo con el título de *Segunda parte del Lazarillo*. Incluido en el índice de libros prohibidos el primer *Lazarillo*, en 1559 apareció otra edición expurgada con el título de *Lazarillo castigado* (Madrid, 1573). Entre sus numerosas imitaciones o recreaciones cabe recordar el *Lazarillo del Manzanares* (1620), de Juan Cortés de Tolosa, las *Aventuras del bachiller Trapaza* (1637), de Castillo Solórzano, o las *Nuevas andanzas y desventuras de Lazarillo de Tormes* (1944), de Camilo José Cela.

Lázaro Amigo y discípulo de Cristo. El pobre Lázaro (Eleazor), que según la parábola de Jesús (*Lucas*, 16, 19-30) es una figura simbólica que en la tierra sufre pobreza pero que será compensada en el más allá, mientras que su antagonista, el rico libertino, sufrirá dolor, se refleja literariamente en la comedia de Antonio Mira de Amescua *Vida y muerte de san Lázaro* (1623). // En nuestro tiempo, Lázaro protagoniza la novela *Auto de fe*, de Carlos Rojas, donde se plantea los interrogantes «¿por qué somos?» y «¿por qué nacemos?». // Antonio Prieto volverá a recrearlo en la novela *Vuelve atrás, Lázaro* (1958): su retorno a la vida es un reencuentro con la soledad y una ocasión para preguntarse por los límites de la realidad.

Leandro Del poema *Hero y Leandro* de Juan Boscán, adaptación en versos sueltos del poema del griego Museo (siglo v). // De la comedia *Los intereses creados* (1908), de Jacinto Benavente, es el otro pícaro, compañero de Crispín, que, con sus cuidadosos modales y medidas palabras aparenta ser el señor. V. CRISPÍN.

Leire «Éste es el castillo de Leire, cerca ya del Pirineo, cuna del reino de Navarra: tosco, primitivo, de bóvedas enanas y torpes—el primer románico—; al fondo, hayas, coníferas, toda una flora alpina» (José Ortega y Gasset, *Notas*).

Lelio Personaje al cual aconseja sobre la prudencia, recomendándole la medianía, Salvador Jacinto Polo de Medina en *El gobierno moral a Lelio* (1657).

Leocadia De la novela ejemplar de Cervantes *La fuerza de la sangre* (hacia 1613). Es una joven raptada y seducida. El seductor marcha a Italia. Nace un hijo y, al cabo del tiempo, se producirá su reconocimiento y todo acabará en boda.

León De las tierras leonesas es la de el Bierzo—rodeada por un cinturón montañoso y cruzada por el río Sil—la que ha encontrado un singular cantor, el poeta y novelista decimonónico de Villafranca Enrique Gil y Carrasco, tanto en poemas (*La violeta*) como en leyendas (*El lago de Carucedo*, 1840) y, sobre todo, en la novela histórica *El señor de Bembibre* (1844); y, en nuestro tiempo, los novelistas Ramón Carnicer y Antonio Pereira y el poeta Ramón González

Alegre. Dedican su atención, a la Rúa de Petín, Julio Cebrián; a El Barco de Valdeorras, Lauro Olmo y Elena Quiroga; a Zacos, Eugenio de Nora; al lago de Sanabria, Miguel de Unamuno, en la novela *San Manuel Bueno, mártir* (1930); y a las tierras de Astorga, Lorenzo López Sancho, Luis Alonso Luengo, Ricardo Gullón y los hermanos Juan y Leopoldo Panero. La ciudad de León sirvió de escenario a Francisco López de Úbeda para *La pícara Justina* (1605).

León Roch   Protagoniza la novela de Benito Pérez Galdós *La familia de León Roch* (1879): progresista, liberal, como lo es o hubiera querido ser su creador literario, choca con su mujer, devota hasta la beatería y sometida a los criterios de su confesor. Se repite, como en *Gloria*, la tesis del divorcio moral.

Leonarda, del entremés de Cervantes *La cueva de Salamanca* (1615), es prototipo de la hipócrita adúltera. // Protagonista de la comedia en verso de Lope de Vega *La viuda valenciana* (1620). Todavía joven, se ve asediada por los galanes que aspiran a sus encantos y a su dote; ella los rechaza y parece inclinarse al misticismo. Pero al salir de una iglesia se enamora súbitamente del joven Camilo. Tras varios enredos, todo termina, inevitablemente, en matrimonio

Leoncio Pancorbo, de la novela homónima (1942) de José María Alfaro, es un modelo del combatiente nacionalista de nuestra guerra civil, al estilo del Eugenio de García Serrano o del Javier Mariño de Torrente Ballester.

Leonido, de la comedia de Lope de Vega *La fianza satisfecha*. Es una alegoría de la crueldad.

Leonisa   V. Ricardo y Leonisa.

Leonor   Del drama de Calderón *A secreto agravio, secreta venganza* (1637). Es una mujer que lucha entre el deber y el afecto de su esposo y el recuerdo de su antiguo amor, que aún perdura en ella. // V. Manrique y Leonor.

Leonor Izquierdo, esposa-niña y musa de Antonio Machado en *Campos de Castilla* (1912) y en otros poemas (*Poesías*, 1917).

Leonora   Es la jovencísima e inexperta esposa del viejo Carrizales en la novela ejemplar de Cervantes *El celoso extremeño* (1613).

Leré   V. Ángel Guerra.

Leriano y Laureola   Coprotagonistas de la novela sentimental y didáctico-alegórica de Diego de San Pedro *Cárcel de amor* (1492). Se trata de la infortunada pretensión amorosa que lleva a Leriano a la muerte tras varios intentos infructuosos de captar la voluntad de su amada. Leriano viene a ser un anticipado Werther a la española.

Lérida   La ciudad y las tierras de Lérida han merecido la atención de Barthèlemy Joly (*Viaje por España*), Gustavo Adolfo Bécquer (*La cruz del diablo*), Pío Baroja (*Las horas solitarias, Humano enigma, La senda dolorosa*), Lorenzo Riber (*Por el altar y por el llar*), Eugenio Nadal (*Páginas escogidas*), Josep Pla (*Cataluña*), Camilo José Cela (*Viaje al Pirineo de Lérida*), etc.

Lesbia   Figura femenina—de origen griego—a la cual dirige una cantilena, («Ea, mi dulce Lesbia, / vivamos, pues, y amemos») el llamado Anacreonte español, Esteban Manuel de Villegas.

Leticia Valle   De la novela de Rosa Chacel *Memorias de Leticia Valle* (1945):

se trata de una casi adolescente que quiere alcanzar la madurez y que provoca el suicidio de un hombre al cual ha seducido.

Leucino Protagonista de la comedia en verso de Juan de la Cueva *El infamador* (1581). Se ha querido ver en él un antecedente de don Juan, pero no es más que un difamador y no es burlador, sino burlado.

Levante La luminosidad del Levante español se presta singularmente a la captación plástica (Ribera, Ribalta, Sorolla, etc.), y otro tanto ocurre en la literatura, desde Ausias March hasta Miguel Hernández. Las narraciones del bellísimo libro de Azorín *Blanco en azul*, o los planos superpuestos que ofrece Gabriel Miró en *Años y leguas*, son dos admirables ejemplos del Levante español como escenario literario.

Libro de buen amor (escenarios) Parecen ser los siguientes: Juan Ruiz parte de Hita, atravesando el señorío de Uceda, y llega a Lozoya. Pasa el puerto de Malagosto, donde tropieza con la chata recia. Se encamina a Sotosalbos y, luego, a Segovia. A los tres días se dirige hacia el puerto de la Fuenfría, a fin de esquivar a la chata regia. No lejos de la aldea de Riofrío se extravía, y otra serrana, Gadea, lo pone en la senda de Ferreros; a menos de dos leguas de este lugar se detiene a hablar con la vaquera Mengua Llorente, de la cual puede zafarse. Desde el Cornejo camina una legua más, encaramándose al puerto de la Tablada y, azotado por la ventisca, se refugia en la choza de la esperpéntica Alda. Ahí es donde interrumpe su relato. Cabe suponer que debió hacer mutis por el valle del Real de Manzanares y las tierras del Señorío de Uceda, para acudir a Santa María del Vado, antes de recogerse en Hita. V. Hita (sierra de).

Licenciado Calabrés Confesor del alguacil endemoniado en *El alguacil alguacilado*, de Quevedo.

Licenciado desengañado Ve desde lo alto de la Giralda con unos anteojos cuanto acontece en Sevilla; protagoniza *Los ojos de mejor vista*, de Rodrigo Fernández de Ribera, precedente de *El diablo cojuelo*, de Vélez de Guevara.

Licenciado Torralba, El Personificación, más que personaje, que da título a este poema (1888) de Ramón de Campoamor, que viene a simbolizar la inteligencia del hombre que busca la dicha en el espíritu.

Licenciado Vidriera, El V. Tomás Rodaja.

Licio Nombre literario de Góngora que aparece en dos ocasiones en sus *sonetos*.

Liduvina V. Ricardo y Liduvina.

Lindo don Diego, El Protagonista de la comedia homónima (1662) de Agustín Moreto. Satiriza un tipo social del siglo XVII: el lindo o frívolo caballero narcisista consagrado al culto de sí mismo. Viene a ser el dandi español de los siglos de oro: no concibe el ridículo por ser incapaz de experimentarlo. Se cree un calculador nato y no es más que un pobre de espíritu al que bastan un vestido a la moda y unas frases necias para encontrarse tan a gusto.

Lindo don Gato, El Protagoniza la obra de teatro infantil homónima (1932) de Alejandro Casona.

Lippi El famoso pintor italiano del siglo XV Filippo Lippi se convierte en personaje literario en la novela histórica

Fra Filippo Lippi (1878), de Emilio Castelar.

Lisardo   Protagonista de la comedia *El acero de Madrid* (1608-1612), de Lope de Vega: atractivo, sensible y alegre, es el amante que hace madre a Belisa, con la cual se casará al final del último acto. // Personaje de la serie de novelas de Cristóbal Lozano, contenidas en su obra *Soledades de la vida y desengaños del mundo* (1658): es ya un tipo romántico, hastiado de la vida, desilusionado por sus amores desgraciados, que vio su propio entierro. Es un personaje anticipativo de *El estudiante de Salamanca* (1836), de Espronceda. // Del drama del duque de Rivas *El desengaño de un sueño* (1842). Su padre, el rey Marcolán, lo droga con un narcótico; Lisardo al despertar, se muestra agitado por el deseo de conocer el mundo. Es una obra de carácter simbólico inspirada en *La vida es sueño*, de Calderón.

Lisis   Personaje de las diez narraciones que integran las *Novelas amorosas y ejemplares* (1637), de María de Zayas y Sotomayor. Tras su historia de amor con don Diego, se recluye en un convento, decepcionada de haber defendido en vano ciertas reivindicaciones de la mujer.

Lisuarte de Grecia   Nieto de Amadís, protagoniza *El libro séptimo de Amadís* (1574), una de las continuaciones de tan famosa obra, escrita al parecer por Feliciano de Silva. V. AMADÍS DE GAULA.

Lita, de la novela de José María de Pereda *Peñas arriba* (1893). Es la joven montañesa que, con su dulzura y su persuasión, logra que Marcelo, a la muerte de su tío, arraigue en la vieja casona de Tablanca, nombre dado por el autor a la de Tudanca.

Llanes (Asturias)   «Es un pueblo hermoso y limpio, histórico y veraniego, marinero y, como la cebolla, con siete capas de humor y de retranca» (Camilo José Cela, *Del Miño al Bidasoa*).

Lluc (Mallorca)   «Lluch, el santuario, es el Montserrat de Mallorca. Allí, en el corazón espiritual de la isla, y que es como el espinazo rocoso de ella, forma el ceñidor de las montañas, con sus picachos por almenas, como otra isla, un reposadero de calma y de ensueño» (Miguel de Unamuno, *Andanzas y visiones españolas*).

Llull, Ramon   Como personaje histórico, el gran teólogo y filósofo mallorquín, protagoniza el poema *Raimundo Lulio* (1875), de Gaspar Núñez de Arce.

Loaysa, de *El celoso extremeño* (1613), novela ejemplar de Cervantes, es el muchacho atrevido que, prendado de Leonora, la jovencísima esposa del viejo Carrizales, pretende arrebatársela, sin conseguirlo.

Loco   El tipo del loco, o más bien sus diversas variantes, aparece en la comedia de figurón de Antonio Hurtado de Mendoza *Cada loco con su tema* (1630). // *¡Tararí!* (1929), la mejor comedia de Valentín Andrés Álvarez, es una farsa de locos, ingeniosa y aguda, con gran animación escénica. // Manuel Sánchez Camargo, en la novela *Nosotros, los muertos*, relata la historia de un loco a la vez que la de otros perturbados que con él conviven en un manicomio.

Logroño   «Ciudad muy conocida y famosa», la denomina Enrique Cock, en *La jornada de Tarazona* (1592), y Charles Davillier, en su *Viaje por España* (1862), dice: «La principal ciudad de un distrito conocido por el nombre de La Rioja, abreviación de Río Oja». En nuestro tiempo, dice el cronista local José María Lope Toledo: «Los fastos de Logroño—corazón y cogollo de La Rioja—están henchidos de memorias brillantes: no en vano fue frontera de Castilla y ciudad amurallada... Pero no es la piedra, no es la evocación histórica, como en otros lugares castellanos, lo que constituye el alma de la ciudad. Su fisonomía está en su alegría vital, en su proporción y en su variedad, en su gracia y en su ironía, en su liberal franquía y en su liberalidad». V. RIOJA, LA.

Lola De la novela homónima (1920) de Luis de Ocharán Mazas, fino estudio psicológico de un alma femenina. // Protagonista de la comedia de los hermanos Manuel y Antonio Machado *La Lola se va a los puertos* (1929). Es un símbolo de raza, «la misma esencia del cante»—como la define su guitarrista Heredia—, y cuando, tras de una vida intensa, decide marcharse, dejará al irse ese vacío del que habla la copla: «La Lola se va a los puertos, ¡la isla se queda sola!». // En la misma línea de *La romana*, de Moravia, protagoniza la novela de Darío Fernández Flórez *Lola, espejo oscuro* (1950), personaje al parecer identificable en las noches madrileñas de la época; reaparece después en *Nuevos lances y picardías de Lola, espejo oscuro* (1971), *Asesinato de Lola, espejo oscuro* (1973) y *Memorias secretas de Lola, espejo oscuro* (1978).

López de Haro, Diego Proclamado señor de Vizcaya en 1293, es uno de los personajes más interesantes del drama histórico de Tirso de Molina *La prudencia en la mujer* (1621-1623). Aparece como un platónico y rendido enamorado de la reina María de Molina.

Lorenzo Personaje de los libros de Miguel Delibes *Diario de un cazador* (1955), *Diario de un emigrante* (1958) y *Diario de un jubilado* (1995), cuyos títulos explican su evolución a lo largo de su vida. Ahora, rico en tiempo libre, se siente esclavo de necesidades materiales hasta el punto de simbolizar a una generación que, olvidando su pasado, se humilla ante el becerro de oro.

Lourdes De la novela de Antonio Porras *Lourdes y el aduanero* (1928), muy dentro de la línea vanguardista de la época.

Lozana andaluza, La Protagonista de la novela dialogada *Retrato de la Lozana andaluza* (Venecia, 1528), de Francisco Delicado. Es prototipo de la prostituta renacentista con cierto influjo italianizante. «Compatriota de Séneca», nacida (de nombre Aldonza) en la Cortiduría de Córdoba, de padre mujeriego y jugador, desenvuelta y ligera de cascos desde sus primeros años, se convierte en amante de un mercader genovés, para marchar luego a Roma en 1513, donde ejerce los oficios de cortesana, alcahueta, perfumera y maestra de hacer afeites. En su vivir, alegre y despreocupado—entre cardenales, rufianes o mendigos, judíos, portugueses, romanos, florentinos y catalanes—sabe prosperar con cínica espontaneidad. «La Lozana—según Menéndez Pelayo—no tiene antecedentes literarios. Nació de la vida y no de los libros: fue un producto mórbido de la corrupción romana... En rigor, puede decirse que la Lozana no está escrita, sino hablada, y esto es lo que da tan singular color a su estilo y constituye su verdadera originalidad». Por su extremada desenvoltura no se permitió su publicación en España hasta el presente siglo.

Lozano V. CONDE LOZANO.

Lucenda V. ARNALTE.

Lucha *La lucha por la vida* es el personaje central de la trilogía así titulada por Pío Baroja, de la que forman parte las novelas *La busca* (1904), *Mala hierba* (1904) y *Aurora roja* (1905), que presentan el mundo abigarrado de la miseria madrileña de la época, en el que pululan los tipos más diversos.

Lucrecia De la comedia de Lope de Vega *La bella malcasada* (1621): víctima de su pobreza y obediente a las ambiciones de su madre, se deja malcasar hasta por segunda vez. // Protagoniza la tragedia *Lucrecia* (1763), de Nicolás Fernández de Moratín, inspirada en la historia romana, y se refiere—con imitaciones de *La Eneida*—a esta famosa heroína ultrajada por Tarquino el Soberbio. // V. Borgia, Los.

Lugareño Un lugareño discreto—en contraste con la sociedad madrileña—protagoniza la comedia, costumbrista y antirromántica, de Manuel Bretón de los Herreros *El pelo de la dehesa* (1840).

Lugo Pío Baroja (*Reportajes*) afirma: «Lugo es una hermosa ciudad; la muralla es grandiosa, con sus torres altísimas; la plaza tiene mucho empaque, y la catedral y su claustro son imponentes». Como observa Ernesto Giménez Caballero (*Amor a Galicia*), «Lugo—para la mayoría de los españoles—es una ciudad bastante ignorada. Y aun los que la conocen la suelen apreciar como provincial, modesta y campesina. Pero los que conocemos Lugo con los ojos del alma sabemos que es uno de los vértices más estremecedores e interrogables de España». Carlos Martínez Barbeito (*Lugo*) dice: «Allí, anclada a orillas del Miño, bajo una luz seca y fría oprimida por el cielo bajo, nos espera la capital, Lugo, con sus grises tejados y sus gallardas torres». Y José María Castroviejo

(*Galicia*), asegura: «La romana muralla cerca la ciudad y cerca el corazón del viajero... La muralla romana juega en toda la historia lucense un importante papel... El amurallado Lugo sabe de toda una larga teoría de feudos y linajes, de ataques y de contraataques. Pero la ciudad, con sus romanas piedras a cuestas y su tradición feudal, no es en modo alguno lóbrega. Es, por el contrario, un alegre y limpio pueblo de fino aire y estupendos horizontes».

Lugo, fray Cristóbal de Religioso sevillano que murió en Méjico en 1563, inspiró a Cervantes el protagonista de la comedia *El rufián dichoso* (1615). Pasó antes por una juventud turbulenta, y sin duda oiría o leería Cervantes su vida en alguna relación impresa, hoy desconocida.

Luis Candelas Este legendario y generoso bandido que robaba a los ricos para ayudar a los pobres es uno de los personajes de la obra un tanto folletinesca, al estilo de Sué, *Los misterios de Madrid* (1844-1845), de Juan Martínez Villegas. En nuestro siglo lo recoge también Antonio Espina, en el ensayo biográfico *Luis Candelas, el bandido de Madrid* (1929).

Luis Mejía V. Don Luis Mejía.

Luis Murguía De la novela de Pío Baroja *La sensualidad pervertida* (1920), es un hombre a un tiempo tímido, erótico y sentimental, como lo fue el propio Baroja: «Todas las mujeres me gustan—dice—... Del amor, de ese amor de las novelas, no había nada en mí; yo tenía una fiebre erótica, como hubiera podido tener viruelas, pero una fiebre continua y perpetua».

Luis de Vargas Coprotagonista de la novela de Juan Valera *Pepita Jiménez*

(1874). Es un joven rico y distinguido que, próximo a recibir órdenes sagradas y henchido de amor místico, conoce a una viudita de veinte años, cuyo amor pretendía el padre de Luis. Pero los encantos y las habilidades de Pepita acabarán por sacarle del seminario para que se case con ella. V. PEPITA JIMÉNEZ.

Luisa, de *La escuela del matrimonio* (1852), una de las mejores comedias de Manuel Bretón de los Herreros, es prototipo a un mismo tiempo de ingenio, gracia y religiosidad. // Destinataria de las *Cartas a Luisa*, de Mariano Baselga, donde el autor, al comentar a fray Luis de León, aborda el tema del matrimonio.

Luisa Fernanda Infanta de España, hija de Fernando VII, casada con el duque de Montpensier, protagoniza la comedia lírica homónima (1932) de Guillermo Fernández Shaw, con música de Moreno Torroba.

Luján, Micaela de V. CAMILA.

Luna Benamor, de la novela homónima de Vicente Blasco Ibáñez, trata de los amores imposibles de esta judía.

Luscinda Figura femenina del *Quijote*. Es la joven obediente a los deseos de sus padres. Ama con pasión y, sin embargo, se resigna a ser desgraciada. V. CARDENIO.

Lutero, Martín La figura histórica del teólogo y reformador alemán es recreada literariamente, primero, por Gaspar Núñez de Arce en el poema *La visión de fray Martín* (1888), y luego por Juan Benet en la novela *El caballero de Sajonia* (1991), cuya acción se sitúa entre las dietas de Worms y Spira, cuando Lutero se oculta bajo la apariencia del caballero Jorge, protegido por el elector de Sajonia.

Luz y, además, Estrella, Lumbre y Heliodora son los nombres literarios con que el poeta del siglo XVI Fernando de Herrera designa en sus poemas amatorios a la señora de Gelves, por la que sintió una constante pasión.

Luzbel es el protagonista de la comedia de Luis Belmonte Bermúdez *El diablo predicador*, del siglo XVII, en la que intervienen lo sobrenatural y lo fantástico.

Luzmela V. MAZCUERRAS (SANTANDER).

Lysandro y Rosella Coprotagonistas de la tragicomedia así llamada, una de las numerosas imitaciones de *La Celestina*, acaso la mejor. Se imprimió en Salamanca (1542) y se atribuye, sin certeza, a un tal Sancho Muñón.

M

Macanaz, Melchor Rafael de La figura histórica de este político y escritor del siglo XVIII es recreada literariamente por Carmen Martín Gaite en el ensayo *Macanaz, otro paciente de la Inquisición* (1969).

Macías el Enamorado Trovador gallego del siglo XV perteneciente a la corte de Juan II, se hizo famoso por su trágico fin a manos del señor de Porcuna, cuando dedicaba una canción de amor a la esposa de éste. Herido de muerte, aún pudo besar la tierra pisada por su amada. Así, Macías ha pasado a ser en numerosas leyendas el arquetipo del amante romántico. Se le recuerda en no pocos cancioneros. Su figura legendaria aparece en composiciones de Rodríguez del Padrón, Juan de Mena y el marqués de Santillana; en los infiernos de amor al modo alegórico-dantesco; en la comedia de Lope de Vega *Porfiar hasta morir*, luego reiterada por Bances Candamo en *El español más amante y desdichado Macías*; en Larra (en el drama *Macías* y en la novela *El doncel de don Enrique el Doliente*); en el drama *Macías el enamorado*, de Romero Larrañaga, y ya en nuestro siglo, en la novela del mismo título, de Carlos Martínez Barbeito.

Madame Renart De la comedia de Miguel Mihura *El chalet de madame Renart* (1961). Es una duquesa que pone un anuncio para encontrar marido.

Madre En nuestro teatro clásico, Tirso de Molina pone de relieve la grandeza moral de doña María de Molina—madre de Fernando VI el Emplazado—en *La prudencia en la mujer. La madre naturaleza* (1887) no sólo es el título de una novela de Emilia Pardo Bazán, sino su personaje alegórico o de fondo: dos hermanos, ignorantes de que lo son, cometen incesto, movidos por el ciego impulso de «la madre naturaleza». Ya en el siglo XX, para Juan Ramón Jiménez la madre es «algo eterno» en el fluir de la vida: «Te digo, al llegar, madre, / que tú eres como el mar; que, aunque las olas / de tus años se cambien y te muden, / siempre es igual tu sitio, / al paso de mi alma». Federico García Lorca, en la obra dramática *Bodas de sangre*, ha sintetizado en el personaje de la madre el concepto tradicional español de la mujer y la maternidad. Por su parte, Dámaso Alonso ve así a la madre: «No importa, madre, no importa. / Tú eres siempre joven, / eres una niña, / tienes once años. / ¡Oh, sí, tú eres para mí eso: una candorosa niña!». En el libro de sonetos de Ramón de Garciasol, *La madre* (1958), ésta se aparece como un mundo poético para el hombre.

Madrid La villa y corte, asiento de muchos grandes escritores, añade a sus atractivos propios esta posición ventajosa para ser escenario o protagonista colectivo de no pocas obras literarias. La relación se haría interminable. Baste con citar algunos ejemplos significativos. En el siglo XVII es evocada por Lope de Vega en el poema *La mañana de San Juan en Madrid*. Asimismo sirve de escenario en algunas comedias de Tirso de Molina (*Desde Toledo a Madrid, En Madrid y en una casa, Los balcones de Madrid*); de Antonio Zabaleta (*El día de fiesta por la mañana, El día de fiesta por la tarde*) y de Francisco de Santos (*Día y noche de Madrid, Las tarascas de Madrid, Los gigantones de Madrid por defuera*). En el siglo XVIII Madrid es el escenario y sus gentes los protagonistas de los sainetes de costumbres de Ramón de la Cruz: *La pradera de San Isidro, El Prado por la noche, Las majas vengativas, El Rastro por la mañana, Los bandos del Avapiés, La Plaza Mayor por Navidad*. Ya en el siglo XIX, Antonio Flores (*Ayer, hoy y mañana*) reflejará—con cierta huella moratiniana—la realidad de las calles del Madrid mediodecimonónico. Un madrileño, cronista enamorado de su ciudad, Ramón de Mesonero Romanos, la describirá con precisión y benevolencia en *Mis ratos perdidos o ligero bosquejo de Madrid, Manual de Madrid, Panorama matritense, Escenas matritenses, Tipos y caracteres, El antiguo Madrid* y *Memorias de un setentón*. Su contemporáneo Mariano José de Larra decía que Mesonero «retrataba». Larra, en cambio, fustigó con acerba ironía no pocos aspectos de Madrid y de la vida nacional en sus *Artículos*.

Avanzado ya el siglo XIX, el pintor literario de la calle y del espíritu de Madrid es Benito Pérez Galdós. El Madrid galdosiano (*Fortunata y Jacinta, Lo prohibido, La desheredada, Misericordia, Tormento*) es el de las calles de Esparteros, Postas, Toledo, Cuchilleros, Imperial, las Cavas de San Miguel (o Alta) y Baja, la Plaza Mayor, las de la Cebada y de Santa Cruz, la Puerta del Sol... También logró Galdós una notable evoca-

ción retrospectiva de Madrid en sus *Episodios nacionales* (*La corte de Carlos IV, Napoleón en Chamartín*). El ambiente literario madrileño de la segunda mitad del siglo XIX lo recogió admirablemente Julio Nombela en *Impresiones y recuerdos*. Como contraste, los tipos más populares los captó muy bien José López Silva en sainetes como *Los barrios bajos* y *Los madriles* y en el libreto de *La revoltosa*, con música de Chapí (1897).

Poco antes, el padre Coloma había retratado a la aristocracia madrileña en *Pequeñeces*, y no mucho después Joaquín Dicenta, en un drama social de amor y celos, *Juan José*, ofrece el contraste de los señoritos con el Madrid mesocrático. Por otra parte, la vida madrileña marginada o suburbial, a comienzos del siglo XX, es el escenario por no decir el gran protagonista de la trilogía narrativa *La lucha por la vida* (*La busca, Mala hierba, Aurora roja*), de Pío Baroja, que, trasladada al barrio de Cuatro Caminos, reiterará Blasco Ibáñez en *La horda*.

La tradición de Ramón de la Cruz y de López Silva la continuará en sus sainetes el alicantino Carlos Arniches, que se afincó en Madrid y llegó a conocerlo de tal modo que no sólo captó su ambiente y espíritu popular, sino que inventó giros, frases y palabras que luego imitarían los propios madrileños: *El santo de la Isidra, Don Quintín el amargao, La chica del gato*, etcétera.

Azorín nos ha dejado en multitud de artículos y en uno de sus últimos libros, *Madrid*, una crónica minuciosa no sólo de sus gentes y costumbres, sino de sus tertulias literarias y de la por él bautizada generación de 1898, vista desde dentro como significativo noventayochista que era. Juan Ramón Jiménez, en un libro de poemas, *La colina de los chopos*, evoca ese lugar, en que se hallan la Residencia de Estudiantes—donde vivió—, el Retiro y el Botánico, entre otros puntos para él dilectos. Otro poeta muy distinto, Emilio Carrere, vino a ser el Verlaine madrileño, con una carga de bohemia callejera que tiene mucho de oropel. El Madrid bohemio de 1910 se describe bien en la novela de Ramón Pérez de Ayala *Troteras y danzaderas*. Pedro de Répide es autor de excelentes novelas históricas en que exalta tipos y costumbres del antiguo Madrid (*El solar de la bolera*, *Del Rastro a Maravillas*, *El Madrid de los abuelos*, *Los pícaros de Amaniel*, *La villa de las siete estrellas*). Emiliano Ramírez Ángel viene a ser el Mesonero Romanos del primer tercio del xx (*Madrid sentimental*, *Bombilla-Sol-Ventas*, *Peligros y seducciones de esta coronada villa*, *La villa y corte pintoresca*). Ramón Gómez de la Serna estiliza lo castizo en *Elucidario de Madrid*, *Pombo* o *El Rastro*, o en las novelas *La Nardo*, *Piso bajo* y *Las tres Gracias* ofrece aspectos insospechados y deliciosas observaciones de un Madrid ya casi desaparecido. *Madrid, escenas y costumbres* y *Madrid callejero* son títulos expresivos del José Gutiérrez Solana, escritor situado—como su pintura—en una visión negra y caricaturesca. Como contraste, el Madrid de la clase media alta de 1915 está bien ambientado en la novela rosa *Vestida de tul*, de Carmen de Icaza. El de la dictadura del general Primo de Rivera es, a la vez, escenario y protagonista de la novela de Max Aub *La calle de Valverde*, así como de la colección de artículos de César González Ruano, *Madrid, entrevisto*. *Madrid de corte a checa*, de Agustín de Foxá, viene a ser un episodio nacional—fin del reinado de Alfonso XIII a la guerra civil—más en la línea de Valle-Inclán que en la de Galdós...

Pero aún quedan el Madrid de Camilo José Cela, el de su juventud en los primeros días de la guerra civil (*San Camilo 1936*) y el de las tertulias literarias de la posguerra (*La colmena*); el de Díaz Cañabate (*Historia de una taberna*, *Madrid*

y los madriles); el del barrio de Salamanca, descrito por Zunzunegui (*Esa oscura desbandada*); *Barrio de Maravillas*, de Rosa Chacel; *Calle de Echegaray*, de Marcial Suárez; *Buenas noches, Argüelles*—donde este barrio se hace protagonista colectivo—, de Antonio Prieto; el de las chabolas (*Los olvidados*), de Ángel María de Lera; el de los norteamericanos al comienzo de los años sesenta (*Paralelo 40*, de Castillo Puche; *Madrid, costa Fleming*, de Ángel Palomino); el del más variopinto paisanaje (*Gente de Madrid*, de Juan García Hortelano); el de Francisco Umbral (*Travesía de Madrid*, *Trilogía de Madrid*, *Teoría de Madrid*); desde la poesía, *Sonetos y revelaciones de Madrid*, de José García Nieto; y desde lo estético y urbanístico, *Semblante de Madrid*, de Chueca Goitia.

Maese Pérez   De la leyenda de Gustavo Adolfo Bécquer *Maese Pérez el organista* (1860-1865). Ciego y buen músico, sólo quiso tocar la misa del gallo en el convento de Santa Inés, de Sevilla. Una nochebuena, muy enfermo, volvió y ejecutó portentosas obras, muriendo allí mismo. Tiempo después, el espíritu de maese Pérez acudía desde el otro mundo para animar el viejo órgano de Santa Inés.

Maestra   La figura de la maestra rural es el personaje—plenamente vivido por la autora—de la novela de Dolores Medio *Diario de una maestra* (1961). // En la obra dramática de José Martín Recuerda *Como las secas cañas del camino* (1965), ambientada en un pueblo, hay una interesante figura de maestra vencida por la soledad y la frustración.

Magalona   V. PIERRES Y MAGALONA.

Magdalena   La pecadora bíblica arrepentida protagoniza la obra maestra de Pedro Malón de Chaide *La conversión* *de la Magdalena* (1588). También es objeto de dos comedias religiosas, una de Lope de Vega y otra de Luis Vélez de Guevara, tituladas ambas *La Magdalena*. // Distintas son otras Magdalenas literarias, como la de Tirso de Molina en *El vergonzoso en palacio*, vacilante entre el amor y el orgullo, o la de otra obra dramática, *Magdalena* (1837), de Antonio García Gutiérrez, que plantea de forma lacrimosa la emancipación de la mujer. // Diferente e inspirada por su madrina y cuñada, diez años mayor que él y de la que recibió gran apoyo, es la Magdalena de la obra teatral de Benito Pérez Galdós *Alma y vida* (1902).

Magistral V. ANA OZORES.

Mahón (Menorca) «Apareció Mahón a lo lejos y la ciudad surgía maravillosa y transfigurada por la luz. Mahón: pequeños cuadriláteros blancos sobre el gris de la tierra... Visto así, desde lejos, el caserío de Mahón, elevado en el centro del paisaje, adquiere la apariencia de un altar barroco de plata» (Mario Verdaguer, *Piedras y viento*).

Mairena V. JUAN DE MAIRENA.

Málaga Ya en el siglo XII el geógrafo árabe El Edrisi la describe como «una ciudad muy hermosa, poblada y amplia», elogios que reiteran otros viajeros y escritores posteriores: Al-Magrebí, Al-Saqundi, Münzer, Pero Tafur, Vicente Espinel (*La vida del escudero Marcos de Obregón*), Voiture, Davillier, De Amicis, Pedro Antonio de Alarcón, Estébanez Calderón, Ricardo León o Manuel Machado, quien la define «Málaga, cantaora», acaso recordando su famoso Café de Chinitas, más tarde evocado por el poeta malagueño José Carlos de Luna. Existen varias Málagas literarias. La más conocida es la de Serafín Estéba-

nez Calderón, que popularizó el seudónimo de El Solitario, en sus famosas *Escenas andaluzas*. Salvador Rueda, también malagueño y colorista, precursor del modernismo, afirma que «Málaga es inglesa y mora / a la par que es andaluza». Otro malagueño, el novelista Ricardo León nos describe la ciudad (*Comedia sentimental*) o encubre a Ronda en el título de otra novela, *Alcalá de los Zegríes*. Malagueño asimismo, Salvador González Anaya hace de la ciudad el escenario de sus novelas costumbristas. El poeta Vicente Aleixandre, nacido en Sevilla, pero cuyos primeros recuerdos infantiles son malagueños, como fue el de Málaga «el primer mar» que contempló, «el mar del paraíso», como él mismo dijo, debe a Málaga, «sin la cual no hubiera existido», su más famosa obra, *Sombra del paraíso*. Igual que el malagueño Emilio Prados, exiliado y muerto en Méjico, le debe *Canciones del farero* y *Cancionero menor*. Malagueño también y amigo de Prados, con quien fundó la revista *Litoral*, en la poesía de Manuel Altolaguirre hay «ángel malagueño», al decir de Aleixandre. No deja tampoco de evocar su Málaga nativa José María Souvirón en la novela *Rumor de ciudad*. Para José Antonio Muñoz Rojas el paisaje es el verdadero protagonista de su obra (*Historias de familia, Las cosas del campo, Las musarañas*). Por el contrario, para José Luis Cano la ciudad es el escenario de sus libros (*Otoño en Málaga, Málaga y otros poemas*). Mercedes Fórmica, gaditana, ha situado su novela más conocida, *Monte de Sancha*, en el frente malagueño de la guerra civil. Málaga está patente, como vivencia, en la obra del poeta malagueño Alfonso Canales: *Sonetos para pocos, Sobre las horas, Réquiem andaluz*. La Costa del Sol es el escenario de la novela de Manuel Halcón *Desnudo pudor*. Y, en fin, Málaga, su ciudad nativa, es el escenario de *Ciudad de entonces* y de

Este verano en Málaga, de Manuel Alcántara.

Maldición   Personaje alegórico de *Los sueños* (1627), de Quevedo.

Maledicencia   Es, en abstracto, el personaje cuya presencia se percibe en el drama de José Echegaray *El gran Galeoto* (1881), alegato contra la mala costumbre de maldecir en un curioso experimento de teatro dentro del teatro. // La maledicencia en los medios rurales y pequeñas ciudades es el personaje simbólico de la comedia de Jacinto Benavente *Lo increíble* (1940).

Mallorca   V. BALEARES (islas).

Malmaridada   Del romance «La bella malmaridada, / de las más lindas que yo vi, / si habéis de tomar amores, / vida, no dejéis a mí», se hizo un personaje muy popular, glosándolo más tarde Gil Vicente, Castillejo, Silvestre y Montemayor, entre otros poetas.

Malquerida, La   Del drama homónimo (1913) de Jacinto Benavente. Es el símbolo de la mujer que malquiere: Acacia está enamorada de Esteban, su padrastro, el segundo marido de su madre, Raimunda. V. ACACIA; ESTEBAN; RAIMUNDA.

Malvaloca   Protagonista de la comedia homónima (1912) de los hermanos Serafín y Joaquín Álvarez Quintero. Es una mujer de la vida, buena y generosa de corazón, que siente la necesidad de un verdadero amor que la regenere. La copla que la inspira expresa muy bien su simbolismo: «Merecía esta serrana / que la fundieran de nuevo, / como funden las campanas».

Mancebía   Una mancebía de Castilla es el escenario y el protagonista de fondo de la novela de Eugenio Noel *Las siete cucas* (1927).

Mancha, La   La más pura representación de la belleza horizontal, conjugada con la diafanidad de su cielo, se halla en La Mancha, la planicie más extensa de España (que corresponde, en parte, a las provincias de Ciudad Real, Toledo, Albacete y Cuenca). Cervantes aún llegó a conocer aquel altiplano sin cultivo, al que los árabes llamaron La Mancha, muy vacío, boscoso y poco hospitalario. Aunque las hazañas del héroe cervantino se desarrollaran —aparte su viaje a Barcelona—en una zona circular de apenas cincuenta kilómetros de radio, La Mancha es la patria de don Quijote. De Cervantes acá, pocas tierras españolas han sido tan traídas y llevadas a la literatura (Quevedo, Rosalía de Castro, Amós de Escalante, Galdós, Azorín, Baroja, Miró, Ortega y Gasset, Marquina, Enrique de Mesa, Aleixandre, Lope Mateo, Víctor de la Serna, Cela, Fernando Díaz-Plaja, Gaspar Gómez de la Serna, Cabañero, Alcaide, García Pavón). Quizá, de entre todos, ninguno haya calado más hondo ni descrito con mayor precisión que Azorín su ancha e infinita llanura. La Mancha es el escenario natural de la obra del poeta de Valdepeñas Juan Alcaide, que incorpora (*Colmena, Llanura*, etc.) giros autóctonos del habla manchega popular. Otro poeta, de Tomelloso, Eladio Cabañero, muestra un verdadero amor a la tierra nativa y sus lejanos antecedentes líricos habría que asociarlos a fray Luis de león. El novelista, también de Tomelloso, Francisco García Pavón, ha dado entrada al paisaje y al paisanaje manchego en varias de sus narraciones: *El reinado de Witiza, Las hermanas Coloradas, El rapto de las sabinas, Una semana de lluvia.*

Manolita   V. PERUCHO.

Manolito Gázquez, tipo genuino cuyas agudezas y rasgos memorables refiere Serafín Estébanez Calderón en sus deliciosas *Escenas andaluzas* (1847).

Manolo. Protagoniza el sainete homónimo (1769) de Ramón de la Cruz. Nacido en la calle del Avapiés, es prototipo del tunante y valentón, muy conocido de los guardias madrileños de entonces.

Manrique y Leonor Coprotagonistas del drama romántico de Antonio García Gutiérrez *El trovador* (1836). Los desdichados amores del trovador Manrique con la noble Leonor—que acaban con la muerte de ambos—entusiasmaron al público de la época. Verdi pondría música a este argumento en la famosa ópera *Il trovatore*. // Manrique es el soñador que aparece en la leyenda de Gustavo Adolfo Bécquer *El claro de luna* (1860-1865).

Manuel Personaje central de la comedia de Jacinto Benavente *El nido ajeno* (1894). Es un ejemplo de respeto fraternal. Para no despertar posibles celos en su hermano José Luis, que está casado, no acepta la invitación de éste a vivir bajo el mismo techo. La pospone para cuando sean viejos y no haya posibles desconfianzas. «Entonces volverá a buscar un rincón donde morir en el nido ajeno».

Manuel Alcázar, de la trilogía de Pío Baroja *La lucha por la vida* (1904-1905), compuesta por *La busca, Mala hierba, Aurora roja.* Quiere salir de la miseria y ganarse un puesto de trabajo, oscilando entre la abulia y cierto vitalismo natural que le permite superar las dificultades.

Manuel Montoria, protagonista del sexto volumen de la primera serie de los *Episodios nacionales* de Benito Pérez Galdós, *Zaragoza* (1873-1879), en que la heroica ciudad es escenario trágico del terrible asedio a que la sometieron las tropas napoleónicas.

Manuel Venegas, de la novela *El niño de la bola* (1880), de Pedro Antonio de Alarcón. Consagra su vida a un odio y a un amor: odio a un usurero, que arruinó a su padre, y amor hacia la hija de aquél. Acabará venciendo el amor. Se trata de una figura indomable.

Manuela Protagonista de la novela homónima (1970), de Manuel Halcón. Es todo un tipo de mujer. Andaluza bravía, contradictoria e inculta, pero con una ancestral sabiduría popular. Es pobre, orgullosa y humana. Se enamora y se casa con un mendigo desconocido que, como sola aportación al matrimonio, le trae un hijo de otra mujer.

Manuela Limón, de la novela homónima (1952) de Felipe Ximénez de Sandoval.

Manzanares (río) Su propia insignificancia fluvial llama la atención de algunos de nuestros más importantes autores del XVII, que lo convierten en símbolo cómico de lo pretencioso y en imagen caricaturesca de la vida madrileña. Lope de Vega, iniciador de tales ironías, lo llama «aprendiz de río»; y en un poema dice: «Ya de la Sierra, que de nieves llena / te da principio humilde, Manzanares». Quevedo se suma a la sátira. Góngora habla del «diminuto Manzanares». Tirso de Molina, en *Don Gil de las calzas verdes*, le dedica un epigrama. Castillo Solórzano, en *Tiempo de regocijo*, escribe: «Aquel átomo de río, / escogido y pasicorto, / almacén de tantas ranas / entre el cielo pasinoso».

Manzanares el Real (Ciudad Real) El marqués de Santillana canta a las serranas del Guadarrama, donde estaban enclavados sus dominios de Manzanares el Real (Lozoyuela, Mata el Espino, Boalo). // Pío Baroja, en *Reportajes*, dice: «Manzanares es un pueblo manchego clásico. Hay, en las cercanías, un río, el Azuelo. Por la mañana, oigo a un arriero que canta: "Aunque La Mancha / tenga muchos lugares, / no hay otro más salado / que Manzanares"».

Mañara, Miguel de   Caballero sevillano y penitente, fundador del hospital de la Caridad de la capital de Andalucía. En torno a su figura se creó la leyenda de una juventud desordenada y de su posterior conversión, llegando a identificársele con don Juan Tenorio. V. DON JUAN.

Mapy   Protagonista de la novela humorística de Álvaro de la Iglesia *Yo soy Fulana de Tal* (1963), sobre la vida de una prostituta.

Mar   Aparece unas veces como referencia literaria, otras como escenario, algunas también como símbolo o alegoría. En la *Oda al mar*, de Manuel José Quintana, el mar sirve de pretexto para hacer una reflexión sobre el hombre. En el *Diario de un poeta recién casado* (1917), Juan Ramón Jiménez ve el mar con un sentido puramente lírico. El novelista Ramón Pérez de Ayala, en el libro de poemas *El sendero innumerable* (1916) ofrece un mar abstracto, ideológico, cuyas fuerzas están personificadas (por ejemplo, doña Gaviota). El mar como recuerdo o evocación aparece en *La amante* (1926), de Rafael Alberti, quien desea ofrecérselo a las gentes de tierra adentro: «¡Castellanos de Castilla, nunca habéis visto la mar! / ¡Alerta, que en estos ojos / del sur, y en este cantar, / yo os traigo toda la mar! ¡Miradme, que pasa el mar!». // La *Oda al Atlántico* (1922) del poeta de

Gran Canaria Tomás Morales es una grandilocuente apoteosis de este mar mitológico, por él cantado también en sus *Poemas de la gloria, del amor y del mar* (1908). // El mar es el protagonista central del poema de Bernardino Graña *Profecía del mar* (1966), sobre el riesgo de los barcos pesqueros en el Atlántico.

Maragatería (León)   «En la hidalga paramera de León, solar de los más castizos de la raza, teatro y reliquia de inmortales memorias, duerme el pueblo maragato, incógnito y oscuro, desprendido y con misterioso origen de una misteriosa progenie... Ellos se consideran una raza aparte en el mundo, y tan apegados están a sus leyes morales, que no adoptan de las ajenas cosa alguna» (Concha Espina, *La esfinge maragata*).

Marcela   Del *Quijote*, de Miguel de Cervantes. Es la mujer que se niega a corresponder al hombre que la ama, Grisóstomo. Cervantes nos dice que los hombres la amaron y murieron por ella. Vive en lo alto de la montaña, sola. Es libre como el aire. La libertad absoluta que ella pretende es una utopía. La pastora Marcela—la bien amada—encarna el mito de la absoluta libertad. // Protagonista de la tragedia de Cristóbal de Virués *La infelice Marcela*, obra que abunda en muertes y horrores con un afán moralizador. // De la comedia de Álvaro Cubillo de Aragón *Las muñecas de Marcela* (1654), donde ya entre los juguetes infantiles se insinúa la pasión amorosa adolescente. // Personaje central de la comedia de capa y espada *Casa con dos puertas mala es de guardar* (1629), de Calderón. Es prototipo de la mujer astuta que, gracias a sus enredos, consigue no sólo casarse a su gusto, sino que también lo logre su amiga Laura. // Protagonista de la comedia de Manuel Bretón de

Marcelino

los Herreros *Marcela o ¿a cuál de los tres?* (1831). Marcela es una joven viuda, muy coqueta, que juega con sus tres pretendientes como si fueran unos títeres guiñolescos, y los rechaza al fin para poder vivir en libertad.

Marcelino Protagonista del cuento infantil de José María Sánchez Silva *Marcelino, pan y vino* (1952). Prototipo del niño travieso e ingenioso, simboliza—con su tránsito al otro mundo—la recompensa del Señor, que premia a quienes le aman. // Ingenuo coprotagonista de la comedia de Miguel Mihura *Maribel y la extraña familia* (1959).

Marcelo Personaje central de la novela de José María de Pereda *Peñas arriba* (1893). Vivía en Madrid y, cediendo a los deseos de su tío don Celso, va a vivir con él a Tablanca, pueblecito de la provincia de Santander (Tudanca) donde se afincará en la vieja casona y se casará al fin con una joven montañesa: en él se cumplirá la tradición familiar apegada al terruño nativo. // De la comedia de Ana Diosdado *El okapi* (1972), un vagabundo que ve y vive la triste realidad que le rodea.

Marcelo Brito, de uno de los cuentos que integran el libro de Camilo José Cela *Esas nubes que pasan* (1992), es en cierta medida un retrato del autor cuando él se autodefinía como «un muchacho flacucho y antojadizo, mal acostumbrado a llevar siempre por delante su santa voluntad, pero con un orgullo sin límites».

Marcia Leonarda Era en la vida real Marta de Nevares, el último y gran amor de Lope de Vega. Sus *Novelas a Marcia Leonarda* (1621-1624) son los relatos que a instancias suyas escribió el poeta, relatos que ofrecen una arrebatadora sensación vital. V. AMARILIS.

Marco Aurelio El famoso emperador y filósofo romano del siglo II es el personaje histórico del *Libro áureo de Marco Aurelio* (1528), de fray Antonio de Guevara, quien posteriormente lo incorpora a su *Relox de príncipes* (1529): trata el autor de presentárselo a Carlos I (y V de Alemania) como modelo del príncipe ideal.

Marco Bruto Este conocido personaje de la historia romana (siglo I antes de Cristo) lo llevó Quevedo a su último libro, que él consideraba el mejor y que no llegó a terminar. En *Marco Bruto* (1644) glosa diversos textos de Plutarco. Lo presenta como un idealista incapaz de atenerse a la realidad, determinando así su propia ruina y la de la República.

Marcos de Obregón Encubriendo a veces a su autor, protagoniza la novela de Vicente Espinel *Relaciones de la vida del escudero Marcos de Obregón* (1618). Hijo espiritual del Lazarillo de Tormes, se le parece en la sencillez de su carácter y en la simpatía humana con que observa la vida. Es asimismo escudero, como Lazarillo, si bien carece del pesimismo que caracteriza al pícaro. «Constituye —afirma Bataillon—una verdadera humanización y rehabilitación de la honra "escuderil". Marcos encarna todas las virtudes del buen escudero; perfecto servidor de los nobles, casi nos atreveríamos a decir de él que es el perfecto antipícaro».

Marfisa, de la acción en prosa de Lope de Vega *La Dorotea* (1632), es la mujer aprisionada a pesar suyo, y fatalmente, en las redes del ingenio y la elegancia de Fernando, que encubre al propio Lope.

Margarita y Pablo Coprotagonistas de la novela testimonial de Ricardo

León *Cristo en los infiernos* (1941), en que los amores de la comunista Margarita con el requeté Pablo están condenados al fracaso, porque en las recientes circunstancias de la guerra civil era muy difícil, incluso en el amor, el entendimiento entre las dos Españas.

Margarita la tornera Protagonista de la conocidísima leyenda mariana—la monja pecadora que vuelve al convento—, que ya aparece en *Los milagros de Nuestra Señora*, de Berceo, así como en *Las cantigas de santa María*, de Alfonso X el Sabio, y luego en obras de Montalvo, Lope de Vega (*La buena guarda*), Avellaneda (el *Quijote* apócrifo), Vélez de Guevara (*La abadesa del cielo*), Rosete Niño (*Sólo en Dios la confianza*) y José Zorrilla, que en *Margarita la tornera* le da su forma literaria definitiva: la monja había huido con un galán, y al regresar arrepentida años después al convento observa que nadie ha notado su ausencia, porque la Virgen la había sustituido durante todo ese tiempo. Después de Zorrilla, Nodier en Francia y Maeterlinck en Bélgica reiterarían tema y personaje.

Margot, de la trilogía narrativa de Pío Baroja *La selva oscura* (1931-1932), es la campesina de alma primitiva que se hace sirvienta y luego enfermera. Parece que va a casarse con un médico, pero lo hará con un mozallón que vuelve de América, al que había conocido de niña en su pueblo.

Mari Clío V. TITO LIVIANO.

Mari Hernández, de la comedia de Tirso de Molina *La gallega Mari-Hernández*, precursora de no pocas heroínas modernas de novela rosa, posee, sin embargo, verdadera autenticidad y representa, además del triunfo de la mujer en la elección amorosa, una en su época insólita ascensión social, como lo era el hecho—desde su modestísimo ambiente plebeyo—de casarse con un noble.

María, la prostituta convertida, es la protagonista de la comedia piadosa de Antonio Mira de Amescua *La mesonera del cielo*. Se trata de la misma leyenda en que basó la monja Rosvita su famosa comedia *Abrahamus*. // De la novela de Wenceslao Ayguals de Izco *María o la hija de un jornalero* (1845-1846): joven y bella, se ve asediada por un fraile y luego por un aristócrata, con el cual acabará casándose, lo que da lugar a otro folletín, *La marquesa de Bellaflor* o *El niño de la inclusa*, tan vulgar y exitoso como el anterior. // De la novela *María* (1868), de Manuel Fernández y González, que refiere las memorias de una huérfana. // María es uno de los personajes femeninos más espirituales de la novela de Juan Valera *Las ilusiones del doctor Faustino* (1875). // Personaje central de *La ciudad de la niebla* (1909), *La dama errante* (1908) y *El árbol de la ciencia* (1911), que forman la trilogía novelística *La raza*, de Pío Baroja: María, que se ve independizada al casarse su padre por segunda vez, viene a ser símbolo de la mujer fuerte y abnegada, incapaz de claudicar. // V. ELENA Y MARÍA; MARTA; VIRGEN MARÍA.

Marialonso Dueña celestincesca a la que soborna Loaysa para seducir (lo que no logra) a la jovencísima esposa del viejo Carrizales, en *El viejo extremeño* (1613), de Miguel de Cervantes. V. CARRIZALES; LOAYSA.

María Antonieta, de las *Sonatas* (1902-1905) de Valle-Inclán, es prototipo de refinada sensualidad.

María Cristiana, nuestra reina gobernadora, es uno de los personajes históricos retratados por Galdós en los *Episodios nacionales* (1873-1879).

María Egipcíaca Protagoniza el poema hagiográfico homónimo, basado en la popular leyenda de esta santa, compuesto hacia 1215 por un desconocido poeta riojano que siguió un original francés, acaso la *Vie de Sainte Marie l'Egyptienne*, de Robert Grossestesti. En el siglo XVII dio lugar a dos comedias sacras, *La adúltera virtuosa*, de Mira de Amescua y *La gitana de Menfis*, de Pérez de Montalbán.

María Estuardo La literatura europea está plagada de obras dramáticas (la famosa de Schiller, entre otras) en torno a la enigmática figura y a las vicisitudes de la reina María de Escocia, decapitada en 1587 por orden de Isabel I de Inglaterra. En nuestra literatura se han ocupado de ella Lope de Vega, en el poema narrativo-religioso *Corona trágica* (1627); Juan Bautista Diamante, en el drama histórico *La reina María Estuardo*; y Luis Coloma, en la novela *La reina mártir* (1898), inspirada en una obra anterior del padre Rivadeneyra.

María Fontán, de la novela rosa homónima (1944) de Azorín. Es una viuda muy independiente. A veces le gusta esconder su riqueza y disimular su elegancia para sorprender a todos y mostrarse tal cual es.

María Luz De la novela rosa de Juan Aguilar Catena *Los enigmas de María Luz* (1920), es prototipo de la burguesía española de la época. // De otra novela rosa de Rafael Pérez y Pérez, *El chófer de María Luz* (1941).

María de Molina, reina de Castilla, protagoniza la comedia histórica más conocida de Tirso de Molina, *La prudencia en la mujer* (1621-1623), en que contrastan la resolución y el valor de la reina regente—durante la minoría de edad de su hijo Fernando IV el Empla-

zado—con la actitud del valido don Diego López de Haro, demostrando junto a sus dotes políticas la grandeza moral de una madre ejemplar. Llevarían más tarde al teatro esta figura histórica Mariano Roca de Togores, marqués de Molins, en el drama *María de Molina* (1837), y Eduardo Marquina en otra obra dramática, *Doña María la Brava* (1909).

María Rosario, de las *Sonatas* (1902-1905) de Valle-Inclán, en quien se funden la pureza y la gracia plásticamente prerrafaelistas.

María Santaló V. GAVIOTA, LA.

Mariana Pineda, valerosa dama granadina condenada a muerte por sus ideas liberales, protagoniza la obra dramática homónima (1927) de Federico García Lorca.

Marianela, de la novela de ese nombre (1878) de Benito Pérez Galdós, es una pobre mendiga, fea, contrahecha e insignificante. Con su miseria física contrastan su bondad y su espíritu de sacrificio. Sirve de lazarillo a un joven ciego, del cual se enamora platónicamente. El alma ingenua de Marianela se exalta. El joven ciego, al oír su voz, cree que es tan buena como hermosa. Pero un día recupera la vista y cree que es Marianela una prima suya, joven, bella y bien vestida. Marianela no ha querido destruir en él la imagen que se había forjado de ella. Y así, ante la desoladora decepción de que no basta ser buena, Marianela morirá de dolor porque la vida ha dejado de tener sentido para ella. Es Marianela el símbolo romántico del alma bella encerrada en un cuerpo feo. Se nota en ella, según algunos críticos, la influencia del episodio de Mignon, en el *Wilhelm Meister* de Goethe.

María Sabina, de la narración homónima de Camilo José Cela, es una bruja mejicana condenada a morir por decir una verdad que nadie quiere escuchar.

Maribel, de la deliciosa comedia de Miguel Mihura *Maribel y la extraña familia* (1959), es el tipo de la prostituta de buen corazón, asombrada—como sus compañeras—de que haya todavía hombres ingenuos y familias a la antigua usanza, capaces de creer angelicalmente que ella es una señorita de las mejores costumbres. Maribel, con sus asombros y sus reacciones, vive unos momentos increíbles y nos muestra cómo desearía volver a la ingenuidad perdida.

Marido Protagonista colectivo de la comedia de Juan Ruiz de Alarcón *Examen de maridos*, donde, con tanta originalidad como audacia para aquel tiempo, se organiza un certamen para que las mujeres elijan esposo.

Marién Morilla de Jaén que figura en el conocido romance novelesco: «Tres morillas me enamoran / en Jaén: Axa, Fátima y Marién».

Marineda Nombre literario de La Coruña, empleado por Emilia Pardo Bazán en *Cuentos de Marineda* (1892) y otros escritos.

Mario, de la obra dramática de Alejandro Casona *Nuestra Natacha* (1936), es el prototipo del estudiante serio y despistado que ni siquiera se da cuenta del amor que siente por él una compañera de la universidad. V. CARMEN SOTILLOS.

Mario Colomer Protagonista de la comedia *¿Quién soy yo?* (1935), de Juan Ignacio Luca de Tena, quien retrata y satiriza en este personaje al que fue líder de la CEDA (coalición electoral derechista de la segunda República), José María Gil Robles.

Mariona Rebull Figura central de la novela homónima (1944) de Ignacio Agustí, primer volumen de la serie *La ceniza fue árbol*, crónica del ascenso y posterior declive de una familia industrial barcelonesa desde comienzos del siglo XX hasta el final de la guerra civil de 1936-1939.

Marilyn La actriz cinematográfica estadounidense Marilyn Monroe y la fecha de su muerte fueron seleccionadas por Terenci Moix como referencia de una época y de una generación en la novela *El día que va morir Marilyn*, redactada originalmente en castellano pero publicada en catalán (1969; versión definitiva 1996).

Mariposa Personaje alegórico que simboliza el amor en la obra del poeta modernista Ramón Goy de Silva *La Corte del Cuervo Blanco* (1914).

Mariquilla terremoto Representa a la mujer de tronío en la comedia homónima (1930) de los hermanos Serafín y Joaquín Álvarez Quintero.

Mariquita León Protagonista de la novela histórica homónima (1901) de José Nogales, y luego de otra novela, *La platera del Arenal* (1943), de Mariano Tomás. Se trata de una seductora muchacha, sobrina del general Diego de León.

Marisa Sabia Figura central de la obra de Eladio Cabañero *Marisa Sabia y otros poemas* (1963).

Marisalda V. GAVIOTA.

Maritornes En sentido figurado y familiar, es la criada ordinaria, fea y hombruna. Así la concibe Miguel de Cervantes en el *Quijote*, al presentarla como la criada de la venta de Palomeque el Zurdo; es prototipo además de la antigua moza del partido, manjar apropiado al duro paladar de arrieros y caminantes.

Marqués de Bradomín V. BRADOMÍN.

Marqués del Crepúsculo Vespertino Se trata de un supuesto marqués que protagoniza las novelas de Augusto Martínez Olmedilla *Memorias de un afrancesado* (1908) y *Nuevas memorias de un afrancesado* (1952), de indudable interés sobre nuestra historia decimonónica.

Marqués de Mantua Aparece en romances del ciclo carolingio: extraviado en el bosque, oye los lamentos de un caballero que resulta ser su pariente Valdovinos. Protagoniza también la comedia *El marqués de Mantua* (1600-1602), de Lope de Vega, admirable dramatización de los aludidos romances; «historia ésta—según Cervantes—sabida de los niños, no ignorada de los mozos, celebrada y aun creída de los viejos y, con todo esto, no más verdadera que los milagros de Mahoma». De ahí que fuera parodiada por Jerónimo de Cáncer en la obra burlesca *La muerte de Valdovinos* (1651).

Marqués de Ulloa, personaje enigmático y primitivo, prototipo de una Galicia todavía semifeudal, aparece en la novela de Emilia Pardo Bazán *Los pazos de Ulloa* (1886), inseparable argumentalmente, de *La madre naturaleza* (1887).

Marramaquiz Personaje central del poema burlesco de Lope de Vega *La gatomaquia* (1634), una de sus obras maestras. El gato Marramaquiz está locamente enamorado de la bellísima gata Zapaquilda, la cual coquetea con Micifuz. Se entabla una guerra. Marramaquiz muere por el escopetazo de un cazador y, terminada la contienda, se casan Zapaquilda y Micifuz.

Marsilla, Diego V. AMANTES DE TERUEL, LOS.

Marta Marta y María, hermanas de Lázaro, que albergaron a Jesús en su casa de Betania, aparecen en el Evangelio de San Lucas (X, 38) y en el de San Juan (XI-XII). // Ya en el siglo XVII, la primera de ellas inspira a Tirso de Molina la comedia *Marta la piadosa*. Este símbolo bíblico de femenina piedad y de amor al trabajo de la casa se nos ofrece en la comedia de Tirso como un divertido enredo teatral. Marta, en realidad, es astuta, disimulada y un poco mentirosa. Y supera en simpatía a la Marta de la obra posterior de Moratín (*La mojigata*, 1804), inspirada sin duda en la de Tirso. // A fines del siglo XIX, las dos hermanas de Lázaro inspiran a Palacio Valdés la novela *Marta y María* (1883), adaptación literaria del episodio bíblico: son la mujer hogareña—Marta—y la devota—María—. En otra novela posterior, *El cuarto poder* (1888), el mismo Palacio Valdés ofrecerá dos tipos de mujer contrapuestos a los de Marta y María: la frívola y coqueta que se casa con el novio de su hermana, y ésta, amante resignada, se sacrifica. // Hay otras Martas literarias que nada tienen que ver con la Marta bíblica. Así, por ejemplo, la Marta de la novela de Carmen Laforet *La isla y los demonios* (1952), que pasa su adolescencia en un mundo degradado en sus valores.

Marta de Nevares Santoyo Personaje real en la vida de Lope de Vega e inspiradora de su vena poética. Fue la última pasión del poeta, quien la conoció en 1616. Estaba casada. Tuvo del Fénix de los ingenios una hija, Antonia Clara. Para Lope, ya sacerdote, ese amor fue trágico. Con el nombre de Marcia Leonarda le dedicó algunas obras. Su fin desgraciado—se quedó ciega y murió loca—influyó en la controversia y misticismo de los últimos años del poeta.

Martín Antolínez, del *Cantar de Mío Cid*, «el burgalés complido» que abastece a las tropas de Rodrigo Díaz de Vivar y gracias a cuya astucia logrará el Campeador dinero de dos judíos—Raquel y Vidas—dejándoles en depósito—cual si fueran de oro y plata—dos arcas de arena.

Martín Gil, de la novela histórica homónima (1854) de Manuel Fernández y González, donde aparece retratado aquel aventurero, espadachín y seductor de la época de Felipe II.

Martín Marco Figura central de la novela de Camilo José Cela *La colmena* (1957), que, como el resto de los personajes, no muestra otras ideas, sentimientos o preocupaciones que vayan más allá del sexo y la comida.

Martín Peláez, compañero del Cid que aparece en el famoso *Cantar de Mío Cid*.

Maruja, del poema homónimo (1866) de Gaspar Núñez de Arce: es la huérfana que, adoptada por los condes de Viloria, que no tienen hijos, consigue completar su felicidad.

Mateo, san Este apóstol, autor del primer Evangelio, es recreado literariamente por Sebastián del Horozco en la *Representación de la parábola de San Ma-*teo, que, siguiendo el texto de la representación de «las viñadoras» fue escenificada en el Corpus de 1548.

Mateo rico Personaje alegórico de *Los sueños* (1627), de Quevedo.

Matilde V. Enriqueta y Matilde.

Matrimonio El gentilhombre valenciano Guillén de Castro, luego famoso autor teatral, se desposó con la marquesa de Girón de Rebolledo; el matrimonio fue tan desgraciado que le hizo refugiarse en la literatura. Pero amargado por la enfermedad y la pobreza, contrajo segundas nupcias con una mujer 32 años más joven. El desastre fue aún mayor. Y así, tomó a chanza el matrimonio, que es el protagonista de fondo de una sus mejores creaciones de capa y espada, *Los malcasados de Valencia*. // Decepcionado, asimismo, Mariano José de Larra, Fígaro, hace también del matrimonio el verdadero protagonista de su delicioso artículo «Casarse pronto y mal», por una parte autobiográfico y por otra finísima crítica de la bodas prematuras. // Un matrimonio que plantea la muerte de su huésped para apropiarse de un dinero que ya éste les había legado sin que ellos lo supieran protagoniza la comedia de José López Rubio *Las manos son inocentes* (1958): si las manos eran inocentes, la sustracción planeada, no. // En la comedia *Cena de matrimonios* (1959), Alfonso Paso presenta a éstos desde una visión de crítica social.

Mauregato, rey astur de los siglos VIII-IX, hijo bastardo de Alfonso I el Católico, que lo tuvo de una sierva, es recreado literariamente por el dramaturgo decimonónico Miguel Agustín Príncipe en el drama *Mauregato o el feudo de las cien doncellas*.

Max Estrella   Protagonista de la primera obra esperpéntica de Valle-Inclán, *Luces de bohemia* (1920). Parece ser recreación literaria del escritor Alejandro Sawa, ciego y estrafalario personaje de la bohemia heroica que convive con la bohemia golfa.

Maximiliano Rubín   De la famosa novela de Galdós *Fortunata y Jacinta* (1886-1887). Es un boticario enfermizo e ingenuo que ama desesperadamente a Fortunata y hasta se casa con ella. Es el ser reducido a la insignificancia, a la nada, y aunque a primera vista pueda mover a risa, lo cierto es que inspira compasión, o todavía mejor, una gran ternura.

Maximina, de la novela homónima (1887) de Armando Palacio Valdés, es un prototipo de sencillez y de bondad.

Máximo Manso   V. AMIGO MANSO, El.

Maynete y Galiana, coprotagonistas de la leyenda homónima sobre estos enamorados—probablemente de origen español—incluida en la *Crónica de Turpín* (arzobispo de Reims hacia el año 800), el primer libro de caballerías en prosa latina y erudita.

Mazcuerras (Santander)   Concha Espina, en la novela *La niña de Luzmela* (1909), describe la casa de este nombre que tenía la propia escritora en el pueblo de Mazcuerras, el cual por un decreto—caso único en la historia de los municipios españoles—ha cambiado su antiguo nombre por el literario de Luzmela como un homenaje póstumo a la novelista.

Medina del Campo (Valladolid)   «Le quedan vestigios irrecusables de prosperidad y de grandeza. La extensión de su plaza asombraría en cualquier capital; y los soportales que en parte la ciñen y los de la calle de la Rúa recuerdan las numerosas tiendas y almacenes, los multiplicados oficios, la mercantil animación que hervía allí» (José María Quadrado, *Recuerdos y bellezas de España*).

Mediterráneo (mar)   La novela de Vicente Blasco Ibáñez *Mare Nostrum* (1918) es un canto al mar nuestro, el mar latino, por su deslumbradora y eterna belleza. El mismo autor, en *Los muertos mandan* (1926), vuelve a cantar al Mediterráneo, a sus héroes y a su civilización.

Meigas   Las brujas, o meigas en Galicia, suelen hacer el papel de seres inquietantes en obras literarias; por ejemplo, *El bosque animado* (1943), de Wenceslao Fernández Flórez, y en diversas narraciones de Castelao, Cunqueiro, etc.

Melibea   V. CALISTO Y MELIBEA.

Melilla   Un hecho real permitió al dramaturgo Juan Ruiz de Alarcón ambientar en esta ciudad su obra *La manganilla de Melilla*: «¿Dónde estamos? ¿Qué castillo / y qué torres son aquéllas? / Ese lugar es Melilla; / las torres, su fortaleza». En nuestro siglo, Melilla aparece como escenario en un breve poema de Vicente Aleixandre, «Mi Melilla entrevista»; en otro poema de Miguel Hernández, también «Mi Melilla entrevista»; en la novela del melillense Juan Guerrero Zamora, *Murillo en Melilla*, biografía poética del autor; y en diversos poetas publicados en las revistas *Alcándara* y *Manantial*.

Melisendra   Aparece en el romance del ciclo carolingio *La linda Melisendra*. No se trata de la esposa de Gaiferos (así llamada también), sino de la impetuosa doncella hija de Carlomagno, y procede del poema francés *Amis et amies*. V. GAIFEROS.

Meliso, de *La Galatea* de Cervantes (1585), encubre al parecer a don Diego Hurtado de Mendoza.

Mencía V. DOÑA MENCÍA.

Mendigos Literariamente son de recordar el ciego del *Lazarillo de Tormes* (1554) y los que aparecen, como un personaje colectivo, en la novela de Galdós *Misericordia* (1897), entre otros diversos ejemplos.

Mendoza Protagonista de la novela de Juan Valera *El comendador Mendoza* (1877), basada en las relaciones adúlteras de dos personajes reales: don Fadrique López de Mendoza, llamado después Comendador, y doña Blanca Roldán: ésta representa el fanatismo religioso; él, las ideas enciclopedistas y el librepensamiento.

Mendrugo, en el paso de Lope de Rueda *La tierra de Jauja* (1547), es un anticipo del simple o ingenuo que luego se perfilará en rasgos más definidos —el bobo—en el teatro de los siglos XVI y XVII.

Mengo Es el gracioso del drama *Fuenteovejuna* (1612-1614), de Lope de Vega, pero su papel no es sólo cómico, sino que sirve de jocoso contrapunto a un hecho tan sobrecargado de dramatismo como el de esta obra.

Mentiroso Un caballero mentiroso que acabará siendo víctima de sus propios embustes—se verá condenado a no casarse con la mujer a la que ama de veras—es el protagonista de la comedia de Juan Ruiz de Alarcón *La verdad sospechosa* (1630), alegato contra la mentira

que inspiró al francés Pierre Corneille *Le menteur* (1644), cuyas resonancias llegan hasta el italiano Goldoni, un siglo después.

Mercedes de Orleans (1860-1878), la joven reina, tan amada por Alfonso XII, dio lugar, a causa de su muerte prematura, a una canción infantil que recoge un tema de romance del siglo XV, que posteriormente, en el XVII, fue asociado por Vélez de Guevara a la leyenda de doña Inés de Castro. En nuestro tiempo ha glosado la figura de la reina Mercedes—con esa canción como fondo lírico—Juan Ignacio Luca de Tena en la comedia *¿Donde vas Alfonso XII?* (1957), continuada en *¿Dónde vas, triste de ti?* (1959).

Mercurio V. CARONTE.

Mérida (Badajoz) «Es indudablemente una de las poblaciones, mejor diremos, uno de los recuerdos más antiguos de nuestra España. Sus fundadores eligieron un terreno fértil, un clima productor y un río cuyas aguas, pérfidamente mansas como la sonrisa de una mujer, debían regar una campiña deleitosa» (Mariano José de Larra, *Artículos*).

Merino, Martín, el cura y guerrillero que atentó sin resultado contra la reina Isabel II, por lo que fue ejecutado a garrote vil, es recreado literariamente por Héctor Vázquez Azpiri en una obra entre biográfica y novelesca, *El cura Merino, el regicida* (1965).

Merlín La figura del sabio Merlín, el mago adivino de los castillos de Bretaña, ligado en un relato fantástico al hada Viviana, a la cual encuentra, una vez rejuvenecido, en el prodigioso bosque de Brocelianda, ha pasado a todas las literaturas europeas. A la nuestra, en el *Baladro del sabio Merlín*, anónimo (Burgos, 1496), cuyo ejemplar único está en la Biblioteca Universitaria de Oviedo. En el siglo actual, Merlín reaparece como personaje de novela: *Viviana y Merlín* (1930), de Benjamín Jarnés y *Merlín y familia* (1957), de Álvaro Cunqueiro.

Mesón El del Sevillano, en Toledo, es el escenario de la acción de la novela ejemplar de Cervantes *La ilustre fregona* (1613), en la cual se inspira la zarzuela de nuestro siglo, con música del maestro Jacinto Guerrero, *El huésped del Sevillano*; el libreto es de Juan Ignacio Luca de Tena.

Metternich, príncipe de El diplomático austriaco que hizo posible el Congreso de Viena de 1815 es recreado por José María Pemán en una obra dramática homónima (1942).

Miau V. DON RAMÓN DE VILLAAMIL.

Michelín, de la novela *Sotileza* (1884), de José María de Pereda, es un modelo de hombre bueno y caritativo.

Micifuz Gato afortunado que puede obtener los favores y, al fin de una guerra, casarse con la bellísima y casquivana gata Zapaquilda, en el delicioso poema épico-burlesco de Lope de Vega *La gatomaquia* (1634).

Micilo V. PITÁGORAS Y MICILO.

Micomicona (princesa), del *Quijote* de Cervantes (1605-1615). Cuando el cura y el barbero tratan de reducir a don Quijote, el encuentro con la encantadora Dorotea sirve para sus propósitos, ya que la joven fingirá ser la princesa Micomicona desposeída de su reino y pide ayuda al caballero andante.

Miguel de Zuheros Protagonista de la novela de Juan Valera *Morsamor* (1899), donde se narran las peregrinaciones de este religioso, que hastiado del mundo vuelve al convento; según algunos, puede ser una autobiografía simbólica del autor, ya casi ciego, viejo y achacoso.

Millán, san Protagoniza la *Vida de san Millán*, poema hagiográfico escrito hacia 1234 por Gonzalo de Berceo, que se basó en un texto latino de san Braulio, del siglo VII. Narra la vida y milagros del santo, como su aparición al lado de Santiago en la batalla de Clavijo.

Mingo Revulgo Personificación del pueblo castellano. Mingo es nombre pastoril, y el prefijo *re* encarece la idea de lo vulgar. Da título a unas famosas *Coplas* anónimas del siglo XV, en las cuales se satiriza el reinado de Juan II. Se opone al tipo de Gil Arribato. V. GIL ARRIBATO.

Miño (río) Como ha dicho Álvaro Cunqueiro, «Galicia es la tierra de los mil ríos». El más importante y el que más ha interesado a los escritores como escenario o referencia es el Miño. El portugués Camilo Castelo-Branco, en sus *Novelas do Minho*, afirma que «el Miño tiene lo novelesco del árbol y de la novela de la familia». En opinión de Unamuno (*Andanzas y visiones españolas*), «la tierra toda del Miño, de un lado y otro de la ría, por España y Portugal, se abre a los ojos como una visión de ensueño». Para Eugenio Montes (*Elegías europeas*), «el Miño es emigrante: sueña con las islas de san Balandrán y con campanas sumergidas que se oyen no se sabe dónde». Y, al decir de Ernesto Giménez Caballero (*Amor a España*), «historia y paisaje de Galicia—en sus elementos heterovalentes—van, sin embargo, como banderas enrolladas en torno al asta fluvial del Miño».

Mireno, de la comedia palaciega de Tirso de Molina *El vergonzoso en palacio.* Es un joven humilde y comedido, educado entre sencillos aldeanos, enamorado de Magdalena—hija del duque de Aveiro, del cual es secretario—, pero se muestra ante ella en exceso tímido. V. MAGDALENA.

Miserias   Las miserias de la vida humana son el protagonista de fondo del *Libro de miseria de homne,* anónimo del siglo XIV, una de las últimas muestras del mester de clerecía. Se inspira en *De contemptu mundi,* del papa Inocencio III.

Misterio   El misterio del hombre es el personaje abstracto del drama de Antonio Buero Vallejo *El tragaluz* (1962), donde el autor presenta a una familia desde una doble visión: la de su mundo interior y la de su propia realidad cotidiana.

Moguer (Huelva)   En Moguer se ha identificado el lugar de la acción de la comedia de los hermanos Serafín y Joaquín Álvarez Quintero *Puebla de las Mujeres* (1912). // Moguer, cuna de Juan Ramón Jiménez, es el escenario del bellísimo libro, «para los niños y para los que aman a los niños», *Platero y yo* (1914). // Otro poeta de Moguer, Francisco Garfias, en *Ciudad mía* ofrece una nueva visión de este hermoso pueblo onubense.

Molinera   V. FRASQUITA.

Monasterio de Piedra (Zaragoza)   Es denominado literariamente por Benjamín Jarnés la abadía de los Fresnos en *Paula y Paulita.*

Moncayo (sierra del)   En las *Serranillas* (1423-1440) del marqués de Santillana, la Serrana del Moncayo se aparece «al pie del otero». // Gustavo Adolfo Bécquer vivió una temporada en el monasterio de Veruela, donde escribió las *Cartas desde mi celda* (1864), que tienen por escenario natural el Moncayo y sus alrededores.

Mondoñedo (Lugo)   «Las casas de Mondoñedo, apuntadas para que no les vuele el loco viento vendaval que se descuelga a veces aullando por el cañón del valle, con un reflejo del espléndido valle y de la luz que lo circunda... En esta feliz coincidencia urbana y campesina se conserva el huerto de fray Antonio de Guevara, el de *Menosprecio de corte y alabanza de aldea*» (José María Castroviejo, *Galicia*).

Monipodio   Principal personaje de la novela ejemplar de Cervantes *Rinconete y Cortadillo* (1613). Jefe de una floreciente organización de maleantes, es una muestra de cómo en la España del siglo XVII el robo y la estafa se ejercen según un código y ceremonial rigurosos. Monipodio—anticipo literario de personajes de la realidad nacional—es juez, árbitro y jefe de todos, respetado no sólo por la fuerza de que dispone, sino por su palabrería. El patio de Monipodio, en Sevilla, es la sede de su poder y su campo de operaciones, a la vez que un símbolo del latrocinio sempiterno.

Monja Alférez   V. ERAUSO, CATALINA DE.

Monóvar (Alicante)   Dice Azorín (*El libro de Levante*) de su pueblo natal: «Monóvar: calles con losas; cuatro, seis, ocho plazas y plazoletas... Todo gira, torna y vuelve a pasar: la torre, las cúpulas y las panzudas pipas de vino. Paredes blancas con pámpanos verdes. Peroles de barro oscuro en que se guisa el arroz. Un arroz de multicolores mosaicos».

Monsalud Personaje central de la narración en la segunda serie de los *Episodios nacionales* de Benito Pérez Galdós. Se inicia esta segunda serie, dedicada al reinado de Fernando VII, con *La batalla de Arapiles*. Salvador Monsalud, joven afrancesado, pasional y enamorado, es un hombre de acción y portador de los valores liberales. V. GABRIEL ARACELI.

Montálvez, La Protagonista de la novela homónima (1887) de José María de Pereda. La marquesa de Montálvez, tras quedarse viuda, empieza a sufrir las consecuencias de su anterior vida disipada. El autor fustiga las costumbres de la aristocracia decimonónica.

Montaña, La Se llama así, por antonomasia, a la de Santander (Peña Labra, Peña Sagra), tan admirablemente descrita por Pereda en *Peñas arriba* (1895) y otras novelas.

Montesinos Hay algunos romances viejos que narran la vida de este caballero perseguido por el conde de Tomillas. Aparece también en el bello romance del ciclo carolingio *Rosaflorida*: «Prendóse de Montesinos / de oídas, que no de vista». Varios lugares de España recuerdan esta leyenda, sobre todo la Cueva de Montesinos, inmortalizada por Cervantes en el *Quijote*.

Montiel (Campo de) Comarca que comprende parte de Albacete y Ciudad Real, dentro de la Mancha. Saliera don Quijote del Toboso o de Argamasilla de Alba, parece evidente que buscó aventuras por el Campo de Montiel.

Montse De la novela de Juan Marsé *La oscura historia de la prima Montse* (1970), donde esta burguesa, enamorada de un presidiario, considera tal situación como un serio obstáculo para su amor.

Moraleda Nombre de una ciudad, imaginaria y provinciana, que aparece en *Pepa Doncel* (1928) y otras comedias de Jacinto Benavente. Es un símbolo literario de la vieja ciudad farisaica donde toda murmuración y maledicencia tienen su asiento.

More, Thomas El famoso lord-canciller y humanista inglés—canonizado en 1935—protagoniza la obra del poeta Fernando de Herrera *Tomás Moro* (1592), que no es una biografía, sino una semblanza moral, proponiéndolo como modelo de virtud, de modo que viene a ser una «guía de príncipes» en la línea ideológica de Erasmo o de Luis Vives.

Morena (sierra) La Cordillera Mariánica, reborde meridional de la meseta central cuyo paso es Despeñaperros, es el escenario natural donde aparece extraviado el autor—Diego de San Pedro—de *Cárcel de amor* (1492), al comienzo de esta famosa novela. // Allí, también, don Quijote de la Mancha hace penitencia, imitando al no menos famoso Amadís de Gaula.

Mosén Millán Sacerdote íntegro que presencia las tropelías de la guerra de 1936-1939; es personaje destacado de la novela de Ramón J. Sender *Réquiem por un campesino español* (1960), que en su primera edición (1953) se titulaba precisamente *Mosén Millán*. V. CURA.

Moza de cántaro, La En esta comedia de enredo (1618-1625) de Lope de Vega la protagonista es una dama de arrestos varoniles que dio muerte a un caballero por haber ofendido a su anciano padre. Guarda cierta semejanza con *La ilustre fregona* (1613), de Cervantes.

Mr. Witt Protagonista de la novela de Ramón J. Sender *Mr. Witt en el cantón* (1935), ambientada en la rebelión cantonal de Cartagena en el año 1873.

Mrs. Caldwell Protagoniza la desconcertante novela psicológica de Camilo José Cela *Mrs. Caldwell habla con su hijo* (1953), en la que se ha creído ver una sublimación paradójica del complejo de Edipo: una madre inglesa dirige una serie de cartas a su hijo, muerto en la guerra.

Muchachas y muchachos Por obvias razones sociológicas son mucho más frecuentes como protagonistas en obras literarias de nuestro siglo. Basten algunos ejemplos: un muchacho atrapado entre los condicionamientos del ambiente y sus propios designios personales protagoniza la novela de Benjamín Jarnés *Lo rojo y lo azul* (1932); *Muchachas que trabajan* (1947) es un expresivo título de la novelista Ángeles Villarta; el chico que abandona la apartada aldea para estudiar el bachillerato en la capital de la provincia es el personaje central de la narración de Miguel Delibes *El camino* (1950); interesante es el caso —y cada vez más frecuente en la realidad— de *Una muchachita de Valladolid*, en que la tímida y pudorosa muchachita de Valladolid que da título a la comedia (1957) de Joaquín Calvo Sotelo, casada inopinadamente con un diplomático, aprende bien pronto a desenvolverse y a triunfar en un medio mundano y convencional que parecía serle ajeno; o, por el contrario, esos chicos tristes y atormentados que protagonizan la novela de Ana María Matute *Algunos muchachos* (1968).

Mudarra En la *Leyenda de los siete Infantes de Lara* (siglo X) es el hijo de un prisionero y de una mora, que acude a Castilla y venga a su familia con la muerte de Ruy Velázquez y de doña Lambra. Este personaje de pura invención fue imaginado —según Menéndez Pelayo— «para satisfacer la justicia poética», tomado, acaso, del poema, hoy desaparecido, *Galien*. De la leyenda pasó a protagonizar diversos dramas: *El bastardo Mudarra* (1612), de Lope de Vega; *El rayo de Andalucía* y *Genízaro de España*, de Cubillo de Aragón; y, ya en pleno romanticismo, *El moro expósito* (1834), del duque de Rivas.

Muergo, de la novela de José María de Pereda *Sotileza* (1884), es el prototipo del montañés cuyas rústicas expresiones son un modelo del habla popular.

Muerte Personaje abstracto, tanto en la literatura como en las artes plásticas, es desde la edad media una usual alegoría que simboliza la fatalidad que condena a todos los humanos a desaparecer. // Este lúgubre mimodrama —el goce de vivir se enfrenta con el miedo a morir— aparece en Francia (*Danse de Macabré*, siglo XIV) y, en España, en la *Danza de la muerte* (siglo XV). // Como dijo Unamuno, el culto de la muerte es un culto a la inmortalidad de la vida. Recordar la muerte, cual hizo Jorge Manrique en las famosas *Coplas* en memoria de su padre, es recordar la intensidad del vivir: «Recuerde el alma dormida, / avive el seso y despierte, / contemplando / cómo se pasa la vida, / cómo se viene la muerte / tan callando». // La Muerte es personaje alegórico en las tres *Barcas* (1517-1519) del autor dramático luso-hispano Gil Vicente. // Otra de las derivaciones más literales de la *Danza de la Muerte* es la compuesta, con un sentido muy popular, por Juan de Pedraza, primero en un auto sacramental (1551) y luego en *Las Cortes de la Muerte* que cita Cervantes en el *Quijote*. // En *Los sueños* (1627), de Que-

Mujer

vedo, la Muerte es un personaje alegórico que conduce al autor a ultratumba. Llegados al infierno, la Muerte reúne a su corte (la Discordia, la Ingratitud y la Maldición) y, ante su trono, pasan los más conocidos personajes, como «El rey que rabió», «Pero Grullo», «Trochemoche», «El rey Perico», «Mateo Rico», «Juan de Buena Alma», «Diego de Noche». // Las mejores composiciones del poema de José de Espronceda *El diablo mundo* son el «Canto de la muerte» y el «Canto de la inmortalidad», que, personificadas una y otra, se dirigen a Adán a modo de exhortación. // La Muerte es un personaje simbólico de la obra en prosa de Ramón Goy de Silva *La reina del silencio* (1911). // Bajo la apariencia de una mujer hermosa, la Muerte protagoniza la obra de teatro de Azorín *Doctor Death, de 3 a 5* (1927). // *La dama del alba* (1944)—la muerte—protagoniza la comedia así titulada de Alejandro Casona. // La obra póstuma de José Luis Hidalgo, *Los muertos* (1947), es una estremecedora reflexión existencialista acerca de la muerte. // Personaje simbólico lo es también de la obra dramática de Alfonso Sastre *Escuadra hacia la muerte* (1953). // La Muerte es asimismo el gran protagonista de fondo de la obra poética de Concha Zardoya: *Pájaros del Nuevo Mundo* (1946), *Dominio del llanto* (1947) y *No llega a ser ceniza lo que arde* (1985).

Mujer Con nombres propios y a lo largo de estas páginas aparecen diversos tipos de mujer que, como decían los antiguos, responden a cuatro relaciones fundamentales: la impulsiva, en Eva; la afectiva en Helena; la intelectual, en Atenea o Sophia (la Sabiduría) y la moral en María (la Virgen). Pero en no pocas obras literarias, estas u otras características no llevan un nombre preciso o queda éste relegado a segundo plano. Así, por ejemplo, la pedante o

marisabidilla, en *La culta latiniparla*, de Quevedo; la revolucionaria, en la novela de Emilia Pardo Bazán *La tribuna* (1882); muy diversos matices de feminidad en las *Cartas de mujeres* (1893), de Jacinto Benavente; la que, por muy adversas circunstancias, acaba casándose contra su voluntad, en la novela de Concha Espina *La esfinge maragata* (1914); literaturizada, la primera estudiante de derecho en la Universidad de Madrid, en la novela de Cipriano Rivas Cherif *Un camarada más* (1921); la melodramática o sentimental, en *Santa Mujer Nueva* (1925), de Antonio Porras; la joven desorientada por el ambiente familiar y social que la rodea, en *Cristo en los infiernos* (1943), de Ricardo León; *La mujer nueva* (1955), de Carmen Laforet, reflejo del regreso de la propia autora a la fe religiosa perdida; la complejidad amorosa, en la trilogía de Elena Soriano *Mujer y hombre* (1955), integrada por la narraciones *La playa de los locos, Espejismos* y *Medea 55; Una mujer fea*, de Ángeles Villarta; dos tipos contrapuestos en las comedias de Víctor Ruiz Iriarte, *La vida privada de mamá* (1956), bastante frívola, y *La muchacha del sombrerito rosa* (1967), un tanto fuera de su tiempo; el finísimo análisis de introspección espiritual de *Monólogo de una mujer fría* (1960), de Manuel Halcón; la mujer aburrida en su vida matrimonial que puede llegar al adulterio, en la comedia de Santiago Moncada *Juegos de medianoche* (1971)...

Munuza protagoniza la tragedia homónima (1815)—luego titulada *Pelayo*— de Gaspar Melchor de Jovellanos, en torno a la fabulosa historia de sus amores con Dosinda, hermana del primer rey de Asturias.

Murcia La diafanidad de su cielo y la exuberancia de su huerta han llamado la atención de viajeros y escritores, desde el historiador árabe del siglo XIII Al-Saqundi hasta nuestros días. El lorquino José Selgas reflejó el paisaje de su tierra en obras poéticas (*Estío, Primavera, Flores y espigas*) y en novelas (*Una madre, La mariposa blanca, La manzana de oro*). Singular importancia tiene la poesía de Vicente Medina en el dialecto regional o panocho (*Aires murcianos*—dentro de los cuales destacan los poemas «Murria» y «Cansera»—, que luego completaría en el libro *La canción de la huerta*). Dos grandes del 98, Pío Baroja y Azorín (*La voluntad*) han evocado Yecla, y más tarde el novelista nativo José Luis Castillo Puche, en *El vengador* y *El libro de las visiones y apariciones*, bajo el nombre literario de Hécula. En *Poemas del Mar Menor* y en otros versos, Carmen Conde expresa muy bien la sensualidad cromática del mar y el paisaje de su tierra. En Miguel Hernández hay un gran sentido vocalista (voces regionales, giros, vulgarismos), bien visible en el conjunto de su obra.

Museo del Prado Es no sólo el escenario, sino el protagonista de fondo del aguafuerte escénico *Noche de guerra en el Museo del Prado*, de Rafael Alberti, donde despliega a la vez sus aptitudes de pintor, poeta y dramaturgo. La salvación de los tesoros de nuestra primera pinacoteca durante la guerra civil de 1936-1939 le lleva a una reflexión dramática sobre los angustiosos momentos de nuestra historia por él vividos.

N

Nadie Protagoniza la novela *Locura y muerte de Nadie* (1929), de Benjamín Jarnés, que, como en el resto de sus obras, trata de adentrarse en la exploración del yo de su personaje.

Nancy Aparece en las novelas de Ramón J. Sender *La tesis de Nancy* (1962), *Nancy, doctora en gitanería* (1974) y *Nancy y el Bato loco* (1974): se trata de una muchacha estadounidense que quiere perfeccionar el español en Andalucía y que se ve mezclada en todo tipo de situaciones chocantes.

Napoleón I Evocado por Benito Pérez Galdós en la primera serie de los *Episodios nacionales* (*Napoleón en Chamartín*).

Narciso De la comedia de Guillén de Castro *El Narciso en su opinión*, inspirado en el personaje mitológico y de carácter no caricaturesco, cual lo será luego en *El lindo don Diego*, de Moreto. // Protagonista de la comedia homónima (1928) de Max Aub, en la que plantea el aislamiento e incomunicación del hombre. // De la novela homónima (1979) de Germán Sánchez Espeso, que supone una teorización —de reminiscencias clásicas—sobre el proceso de placentera autocontemplación que experimenta el ser humano. // V. ECO y NARCISO.

Nardo, La Protagoniza la novela homónima (1930) de Ramón Gómez de la Serna y representa, como la flor de su nombre, a una muchacha de garbo y belleza singulares.

Narváez, Rodrigo de Personaje rigurosamente histórico, lejano antecesor del famoso general del siglo XIX, fue alcaide de Antequera y de Álora e hizo prisionero a Abindarráez, moro abencerraje de Granada. Así aparece recreado literariamente en la novela corta *El Abencerraje y la hermosa Jarifa*, de mediados del siglo XVI.

Natacha Figura central de la comedia de Alejandro Casona *Nuestra Natacha* (1936): un día es ultrajada por un señorito borracho, lo que permite actualizar al autor la tesis rousseauniana de que la sociedad es la que corrompe.

Navarra El paisaje navarro se ha proyectado en la literatura más con su fama romántica que con sus verdaderas características; a ello ha contribuido el hecho de que este reino fuera escenario de heroísmo y lealtades caballerescas desde la rota de Roncesvalles: eso hace que aparezca incluso en la *Chanson de Roland* con mayor frecuencia que en la épica castellana. Los juglares medievales cantarían a Navarra como «tierra de fuentes y puentes, zamarra y campanas».

Lope de Vega, en su *Jerusalén conquistada*, ensalza el arrojo de los navarros del valle de Baztán en su denodada lucha contra los infieles para rescatar los santos lugares. En el romanticismo, la poetisa cubana afincada en España Gertrudis Gómez de Avellaneda llevaría al teatro la atractiva figura del Príncipe de Viana. Por su parte, Francisco Navarro Villoslada—natural de Viana—no sólo dedicó una serie de artículos a la mujer navarra, sino que es autor de una conocida novela histórica, *Doña Blanca de Navarra*; y otra navarra, honesta y hacendosa, protagoniza la novela de Pedro Antonio de Alarcón *El sombrero de tres picos*. Como contraste, Navarra había de ser la patria chica de la españolísima y desgarrada Carmen (natural de Echalar), la famosa gitana recreada en la novela por Mérimée y a la que puso música Bizet en su famosa ópera; y navarro también (de Elizondo) su amante, el desdichado don José. Un gran poeta, Gustavo Adolfo Bécquer, sitúa en la navarra Fitero dos de sus más célebres leyendas: *La cueva de la mora* y *El miserere*, trazando además precisas descripciones de Olite y Roncesvalles. En suelo navarro ha situado Pío Baroja la acción de algunas de sus novelas (*Zalacaín el aventurero*, *La leyenda de Juan de Alzate*, *Las figuras de cera*, *La dama de Urtubi*), y en la capital, entre 1881 y 1886, *Aventuras, inventos y mixtificaciones de Silvestre Paradox*. Eduardo Marquina cantó las bellezas de Roncesvalles en *Tierras de España*. El duro y bravío paisaje del valle del Roncal lo ha captado como nadie el novelista navarro Félix Urabayen (*Bajo los robles navarros*, *Centauros del Pirineo*, *El barrio maldito*), si bien es el norteamericano Hemingway quien recoge los sanfermines en *Fiesta* y *Muerte en la tarde*, lo que hace asimismo el navarro Rafael García Serrano en un libro-reportaje, mientras que en la novela *Plaza del Castillo* evoca la Pamplona del comienzo de la guerra civil de 1936-1939. En vísperas de los sanfermines situó Agustín de Foxá el prólogo de su exitosa comedia *Baile en Capitanía*. Cabe recordar de otra parte no pocas obras de ambientación y erudición local de José María Iribarren (*Batiburrillo navarro*, *Navarrerías*, *Patio de caballos*, *Pamplona y los viajeros de otros siglos*).

Nazarín   El sacerdote Nazario Zajarín, cuyo apodo Nazarín da título a esta novela (1895) de Benito Pérez Galdós, trata de llevar a la práctica los principios evangélicos. Personaje extraño, viene a resumir, a la manera de Tolstoi, el sentido religioso galdosiano, es decir, una especie de Cristo de fines del XIX concebido por un deísta. En la narración le llaman «el moro» y parece un antecesor de posteriores figuras de sacerdote de novela (por ejemplo, Bernanos). La segunda parte de *Nazarín* se desarrolla en la novela *Halma*.

Negra (laguna)   Entre las provincias de Soria y Burgos, escenario natural, muy agreste, del poema—con versiones en prosa y verso—de Antonio Machado *La tierra de Alvargonzález*: «... agua transparente y muda / que enorme muro de piedra, / donde los buitres anidan / y el eco duerme, rodea; / agua clara donde beben / las águilas de la sierra, / donde el jabalí del monte / y el ciervo y el corzo abrevan; / agua pura y silenciosa / que copia cosas eternas; / agua impasible que guarda / en su seno las estrellas».

Nemoroso   V. SALICIO Y NEMOROSO.

Nerón, el tristemente célebre emperador romano, ha inspirado obras literarias y musicales. En nuestras letras, el terrorífico drama de Lope de Vega *Roma abrasada y crueldades de Nerón*, basado en

Tácito, Suetonio y Dion Casio; el de Víctor Balaguer *La muerte de Nerón*; la novela histórica de Emilio Castelar *Nerón*; e incluso la ópera *Nerón y Actí* (1928), con música de Juan Manén. // Nerón-Paso es el personaje bifronte de la así titulada comedia (1969) de Alfonso Paso, una de las últimas que escribió y que él mismo representó: el Nerón repudiado por la historia guarda cierto paralelismo con el Alfonso Paso censurado por numerosos críticos.

Nevada (sierra) (Granada) «Es el alma y la vida de mi país natal. A su pie, reclinada la frente en sus últimas estribaciones septentrionales, y tendidas luego en fértiles llanuras, están, en una misma banda, la soberbia y hermosa capital de Granada y mi vieja y amada ciudad de Guadix, a diez leguas una de otra» (Pedro Antonio de Alarcón, *La Alpujarra*).

Nieva Nombre literario dado por Armando Palacio Valdés a Avilés, ciudad donde sitúa la acción de la novela *Marta y María* (1883).

Nina Protagonista de la novela homónima (1949) de Susana March, en la que se desarrolla una exaltada y trágica pasión amorosa.

Ninette, la deliciosa francesita hija de exiliados españoles, que se enamorará y casará inopinadamente con un reprimido español de provincias que pensaba ir a París a echar una cana al aire, pero que no pisó un solo día la gran ciudad, protagoniza *Ninette y un señor de Murcia* (1964), comedia de Miguel Mihura, así como su segunda parte, *Ninette, modas de París* (1966), ambas impregnadas de sátira, humor y ternura.

Niña Personaje central de la obra de teatro infantil, de Federico García Lor-

ca, *La niña que riega la albahaca y el príncipe preguntón*.

Niña Chole Su bella y sorprendente figura—una exótica mulata y mujer fatal—aparece en la *Sonata de estío* (1903), de Valle-Inclán.

Niña de Gómez Arias, La Doncella burlada y vendida como esclava por Gómez Arias, a la cual vengan los Reyes Católicos; protagoniza canciones populares y obras dramáticas homónimas de Vélez de Guevara y de Calderón.

Niña de Luzmela, La De la novela de ese nombre (1909) de Concha Espina, quien hace de su protagonista un finísimo análisis anímico.

Niño El niño repipi y sabihondo aparece en la novela de humor de Rafael Azcona *El repelente niño Vicente* (1955). // *Los niños tontos* (1956) son el protagonista plural de esta novela de Ana María Matute, en la que se entremezclan el misterio, la poesía y la ternura. // *El niño que tenía miedo* (1964), de la obra de teatro infantil de Eva Forest y Felicidad Orquín. // *Memorias de un niño campesino* (1971), de José Naira Vilas, es la historia de una infancia campesina, en parte identificable con la del autor.

Niño, Pero, militar castellano y protagonista de la *Crónica de don Pero Niño* (1435-1448), llamada también *Vectorial*, escrita por el alférez Gutierre Díez de Games, donde se cuenta la vida aventurera de este personaje, don Pero Niño, conde de Buelna, que contribuyó a los cambios político-sociales de la época de los Trastámara, proponiéndolo como modelo de hombre cortesano y galante.

Nise Es el nombre literario dado por Jerónimo Bermúdez a Inés de Castro en sus tragedias *Nise lastimosa* (1577); (refundición de la tragedia *Inés de Castro*, del portugués Ferreira) y *Nise laureada*, continuación de la anterior. V. INÉS DE CASTRO.

Non En la línea de *Platero y yo* de Juan Ramón Jiménez, José María Sánchez Silva publica el cuento infantil *Fábula de la burrita Non* (1955).

Novia y novio, coprotagonistas del drama de Federico García Lorca *Bodas de sangre* (1933), representan a los enamorados, enfrentados a sus familias hasta la muerte misma. // A José Sánchez Rojas se debe un delicioso *Tratado de la perfecta novia* (1926), inspirado acaso en fray Luis de León.

Numancia (Soria) La heroica ciudad celtíbera que prefirió arder antes que entregarse al yugo romano (133 a. de C.), es no sólo el escenario de esa lucha heroica durante casi veinte años, sino el protagonista colectivo que la llevó a cabo, siendo citada con asombro y admiración por poetas e historiadores latinos. Luego, en nuestras letras, inspiraría romances y poemas, así como diversas obras dramáticas: a Cervantes, *El cerco de Numancia* (hacia 1581); a Lope de Vega, *La Santa Liga* (1600); a Mosquera de Barnuevo, el poema *La Numantina* (1612), que refundiría Rojas Zorrilla en *Numancia cercada* y *Numancia destruida*. Otras refundiciones fueron el *Cerco y ruina de Numancia*, de López de Sedano; la *Numancia destruida* (1775), de Ignacio López de Ayala, refundida a su vez por Antonio Sabiñón en *Numancia, tragedia española* (1813). En nuestro tiempo, Rafael Alberti adaptó la tragedia cervantina a las circunstancias de la guerra civil (1937) y, después ha vuelto sobre el tema, con un tratamiento ahistórico, José María Valverde.

O

Obediencia   V. Ejercicio, Orden, Paciencia.

Octavio   De la novela de Armando Palacio Valdés *El señorito Octavio* (1881), donde contrasta su vida novelesca con la vida real.

Odio   Protagoniza la novela de Concha Castroviejo *Vísperas del odio* (1959). Trata del odio de una mujer hacia su marido. // Odio y violencia son el protagonista dual —a través de la lucha entre dos hombres en un pueblo— de la novela de Daniel Sueiro *La noche más caliente* (1965).

Ojeda, Alonso de   El famoso navegante y conquistador protagoniza la novela histórica de Vicente Blasco Ibáñez *El caballero de la Virgen* (1929).

Olbena   Acaso, nombre literario de Alicante. V. Alicante; Salvadora de Olbena.

Oleza   Ciudad imaginada por Gabriel Miró; es un reflejo de Orihuela a fines del siglo XIX, donde ambienta sus novelas *Nuestro Padre San Daniel* (1922) y *El obispo leproso* (1925).

Oliva   V. Witiza.

Olivares   La pasión de mandar de don Gaspar de Guzmán, conde-duque de Olivares, ha sido perfectamente reflejada por Gregorio Marañón en el ensayo *El conde-duque de Olivares* (1935), en el cual se perfila el retrato de todo dictador y la relación entre éste y la sociedad, que favorece su ascensión para exigir luego su caída.

Oliveros de Castilla   Personaje del libro de caballerías homónimo (1499), versión castellana de un texto francés (1492), traducido a su vez de otro inglés. Aparece asimismo en romances y es un símbolo de mesurada razón.

Ondara (Alicante)   «Poseía una luz mágica. Como todas las ciudades del Mediterráneo, nacidas del beso suave de la tierra con el mar, Ondara tenía algo armónico por encima del caos, por la mezcla de muchas razas y de diversas gentes» (Pío Baroja, *La ruta del aventurero*, I).

Oña (Burgos)   «En rigor, el pueblecito tiene algo de encogido y sumiso, debajo del imponente monasterio. Es el de Oña el monasterio castellano por definición, el caudal, y representa, más que Las Huelgas, el desafío a Nájera y a San Isidro de León, con sus memorables enterramientos» (Dionisio Ridruejo, *Castilla la Vieja*, I).

Oñate (Guipúzcoa)   «Llegamos a Oñate, la señorial Oñate, a la caída de la tarde, entre llovizna. La calma de la villa se bañaba en su orvallo. Era su más adecuada vestidura, porque el alma de estas villas es un alma húmeda y crepuscular» (M. de Unamuno, *Por tierras de España y Portugal*).

Orbajosa En *Doña Perfecta* (1876) y otras obras de Galdós es una ciudad inventada por el novelista: pequeña, provinciana y levítica.

Orden V. EJERCICIO, ORDEN, PACIENCIA.

Orense Dice un cantar popular: «Tres cosas hay en Orense / que no las hay en España: / el Santo Cristo, la Puente / y la Burga, hirviendo agua». La burga, o las burgas, son manantiales de agua que brotan del suelo a temperatura superior a la normal, tanto que ya llamaron la atención de madame d'Aulnoy en su *Relación del viaje de España (1679-1681)*. En el siglo XX cantan las tierras orensanas. Pío Baroja (*Reportajes*), Vicente Risco (*El puerco bípedo, Libro de las Horas*), José María Castroviejo (*Galicia*) y Camilo José Cela (*Del Miño al Bidasoa*), entre otros.

Orestes, el héroe mítico griego, que vengó la muerte de su padre Agamenón asesinando a su madre Clitemnestra y a su amante Egisto, ha sido recreado por Álvaro Cunqueiro en la novela *Un hombre que se parecía a Orestes* (1968), rebosante de finísimo humor.

Orfeo El mito del poeta y músico Orfeo—singularmente en el aspecto del amante desolado—ha ejercido siempre gran atracción sobre artistas plásticos y poetas. En nuestra literatura lo recogen Juan de Jáuregui en el poema *Orfeo* (1624); como réplica a éste, otro *Orfeo* (1624), de Juan Pérez de Montalbán; Lope de Vega en la comedia *El marido*

más firme (1630); y Calderón en el auto sacramental *El divino Orfeo*.

Oria, santa Es recreada literariamente por Gonzalo de Berceo (siglo XIII) en la *Vida* de esta monja del monasterio de San Millán. Berceo se basó en el relato de Munio, su confesor, y refleja las visiones de la religiosa.

Oriana, amada del fiel Amadís de Gaula, es símbolo de la bella esquiva por la que el héroe suspira, se esfuerza y sufre y que, al fin, le es concedida como premio a su fidelidad. Personaje muy convencional, parece poseer los rasgos de la «dama de los pensamientos» de los héroes caballerescos. V. AMADÍS DE GAULA.

Orihuela (Alicante) V. OLEZA.

Orozco De la obra dramática de Benito Pérez Galdós *Realidad* (1889), guarda relación con ciertos personajes de Ibsen, pero no parece un ser viviente, sino más bien un símbolo intelectualista.

Ortega, Domingo Este gran torero es el protagonista de la narración novelada de Antonio Díaz Cañabate *La fábula de Domingo Ortega* (1950).

Oscar, cosmonauta, espía atómico, espeleólogo y muchas cosas más, es el personaje de una serie de relatos infantiles de Carmen Kurtz, seudónimo de Carmen de Rafael Marés.

Ossorio Uno de los personajes más característicos de su autor, Fernando Ossorio protagoniza la novela de Pío Baroja *Camino de perfección* (1902). Es a la vez místico, abúlico y sensual. No ha logrado hallar una finalidad que justifique su existencia.

Osuna Don Pedro Téllez-Girón, llamado el grande, tercer duque de Osuna, hombre de vasta cultura y de vida escandalosa, acusado, tras de la conjuración de Venecia, de pretender erigirse en virrey de Nápoles, y acusado también de malversación de bienes, por lo que murió en prisión, ha sido magistralmente recreado por Antonio Marichalar en la biografía novelada *Riesgo y ventura del duque de Osuna* (1930).

Otón En la comedia histórica de Lope de Vega *La imperial de Otón* (1595-1601), uno de los personajes más sobresalientes es Otocar, al que Lope llama Otón, prototipo del hombre pusilánime. V. ETELFRIDA.

Oviedo Además de escenario, Oviedo es una de las pocas ciudades españolas que han pasado a nuestra geografía literaria con nombres literarios o imaginados: Vetusta, para Clarín (*La Regenta*); Lancia, para Palacio Valdés (*El maestrante*) y Pilares, para Pérez de Ayala (*Tigre Juan, El curandero de su honra, Belarmino y Apolonio, La pata de la raposa*).

P

Pablo, prototipo del hombre obstinado por enriquecerse, protagoniza la obra dramática *El tanto por ciento* (1861), de Adelardo López de Ayala.

Pablos de Segovia, o don Pablos, del *Buscón* (1626), de Francisco de Quevedo, «ejemplo de vagabundos y espejo de tacaños», es el pícaro, hijo de un barbero ladrón y de una bruja, que entra al servicio de su compañero de escuela don Diego Coronel, con quien va a estudiar a Segovia, de pupilo en casa del dómine Cabra, donde pasa un hambre de inexistentes comidas «eternas», que no tienen «principio ni fin», tramando estafas y fullerías para sobrevivir. En medio de un humor pesimista y amargo, al final pretende embarcar en Sevilla, rumbo a las Américas, para ver si cambiando de lugar obtiene mejor fortuna.

Pachico Zabalbide, protagonista de la novela de Miguel de Unamuno *Paz en la guerra* (1897), que en realidad encubre a su propio autor.

Pachín González, el rústico montañés que protagoniza la novela homónima (1896) de José María de Pereda, sobre la explosión del barco *Cabo Machichaco*.

Pacífico Pérez, prototipo del pobre diablo que sostiene pintorescas conversaciones con el médico del hospital penitenciario donde está recluido por asesinato, en la novela de Miguel Delibes *Las guerras de nuestros antepasados* (1975).

Padre La figura del padre ha merecido en nuestra literatura los recuerdos más efusivos de los poetas: desde las famosas *Coplas* de Jorge Manrique (siglo xv) a nuestros días; por ejemplo, *El padre* (1954), uno de los libros más hondos de Leopoldo de Luis, o *Apelación al tiempo* (1968), de Ramón de Garciasol, de intensa emotividad.

Padre Gil, de la novela *La fe* (1892), de Armando Palacio Valdés, es el joven sacerdote que, tras diversas vicisitudes, deja de vivir atormentado por la duda y alcanza el remanso espiritual en el amor de Dios.

Padre Juan, El, de la novela (1858), luego escenificada (1860), *El cura de aldea*, de Enrique Pérez Escrich, es un humilde cura rural.

Padre Polinar, de la novela *Sotileza* (1884), de José María de Pereda, es a juicio de Menéndez Pelayo «el tipo más portentoso de fraile, después del fra Cristóforo de *Los novios* de Manzoni».

Padrón (Pontevedra) El paisaje de Padrón, la antigua Iria Flavia, acuñó la infancia del último trovador en lengua gallega, Macías el Enamorado (fin del siglo XV), y, en nuestro siglo, de los hermanos Camilo José y Jorge Cela. En el XIX estuvo estrechamente vinculado a Rosalía de Castro.

Palencia y su Tierra de Campos han sido, quizá, de entre las de la vieja Castilla, una de las zonas más reflejadas literariamente. Ya en el siglo XIII la cantan el rabino de Carrión Sem Tob y Alfonso X el Sabio (*Cantigas*); en el XVI, Alonso Fernández de Madrid (*Silva palentina*); en el XIX, Emilio Ferrari en *Las tierras llanas*, donde compara su «monótona llanura», con el mar, o Ricardo Macías Picavea, que, en *La Tierra de Campos*, intenta hacer la novela del regeneracionismo. Más tarde Miguel de Unamuno, en *Andanzas y visiones españolas*, aludirá a la «grandeza solemne» de estos «campos góticos». Cuando Ortega y Gasset pasa en ferrocarril—1915—por Dueñas y Paredes de Nava—la patria chica de Jorge Manrique—, escribe: «Ni verdura en la tierra ni esperanza en los corazones». Ramón Pérez de Ayala llama paradójicamente a la Tierra de Campos «campos de tierra», y otro escritor coetáneo, Julio Senador, en el libro *Castilla en escombros*, subraya la aridez de estas llanuras palentinas. En cuanto a la ciudad, ya Góngora—ávido perseguidor poético de nuestros ríos—nos habla de Palencia, reflejada en las aguas del Carrión. En los siglos XIX y XX la describen Pedro Antonio de Alarcón (*De Madrid a Santander*), Rafael Sánchez Ferlosio (*Industrias y andanzas de Alfanhuí*) o José María Fernández Nieto (*Capital de provincia*).

Palma de Mallorca V. BALEARES (ISLAS).

Palmerín Héroe caballeresco de la novela *Palmerín de Oliva* (1511), anónima, continuada por *Primaleón* (1512), también anónima, a la que seguirá *Palmerín de Inglaterra* (1544). La primera narra los amores de Palmerín y Polinarda, siguiendo el modelo de los de Amadís y Oriana; la segunda cuenta las hazañas de los dos hijos de Palmerín, Primaleón y Polendos, así como del príncipe de Inglaterra don Duardos; la tercera se desarrolla en torno a las hazañas del hijo de don Duardos. Los Palmerines ejercieron enorme influencia no sólo literaria, sino social, por cuanto se convirtieron en un código de la caballerosidad y el amor. // El *Palmerín de Inglaterra*, junto con el *Amadís* y el *Tirante el Blanco*, fueron salvados del fuego en el escrutinio de la biblioteca de don Quijote.

Palomo Del entremés de Antonio Hurtado de Mendoza *Examinador micer Palomo*, ofrece interesantes rasgos psicológicos para la comedia de enredo y de figurón, que lo convierten en una posible fuente de inspiración del francés Molière.

Pamplona V. NAVARRA.

Panadera No es un personaje. Es el estribillo que da título a las *Coplas de ¡Ay Panadera!*, anónimas del siglo XV, en las que se satiriza la cobardía de los caballeros rebeldes vencidos en Olmedo (1445) por Juan II y su favorito, el condestable don Álvaro de Luna.

Pánfilo de Luján, protagonista de la novela bizantina de Lope de Vega *El peregrino en su patria* (1604)—que rapta a la hermosa Nise y luego de mil peripecias volverá a reunirse con ella—, es cortesano, soldado, cautivo, peregrino, prisionero, loco, pastor y—como dice Lope—«mísero lacayo de la misma casa que fue la causa original de su desventura».

Paquita, de *El sí de las niñas* (1806), comedia de Leandro Fernández de Moratín, es el prototipo de la muchacha dulce, sumisa y sentimental de su tiempo, cuya voluntad nada cuenta frente a la de su madre. La comprensión del tío con el que pretendían casarla permitirá, al fin, que se case con su joven enamorado. Pero ella hubiera sacrificado su amor en aras de la tradicional sumisión a la obediencia familiar.

Paradox V. Silvestre Paradox.

París y Viana Famosos amantes que protagonizan la novela homónima erótico-caballeresca de origen provenzal, traducida del francés a fines del siglo XV y publicada en 1524. Es reflejo de un amor constante y perseguido.

Pármeno V. Sempronio y Pármeno.

Parroquia Personaje colectivo, interesante por su carácter documental, de la novela de Francisco Candel *Historia de una parroquia* (1971).

Partinuples Personaje central, ingeniosa variante del mito griego de Psique, del *Libro del esforzado caballero conde Partinuples, que fue emperador de Constantinopla*, traducción de una novelita francesa, *Partinopeus de Bois*, del siglo XII. Se publicó en 1588 y tuvo enorme difusión.

Pas (valle del) Este hermoso valle de la Montaña santanderina fue captado no sólo por el pincel de Zuloaga, sino por la pluma de Concha Espina en *La esfinge maragata* (1914) y en *La niña de Luzmela* (1909), donde describe la casa de tal nombre que tenía la escritora en Mazcuerras.

Pasado La evocación de un pasado que acentúa el paso implacable del presente a través de dos personajes es el protagonista de fondo de la novela *Retahílas* (1974), de Carmen Martín Gaite.

Pasamonte, Jerónimo de Cervantes lo conoció, siendo los dos soldados en el mismo tercio, y lo ridiculiza en la figura del galeote Ginés de Pasamonte (*Quijote*, I, XXIII). Este mismo personaje real, en su autobiografía *Vida y trabajos de Jerónimo de Pasamonte* (1605), narró de modo vulgar su azarosa existencia, marcada por una intensa religiosidad.

Pascual Duarte Protagonista de la primera novela de Camilo José Cela, *La familia de Pascual Duarte* (1942): es un campesino extremeño que comete multitud de crímenes, el último durante la guerra civil, por lo que acaba en el patíbulo. Con su exagerado tremendismo, rayano en el mal gusto, venía a ser la contraposición a cierta literatura bélica tan en boga en aquellos momentos.

Pascuala V. Gil y Pascuala.

Pastelero de Madrigal Protagonista del drama de José Zorrilla *Traidor, inconfeso y mártir* (1849), es un impostor, Gabriel Espinosa, que se hizo pasar por el rey don Sebastián de Portugal, aunque el autor quiso dar a la realidad un giro distinto, pues hace ver que es el verdadero rey quien, disfrazado, es tomado por un suplantador y luego condenado a muerte. Sobre este personaje tratan la comedia *El pastelero de Madrigal*, de Jerónimo Cuéllar, y las novelas *Ni Rey ni Roque* (1835), de Patricio de la Escosura, y *El pastelero de Madrigal* (1862), de Manuel Fernández y González.

Pastor Personaje que abunda en las églogas de Juan del Encina, transformado luego en el bobo de los pasos de Lope de Rueda y que, evolucionado, se transformaría en el gracioso. // «A veces—observa Bell—, como en la larga epopeya de Valdivielso, los pastores pueden ser menos insípidos y poner un ápice más de realidad; pero, en general, era exacto lo que dijo Calderón en *El pastor Fido*: «Los pastores de Arcadia / ni comemos ni bebemos: / todo es amar, suspirar y cantar».

Pastor de Fílida, El Protagonista de la obra homónima (1582) de Luis Gálvez de Montalvo. Parece representar la propia vida del autor, es decir, sus amores frustrados con doña Magdalena Girón (Fílida), hermana del primer duque de Osuna.

Pastora La falsa idealización de la vida campestre produjo en la literatura la novela pastoril y, como su personaje femenino, la pastora, cuyos antecedentes bucólicos—dentro de nuestra península—se hallan en las cantigas de la escuela galaico-portuguesa, en las pastorales y vaqueras, en las cantigas de serrana del arcipreste de Hita y en las serranillas del marqués de Santillana. Desde Italia, Boccaccio (*Ninfale Fiesolano, Ameto*) y, sobre todo, Sannazaro (*Arcadia*), dejarían perfilados los moldes de la literatura pastoril. Las pastoras literarias son elegantes damas que juegan a ser, o parecer, campesinas, o que se disfrazan de tales. V. DIANA.

Patio Tiene evidente importancia en nuestra literatura, reflejo, sin duda, de la que ha tenido en la vida española, singularmente en Andalucía. Así, por ejemplo, en un patio de Sevilla—lugar de escándalo y sede de una cofradía de maleantes capitaneada por Monipodio—se localiza la acción de la novela ejemplar de Cervantes *Rinconete y Cortadillo* (1613). // De bien distinto modo, «en un patio de Sevilla, / donde florece el limonero», transcurre—como dice en su *Autorretrato*—la niñez del poeta Antonio Machado. // Los hermosos patios cordobeses nos hacen comprender el amor a las flores de la heroína de Juan Valera, Pepita Jiménez. // Ya antes, Salvador Rueda en *El patio andaluz* (1886) y más adelante los hermanos Álvarez Quintero en la comedia *El patio* (1901)—el de una casa sevillana, en este caso—nos ofrecen una serie de cuadros costumbristas que son jirones de vida, pletóricos de gracia y agilidad.

Patricio Rigüelta, de la novela de José María de Pereda *Don Gonzalo González de la Gonzalera* (1878), es prototipo de la malicia caciquil: así, frente al hidalgo Román Pérez de Llosía, se enfrenta este agitador, «un Maquiavelo de campanario» que revuelve el pueblo desencadenando los rencores de Gonzalera.

Patrocinio, sor María Rafaela Quiroga, monja recepcionista del convento del Caballero de Gracia, de Madrid, popularmente conocida como la monja de las llagas, protagoniza la novela homónima (1929) de Benjamín Jarnés. Es uno de los personajes reales más sorprendentes de nuestro siglo XIX: fundadora de conventos y consejera de Isabel II, fue para unos una farsante milagrera, y para otros una santa venerable.

Patronio Criado y consejero de *El conde Lucanor* (siglo XIV), del infante de Castilla don Juan Manuel. A cada pregunta del señor, Patronio da una solución de orden práctico o moral por medio de ejemplos basados en la experiencia. Se ha solido ver en Patronio un lejano antecedente de Sancho Panza, y en el conde Lucanor, de don Quijote.

Paula y Paulita   V. Julio.

Paulina, doble protagonista de las novelas de Gabriel Miró *Nuestro Padre San Daniel* (1921) y *El obispo leproso* (1926), sería comparable, por sus circunstancias ambientales (falsa educación, hipocresía, matrimonio impuesto) a Madame Bovary, de Flaubert, y a Ana Ozores, de *La Regenta,* de Clarín. Pero el caso de Paulina es distinto, ya que su único pecado es de pensamiento. Ha doblegado su voluntad a la de su padre y se ha sentido contagiada por la admiración de éste hacia el marido al cual la entrega, don Álvaro, a quien ingenuamente considera un protector. Paulina es el prototipo del amor-sumisión a causa del peso de un ambiente social y familiar lleno de hipocresías, convencionalismos y prejuicios. // De la novela de Carmen Laforet *La mujer nueva* (1955), convertida al catolicismo, trasunto literario de su propia experiencia personal. // De la novela infantil de Ana María Matute *Paulina, el mundo y las estrellas* (1960), es una niña huérfana de diez años que conoce a Nin, un chico ciego al que intenta ayudar a sentirse útil. Recibe la influencia de *Marianela*, de Galdós.

Paulo, el ermitaño que vive santamente en el desierto, duda de su destino final. Protagoniza *El condenado por desconfiado* (1635), de Tirso de Molina, considerado uno de los grandes dramas teológicos. Refleja la polémica sostenida entre jesuitas y dominicos (Molina y Báñez) acerca de la predestinación en relación con la libertad humana y la misericordia divina. Tirso sigue la teoría de Báñez y Molina. Paulo y su antagonista, el sacrílego Enrico, reciben la gracia por igual, sin relación con sus méritos: Enrico se resiste; Paulo coopera con la gracia. El desenlace de la obra deriva de la leyenda del ermitaño que apostata al ver salvarse a un ladrón. Pero por encima de lo teológico, lo que confiere universalidad al drama es el sentido moral de la leyenda que ensalza la humillación del hombre ante los que él cree pequeños. Paulo, por lo tanto, es símbolo de orgullo y de soberbia intelectual. V. Enrico.

Pazo   En Galicia, casa solariega edificada en el campo o rodeada de jardín. El pazo sirve como escenario de algunas obras literarias: en la novela de Emilia Pardo Bazán *Los pazos de Ulloa* (1886); o en el llamado Miranda, el pazo de *Merlín y familia* (1955) dentro del abigarrado mapa de la geografía artúrica de Álvaro Cunqueiro.

Pecados capitales   Son el personaje alegórico de la obra en prosa—tragedia de la muerte—del modernista Ramón Goy de Silva *La reina del silencio* (1911).

Pedante, la persona engreída de su saber, es objeto de la fina sátira de algunos grandes escritores: Diego de Saavedra Fajardo en *La república literaria* (póstumo, 1655); Juan Pablo Forner en las *Exequias de la lengua castellana* (1782); el fabulista Tomás de Iriarte en su *Metrificatio invectavalis contra studia modernorum* (1786), en versos macarrónicos; y Leandro Fernández de Moratín en *La derrota de los pedantes* (1780), sátira en prosa de los malos poetas.

Pedrarias   Personaje de romances cidianos.

Pedraza (Segovia)   La glosa Antonio Machado en *Nuevas canciones* (1924).

Pedrito de Andía   Protagonista de la novela de Rafael Sánchez Mazas *La vida nueva de Pedrito de Andía* (1951), evocación de una infancia y adolescencia sin traumas. Viene a ser el antídoto literario del tremendista *Pascual Duarte*, de Cela.

Pedro Protagonista de la novela de Miguel Delibes *La sombra del ciprés es alargada* (1948): su pesimismo sólo halla compensación en el amor y en la creencia religiosa. // De la novela de Luis Martín Santos *Tiempo de silencio* (1962): sumido en la abulia, renuncia a más altas tareas de investigación para aceptar un oscuro trabajo de médico, reconociendo al fin su fracaso, cada día mayor.

Pedro el Ciego Personaje simbólico del libro de poemas, homónimo (1954), de José Gerardo Manrique de Lara.

Pedro Crespo Protagonista de dos comedias dramáticas del mismo título, *El alcalde de Zalamea*, una atribuida a Lope de Vega y la otra de Calderón. La de Calderón (1651), derivada de la de Lope, es la más importante y de mayor significación universal: Pedro Crespo, rico labrador viudo entrado ya en años, es feliz porque tiene cuanto puede desear, pues le ha concedido el Señor unos hijos buenos y goza de una bien ganada reputación de hombre honrado. Pero un día, cuando su hija Isabel es ultrajada por un capitán y éste quiere zafarse de la reparación que, mediante el matrimonio, exige Pedro Crespo, su figura se perfila con los más acusados caracteres del hombre digno que encarna—con toda la fuerza de un símbolo racial—la más severa austeridad familiar, la probidad sin tacha y el sentimiento de la patria potestad al estilo tradicional de la vieja y sempiterna España.

Pedro Moscoso, de la novela de Emilia Pardo Bazán *Los pazos de Ulloa* (1886), es el señor de los mismos, que mantiene relaciones íntimas con Sabel,

hija de un mayordomo, quien, como encubridor, es el auténtico dueño de la comarca.

Pedro I, rey de Castilla Rey de Castilla, el Cruel según unos, el Justiciero según otros, ha sido figura predilecta de los poetas, «no tanto—dice Menéndez Pelayo—por la indomable fiereza de su voluntad ni por el siniestro aparato de sus crueldades o justicias, cuanto por la fatalidad trágica que lo envolvió como un torbellino y que no podía menos que mover a compasión las entrañas del pueblo». Fue Lope de Vega quien primero lo llevó al teatro (*La niña de plata, Lo cierto por lo dudoso, El rey don Pedro en Madrid, El infanzón de Illescas, Audiencias del rey don Pedro, Los Ramírez de Arellano, La carbonera*); y luego Juan Ruiz de Alarcón en *Ganar amigos*; Calderón en *El médico de su honra*; Juan Pérez de Montalbán en *La puerta Macarena*; Luis Vélez de Guevara en *El diablo está en Cantillana*; Agustín Moreto en *El valiente justiciero y ricohombre de Alcalá* (refundición de *El infanzón de Illescas*); en el romanticismo, el duque de Rivas en *Una antigualla de Sevilla*, uno de sus *Romances históricos*, y José Zorrilla en *El zapatero y el rey*, así como en el breve poema a la manera de los romances viejos *Justicias del rey don Pedro*.

Pedro Sánchez, de la novela homónima (1883) de José María de Pereda, con recuerdos personales del autor, refiere las andanzas de un joven provinciano llegado a Madrid en «la época de las barricadas» y que luego regresa a su aldea.

Pedro de Urdemalas Se trata, al parecer, de un personaje legendario, trapacero y vividor, que Miguel de Cervantes convierte en protagonista de la comedia homónima (1615): «Yo soy—dice él mismo—hijo de la piedra, que padre no conocí».

Penélope, de la obra dramática de Antonio Buero Vallejo *La tejedora de sueños* (1952): no es la fiel esposa de la tradición homérica, sino la mujer cansada de esperar un retorno que no llega, una mujer soñadora.

Peñíscola (Castellón) «Y aparece Peñíscola, abrupta y gentil y resplandecen sus casas como vestiduras inmaculadas de doncellas. En el mar, silencioso, liso y azul, se copia toda la diminuta península; sobre las ruinas del castillo vuela una gaviota: Peñíscola se funde, se esfuma debajo de un oro ardiente y brumoso; su blanca silueta recuerda los palacios de encantamiento» (Gabriel Miró, *Años y leguas*).

Pepa Doncel Protagoniza la comedia homónima (1928) de Jacinto Benavente. Felisa—Pepa en su primera etapa turbulenta—no sólo se casa con un hombre de gran posición social y económica, sino que obtiene de él que reconozca a Genoveva, la hija que había tenido de Gonzalo, señorito vicioso que fue la antigua ilusión sentimental de la Doncel. Después, viuda y rica, Felisa—ya doña Felisa—residirá en la benaventina y simbólica ciudad de Moraleda como una gran señora.

Pepa la frescachona, del sainete de este nombre (1866), de Ricardo de la Vega, es una madrileña castiza y barriobajera de fines del siglo XIX.

Pepe Antes que personaje, referencia personal y literaria del libro de humor de José Artigas *Del arte de llamarse Pepe*. // V. DON JOSÉ, PEPE y PEPITO.

Pepe Ansúrez, de *La novela de Pepe Ansúrez* (1944), de Gonzalo Torrente Ballester: trabaja en un banco de provincias y anuncia su propósito de escribir una novela, lo que la ciudad—que

teme verse reflejada en ella—espera con curiosidad y hasta con alarma. Pero la presión e incluso el soborno tratan de evitarlo.

Pepe Botellas V. JOSÉ BONAPARTE.

Pepe Carvalho es el detective, que suele superar el carácter lineal de este tipo de personaje, creado por Manuel Vázquez Montalbán y que protagoniza varias de sus narraciones, próximas a la novela negra: *Yo maté a Kennedy* (1972), *Tatuaje* (1974), *Los mares del Sur* (1979), *Asesinato en el Comité Central* (1981), *Los pájaros de Bangkok* (1983), *La rosa de Alejandría* (1984), *El delantero centro fue asesinado al atardecer* (1988), etcétera.

Pepe Moragas, una especie de Cantinflas canario creado por el poeta isleño Pancho Guerra.

Pepe Rey, de la novela de Benito Pérez Galdós *Doña Perfecta* (1876): joven ingeniero, sobrino de la protagonista, llega a la imaginaria y levítica ciudad de Orbajosa para casarse con su prima Rosario, matrimonio al cual se oponen la hermana del novio y un sacerdote reaccionario. Una vez más, Galdós enfrenta a los representantes del progreso con los de la tradición.

Pepe el Romano Personaje de la obra dramática de Federico García Lorca *La casa de Bernarda Alba* (1936). Tal apelativo debió de sugerírselo al autor el hecho de que a los naturales del pueblo granadino de Romilla se les llama romerillos o romanos.

Pepita Jiménez, de la novela homónima (1874) de Juan Valera, es un símbolo literario de hipocresía femenina, aunque aparente naturalidad: enamora y seduce y hace parecer que todo ha sucedido al revés. La historia de amor de la veinteañera viuda Pepita Jiménez y el seminarista Luis de Vargas es tanto el reflejo de la lucha interior que éste sostiene entre su incipiente vocación religiosa y el amor humano hacia Pepita—prometida de su padre viudo—como la evolución vitalista y apasionada de dos jóvenes que luchan por romper las barreras morales interpuestas a su mutuo enamoramiento: él es el hombre aún no resuelto, idealista, orgulloso e incauto; ella, el eterno femenino, instintiva, coqueta, sutil y seductora. V. Luis de Vargas.

Pepita Reyes, de la comedia de ese nombre—una bien dibujada figura femenina—de los hermanos Serafín y Joaquín Álvarez Quintero.

Pepito V. Don José, Pepe y Pepito.

Peregrina La muerte, en forma de hermosa peregrina, dará solución, mediante su justicia poética, al drama simbólico de Alejandro Casona *La dama del alba* (1944).

Pérez, Blas Protagonista del drama romántico de José Zorrilla *El zapatero y el rey* (1841). Está tomado de la realidad: es el hijo de un zapatero y sirve al rey Pedro I el Cruel, a quien debe su carrera militar. Su lucha entre esta deuda de gratitud y su amor hacia doña Inés —hija de un labriego rico—es el hilo argumental de la otra.

Perfecta V. Doña Perfecta.

Perfecta casada, La V. Casada.

Peribáñez Como otros personajes de su autor, brotó de un cantar o fragmento de romance. Protagoniza la deliciosa obra dramática de Lope de Vega *Peribáñez y el comendador de Ocaña* (1605-1608). La alegre celebración de la boda de Peribáñez y Casilda, labradores de Ocaña, se ve interrumpida al conocerse la noticia de que el comendador del lugar ha resultado herido por un novillo. Hospitalizado en casa del rico y generoso Peribáñez, la propia Casilda cuida al comendador, quien se enamora de ella, y más adelante se introduce en la casa, cuando Peribáñez está ausente, pero Casilda lo rechaza. Una copla, cantada por los segadores, atestigua la fidelidad de la esposa: «Más quiero yo a Peribáñez / con su capa la pardilla / que al comendador de Ocaña / con la suya guarnecida».

Periquillo, de la novela de Francisco de Santos *Periquillo el de las gallineras*, es prototipo del antipícaro en medio de la sociedad engañosa y corrompida del siglo XVI.

Pero Grullo es uno de los personajes proverbiales—como Chisgarabís o el Rey que rabió—de *La visita de los chistes*, de Quevedo.

Perro Es frecuente, a veces con un carácter metafórico o alegórico, en nuestra literatura. Así, por ejemplo, en la obra de Alfonso de Palencia *Batalla campal de los perros contra los lobos* (1490), inspirada en la *Batracomiomaquia* y en una larga tradición medieval de alegorías políticas. A través de las luchas entre estos animales trató de simbolizar el autor las disputas civiles de su tiempo. // Cabe recordar también a Cipión y Berganza, protagonistas del *Coloquio de los perros* (1613), de Cervantes. // En nuestro siglo, el perro como expresión peyorativa es personaje de fondo del libro de relatos de Francisco Ayala *Muertes de perro* (1958).

Persiles y Sigismunda Coprotagonistas de la novela póstuma *Los trabajos de Persiles y Sigismunda* (1617), de

Miguel de Cervantes, entre el relato de aventuras y la novela bizantina. No es en realidad una novela. Viene a ser el último sueño romántico de Cervantes: Persiles, príncipe de Thule, y Sigismunda, hija del rey de Frislandia, fingiéndose hermanos bajo los falsos nombres de Periandro y Auristela, peregrinan desde las extremas regiones septentrionales hasta Roma para obtener del Papa la legitimación de su amor. Concebidos, con gran derroche imaginativo, dentro de una ideal perfección caballeresca, representan una humanidad exquisitamente sentimental.

Perucho Perucho y Manolita, de la novela de Emilia Pardo Bazán *La madre naturaleza* (1887), son los dos hermanos que, ignorándolo, se unen por un amor incestuoso nacido de la fatalidad.

Pescadores El mar Cantábrico y sus pescadores son el fondo y el protagonista colectivo de la novela *Sotileza* (1885), de José María de Pereda. // Asimismo, los pescadores cantábricos de altura que se dirigen al Atlántico norte en un barco bonitero protagonizan la novela de Ignacio Aldecoa *Gran Sol* (1957), interesante documento humano y social sobre estos sufridos trabajadores del mar.

Pesimismo Personaje conceptual de la novela de Armando Palacio Valdés *Tristán o el pesimismo* (1906). // Escenario o mundo interior de la obra del poeta José Hierro, que estuvo cuatro años preso tras de la guerra civil (*Canción para dormir a un preso*, 1947; *Tierra sin nosotros*, 1947; *Alegría*, 1947, que tiene por símbolo el lema de Goethe «A la alegría por el dolor», expresado musicalmente por Beethoven en su sexta sinfonía; *Con las piedras, con el viento*, 1950).

Pícara Justina, La V. JUSTINA.

Pícaro La etimología de pícaro, que se define como tipo de persona descarada, traviesa, bufona y de no muy cristiano vivir, que figura en obras magistrales de la literatura española de los siglos XVI y XVII, no se ha determinado hasta ahora con certeza. El pícaro—a diferencia del héroe—carece de ideales; es un caballero o héroe al revés, que sólo se mueve para satisfacer necesidades inmediatas, la mayor de todas el hambre. Traslación, a veces exagerada, de la vida real, el pícaro nace al mundo de la novela con el anónimo *Lazarillo de Tormes* (1554), si bien no se concreta de modo definitivo hasta el *Guzmán de Alfarache* (1599-1604), de Mateo Alemán; luego se suceden el pícaro-astuto Pablo de Segovia o don Pablos, del *Buscón* (hacia 1606), de Quevedo; el pícaro-escudero *Marcos de Obregón* (1616), de Vicente Espinel; o el pícaro-aventurero *Estebanillo González* (1646), cuya vida escribe él mismo, entre otros ejemplos.

Piedra En los *Sonetos a la piedra* (1943) de Dionisio Ridruejo, las piedras son restos arqueológicos de antiguas ciudades o monumentos, son presencias eternas que por eso adquieren la categoría de escenarios o de personajes simbólicos (por ejemplo, Numancia, el acueducto de Segovia, etc.).

Pierres y Magalona Coprotagonistas de la novela caballeresca homónima, compuesta por el canónigo provenzal Bernard de Treviez, publicada en castellano en 1519 y reimpresa tantas veces que llegó a convertirse en un libro de cordel, y estos personajes en algo familiar para el público español del siglo XVI.

Pigmalión Protagoniza la obra dramática de Jacinto Grau *El señor de Pigmalión* (1921), el cual ve con asombro cómo los muñecos que ha creado—anhelantes de vida—acaban rebelándose contra él hasta destruirle. Grau modifica un tanto el mito clásico (que había seguido George Bernard Shaw) y se deja influir por el entonces recién estrenado drama de Pirandello *Seis personajes en busca de autor.*

Pilar De la novela *Pilar Guerra* (1920), de Guillermo Díaz-Caneja, simboliza la reivindicación de la mujer buena que ha sido bárbaramente atropellada.

Pilares Nombre literario que Ramón Pérez de Ayala da a Oviedo (por ejemplo, en sus novelas *Tinieblas, Tigre Juan* y *Troteras y danzaderas*).

Píndaro Personaje central—que parece encubrir al autor—de la novela de Gonzalo Céspedes y Meneses *Varia fortuna del soldado Píndaro* (1626), donde se relatan sus hazañas, amoríos y románticos lances en las guerras de Flandes.

Pinín V. Cordera.

Pinocho Inspirado en Pinocchio, el muñeco de madera de larguísima nariz, del italiano Carlo Collodi, en 1917 aparece el Pinocho español, creado por Salvador Bartolozzi, protagonista de las series de cuentos infantiles *Pinocho y Pinocho contra Chapete*, y cuyo nombre da título, desde 1925, a una revista para niños que se publicó hasta los años treinta.

Pío Cid, personaje central de dos obras de Ángel Ganivet, *Conquista del reino de Maya por el último conquistador español Pío Cid* (1897), donde se afirma nuestra aptitud para conquistar pero no para consolidar y conservar lo conquistado, y *Los trabajos del infatigable creador Pío Cid* (1898), donde se hace una crítica del carácter y costumbres de los españoles. Pío Cid—su mismo nombre es una clara referencia al Campeador—es un símbolo literario del esfuerzo de la voluntad para regenerarse por medio del sacrificio.

Pipaón, prototipo de chaquetero, es decir, del que cambia de partido o de grupo para medrar políticamente—tan frecuente en la España de todos los tiempos—, es muy bien retratado por Benito Pérez Galdós en los *Episodios nacionales.*

Pipo y Pipa, un niño y una perrita, son protagonistas de cuentos infantiles creados, a partir de 1928, por Salvador Bartolozzi.

Píramo y Tisbe Esta pareja de jóvenes enamorados de un relato metafórico oriental, luego recreado por Ovidio en *Las metamorfosis* (I, IV), inspiró a Cristóbal de Castillejo su *Historia de Píramo y Tisbe*; y también a Antonio de Villegas, a Jorge de Montemayor, así como a Góngora la *Fábula de Píramo y Tisbe* (1618), concebida en forma de poema burlesco.

Pirata, personaje sugerido por la lectura de su admirado Byron, aparece en la *Canción del pirata* (1840), una de las más perfectas e inspiradas poesías de José de Espronceda.

Pirineos (montes) Entre nuestros clásicos del siglo de oro, Góngora, que cantó pródigamente a los ríos, no sintió la misma atracción por los montes. Los Pirineos—que vio, sin duda, desde Aragón—son sólo sombríos para él: «Pirineo adusto», dice. // En nuestro tiempo, Camilo José Cela lo describe como paisaje rural en su *Viaje al Pirineo de Lérida* (1965).

Piso La obra dramática de Benito Pérez Galdós *Realidad* (1889) presentaba la vida social del Madrid de 1890 y en ella aparecía por primera vez en un teatro español un piso de soltero, lo que produjo expectación.

Pisuerga (río) Cervantes y Lope de Vega le tributaron elogios, en tanto que Góngora—acaso por su rivalidad con Lope—lo caricaturiza: «Jura, Pisuerga, a fe de caballero / que de vergüenza corre colorado / en pensar que de Esgueva acompañado / ha de entrar a besar la mano a Duero».

Pitágoras y Micilo Interlocutores del diálogo atribuido a Cristóbal de Villalón *El Crótalon* (1552-1553), donde, a imitación de Luciano de Samosata, se refieren las conversaciones entre un gallo —que resulta ser el matemático Pitágoras, transmigrado en diferentes almas—y un humilde zapatero, Micilo, que tratan de las cuestiones más diversas.

Plácida y Victoriano, los enamorados coprotagonistas de la égloga homónima (1513) de Juan del Encina, donde se mezclan lo mitológico, lo celestinesco y la tradición pastoril cortesana. // Principal personaje de la novela corta de Elena Quiroga *Plácida la joven* (1956), prototipo de mujer sensible y delicada.

Plasencia (Cáceres) es el paisaje urbano al que hacen referencia varios poemas de José María Gabriel y Galán.

Platero Burrito creado por Juan Ramón Jiménez (*Platero y yo*, 1914), todo un símbolo de ternura y delicadeza. V. ASNO; BURRO.

Plinio Jefe de la policía municipal de Tomelloso—patria chica del autor—, protagoniza la serie de novelas de intriga que dieron mayor popularidad a Francisco García Pavón: *Cuentos de mamá*

(1952), evocadores de su infancia; *Cuentos republicanos* (1962), de su adolescencia, coincidente con la segunda República; *Los liberales* (1965), con la guerra civil; *Los nacionales* (1977), con la posguerra; y otras narraciones diversas como *El reinado de Witiza* (1968), *Las hermanas Coloradas* (1970), *Una semana de lluvia* (1971) y *Voces en Ruidera* (1973).

Pluma V. AUTOR.

Pobre El que pide inútilmente es uno de los personajes alegóricos del auto sacramental de Calderón *El gran teatro del mundo* (hacia 1645).

Pobrecito holgazán Supuesto autor a la vez que personaje alegórico—que encubre al español vago, alegre y confiado—de las *Cartas del pobrecito holgazán* (1820), de Sebastián Miñano, sátira contra el régimen absolutista y las costumbres españolas en general.

Poema del Cid (escenarios del) En nuestro primer monumento literario hay que distinguir, de una parte, el itinerario del destierro, y de otra, el de Corpes y Valencia. El primero—que Menéndez Pidal atribuyó a un juglar de San Esteban de Gormaz—tiene como puntos de ruta Vivar, Burgos, San Pedro de Cardeña, Santo Domingo de Silos, Clunia, San Esteban de Gormaz, Navapalos, la sierra de Miedes, Atienza, Castejón, Ateca y Calatayud; el segundo—atribuido por M. Pidal a un juglar de Medinaceli—ofrece como escenarios itinerantes Gormaz, Berlanga de Duero, Atienza, Robredo de Corpes, Medinaceli, Arbujuelo, Molina, Fronchales, Santa María de Albarracín, Teruel, Jérica, Murviedro, Cebolla y Valencia.

Poema de los siete infantes de Lara (escenarios del) La geogra-

Polanco (Santander)

fía de este poema del siglo x, que aparece seguramente en el xii y no se publica hasta el xvi—poema que ha circulado en crónicas, romances y pliegos de cordel—es burgalesa y, en buena parte, soriana. Es imposible determinar con exactitud el lugar de la contienda entre Ruy Velázquez y los infantes. Como éstos venían desde Salas—por Vilviestre, feudo de Ruy Velázquez—siguiendo la depresión del valle del Ebrillos, irían a Canicosa—ya en tierras de Soria—, cerca del mediodía, y el camino de la tarde sería largo, suponiendo que su tío les aguardase al fin de La Vega, desde donde se dirigieron todos juntos hasta Almenar. Una tradición local dice que pasaron antes por las sierras Pica, de las Esteras y del Almuerzo, añadiendo que los infantes bajaron hasta Omeñaca y, queriendo entrar precipitadamente en la misa los siete a la vez, se abrieron otras tantas puertas en la iglesia, que hoy todavía se ven, aunque tapiadas. Respecto a la muerte de los Infantes, a excepción de un romance que cita el campo de Almenar, los demás sitúan en las faldas del Moncayo—en la tierra, también soriana, del valle del río Arabiana—el lugar de la famosa batalla con los moros y de la derrota y muerte de los infantes.

Polanco (Santander) Según la autorizada opinión de José María de Cossío, el escenario del poema idílico en prosa *El sabor de la tierruca* (1882), de José María de Pereda, es el propio Polanco y cuanto se divisa desde el porche de su parroquia.

Polifemo y Galatea Luis de Góngora, inspirándose en *Las metamorfosis* de Ovidio y acaso también en otra obra sobre el mismo tema de Carrillo de Sotomayor, recreó con absoluta libertad el mito clásico del gigante Polifemo y de la ninfa Galatea (*Odisea*, IX) hasta el punto de que en su *Fábula de Polifemo y Galatea* (1613) aparecen ambos personajes desde una nueva y originalísima visión poética. V. GALATEA.

Polilla, prototipo del gracioso de acusada vis comica, en la comedia de Agustín Moreto *El desdén con el desdén* (1652), que inspiró a Molière *La princese d'Hélide*.

Politania, protagonista de *La truhanilla*, en *El patrañuelo* (1565), de Juan de Timoneda, es un posible antecedente de la figura de Preciosa en *La gitanilla*, de Cervantes.

Ponferrada (León) «Sobre el río Sil, tiene aire de ciudad señorial, con su iglesia gótica, sus arboledas y su gran castillo con sus torreones en lo alto. Este castillo parece que fue de los templarios. La parte baja del pueblo, a orillas del río, es más humilde y proletaria» (Pío Baroja, *Reportajes*).

Pontevedra Dice Victoriano García Martí (*Galicia, la esquina verde*): «Pontevedra ironiza contemplándose con mirada oblicua en el espejo de sus rías con un gesto de coquetería, de burla y, en definitiva, de humor frente a la severidad de la vida, frente a sí misma y frente a las cosas. En Galicia es muy significativo este último resorte y quizá corresponda a Pontevedra el ser más vivo órgano de este matiz del alma gallega». «Alguien ha sabido decir—observa José María Castroviejo en *Rías bajas de Galicia*—que Pontevedra no es una gran ciudad, sino una villa espiritual». Por su parte, añade Mariano Tudela (*El libro de Galicia*): «El aire, la luz, el color de Pontevedra llenan el sosiego del recién llegado. Todo es como una admirable sinfonía. Como un bello cuadro de dulces contrastes».

Potes (Santander) «Aun no siendo grande, Potes es una de las poblaciones montañesas que tienen cuerpo, quedando agrupada y no dispersa. En el centro de Potes se alza una de las torres señoriales más completas y hermosas de la región: la de los Mendoza-Infantado. Entre los recuerdos históricos que evoca la torre del Infantado hay uno lírico: el marqués de Santillana visitó los valles cuando tenía unos treinta y cuatro años y escribió aquí algunas de sus "serranillas", como lo indican los nombres de Espinama, Frama y Bores, que se citan en una de ellas, en la que demuestra que el marqués no se privaba de nada en cuanto a sus derechos señoriales: "e fueron las flores / de cabe Espinama / los encobridores"» (Dionisio Ridruejo, *Castilla la Vieja*, I).

Prabos y Antonia Son la pareja de enamorados de la segunda de las *Farsas y églogas* (1514) de Lucas Fernández.

Prado Como observa Emilio Orozco, no sólo por su sentido simbólico-alegórico—superposición de lo espiritual sobre lo natural—, el «prado de los milagros» de Berceo supone ya un primer paso hacia la visión posterior del paisaje artificioso del jardín. V. JARDÍN.

Preciosa Protagonista de la novela ejemplar de Cervantes *La gitanilla* (1613), arquetipo de la muchacha bella, discreta e ingeniosa; «educada—según su creador literario—en cantar, bailar y demás artes de la vida gitanesca por una vieja de esta raza, es dechado de discreción y honestidad». Sus antecedentes se hallan en la Tarsiana del *Libro de Apolonio* y en la Politania de Timoneda. En España la llevaron a la escena Montalbán, Antonio de Solís y varios autores de zarzuelas, y en otros países, el francés Alexandre Hardy; el italiano Francesco Cerima; los alemanes Friedrich Möller y Alexander

Wolf—la versión de este último sirvió para la ópera de Weber—; los ingleses Middeton y Rowley, así como el norteamericano Longfellow. Y en la narrativa inspiró el personaje de Esmeralda, de la famosa novela de Victor Hugo *Nuestra Señora de París*.

Prejuicios Sobre los principales personajes—Gertrudis, Jorge, Andrés—de la comedia de Manuel Linares Rivas *El abolengo* (1904) se superpone otro personaje central o de fondo, los prejuicios sociales que imperaban en la sociedad burguesa de la época.

Prieto Trinidad Protagoniza el escalofriante relato de Ramón J. Sender *Epitalamio de Prieto Trinidad* (1942), que gira en torno a un montón de reclusos en una isla penitenciaria del Pacífico.

Prim, Juan El famoso militar y político progresista es uno de los personajes históricos del siglo XIX mejor recreados por Benito Pérez Galdós en los *Episodios nacionales*.

Primaleón Protagonista del libro de caballerías homónimo (1542), que puede parangonarse con otros héroes como Amadís o los Palmerines.

Primitivo Sánchez, prototipo del campesino gallego astuto y aprovechado, es el personaje más destacable de la novela de Emilia Pardo Bazán *Los pazos de Ulloa* (1886).

Princesita Aparece como protagonista en dos cuentos infantiles de María Luisa Gefaell: *La princesita que tenía los dedos mágicos* (1950) y *La princesita de la Sal* (1967).

Príncipe Es frecuente como personaje histórico o como prototipo literario. // La figura histórica de Fernando el Católico fue elegida por dos grandes escritores—Saavedra Fajardo y Gracián—como modelo ideal de las virtudes de un monarca: Saavedra Fajardo en *Idea de un príncipe político-cristiano representada en cien empresas* (1643), obra de la cual se hicieron multitud de ediciones y traducciones, resalta, sobre todo, la prudencia; Baltasar Gracián, primero en *El héroe* (1637) y luego en *El político Fernando el Católico* (1640), expone los primores y las cualidades de gobernante que deben adornar, a un monarca ejemplar, del cual es modelo el rey católico. // *Príncipe de Viana* (1840), drama histórico de la poetisa cubana afincada en España Gertrudis Gómez de Avellaneda que, basado en una de las *Vidas* de Quintana, trata de las acciones del que luego sería Carlos III el Noble de Navarra. // *El príncipe destronado* (1973), de Miguel Delibes, es un delicioso personaje infantil. *El príncipe don Carlos*, personaje histórico—el discutido heredero de Felipe II—, es recreado por Diego Jiménez de Enciso en la obra dramática de ese nombre, la mejor de cuantas escribió. // *El príncipe que todo lo aprendió en los libros.* Cuento infantil escenificado (1909), de Jacinto Benavente. // *El príncipe que todo lo aprendió en la vida.* Personaje central de la comedia de ese nombre (1933), de Honorio Maura.

Profesor Un profesor de provincias que a sus cuarenta años descubre una vida distinta a la por él conocida hasta entonces protagoniza la novela de José Luis Sampedro *Congreso en Estocolmo* (1952).

Progne y Filomena Personajes mitológicos que protagonizan la comedia homónima de Guillén de Castro, tomada probablemente de Ovidio y repetida luego por Lope de Vega y Rojas Zorrilla. V. FILOMENA.

Prometeo El mito clásico de Prometeo—que robó a los dioses el fuego para dárselo a los hombres—se convirtió en un símbolo del espíritu humano en su anhelo de alcanzar la luz y la libertad. Por ello se ha difundido en las artes plásticas, la música y la poesía. En la literatura española cabe recordar la recreación del mismo en la comedia de Calderón de la Barca *La estatua de Prometeo* (1677), y luego en la narración de Ramón Pérez de Ayala *Prometeo* (1924), concebido como un joven perfecto que se casa con una muchacha tan perfecta como él con el fin de procrear al superhombre.

Provincial Personaje de fondo, o más bien árbitro o juez, de las *Coplas del Provincial*, anónimas, escritas entre 1465 a 1474 y que contienen graves insultos contra la corte de Enrique IV de Castilla.

Puebla del Caramiñal (Pontevedra) «Es la villa más importante del litoral pontevedrés de Arosa, con un bravo telón de fondo compuesto por el áspero monte de la Curota. Todo este paisaje está maravillosamente recogido en muchas páginas de Valle-Inclán, cuyo nacimiento—fabuloso, como su vida—se lo siguen disputando todavía Villanueva de Arosa y la Puebla del Caramiñal» (José María Castroviejo, *Rías bajas de Galicia*).

Puebla de Montalbán (Toledo) «Más allá de Escalonilla, apenas se traspasa una suave colina, surge la famosa villa, Puebla de Montalbán, asilo docto de letrados y poetas; solar de los Rojas, familia cristiana injerta en judía; nueva tierra prometida, de cuya jugosa vega cuentan que da los mejores y más sabrosos albaricoques de toda la provincia. Dos lados de la plaza soportan unos porches. En la pared opuesta a la iglesia, una lápida de mármol reza así: "En esta casa nació Fernando de Rojas"» (Félix Urabayen, *Toledo, la despojada*, I).

Puebla de las Mujeres Esta ciudad imaginada por los hermanos Álvarez Quintero, en la que se sitúan la comedia de ese nombre (1912), se ha identificado con Moguer (Huelva).

Pueblanueva del Conde Villa imaginaria de la Galicia costera en la que, en los años de la segunda República, ambienta Gonzalo Torrente Ballester las novelas *El señor llega* (1957), *Donde da la vuelta el aire* (1960) y *La Pascua triste* (1962), que integran el ciclo *Los gozos y las sombras*.

Puente-Genil (Córdoba) «La carne de membrillo de Puente-Genil es famosa en el mundo entero. El dulce de membrillo de Puente-Genil tenía—y por fortuna tiene—marcas sonoras y misteriosas que al vagabundo siempre le parecieron muy bien buscadas: El Progreso, La Fama, San Lorenzo... De aquellas cajas, con un castillo pintado, o un barco velero, o una señorita que sonreía con un clavel en la boca, ¿qué se hizo?» (Camilo José Cela, *Primer viaje andaluz*).

Puerto Lápice (Ciudad Real) Aunque la Mancha—la Manxa, o tierra seca para los árabes—empieza antes, es en Puerto Lápice donde comienza la Mancha literaria del *Quijote*.

Puertos, Los (Cádiz) En Puerto Real sitúa el padre Luis Coloma la acción del cuento *¡Porrita, porrita, compónte!* El Puerto de Santa María y Puerto Real son los puntos de ambientación de la obra dramática de los hermanos Manuel y Antonio Manchado, *La Lola se va a los puertos*. Antonio Machado dedica al Puerto de Santa María el poema *Hacia tierra baja*: «Una noche de verano / el tren hacia el Puerto va, / devorando aire marino. / Aún no se ve la mar».

Pulgar, Hernando del Este personaje histórico—secretario y cronista de los Reyes Católicos—protagoniza el drama homónimo (1849) de Juan Ariza.

Purita, de la novela *El obispo leproso* (1926), de Gabriel Miró, es la bella provocativa que espera febrilmente el amor, aunque trate de disimularlo. Los prejuicios que la rodean, el miedo, los deberes familiares y la rígida moral tradicional convierten a esta mujer joven, hermosa y alegre en una solterona fracasada y entristecida: Purita pasa a ser doña Purita.

Q

Quevedo, Francisco de El genial escritor es recreado literariamente por Eulogio Florentino Sanz en el drama romántico *Don Francisco de Quevedo*, estrenado con gran éxito por el actor Julián Romea en 1848. Asimismo han hecho del autor del *Buscón* su protagonista Luis de Eguílaz en la obra teatral *Una broma de Quevedo* (1854); Narciso Serra en la comedia costumbrista *La boda de Quevedo* (1854), a quien casa con una viuda, doña Esperanza de Mendoza, señora de Cetina; y Alejandro Casona en la comedia *El caballero de las espuelas de oro* (1964).

Quico Protagoniza *El príncipe destronado* (1973), de Miguel Delibes. A sus tres años se siente destronado por el nacimiento de una hermanita y hace cosas divertidas para recuperar el «trono perdido»: es una deliciosa historia de desamor, tan frecuente en la vida real.

Quijana V. AMA Y SOBRINA.

Quijote (escenarios) Son muchos los puntos de partida que se pueden imaginar como punto de arranque de la obra maestra de Cervantes. Si se sigue la tradición romántica, habrá que partir de Argamasilla de Alba (cueva de Medrano) para continuar por Mota del Cuervo (venta de don Quijote), El Toboso, Campo de Criptana (molinos), Consuegra (castillo y molinos), Puerto Lápice (venta), Daimiel, castillo de Bolaños, Almagro (plaza, corral de comedias), Aldea del Rey, castillo de Salvatierra, Calatrava (castillo-convento), Valdepeñas, lagunas de Ruidera y castillo de Rocafrida (popularizado por el antiguo romance) hasta llegar a la cueva de Montesinos. En la Mancha genuina—la que tiene por capitalidad a Ciudad Real—situó Cervantes el solar y vecindad de don Quijote. Las zonas de las aventuras del caballero andante estaban cruzadas por varias rutas, tres de las cuales partían de Toledo: una hacia Tembleque, La Puebla, Quintanar, El Toboso y El Provencio, hasta Murcia; la segunda hacia Madridejos, Alcázar de San Juan, Campo de Criptana y La Mota, hasta la Mancha Alta; y la tercera hasta Córdoba, por los Yébenes, Malagón, Ciudad Real y Almodóvar. Otra ruta, o mejor, otro escenario que se sale de las rutas habituales, es Barcelona, donde el autor—que conocía la ciudad condal—sitúa algunos capítulos.

El erudito Luis Astrana Marín, en su obra *Cervantinas*, afirma que «la ruta más conocida de don Quijote era el camino real de Madrid a Sevilla por Toledo y Córdoba. En la Mancha, ese mismo camino, que pasaba por Malagón, Peralvillo, Ciudad Real, Caracuel, Almodóvar del Campo, ventas del Molinillo, del Alcalde, de Tejada, del Herrero, etc.; el de Toledo a Murcia, por Tembleque, Villacañas, El Molinillo, Miguel

Esteban, El Toboso, Manjavacas, Las Mesas, El Provencio, etc.; el de Alcázar a Cuenca, por Campo de Criptana, Mota del Cuervo, Monreal, Villaescusa de Haro, Cervera, etc.; y el de Cuenca a Granada, que, al atravesar la Mancha de Montearagón y el Campo de Montiel, tocaban en Honrubia, venta de Lomas, San Clemente, Villarrobledo, La Osa, Villahermosa, Montiel, La Puebla, ventas del Villar de Castillo y de los Santos hasta el Castellar».

Lo que sí es evidente es que hay cinco pueblos manchegos que merecen recordarse como puntos-clave en la ruta de don Quijote: El Toboso, Puerto Lápice, Alcázar de San Juan, Campo de Criptana y Socuéllamos.

Quinita Flores Personaje central de la comedia costumbrista de los hermanos Álvarez Quintero *La boda de Quinita Flores* (1925). En Madrid, y el mismo día de la boda, la deja plantada el novio. Tras ese matrimonio frustrado, se casará al fin en su pueblo, lo que viene a significar el contraste entre el mundo barullero y alocado de la gran ciudad y el más auténtico de los pueblos pequeños.

Quintín De la novela de Pío Baroja *La feria de los discretos* (1905), perteneciente a la trilogía *El pasado*: después de larga estancia en Inglaterra, descubre ser hijo ilegítimo de un aristócrata, y entonces renuncia a la mujer que ama por no considerarse digno de ella.

Quiñones, Suero de Personaje real inmortalizado por el escribano Pero Rodríguez de Lena, quien en *El paso honroso* (1588) narró con la exactitud de su profesión notarial las justas que mantuvo (1434) junto al puente del Órbigo, cerca de León, en las que retaba a cuantos quisieran luchar con él.

R

Rábida, La (Huelva) Su nombre, de origen árabe, significa convento, ermita. Como ha dicho José María Pemán (*Andalucía*), «la Rábida es el paradigma de la sencillez onubense. No es accidental el hecho de que fueran franciscanos quienes allí oyeran a Colón y franciscanos los actuales custodios del monasterio. Toda la ingenua sencillez franciscana, la *sancta simplicitas*, ha trascendido aquí el ambiente y el paisaje sin igual medida».

Rafaela, de la novela de Juan Valera *Genio y figura* (1897), es el antecedente inmediato de la Lola de los hermanos Machado (*La Lola se va a los puertos*, 1928). Rafaela la Generosa es la gaditana de humilde origen, moza de rompe y rasga que canta y baila en Cádiz y luego en Lisboa hace la «carrera de las españolitas», hasta que se casa con un hombre maduro, adinerado y complaciente. Como el propio Valera advierte, esta novela va contra la teoría, popularizada por *La dama de las camelias*, de la redención por el amor. Tan es así que Rafaela acabará suicidándose al saber que su hija ha ingresado en un convento por sentirse avergonzada de su conducta.

Raimunda V. MALQUERIDA, LA.

Raimundo, de la novela de Benito Pérez Galdós *Lo prohibido* (1885): el se-ñorito inútil de clase media con pujos de aristócrata, frecuente en nuestra sociedad a fines del siglo XIX.

Ramírez, Fernando V. FERNANDO RAMÍREZ.

Ramiro II el Monje Rey de Aragón entre 1134 y 1137. Tercer hijo de Sancho Ramírez, fue destinado a la vida religiosa, llegando a ser obispo de Roda-Barbastro. Pero a la muerte de su hermano Alfonso I el Batallador se coronó rey en Jaca, lo que acarreó una guerra. Según la tradición, Ramiro II, al recuperar sus estados ejecutó a los principales nobles rebeldes, haciendo juntar sus cabezas en forma de campana. Esta leyenda, denominada la campana de Huesca, ha dado lugar a diversas obras literarias: la comedia de Lope de Vega *La campana de Aragón* (anterior a 1604), que documentó en los *Anales* de Zurita; el drama romántico de Antonio García Gutiérrez *El rey monje* (1837); y dentro de la narrativa, las novelas tituladas *La campana de Huesca*, de Manuel Fernández y González (1850) y de Antonio Cánovas del Castillo (1852).

Ramón Protagonista de la novela de espionaje de Jorge Semprún *La segunda muerte de Ramón Mercader* (1969).

Ranimiro V. AMAYA.

Raquel, la bellísima esposa de Jacob, protagoniza comedias bíblicas como *La hermosura de Raquel*, de Luis Vélez de Guevara, y *Obligar contra su sangre*, de Antonio Mira de Amescua. Es una predestinada al sufrimiento.

Raquel, judía toledana del siglo XII, que ya aparece en la *Crónica general* de Alfonso X el Sabio, es convertida en personaje literario por Lope de Vega en *La judía de Toledo* (1617); y en otro drama, *Raquel* (1778), de Vicente García de la Huerta; el personaje lo dramatizarían también Ulloa, Diamante y el vienés Grillparzer. Sus desgraciados amores con Alfonso VIII la rodearon de una aureola romántica.

Raquel y Vidas   Son los dos codiciosos judíos que aparecen en el *Cantar de Mío Cid*. V. MARTÍN ANTOLÍNEZ.

Realenga   Ciudad imaginaria en la que Ramón Gómez de la Serna sitúa la acción de la novela *El torero Caracho* (1926).

Rebelde y rebeldía   En la novela *Ritmo lento* (1963), Carmen Martín Gaite sabe imprimir dramatismo y emoción a un personaje rebelde e inadaptado, en contraste con el conformismo de los demás. // La rebeldía es el protagonista colectivo del drama de José Martín Recuerda *Las salvajes de Puente San Gil* (1963), rebeldía encarnada en unas prostitutas en medio de una España negra y esperpéntica.

Regenta, La   V. ANA OZORES.

Región, de *Volverás a Región* (1968) y otras novelas de Juan Benet, es un espacio imaginario y mítico (del cual el autor, ingeniero de caminos, hizo un mapa a escala 1:150.000 en proyección UTM), espacio al que corresponde un tiempo indefinido, casi en suspenso, como sucede en las novelas de Proust o en la imaginaria *Joknapatawpha* de Faulkner.

Reinaldos   Personaje que aparece en el romancero y luego en la comedia de Lope de Vega *Las pobrezas de Reinaldos*.

Restauración   La vida española de la época de la restauración decimonónica es el protagonista ambiental de la novela de Silverio Lanza, seudónimo de Juan Bautista Amorós, *La rendición de Santiago* (1907).

Rey, reyes   El rey como representante de Dios en la Tierra—según el concepto medieval—aparece en el *Rimado de palacio* (1407) del canciller de Castilla, Pero López de Ayala. También es frecuente en el siglo de oro. Un ejemplo muy característico lo ofrece la famosa obra de Francisco de Rojas Zorrilla *Del rey abajo, ninguno*, donde la fidelidad al monarca y al código del honor obligan por igual al villano y al noble. // El rey como personaje alegórico figura en el auto sacramental de Calderón *El gran teatro del mundo* (hacia 1645). // El rey Perico es un personaje alegórico-proverbial de *Los sueños* (1627) de Quevedo. // El Rey que rabió es otro personaje proverbial que, viendo el mundo perdido por su causa, rabió hasta enloquecer; da nombre a una zarzuela de Ramos Carrión con música de Chapí. // Los Reyes Católicos son recreados por Andrés Bernáldez en una crónica, conocida aunque no publicada hasta 1856, de tan importante reinado. // De los numerosísimos dramas sacros medievales que debieron de representarse sobre los Reyes Magos, sólo uno se conserva: el *Auto de los Reyes Magos*, escrito en metro vario (siglos XII o XIII).

Rías Bajas (Pontevedra) «Dan las rías bajas la impresión de lagos sembrados de islas. Una faja de tierra cubre por todas partes el horizonte de estos tranquilos remansos del Océano. Los innumerables pueblecillos de sus márgenes se reflejan en el agua. Duerme el mar, y acaso sueña, en brazos de la tierra» (Miguel de Unamuno, *Andanzas y visiones españolas*).

Ribaldo, el astuto escudero, aparece en la anónima *Historia del caballero Cifar*, del siglo XIV, no publicada hasta 1512. Es el más claro antecedente de Sancho Panza. Como éste, prodiga los refranes y es de carácter avisado, socarrón, hábil moderador de las fantasías de su señor, a quien sirve con lealtad y afecto; pero, a diferencia de Sancho, ejercita a veces su valor guerrero. V. CIFAR; SANCHO PANZA.

Ricardo y Leonisa, de la novela ejemplar de Miguel de Cervantes *El amante liberal* (1613), cuya complejidad argumental permite relacionarla con la novela bizantina: prisioneros de los turcos—él es un caballero siciliano—, vencen no pocas asechanzas hasta lograr la libertad.

Ricardo y Liduvina Coprotagonistas de la novela corta de Miguel de Unamuno *Una historia de amor*: son dos prometidos de pueblo, abrumados por la monotonía de un noviazgo muy largo y aburrido, hasta el punto de intentar una fuga, que termina con el retorno a sus hogares respectivos, para no volverse a ver. Acabarán abrazando la vida religiosa, y entonces, aislados cada uno en su convento, se sentirán más juntos en sus soledades.

Ricardo Jordán Protagoniza el drama de Alejandro Casona *La barca sin pescador* (1945). Rico financiero, hace un pacto con el diablo, el Caballero de Negro, para salvar la apurada situación de sus negocios. Ha firmado en blanco, sin darse cuenta, comprometiéndose a matar a un hombre. Y Ricardo mata, incruentamente, al Ricardo que firmó aquel indigno papel.

Rico Personaje alegórico, que sólo piensa en una vida de placeres, del auto sacramental de Calderón *El gran teatro del mundo* (hacia 1645).

Rinconete y Cortadillo Son los dos mozalbetes coprotagonistas de la novela ejemplar de ese título de Miguel de Cervantes (1613), que operan en el patio de Monipodio, asilo del hampa sevillana: el mayor, de unos dieciséis años, Pedro del Rincón, ejerce el oficio de fullero; el menor, Diego Cortado, es un especialista en cortar o robar bolsas y faltriqueras.

Ring Protagoniza la novela de sátira política de Wenceslao Fernández Flórez *Los trabajos del detective Ring* (1934).

Riofrío de Ávila Título del ensayo homónimo (1916) de Azorín, en el que este bello pueblo castellano es el escenario o protagonista de fondo.

Rioja, La Ya en el siglo XIII el rey Alfonso X el Sabio la describe como «tierra a la que Dios dotó de todas aquellas cosas que se suelen codiciar», por ser «abundante y generosa como ninguna otra». En esa misma centuria, el primer poeta español de nombre conocido, el riojano Gonzalo de Berceo, benedictino de San Millán de la Cogolla, abadía a la cual estuvo agregado como clérigo regular, no sólo nos ofrece su lengua dialectal—«el primer vagido de la lengua castellana»—, sino que describe esta región como «lugar cobdiciadero» para hombres cansados, en el cual había de encontrar reposo cualquier peregrino.

En nuestro tiempo, la Rioja ha sido escenario de no pocas páginas de Pío Baroja (*El aprendiz de conspirador*, *Vitrina pintoresca*), Azorín, Rafael Sánchez Mazas, Adriano del Valle (*Cantilena*), Dionisio Ridruejo, Eugenio Nadal, Carmen Nonell, Diego Ochagavía, Lope Toledo, etc.

Ríos   Luis de Góngora es, sin duda, el poeta español que más notoriamente ha cantado a casi todos los ríos peninsulares. En nuestro siglo, los ríos—como escenario literario—son evocados por Pedro de Lorenzo, con su característica prosa poética, en un bello y sorprendente libro, *Viaje a los ríos de España* (1969).

Riotinto (Huelva)   Las minas de este pueblo onubense son el escenario de la desgarradora novela de Concha Espina *El metal de los muertos* (1920), donde narra con gran objetividad una huelga de trabajadores.

Rita   En el sainete lírico de Ricardo de la Vega, con música de Tomás Bretón, *La verbena de la Paloma* (1894), la «señá» Rita es la tabernera, madrina del enamorado y celoso Julián, que trata de disuadir a su ahijado de provocar un escándalo ante Susana, su novia.

Rius   Personaje central de la serie narrativa *La ceniza fue árbol* (1944-1957), de Ignacio Agustí; es el patrono que trata bien a sus trabajadores.

Rivalidad   La rivalidad amorosa entre un sacristán y un soldado es el protagonista de fondo del entremés de Miguel de Cervantes *La guarda cuidadosa* (1615).

Riverita   Protagoniza primero la novela homónima (1886) de Armando Palacio Valdés y aparece luego en su continuación, *Maximina* (1887): es un muchacho que tiene una madrastra y estudia en Madrid hasta que se casa con una batelera de Pasajes; luego se queda sin fortuna, pierde a su mujer y se ve obligado a trabajar en una imprenta.

Rivero, Los   Protagonista colectivo de la novela de Dolores Medio *Nosotros los Rivero* (1953), retrato de la burguesía provincial de Oviedo entre 1924 a 1935, de evidente interés testimonial.

Robledo, de la comedia de Jacinto Benavente *Titania* (1945), es la personificación del escritor—caso frecuente— que se ve obligado a escribir, aunque no le guste, para un público vulgar y superficial.

Roca Pobre (ermita de la)   V. Beltenebros.

Rocinante   Cuenta Cervantes del caballo de don Quijote que éste «le vino a llamar Rocinante, nombre, a su parecer, alto, sonoro y significativo de lo que había sido cuando fue rocín, antes de lo que ahora es, que era antes y primero de todos los rocines del mundo». // El caballo de don Quijote sugirió al escritor norteamericano John Dos Passos la obra *Rocinante vuelve al camino*—entre la crónica viajera, la narración y el ensayo—, de evidente interés para el lector español.

Roda, La (Albacete)   Dice Pío Baroja en *Reportajes*: «La Roda es un pueblo manchego, plano, en medio del cual se destaca la iglesia. Se dedica principalmente a la explotación de granos, de ganado y de azafrán. Entramos al centro. En esta esquina que da hacia la plaza hay un letrero no completamente amable, porque dice con cierto laconismo: "Comidas y piensos"».

Rodillero Nombre literario dado por Armando Palacio Valdés a Cudillero (Asturias), bellísimo pueblo de pescadores en el cual ambienta su novela *José* (1885).

Rodrigo V. DON RODRIGO.

Rodrigo y Cristina Coprotagonistas de la novela de Ramón Gómez de la Serna *La viuda blanca y negra* (1917). Viven un extravagante romance que termina en ruptura escandalosa cuando él se entera de que ella no es viuda, sino casada, de que recurre a tal ficción para alternar el amor brutal de su sádico marido con el amor delicado que Rodrigo le ofrece.

Rodrigón De la vara que sostiene la vid tomó nombre este tipo de escudero viejo que describió, popularizándolo, Vicente Espinel en la novela picaresca *Marcos de Obregón* (1618).

Rogelio de Amaral Protagoniza la novela de sátira política *Aventuras del caballero Rogelio de Amaral* (1933), de Wenceslao Fernández Flórez.

Román Ramírez, el morisco que, como Teófilo o Fausto, hace un pacto con el diablo para que le transmita su saber y le facilite sus aventuras amorosas, es el protagonista de la obra dramática de carácter fantástico—basada en un proceso inquisitorial—*Quien mal anda, mal acaba*, de Juan Ruiz de Alarcón.

Romeo y Julieta Martínez Protagonistas de la comedia homónima —parodia de la tragedia de Shakespeare—de Antonio de Lara, Tono.

Rómulo Doquimasia Personaje central de la novela de Mercedes Salisachs *Primera mañana, última mañana* (1955), oscilante entre la locura y la sensatez, símbolo quizá de la ambivalencia de ciertas formas contemporáneas de vida.

Roncal (valle del) (Navarra) «De todos los valles de la montaña, el del Roncal es la célula más pura; sólo él conserva un gesto guerrero» (Félix Urabayen, *La última cigüeña*, I).

Roncesvalles Escenario natural del fragmento de un cantar de gesta homónimo del siglo XIII. Narra el momento en que el emperador Carlomagno—que intenta conquistar nuestra península—halla el cadáver del arzobispo Turpín: es un remoto antecedente de los romances carolingios.

Ronda (Málaga) Su plaza de toros—la más antigua de España—es evocada por el poeta Fernando Villalón en *Romances del ochocientos* (1929): «Plaza de toros de Ronda, / la de los toreros machos». // Ronda sirve de escenario a la novela de Salvador González Anaya *Tierra de señorío* (1952).

Roque Guinart Perot Rocaguinarola, el famoso bandolero catalán que, con el nombre de Roque Guinart, inmortalizaría Cervantes en el episodio de la historia del cautivo, del *Quijote*, nació en Oristá, cerca de Vic, en 1582, y a los veinte años ya capitaneaba una cuadrilla temible. Como bandido generoso lo ha evocado también Carlos Coello y Pacheco.

Roque Six, de la novela homónima (1926) de José López Rubio, es un personaje en clave de humor.

Rosa Como flor, su fragancia perecedera la convierte en personaje retórico de algunos poetas clásicos como Francisco de Rioja, en su «Pura, encendida rosa, / émula de la llama», o Luis de Góngora: «Ayer naciste y morirás mañana. / Para tan breve ser, ¿quién te dio vida?». // Como personaje femenino de este nombre aparece en el drama social de Joaquín Dicenta *Juan José* (1895) y en el cuento de Clarín *Adiós, Cordera.*

Rosa Krüger Protagonista de la novela homónima (póstuma, 1984) de Rafael Sánchez Mazas.

Rosaflorida Aparece en un romance del ciclo carolingio, verdadera joya de nuestra poesía popular: «En Castilla está un castillo / que se llama Rocafrida; / al castillo llaman Roca / y a la fonte llaman Frida... / Dentro estaba una doncella, / que llaman Rosaflorida... / Prendóse de Montesinos / de oídas, que no de vista». Se parece—aunque es más delicado—al de Melisendra.

Rosalía Bringas V. BRINGAS, LA DE.

Rosana, como enamorada o musa del poeta, aparece en el famoso romance del poeta dieciochesco Juan Meléndez Valdés *Rosana en los fuegos.*

Rosario y Agustín Coprotagonistas de la comedia de Jacinto Benavente *Lo cursi* (1901). Constituyen un matrimonio joven que, inducido por la moda, se cree obligado a disimular sus sentimientos para no parecer cursis.

Rosaura, personaje femenino, en extremo convencional, de *La vida es sueño* (1635), de Calderón. V. SEGISMUNDO.

Rosella V. LYSANDRO Y ROSELLA.

Rosita De la novela de Juan Valera *Las ilusiones del doctor Faustino* (1875), es una personificación femenina del amor sensual.

Rota (Cádiz) Pedro Antonio de Alarcón, que pasó el verano de 1870 en Rota, situó en este pueblo la acción del relato «El libro talonario», incluido en sus *Historietas nacionales.*

Roxana y Clori Figuras de mujer cantadas por Juan Meléndez Valdés en sus poemas anacreónticos (*El árbol caído, La lluvia, La mañana de San Juan*).

Rufián dichoso, El V. LUGO, FRAY CRISTÓBAL DE.

Rufina De la novela picaresca de Alonso de Castillo Solórzano *La Garduña de Sevilla* (1642), continuación de las *Aventuras del bachiller Trapaza.* Rufina —hija de Trapaza, viuda joven y ladrona consumada—es la Garduña de Sevilla, reflejo en algún modo de *La pícara Justina*, de López de Úbeda.

Ruggiero Personaje real que lleva Francisco Martínez de la Rosa a su drama romántico *La conjuración de Venecia* (1834). V. LAURA.

Ruiseñor Personaje alegórico que simboliza el amor en la obra de Ramón Goy de Silva *La corte del cuervo blanco* (1914).

Ruiz de Arcaute, Diego Este personaje real, un capitán de marina, es convertido por Ricardo Baroja en protagonista de sus novelas de aventuras *La nao capitana* (1935) y *El Dorado* (1942).

Ruth Esta figura bíblica—la viuda moabita que conquistó el corazón del rico Booz—ha inspirado a pintores (Poussin), compositores (César Franck) y poetas (Victor Hugo), entre otros. En nuestra literatura, a Sebastián de Horozco una inacabada *Representación de la famosa historia de Ruth*; a Tirso de Molina la comedia *La mejor espigadora*; y a Ramón Pérez de Ayala *El libro de Ruth*.

Ruy Blas es otro personaje español —como la Carmen de Mérimée—llevado a la literatura por un poeta francés, Victor Hugo, en el drama homónimo (1838). La acción se sitúa en la España de fines del XVII: Ruy Blas, lacayo de don Salustio, llega a primer ministro y conquista el amor de la reina, tratando de regenerar el país, para lo que mata a don Salustio. Luego de haber obtenido el perdón de la reina, acabará suicidándose.

Ruy Velázquez De la leyenda *Los siete Infantes de Lara*. Más tarde, la figura de este legendario traidor aparecerá vigorosamente trazada por el duque de Rivas en el poema *El moro expósito*, que empezó a escribir en Malta (1829) y publicaría en París en 1834.

S

Sacha, una mujer rusa, idealista y desquiciada sentimentalmente, protagoniza la novela de Pío Baroja *El mundo es ansí* (1912).

Salada, La Del poema *El diablo mundo* (1840), de José de Espronceda, es una de las figuras femeninas más vigorosas trazadas por el poeta: se trata de una prostituta que, en la cárcel, inicia a Adán en los placeres del amor a la vez que le reprende por su afán de volver a la juventud. V. ADÁN.

Salamanca A orillas del Tormes nace la primera y más genuina de nuestras novelas picarescas, el *Lazarillo*. Entre la capital y Alba de Tormes se originan, asimismo, el teatro de Juan del Encina y Lucas Fernández y la acción en prosa *La Celestina*, y también en «la ribera verde y deleitosa» de ese mismo río, la más pura lírica italianizante—la de Garcilaso—, en tanto que el espíritu de Salamanca se mostraría férreamente castellano en el poeta de Ciudad Rodrigo, Cristóbal de Castillejo. Cervantes, por su parte, nos ofrecerá *La cueva de Salamanca* y ambientará en esta ciudad *El licenciado Vidriera*. Pasará por Alba de Tormes y en ella representará Lope de Vega la comedia *Las Batuecas del duque de Alba*, donde perdería el poeta para siempre a su dulce Belisa. Por Alba ha de pasar también la santa andariega, Teresa de Jesús, que luego moriría allí; y por sus calles pisarán más tarde san Juan de la Cruz y san Ignacio de Loyola. En Salamanca estudia, escribe y explica—y lo hace también cinco años después, al volver de la cárcel, con sus sobrias palabras «Decíamos ayer»—fray Luis de León, quien, a sólo ocho kilómetros de la ciudad, en la Flecha—cuyo huerto aún se conserva—concibió y escribió *De los nombres de Cristo*. Ya entre el siglo XVII y el de las luces, animaría la vida salmantina—universidad, mercado, picaresca—el más pintoresco personaje salido de aquélla, don Diego de Torres Villarroel, cuya *Vida*—por él escrita—es la más insólita de las novelas vivientes. Poco después, la ciudad del Tormes intenta un nuevo renacimiento con Meléndez Valdés—profesor en la universidad a la par que «dulce Batilo» en sus líricos cantos—junto con Cadalso, Cienfuegos, fray Diego Tadeo y algunos más. Luego se sacudiría la ciudad con el despertar del romanticismo: Espronceda situará en ella *El estudiante de Salamanca*, con su tétrica calle del Ataúd, y allí también se forja—«sereno el cielo, calma la mañana»—la no menos apasionada lírica de José Zorrilla. Avanzado ya el XIX, Pedro Antonio de Alarcón describe con acierto en *Dos días en Salamanca* esta ciudad como «dorado monumento conmemorativo de sí misma». Poco después se conmueve «bajo los anchos cielos» salmantinos un poeta autóctono y sencillo, Gabriel y Galán. Por entonces también, producida ya la eclosión del 98, se asienta en Salamanca—como profesor y luego rector de su universidad pero a la vez como el más enamorado de sus cantores en verso y en prosa—un vasco que allí castellaniza su espíritu, Miguel de Unamuno, cuyo aguileño perfil cabe evocar, con la ciudad como fondo, al volver hacia ella en su cotidiano paseo desde la carretera de Zamora.

Salas de los Infantes (Burgos) Escenario inicial de la *Leyenda de los siete Infantes de Lara*, cuyas cabezas se ven en su escudo y, según la tradición, se dice se conservan en su iglesia.

Salicio y Nemoroso Personajes de las *Églogas* de Garcilaso de la Vega. Salicio, enamorado de la esquiva pastora Galatea; Nemoroso, que llora la muerte de Elisa, nombre dado por el poeta a Isabel Freyre. Hoy se admite que ambos representan al propio Garcilaso, desechándose la opinión de que Nemoroso fuera su amigo Juan Boscán.

Salomón, el rey de Israel, hijo y sucesor de David, es la figura central del breve poema anónimo, probablemente del siglo XIV, *Proverbios del sabio Salomón.*

Salvador Monsalud Personaje central de la segunda serie de los *Episodios nacionales* de Benito Pérez Galdós. V. GABRIEL ARACELI; TITO LIVIANO.

Salvadora de Olbena De la novela homónima (1944), entre rosa y romántica, de Azorín. Es la viuda rica que regresa de la ciudad al pueblo. Tiene antiguos y nuevos pretendientes, admiradores platónicos y devotos seguidores. Enigmática y misteriosa, ni admite ni rechaza. Olbena, que sirve de escenario, es al parecer Alicante.

Samuel V. SAÚL Y SAMUEL.

San Juan de la Peña (monasterio de) (Huesca) «Nos fuimos, en privada romería, al monasterio de San Juan de la Peña, al que alguien llamó, con dudosa propiedad, la Covadonga aragonesa. En aquel refugio, casi caverna, bajo la pesadumbre visual de la peña colgada, se le venía a uno encima una argamasa de relatos históricos, de leyendas» (Miguel de Unamuno, *Paisajes del alma*).

San Sebastián Acaso por su situación fronteriza y su gran atractivo turístico ha interesado más—como escenario literario—a los escritores extranjeros, principalmente franceses (Brunel, madame d'Aulnoy, Ozanam, Dauzat) que a los españoles. No ha pasado desapercibido, sin embargo, para Benito Pérez Galdós, Pío Baroja (*Las horas solitarias*), Gabriel Celaya (*Paseos donostiarras*), Ignacio Aldecoa (*El País Vasco*), Eugenio Nadal, Guillermo Díaz-Plaja (*Atlas lírico*), Enrique Llovet (*España viva*), Mercedes Sáenz Alonso (*El tiempo que se fue*), que evoca el San Sebastián del primer tercio del siglo XX.

Sanabria (laguna de) (Zamora) Miguel de Unamuno, en su novela *San Manuel bueno, mártir* (1931), ofrece descripciones paisajísticas de la laguna de Sanabria y su comarca.

Sancha V. DOÑA SANCHA.

Sánchez Mejías, Ignacio Buen torero, autor de obras de teatro que estrenó con éxito y amigo de los poetas del 27, su muerte trágica en un ruedo pueblerino lo convirtió en un mito, al que han contribuido literariamente Federico García Lorca con la elegía *Llanto por Ignacio Sánchez Mejías* (1935) y Rafael Alberti con *Verte y no verte.*

Sanchica Del *Quijote*, de Cervantes. Hija de Sancho Panza y obediente a sus mandatos, activa y trabajadora, es prototipo de la muchacha lugareña española a comienzos del siglo XVII.

Sancho Garcés de Navarra V. ABARCA.

Sancho García, «el de los buenos fueros», fue cantado en poemas de los que se ofrecen restos en la *Crónica rimada*, sirviendo luego de protagonista a romances escritos por Sepúlveda y Juan de la Cueva. Inspiró además a José Cadalso la obra *Sancho García*, escrita en pareados; a Cienfuegos *La condesa de Castilla*; a Zorrilla el drama *Sancho García*; y a Trueba y Cossío *La copa empozoñada*.

Sancho Ortiz de las Roelas es el personaje más vigorosamente trazado en *La estrella de Sevilla*, obra atribuida a Lope de Vega. Tomado de la realidad, es noble, heroico y leal, el llamado «Cid andaluz»; da muerte a Busto Tavera por mandato del rey para limpiar así el ultraje regio, pero, por fidelidad al monarca, declara haberla recibido él.

Sancho Panza Contrafigura a la vez que equilibrio del protagonista de la inmortal novela de Cervantes *Don Quijote de la Mancha*. Frente al espiritado caballero andante, representa la tangible realidad, el buen sentido del vulgo, el hombre glotón, empírico y elemental. En el fondo es bueno y honrado, pero le dominan de tal modo el interés y el provecho material que, aun conociendo la locura de su señor, la acepta como medio de satisfacer su propia ambición. Pese a ello, es caritativo y justo y, cuando gobierna la ínsula Barataria, la idea de la moral más pura y de la más estricta rectitud le absorben e incluso le mueven—como a su señor—hacia los más

altos propósitos. Para moderar, sin embargo, la fantasía desbordada de don Quijote, Sancho viene a ser una necesidad humana y literaria, cumpliendo una función esencial. «Sancho es, en cierto modo—al decir de Salvador de Madariaga—una transposición de don Quijote a un tono distinto», mientras Daniel Pennac lo califica como «un odre de vida». Es, en nuestra opinión, un símbolo del pueblo y un tipo eterno de la literatura española y universal. V. DON QUIJOTE.

Sancho Saldaña Protagoniza la novela histórica homónima—subtitulada *o el castellano de Cuéllar*—, de José de Espronceda (1834), que sigue el modelo de las de Walter Scott.

Sancho II de Castilla Recreado literariamente en el *Cantar* que lleva su nombre—anónimo y anterior al *Cantar de Mío Cid*—que refiere la lucha de don Sancho con sus hermanos y el cerco de Zamora, de todo lo cual se hallan vestigios en la *Crónica particular del Cid* y en la *Crónica general*, de la cual se derivaron acaso algunos romances del ciclo cidiano.

Sanlúcar de Barrameda (Cádiz)
Ya en el siglo XVI ofrece a Feliciano de Silva el lugar de la acción—compartido con Sevilla—de *La segunda comedia de Celestina*. A comienzos del siglo XVII la cita Cervantes en el *Quijote* como «lugar abundante en salmones y en pícaros». Y Lope de Vega dirá en estas cuartetas: «Vienen de Sanlúcar / rompiendo el agua / a la Torre del Oro / barcos de plata». «Galericas de España, / poned los remos, / que os espera en Sanlúcar / Guzmán el Bueno». En nuestro tiempo, Antonio Machado dice en el poema *Hacia tierra baja*: «¡Playa de Sanlúcar, / noche de verano, / copla solitaria, / junto al mar amargo!».

Sansón Carrasco Uno de los personajes secundarios más importantes del *Quijote*. Gran socarrón que gusta de burlas y donaires, aunque amigo del caballero es incapaz de comprender su ideal locura. Ni siquiera se deja arrastrar por ella, cual le sucede a Sancho. Así, Sansón Carrasco, que personifica la razón, cuando el ama va a rogarle que persuada a su señor para evitar su tercera salida, el bachiller—ante la tremenda incomprensión de ama y sobrina—no sólo no se opone, sino que se ofrece como escudero a don Quijote, acaso como el mejor recurso para evitar o dilatar, al menos, esa salida. Sansón Carrasco puede, quizá, mediante esa argucia, frenar la ideal locura quijotesca. V. CABALLERO DE LA BLANCA LUNA.

Santa María de Lebeña (Santander) Como dice el poeta Gerardo Diego (*Mi Santander*), «Santa María de Lebeña / en su paisaje de milagro, / sueña».

Santander V. CANTABRIA.

Santiago de Compostela, corazón de la eterna Galicia cristiana cuyo espíritu secular perdura en las piedras de su espléndida catedral, es el escenario y el personaje colectivo de la conocida novela de Alejandro Pérez Lugín *La Casa de la Troya* (1915), llevada también con éxito al teatro. «De todas las ciudades españolas—escribe Valle-Inclán en *La lámpara maravillosa* (1916)—la que parece inmovilizada en un sueño de granito, inmutable y eterno, es Santiago de Compostela». Con la fina ironía de su genuino humor galaico, dice paradójicamente Julio Camba (*El Camino de Santiago*): «El que quiera trasladarse en ferrocarril al siglo XIII que no piense en Santiago. Lo más siglo XIII de Santiago es el viaje. Lo que me pareció más moderno fue la catedral. En ninguna parte se encuentran más adelantadas las catedrales medievales». Gerardo Diego, en *Ángeles de Compostela*, exclama: «¡Oh, Compostela, estela de Santiago, / estrella y nave rústica de Europa, / alta de arboladura, vaso o copa, / cáliz más bien con sangre del sol vago!».

Santiago Ibero Personaje alegórico creado por Benito Pérez Galdós que, como él mismo, es un español que se rebela contra la angostura social y política de su tiempo.

Santiago el Mayor Una tradición difundida con anterioridad a la invasión musulmana en la península Ibérica dio lugar a la leyenda según la cual el cuerpo del apóstol Santiago había sido milagrosamente trasladado de Palestina a Galicia, donde a principios del siglo X se veneraba como suyo un sepulcro junto a la antigua ciudad de Iria Flavia, y luego el gran santuario de Santiago de Compostela. Convertido en patrono de la tierra por él cristianizada según aquella tradición, Santiago aparece a menudo al frente de las tropas contra los moros, y así, en la *Primera crónica general* de Alfonso X el Sabio y en otros textos se narra la aparición del apóstol sobre un caballo blanco y blandiendo una reluciente espada.

Santillana del Mar (Cantabria) Su belleza señorial no podía pasar desapercibida literariamente, primero para el autor francés Alain-René Lesage en su famoso *Gil Blas de Santillana* (1717-1735); y luego para un escritor nuestro tan enamorado de la vieja España como Ricardo León, en su mejor novela, *Casta de hidalgos* (1908).

Santo Domingo de Silos (Burgos) En el claustro del monasterio de Silos—obra capital del románico castellano—aún se alza el ciprés que Gerardo

Diego, en un inspirado y perfecto soneto, llamó «enhiesto surtidor de sombra y sueño». Gonzalo de Berceo escribió en el siglo XIII una *Vida de santo Domingo de Silos* que consta de tres secciones: un esbozo de la vida del santo, la narración de los milagros durante su vida y la que contiene sus prodigios póstumos. // Además, a Silos le han dedicado su atención Miguel de Unamuno, Manuel Machado, Rafael Alberti y José García Nieto, entre otros. // Silos es, por otra parte, un símbolo de la lengua castellana, ya con más de mil años cumplidos, si recordamos las *Glosas silenses* del siglo X, que proceden del citado monasterio y que ofrecen gran interés lingüístico como primer documento escrito del castellano.

Santos Inocentes, Los   Así llama Miguel Delibes a los protagonistas de su novela homónima (1981), a los que define como «los labradores siervos de la gleba del feudalismo cortijero».

Sar (río)   Este hermoso río de Galicia es el eje o escenario natural de la última y la mejor de las obras de Rosalía de Castro *En las orillas del Sar* (1884).

Sastre del Campillo, El   Este personaje proverbial—que además de coser gratis ponía el hilo—es llevado al teatro por Lope de Vega, Francisco de Santos y Bances Candamo.

Saúl y Samuel   Estas dos figuras bíblicas—el rey elegido y traidor y el profeta implacable—sirven de referencia al título de la novela póstuma *Saúl ante Samuel* (1993), de Juan Benet.

Saulo, el nombre de san Pablo antes de su conversión, es recreado literariamente por Adolfo Lizón en la novela *Saulo el leproso* (1947), que oscila entre el erotismo y el pesimismo existencial.

Sawa, Alejandro   Este extravagante escritor de origen griego, amigo de Verlaine, Rubén Darío y otros poetas de su tiempo, que murió ciego y loco, se refleja a sí mismo, aunque él lo encubra, en su obra más significativa, *Iluminaciones en la sombra* (póstuma, 1910), un libro-clave de la bohemia literaria madrileña a comienzos del siglo XX. Valle-Inclán se inspiró en Sawa y lo retrató admirablemente en Max Estrella, protagonista de su obra *Luces de bohemia* (1920). V. MAX ESTRELLA.

Sebastián de Portugal   V. PASTELERO DE MADRIGAL.

Sebastián Vázquez, el gitano que alterna con prostitutas y otras gentes de mal vivir, protagoniza la novela de Ignacio Aldecoa *Con el viento solano* (1956).

Segismundo, protagonista del drama de Calderón *La vida es sueño* (1635), una de las creaciones más vigorosas de su autor y de todo el teatro español, es el prototipo del hombre a quien los acontecimientos conducen a la duda y que oscila entre realidad y sueño—verdadera dicotomía entre la fatalidad y la libertad—, si bien acaba convirtiéndose en una representación literaria de la autonomía y de la voluntad. Segismundo, príncipe heredero de Polonia, vive preso en un castillo. Así lo ha dispuesto su padre, el rey Basilio, para evitar que se cumplan los augurios según los cuales sería humillado por su hijo. Un día el rey lleva a la corte a Segismundo después de haberle dado un narcótico: al despertar, éste muestra instintos feroces. Basilio comprende lo peligroso que sería como rey y, narcotizándolo de nuevo, lo devuelve a la prisión, haciéndole creer que las experiencias vividas en la corte han sido un sueño. La vida, en efecto, es ficción y apariencia vana las propias ilusiones, lo cual ha tratado de encarnar Calderón en Segismundo con una anticipada visión surrealista. El hombre está solo en los momentos supremos de su existencia: cuando nace, en las horas decisivas de su destino, ante la muerte... En su soliloquio, Segismundo se pregunta y se contesta: «¿Qué es la vida? Un frenesí, / ¿Qué es la vida? Una ilusión, / una sombra, una ficción, / y el mayor bien es pequeño; / que toda la vida es sueño, / y los sueños sueños son». Y, más adelante se dice a sí mismo: «Soñemos, alma, soñemos». Se ha salvado, al fin, de la servidumbre de los instintos. Si la vida es efímera, voluble y engañosa, la virtud es eterna y verdadera. Así, Segismundo, para quien «obrar bien es lo que importa», aspira al eterno más allá.

Segismundo Caín Personaje central de la comedia de los hermanos Álvarez Quintero *Las de Caín* (1908): un profesor, el señor Caín, que tiene ocho hijas, se las ingenia de mil maneras—muy eficaces, gracias a la colaboración de su esposa y de las niñas—para irlas casando a todas.

Segovia El acueducto y el alcázar han acaparado la atención de los extranjeros que han pasado por Segovia y la han descrito: desde Navagero y Saint-Simon a Dembowski, Mauclair o René Schwob, entre otros. De nuestros escritores de los siglos de oro, se ha ocupado de Segovia el minucioso historiador local Diego de Colmenares; Jerónimo de Alcalá, en *Milagros de Nuestra Señora de la Fuencisla* (1615), y en la novela picaresco-costumbrista *El donado hablador Alonso, mozo de muchos amos y donoso hablador* (1624-1626), donde llama a Segovia «antigua, famosa, noble, leal y rica» y «madre de forasteros que a todos ampara y recibe con amigables brazos». Según refiere Quevedo en el *Buscón*, Segovia es también morada de don Pa-

blos, de su tío el verdugo y del dómine Cabra, que como sombras esperpénticas por esta ciudad transitaron. Cabe recordar asimismo que san Juan de la Cruz estuvo en Segovia, en el año 1574, y luego entre 1588 y 1591, en que fue prior del por él fundado convento de la Fuencisla. En el siglo XIX es escenario de los poemas románticos de Nicomedes Pastor Díaz, *Al Eresma* y *Al acueducto*. Sin embargo, la presencia de Segovia en la literatura adquiere mayor realce a partir del 98. A Unamuno le atrae el acueducto, al que dedica el artículo «Una obra de romanos», luego inserto en *Andanzas y visiones españolas* (1922). Antonio Machado—como antes en Soria y Baeza—explicará francés en el instituto de Segovia desde fines de 1919 a comienzos de 1932: allí conocerá a Pilar Valderrama (Guiomar) y evocará a la ciudad del Eresma y el Clamores en *Nuevas canciones* (1924) y en *Los complementarios* (1928). Una novela de Pío Baroja, *Camino de perfección* (1902), erótica y mística a la vez, en su capítulo XVI tiene a Segovia por escenario. Lo mismo que la novela de Azorín *Doña Inés* (1925), en la que afirma que «en ninguna ciudad española se da, como en Segovia, tan perfecto concierto entre las viejas piedras y la hoja verde lozana». Ramón Gómez de la Serna, para escribir su novela *El secreto del acueducto* (1922), vivió durante todo un verano en un mesón inmediato, apostado allí como un centinela. Segovia, en su paisaje urbano, es evocada también por Adolfo de Sandoval en la novela *Fuencisla Moyano* (1932). Ortega y Gasset, José Gutiérrez Solana, el marqués de Lozoya, Julián María Otero, Dionisio Ridruejo, Vicente Gaos, Camilo José Cela y Jaime Ferrán, entre otros, le han dedicado prosas o versos de interés evidente.

Segre (río) «Antes de la Seo, el Segre ha discurrido por campos fértiles y húmedos; después, se desliza por tierras áridas, paredones blandos y rojos con cárcavas y hendiduras, lamiendo piedras cenicientas y de color de pizarra. Pasa por entre rocas como castillos, manchados por matorrales grises y verdes, y brilla bajo un cielo de montaña azul y refulgente» (Pío Baroja, *La senda dolorosa*).

Segura (río), cantado por el poeta Miguel Hernández.

Segura, Isabel V. AMANTES DE TERUEL, LOS.

Seminarista (un) protagoniza la primera novela—argumentalmente autobiográfica—*Sin camino* (1947), escrita por José Luis Castillo Puche, donde se plantean la duda y el conflicto existencial con el mundo en torno, optando por el abandono de la carrera eclesiástica. La novela no pudo ser publicada antes.

Sempronio y Pármeno, de *La Celestina* (1499), de Fernando de Rojas. Criados de Calisto, inician en la literatura moderna el tipo del criado confidente y consejero de su amo, antecedente del gracioso de nuestro teatro, y cuyos amores con las pupilas de la vieja alcahueta—Elicia y Areusa—, paralelos a los de su señor, aparecen por vez primera como recurso escénico, tan empleado luego en las comedias de capa y espada. V. CALISTO Y MELIBEA; CELESTINA; CENTURIO; ELICIA Y AREUSA.

Séneca La influencia filosófica, dramática y, en general, literaria de este autor es intensa en la literatura del siglo de oro. Así, el filósofo hispano-latino es recreado literariamente por Juan Pablo Martínez Rizo en una barroca *Historia de la vida de Lucio Anneo Séneca, español* (1625). Lope de Vega, además de acusar la evidente influencia de

las concepciones dramáticas de Séneca (presentes, por otra parte, en todas las corrientes trágicas europeas del siglo XVIII), hace de él un personaje en su tragedia *Roma abrasada* (1598-1600). Pero es en Francisco de Quevedo (que tradujo varias obras suyas) donde más constante resulta la presencia de Séneca, por más que en su *Discurso de todos los diablos o infierno emendado* (1627) lo condena al infierno.

Señor de Bembibre, El Protagonista de la novela histórica homónima (1844) de Enrique Gil y Carrasco, cuyo escenario natural es el Bierzo, en medio de las luchas, en pleno siglo XVI, entre la orden del Temple y el rey Fernando IV. Álvaro Yáñez, señor de Bembibre, y Beatriz Ossorio, hija del señor de Arganza, se juran amor eterno. Pero Álvaro apoya a los templarios, y el de Arganza, partidario del rey, obliga a Beatriz a casarse con el conde de Lemus. Ella le rechaza, pero creyendo que Álvaro ha muerto, accede a casarse con el conde. Álvaro ingresa en la orden del Temple, frente a cuyas huestes muere el de Lemus. Beatriz enferma. Entonces un sentimiento de compasión domina a los que antes se oponían a la unión de los dos amantes. Y así, Álvaro es eximido de sus votos y se casa con Beatriz cuando ésta se halla ya postrada en su lecho de muerte. Álvaro emprende la vida de ermitaño y morirá en olor de santidad. Por encima de este sentimentalismo romántico—más a lo Manzoni que a lo Walter Scott—, lo mejor de la obra es la descripción del Bierzo (Cacabelos, Arganza, Ponferrada, Bembibre, el lago de Carucedo, etc.).

Señor Cayo, prototipo del castellano viejo, protagoniza la novela de Miguel Delibes *El disputado voto del señor Cayo* (1978), en torno al éxodo rural.

Señor Luis el tumbón, El   Tipo representativo del madrileño castizo y perezoso, del sainete *El señor Luis el tumbón o despacho de huevos frescos* (1891) de Ricardo de la Vega.

Señor de noches buenas, El   Personaje principal de la comedia de ese nombre de Álvaro Cubillo de Aragón, sobre el contraste entre dos hermanos opuestos en carácter y condición.

Señora ama   V. DOMINICA.

Señora de rojo sobre fondo gris
V. ANA.

Señorita   Tomás de Iriarte llevó a una de sus comedias el tipo de *La señorita malcriada* (1788). // En la novela de Ramón Nieto *La señorita* (1974) se ofrece una visión crítica de la sociedad española de nuestro tiempo.

Señorita de Trevélez, La   Es la que protagoniza la tragedia grotesca homónima (1916), considerada la obra maestra de Carlos Arniches. Flora—tal es su nombre—representa a la solterona española provinciana de comienzos del siglo XX, víctima de bromas de mal gusto, en torno a la cual Arniches hace una profunda reflexión sobre la crueldad a través de una trama escénicamente perfecta, que oscila entre el humor y la ternura mostrada por el hermano de Flora.

Señorito   Tomás de Iriarte trazó en una de sus comedias el tipo de *El señorito mimado* (1787). // El tan denostado señorito andaluz es el personaje central de la novela de Aquilino Duque *El mono azul* (1974).

Sepúlveda (Segovia)   «Nos detenemos en la vieja ciudad de Sepúlveda, pintoresca más que gráfica, viñeta de pergamino isabelino. Tiene la ciudad siete puertas, como la helénica Tebas, y sus siete llaves las enseñan en la Sala del Concejo» (Miguel de Unamuno, *Paisajes del alma*).

Serafina   Personaje principal de la comedia anónima de ese título (1521), imitación de *La Celestina*. // De la comedia homónima (1517) de Bartolomé de Torres Naharro. // En la comedia de Tirso de Molina *El vergonzoso en palacio*, Serafina está dominada por la admiración de sí misma hasta el punto de resucitar el mito de Narciso, enamorándose de su propia imagen en que aparece vestida de hombre, sin ella saberlo. // De la novela costumbrista de Fernán Caballero *Un verano en Bornos* (1855): refiere el hastío de Serafina por Alejandro—un joven general al que está prometida desde niña—ante el súbito amor que siente por Carlos, joven arruinado de noble familia de Bornos. V. MAGDALENA.

Serrallonga   Joan Sala Serrallonga, famoso bandolero catalán del primer tercio del XVII, fue convertido en un héroe mítico por la literatura romántica. Lo llevaron al teatro Antonio Coello, Francisco de Rojas y Vélez de Guevara. Víctor Balaguer estrena en 1863 el drama *Don Juan de Serrallonga*, y al año siguiente una novela del mismo título.

Serrana   Menéndez Pidal ha diferenciado tres tipos distintos de serrana. Uno, el más antiguo, es el derivado de villancicos de caminantes por la montaña: no tratan de la pastora y de la campiña como tipo y paisaje, sino de la pastora que, envuelta en la niebla y la nieve de las cumbres, vive en las ásperas sierras peninsulares. Se trata de la serrana medieval, cuyo oficio era conducir a los caminantes entre la espesura de bosques milenarios para abusar de ellos o desvalijarlos. Otro tipo es imitación de la pastorela francesa o provenzal. Y otro es la derivación de la pastorela gallegoportuguesa. El primer tipo es, en algún modo, el que recoge el arcipreste de Hita en el *Libro de buen amor*, con su tosca serrana, en medio de un paisaje duro y áspero. Algo más tarde, don Íñigo López de Mendoza, marqués de Santillana, pule y estiliza en sus *Serranillas* (1429-1440) ese tipo primitivo de serrana (por ejemplo, la de la Finojosa). Las tierras de Soria y de Aragón, del Guadarrama y del Lozoya; los campos de Ciudad Real y Jaén, regados por el Guadiana; y luego otras tierras de Álava, Aragón y Navarra van sucediéndose como escenarios de las serranillas de Santillana. Así, en la I, Ágreda, Vozmediano, Torrelas y Los Fayos; en la II, Trasmoz, Beratón, Conejares, Trasovares, Añón y Morana; en la III, Matalespino y Lozoyuela; en la IV, Torres, Canena, Sollosar, Bedmar, Razena, el río Guadiana, Valdepurchena, Jamilena y Pegalajar; en la V, Finojosa, Calatrava y Santa María; en la VII, Robledillo, Caladillo y monte Verzosa; y en la VIII, Vitoria, Gaona, Salvatierra y el Moncayo.

Serrana de la Vera Es la seductora, bravía y agreste, inspirada en una leyenda extremeña. Las versiones líricas y dramáticas esconden su nombre, mientras descubren el del novio por el cual la doncella se hizo heroína. En el teatro la recoge Lope de Vega en la comedia *La Serrana de la Vera* (hacia 1603): «Salteóme la Serrana / junto al pie de la cabaña. / La Serrana de la Vera, / ojigarza, rubia y blanca, / que un roble a brazos arranca, / tan hermosa como fiera; / viniendo de Talavera / me salteó en la montaña, / junto al pie de la cabaña». Resulta menos impulsiva que la de Lope la que perfila en otra comedia (1603) de igual título Vélez de Guevara.

Servet, Miguel El famoso médico y teólogo aragonés, condenado a morir en la hoguera, cerca de Ginebra, por el fanatismo calvinista, protagoniza la obra, entre historia y novela, de Pompeu Gener *Pasión y muerte de Miguel Servet* (1909); y más tarde el drama de Alfonso Sastre *La sangre y la ceniza* (1965).

Sevilla Las referencias a la capital de Andalucía como escenario, ambientación o evocación literaria son tan numerosas que darían lugar a un libro antológico. Sintetizadas en lo más esencial, cabe comenzar en el siglo de oro con la Sevilla del hampa, tan fielmente reflejada por Cervantes en el patio de Monipodio de la novela ejemplar *Rinconete y Cortadillo*; la evocada por autores dramáticos como Juan de Mal-Lara, Juan de la Cueva, Lope de Rueda y Tirso de Molina (*El burlador*); por Quevedo, que pasó en ella borrascosos días de juventud (*El Caballero de la Tenaza, El zurdo alanceador*) o por Rodrigo Caro, al evocar las ruinas de Itálica. Durante el romanticismo la ciudad es evocada por el duque de Rivas no sólo en el drama *Don Álvaro*, sino en los romances históricos (*El Alcázar de Sevilla*). Al mediar el siglo XIX Fernán Caballero ofrece una Sevilla un tanto desdibujada, mientras que Estébanez Calderón muestra un cuadro muy completo de gentes y costumbres (*Un baile en Triana*). Entre fines del siglo XIX y mediados de XX es el escenario de novelas como *La hermana San Suplicio*, de Palacio Valdés; *El embrujo de Sevilla*, del uruguayo Carlos Reyles; *Currito de la Cruz* y *la Virgen del Rocío ya entró en Triana*, de Pérez Lugín; de comedias costumbristas (*El patio*, etc.) de los hermanos Álvarez Quintero; de la obra dramática de los Machado *Juan de Mañara*, así como de versos de Manuel Machado (*Cante jondo, Sevilla y otros poemas*). Otro sevillano y buen costumbrista, José Más, ha escrito relatos tan expresivos como *La bruja*, *La estrella de la Giralda*, *Soledad*, *Por las aguas del río*, *La orgía*, *Hampa y miseria*, *Luna y sol de la marisma*... En la visión estilizada de García Lorca, Sevilla es una auténtica alegría, un goce fresco de vivir, de lo que difiere, en cambio, otro poeta y profesor de su generación, Pedro Salinas. También del 27 y sevillano, Luis Cernuda, ofrece en «La ciudad a distancia» (inserta en su libro *Ocnos*) una Sevilla argéntea y una Giralda cimbreante como una palmera. Versiones distintas son las de los poetas Romero Murube (*Sevilla en los labios*) y Rafael Montesinos (*Perdido por mi infancia*, *Las incredulidades*), así como la del novelista Manuel Halcón (*Las dueñas*), que evoca la Sevilla recogida y señora de fines del siglo XIX.

Shanti Andía Protagonista de la novela de Pío Baroja *Las inquietudes de Shanti Andía* (1911), es un muchacho vasco que narra sus aventuras de marino y que, luego de largos viajes, volverá con su familia; pero, apático, indolente y sentimental, seguirá sintiendo siempre nostalgia de su vida pasada.

Sigismunda V. PERSILES Y SIGIS-MUNDA.

Sigüenza (Guadalajara) En un bello romance ha escrito Agustín de Foxá: «Sigüenza, ¿por qué te hablaron / de arados y de trillas, / si tienes sueños de brújula / bajo la estrella polar? / ¡Sigüenza, puerto sin agua / en tu Doncel capitán / leyendo un libro de náutica / bajo plomado cristal! / Si algún día pinto mi mapa / te pondré en el litoral».

Sigüenza Personaje surgido en el libro *Del vivir* (1904), encubre a su progenitor literario, Gabriel Miró, como proyección lírica del propio autor, o bien le sirve *El libro de Sigüenza* (1917)

para iniciar sus obras autobiográficas, o incluso como protagonista e hilo conductor (*Años y leguas*, 1928). Viene a ser su otro yo. Con los ojos de Sigüenza, Gabriel Miró busca el mundo, y en el mundo, la humanidad, el paisaje, el dolor y la muerte.

Sil (río) Luis de Góngora lo evoca como «coronado de castaños y nogales». Río aurífero, lo califica Pío Baroja (*Reportajes*) de «dramático y teatral».

Silvano, un idealista profesor, insobornable e incomprendido por todos, protagoniza la obra dramática de Antonio Buero Vallejo *Aventura en lo gris* (1963).

Silvestre Paradox De las novelas de Pío Baroja *Aventuras, inventos y mixtificaciones de Silvestre Paradox* (1901) y *Paradox, rey* (1906), acusa la influencia de *Los papeles póstumos del club Pickwick*, de Dickens: tan honesto como estrambótico, inventa cosas imposibles. No tiene lo suficiente para vivir tranquilo pero nunca pierde el buen humor, aunque se mueve en medio de una bohemia triste. Cuando, una noche, le invitan a cenar, dice casi asustado: «No nos entreguemos a la prodigalidad».

Simbad el marino, protagonista de una extensa narración de viajes interpolada en las *Mil y una noches*, es recreado por Álvaro Cunqueiro en un libro delicioso, *Cuando el viejo Simbad vuelva a las islas* (1962).

Simón Verde De la narración homónima incluida en los *Cuadros de costumbres* (1852) de Cecilia Böhl de Faber, Fernán Caballero: es un hombre de pueblo de profunda religiosidad, que le lleva a extremos de verdadera abnegación, correspondida por los demás con ingratitudes.

Simona   V. URBANO.

Sinvergüenza   Como tipo social—
cada vez más extendido—aparece en la
conocida comedia de Alfonso Paso *Juicio contra un sinvergüenza* (1952).

Siralvo   V. FÍLIDA.

Sireno   V. DIANA.

Sisí,   de la novela de Miguel Delibes
Mi idolatrado hijo Sisí (1953), verdadero
alegato antimalthusiano.

Sobrina   V. AMA Y SOBRINA.

Sol   De la novela de Vicente Blasco
Ibáñez *Sangre y arena* (1908), es un prototipo de mujer fatal. Habituada a la
vida fácil de la alta sociedad, se encapricha de un joven torero, Juan Gallardo,
cuya vida destroza cruelmente.

Soledad   Como nombre de mujer,
protagoniza: *El drama universal* (1869),
poema de Ramón de Campoamor,
simbolizando el amor ideal. // En un
drama homónimo (1921) de Miguel de
Unamuno, Soledad es una mujer des-
trozada por la muerte de su único hijo.
// De la novela de Juan Antonio de
Zunzunegui *El camino alegre* (1962),
ambientada en el Bilbao de los años
veinte. // De otra novela de Antonio
Pereira, *Un sitio para Soledad* (1969).

Soledad (la)   Como carencia de
compañía es el personaje abstracto de la
novela *La quinta soledad* (1943), de Pedro
de Lorenzo.

Sóller (Mallorca)   «Pocas veces he
sentido, como en Sóller, la impresión
de encontrarme en un pueblo perfecto.
No hallo otra palabra para encontrar ese
grado de armonía, de plenitud, de haberlo logrado todo, que se experimenta

en Sóller en un día radiante de primavera» (José María Salaverría, *Viaje a Mallorca*).

Solterón (un)   Es el protagonista de
la novela de Ricardo León *Comedia sentimental* (1909): rico, egoísta y comodón, se enamora a los cincuenta años de
una sobrina de quince que ya tiene un
prometido joven. El solterón comprende que lo mejor es desistir de ese des-
proporcionado matrimonio y volver
a la placidez de su casona-palacio de
Oviedo. Acusa la influencia de *El viejo y
la niña* y de *El sí de las niñas*, de Leandro
Fernández de Moratín.

Sómnica   Protagoniza la novela histórica *Sómnica la cortesana* (1901), en la
que Vicente Blasco Ibáñez—muy influido por *Salambo*, de Flaubert—trata
de exhumar los últimos días de Sagun-
to: la acción transcurre cuando Aníbal
prepara el asalto de la ciudad, con el
cual se iniciará la segunda guerra púni-
ca. Una hermosa griega, la ex cortesana
Sómnica, se enamora del aventurero
Acteón, al que ofrece su amor y sus riquezas.

Soria   Se ha dicho, y no es tópico,
que Soria es la bien cantada, una ciudad
literaria por excelencia. Ya en las soria-
nas tierras de Medinaceli, hacia 1140 y
por un juglar anónimo—o según el
propio Menéndez Pidal por dos poetas
sorianos, el de Medinaceli y otro de San
Esteban de Gormaz—nace el *Cantar de
Mío Cid*, con escenarios en parte sorianos (el valle del Arbujuelo, Alcubilla
del Marqués, Navapalos, San Esteban).
Otros dos poemas medievales tocan
también la geografía soriana: el de los
Infantes de Lara y el de *Fernán González*,
igual que algunas vidas de santos de
Berceo (siglo XIII), así como cuatro
obras del siglo XIV: el *Libro de montería*,
de Alfonso XI; el de la *Caza*, de don

Juan Manuel; el de *Cetrería*, de Ayala; y el verso 1.222 del *Libro de buen amor*, del arcipreste de Hita, en que se alude a la importancia de esta tierra, fundadora de la Mesta: «Rehalas de Castilla, con pastores de Soria». En 1428 el marqués de Santillana es capitán-frontero en Ágreda, lo que le permite escribir sus dos *Serranillas* del Moncayo, situadas en los pueblos sorianos de Ágreda, Vozmediano y Beratón. En el siglo XVI pasan por Soria algunos grandes escritores: fray Antonio de Guevara, prior entre 1518 y 1520 del convento de San Francisco; el embajador veneciano Andrea Navagero, que cruza la provincia y la describe—en 1524—con una imprecisa alusión a Numancia; fray Luis de León, que fue lector del convento de San Agustín en 1556; y santa Teresa de Jesús, que para fundar su convento carmelitano de Soria permaneció en la ciudad del 29 de mayo al 2 de junio de 1581. En el siglo XVII pasa por Soria un importante dramaturgo, Tirso de Molina: la visita por primera vez en 1608, y en 1648 es nombrado comendador de su convento de la Merced, donde fallece. Pero ese siglo lo llena casi por entero sor María de Jesús, de Ágreda, cuya *Mística ciudad de Dios* mezcla lo teológico y lo literario y aun lo maravilloso con todo el barroquismo de aquella época de decadencia política. Un siglo después, y atraídos por su fama póstuma, visitarán el convento de Ágreda el duque de Saint-Simon y el aventurero Casanova. Luego, en la Soria aislada de la primera mitad del XIX vivirá sus años infantiles—por él recordados con nostalgia—el poeta Manuel del Palacio; ya entre 1860 y 1868 tendrán lugar los viajes y estancias de otro poeta, Gustavo Adolfo Bécquer, cuyo matrimonio con la soriana Casta Esteban le deparó felicidad y amargura, lo que daría mayor intensidad a sus obras inspiradas en Soria, las leyendas *El monte de las ánimas*, *El rayo*

de luna, *La promesa*, *Los ojos verdes*, *El gnomo*, *La corza blanca*, así como algunos artículos con dibujos de su hermano Valeriano. Años más tarde—de 1907 a 1912—otro gran poeta, también sevillano, Antonio Machado, hallará en Soria su verdadera tierra espiritual (*Campos de Castilla*, 1912) y el amor, trocado pronto en dolor por la muerte prematura de su jovencísima esposa, Leonor. Luego, de 1920 a 1922, será también catedrático del instituto de Soria Gerardo Diego. Si a Machado le había atraído el paisaje natural, a Gerardo le atrajo sobre todo el paisaje urbano de la ciudad, como una constante de su vida (*Soria*, 1923; *Soria*, 1948; *Soria sucedida*, 1977; *Soria sucesora*, 1981). Con Bécquer, Antonio Machado y Gerardo Diego, Soria se ha convertido en escenario poético. Pero se seguirán sucediendo obras poéticas en torno a ella: *Ecos de la Soria vieja* (1946), de Teodoro Rubio; *La tarde en el Mirón* (1947), de Dámaso Santos; *Soria canta* (1948), de Aurelio Rioja; *Soria pura* (1949), de Ángela Figuera; *Elegía en Covaleda* (1959) y, en parte, *Geografía es amor* (1969), de José García Nieto; *Tierra fría* (1964), de Florentino Blanco; *Poesía de nueve lustros* (1967), de Rafael Caffarena; *Poemas de San Polo* (1977), de Julio Garcés. Y otros poemas debidos a Enrique de Mesa, Vicente García de Diego, Arsenio Gállego, Gonzalo Morenas de Tejada, Mariano Granados Aguirre, Bernabé Herrero, Virgilio Soria, Agustín de Foxá, Rafael de Penagos, Victoriano Crémer, Luis López Anglada, Alfonso Canales, Benito del Riego, Concha de Marco... En prosa, desde la segunda mitad del siglo XIX han tomado a Soria como escenario o referencia literaria Ibo Alfaro, Manuel del Palacio, el padre Muiños, Antonio Pérez-Rioja, Benito Pérez Galdós (*El caballero encantado*), Antonio Zozaya (*Solares de hidalguía*), José Ortega Munilla (*Los tres sorianitos*), Pío Baroja, Miguel de Unamuno, José Ortega y Gasset, Ramón Gómez de la Serna, Federico García Sanchiz, Luis Bello, Juan Antonio Gaya Nuño (*El santero de San Saturio*), Gaspar Gómez de la Serna (*Cuaderno de Soria*), Pedro Laín Entralgo, Julián Marías y Fernando Sánchez Dragó, entre otros.

Sotileza De la novela homónima (1884) de José María de Pereda. Ese nombre es el de un instrumento de pesca y sirve de apodo a Silda, huérfana recogida por un matrimonio que la quiere y educa como a una hija. Bella, atractiva, pulcra y adorable, no se deja dominar por el ambiente zafio y vulgar que la rodea.

Susana La casta Susana, sorprendida en el baño por dos jueces ancianos—descrita en el bíblico *Libro de Daniel*—ha inspirado a diversos artistas plásticos y escritores de todos los tiempos. En nuestra literatura protagoniza la comedia de Luis Vélez de Guevara *Santa Susana o los viejos de Susana*. // Distinta es la protagonista de la comedia de Honorio Maura, en colaboración con Gregorio Martínez Sierra, *Susana tiene un secreto*. // V. CASTA Y SUSANA.

T

Tablanca Nombre literario dado por José María de Pereda, en la novela *Peñas arriba* (1893), al pueblo de Tudanca, en la montaña de Santander.

Tajo (río) «Río mayor» se le llama en el *Cantar de Mío Cid*. Garcilaso alude a «la espesura de verdes sauces» de sus riberas. Fray Luis de León le dedica la oda *Profecía del Tajo en la pérdida de España*. Lope de Vega, en *La Arcadia*, lo califica de «dorado Tajo». Céspedes de Meneses lo incluye en sus *Historias peregrinas*. Cervantes, en *Persiles y Sigismunda*, lo considera «famoso por sus arenas»; Juan de Arguijo cita «el rico Tajo»; Góngora nos habla de la primavera a lo largo del Tajo; y Tirso de Molina sitúa en sus riberas *Los cigarrales de Toledo*. En nuestro siglo lo evocan Gregorio Marañón (*Elogio y nostalgia de Toledo, El Greco y Toledo*), Pedro de Lorenzo (*Libro de los ríos de España*) y José Luis Sampedro en la novela *El río que nos lleva* (1961), donde refiere la aventura de los gancheros o conductores de la madera por este río, desde Molina de Aragón hasta Aranjuez.

Tamar Personaje bíblico recreado por Tirso de Molina en *La venganza de Tamar*, inspirada en la historia de Absalón.

Tamorlán La figura histórica de Timur Lang o Tamorlán, que en el siglo XIV renovó la gesta de Gengis Khan y amedrentó a Europa con su ferocidad, fascinó a los escritores renacentistas, que vieron en el soberano turco la personificación de un mundo exótico sujeto a todas las pasiones. En nuestra literatura aparece en la *Historia del gran Tamorlán*, de Ruy González de Clavijo (hacia 1412) y en el drama histórico de Luis Vélez de Guevara *el Gran Tamorlán de Persia*.

Tántalo Personaje de la farsa novelesca homónima (1935) de Benjamín Jarnés, donde recrea este mito clásico.

Tarifa (Cádiz) El conocido episodio histórico de Guzmán el Bueno acaecido en Tarifa lo evocó Luis Vélez de Guevara en la obra dramática *Más pesa el rey que la sangre*.

Tarsiana, del *Libro de Apolonio* (siglo XIII), es la juglaresa errante que luego reaparece en Juan de Timoneda; en la Preciosa de *La gitanilla* (1613), de Cervantes; en la Marina de Shakespeare; y en la Esmeralda de *Nuestra Señora de París*, de Victor Hugo. Sin embargo, el *Libro de Apolonio*, no publicado aún en la época de Cervantes, no pudo ser conocido por éste, lo cual hace más probable el influjo de la Politania, de Timoneda, sobre Preciosa.

Tarugo, de la comedia de Agustín Moreto *No puede ser el guardar a una mu-*

jer (1659), es un personaje muy interesante por su astucia y parece ser un precursor del Fígaro de Beaumarchais.

Tediato (de tedio, aburrimiento) representa alegóricamente, en las *Noches lúgubres* (1798) de José Cadalso, al propio autor.

Tejedor de Segovia, El V. FERNANDO RAMÍREZ.

Tenerife V. CANARIAS (ISLAS).

Teodor Protagoniza la comedia novelesca de Lope de Vega *La doncella Teodor*, inspirada en un cuento de *Las mil y una noches*: conocedora de diversas ciencias, consigue que el Califa entregue por ella cien mil dinares al señor del cual es esclava, y que éste la deje en libertad.

Teodora Procede de leyendas medievales y protagoniza la comedia de santos de Agustín Moreto—en colaboración con Cáncer y Matos Fragoso—*La adúltera penitente*: femenina y seductora, es sucesivamente enamorada, adúltera y penitente. // En *La Dorotea* (1632), acción en prosa de Lope de Vega, Teodora, madre de Dorotea, es una madre complaciente, especialmente si quien requiere a su hija es rico. // En *El gran Galeoto* (1881), de Echegaray, Teodora es la esposa de don Julián, quien sospecha que ella tiene amores con su hijo adoptivo Ernesto. V. ERNESTO; DON JULIÁN.

Teófilo Personaje de una leyenda medieval—el hombre que vende su alma al diablo y al que sólo la infinita piedad de la Virgen logra salvar—, aparece en varias literaturas (por ejemplo, en el *Fausto*, de Goethe), y mucho antes en la nuestra, al recogerlo Gonzalo de Berceo (siglo XIII) en los *Milagros de Nuestra Señora*. // De la novela de Ramón

Pérez de Ayala *Troteras y danzaderas* (1912), encarna las potencias del alma. // V. FERNANDO.

Teresa De la novela homónima (1924) de Miguel de Unamuno, es un personaje que siente una pasión idealizada por el amor romántico con una casi enfermiza sensibilidad. // Protagonista de la novela de Juan Marsé *Últimas tardes con Teresa* (1966), señorita de la burguesía catalana engañada por Manolo, un vividor y no el obrero revolucionario por el cual se había sentido atraída.

Teresa de Jesús, santa La santa, desde su Ávila natal al lugar de su muerte (Alba de Tormes), recorrió, con motivo de sus fundaciones carmelitanas, diversas ciudades y pueblos de parte de León (Salamanca, Peñaranda de Bracamonte) y Castilla la Vieja: Ávila (Arévalo, Madrigal, Villanueva, Fontiveros, Narros, Gotarrendura, Duruelo, el Parral, Mirueña, Ortigosa, Manjabalago, Villatoro, Zapardiel, Piedrahíta, Becedas, El Barco, Arenas de San Pedro, Barraco); Segovia; Valladolid (Medina, Olmedo, Fuente del Sol); Palencia; Burgos, Soria (Burgo de Osma); de Castilla la Nueva: Guadalajara (Pastrana); Madrid (Alcalá de Henares, Cadalso de los Vidrios); Toledo (Escalona, Oropesa); Ciudad Real (Malagón, Daimiel, Manzanares); Villarrobledo, Villanueva de la Jara); de Murcia (Beas de Segura, Caravaca); y de Andalucía (Córdoba, Alcolea, Palma del Río, Lora del Río, Alcalá del Río; Sevilla y Écija). // El dramaturgo José de Cañizares, de finales del período barroco, en una de sus comedias de santos, *A cual mejor, confesada y confesor*, enfrenta a dos figuras de la mística española, santa Teresa y san Juan de la Cruz. // En nuestro siglo, Teresa de Jesús ha sido recreada literariamente por Ramón J. Sender en *Tres novelas* *teresianas* (1967), centradas en aspectos conflictivos de la vida de la santa.

Teresa Mancha Personaje real y, a la vez, heroína inmortalizada literariamente por José de Espronceda en *El diablo mundo* (1840). Hija de un militar, el poeta la conoció de niña en Lisboa, y se enamoró de ella apasionadamente. La volvió a encontrar en Inglaterra, donde sus padres la habían casado con otro. Se fugó con ella a Francia; en París tomó parte en la revolución de 1830. Al fin, graves disgustos separarían al poeta de su amada. El canto II de *El diablo mundo*, independiente del poema, se ha llamado *Canto a Teresa* y es, sin duda, la mejor elegía amorosa de nuestra literatura romántica. // Rosa Chacel la ha recreado en una visión novelada, *Teresa*, describiéndola como una mujer idealista y apasionada.

Teresa del Manzanares, heroína picaresca un tanto dulcificada y urbana, gran experta en robos y todo tipo de aventuras, aparece en la novela homónima (1632) de Alonso del Castillo Solórzano, así como en *Aventuras del bachiller Trapaza* (1637) y *La Garduña de Sevilla* (1642), del mismo autor.

Teresa Panza Mujer de Sancho Panza, en el *Quijote* de Cervantes. Teresa Cascajo, aldeana hacendosa, buena madre de familia aunque codiciosa, en la segunda parte será ya Teresa Panza y convence a Sancho—pues ella no cree en las quiméricas promesas del caballero—de que le pida una remuneración fija por sus servicios de escudero.

Teruel En opinión de Pío Baroja (*La nave de los locos*, IV) es «una ciudad donde la mente hispánica se va asomando a Levante; es un punto en el cual la tierra, seca, áspera y dura, se acerca a la huerta, fértil y bien regada». «Al entrar en Teruel—dice Francisco Candel en *Viaje al rincón de Ademuz*—la carretera pasa por debajo de un puente de enormes arcadas... La carretera le da la vuelta. Al pie del borde de meseta donde está asentada, confluyen el Turia y el Alfambra. Antes de irnos a dormir, recorremos Teruel. Está pronto recorrido; después de dar una pequeña vuelta, retornas al mismo sitio. Entramos en la catedral. Luego, admiramos las torres mudéjares. Con su ladrillo rojo y los adornos de cerámica, son preciosas. Están muy bien iluminadas y vale la pena verlas».

Tetrarca Se llamó así a cada uno de los cuatro príncipes que compartían el poder en una tetrarquía (por ejemplo en Palestina, en tiempos de Cristo, o en la Roma de Diocleciano). Un tetrarca es el protagonista del drama de Calderón *El mayor monstruo los celos*, donde el autor lleva a la escena un asunto histórico que luego serviría a Voltaire para una de sus tragedias. Se trata de una extraña pasión de celos: el tetrarca no les puede tener de Marianne, porque ningún rival le disputa su amor, sino de su propia obsesión por los celos, pues le atormenta pensar que, muerto él, su esposa pueda ser de otro hombre.

Tía Tula Protagonista de la novela *La tía Tula* (1921), de Miguel de Unamuno. Gertrudis—que tal es su nombre—nació para ser tía, para ser madre sin maternidad física. Al morir su hermana Rosa, casada con Ramiro, Gertrudis hará de madre de los tres sobrinos e incluso favorecerá el matrimonio de su cuñado con la criada de la casa. Gertrudis—toda abnegación y sacrificio—guardará para sí las obligaciones a cambio de nada. Típicamente unamunesca, como dirá su autor, «el artificio se hizo en ella arte, y luego poesía, y por fin, más profunda naturaleza que la del instinto ciego. Fue un culto, un sacrificio, casi un sacramento».

Tiberio La controvertida figura histórica de este emperador romano aparece recreada literariamente primero en la novela—muy bien documentada en Suetonio—de Eduardo Barriobero y Herrán *Syncerato el parásito* (1907), y después en el ensayo de Gregorio Marañón *Tiberio* (1939), subtitulado *Historia de un resentimiento*.

Tierra de Campos V. Palencia.

Tigre Juan, de la novela homónima (1926) y de su continuación *El curandero de su honra* (1926), de Ramón Pérez de Ayala, así llamado por su aspecto fiero, en vez de Juan Guerra. Es un vendedor del mercado de Pilares (Oviedo) cuya vida, honrada y austera, se ve animada únicamente por la presencia de Colás, un muchacho al cual ha recogido y educado. Su mujer huye con otro y cuando vuelve, en lugar de matarla, resuelve suicidarse: es como una tardía, extraña y calderoniana víctima del honor ultrajado.

Tío Juan, personaje representativo del hombre de pueblo andaluz, lo recoge José Nogales en la novela *Las tres cosas del tío Juan*.

Tío Lucas Astuto y hábil para los negocios, feo, honrado y simpático, el tío Lucas—el molinero de la novela corta de Pedro Antonio de Alarcón *El sombrero de tres picos* (1874), luego convertida en ballet por Manuel de Falla—es un hombre afortunado. Sus asuntos marchan bien y tiene una mujer, Frasquita, bella y adorable. Su matrimonio sufre una crisis por el asedio al que el Corregidor somete a Frasquita, pero la fidelidad de ésta conduce a un final feliz. V. Corregidor, El; Frasquita.

Tirano Banderas Protagoniza la novela homónima (1926) de Ramón del Valle-Inclán, acaso la más lograda. «Tirano Banderas—dice Pedro Salinas—es apoteosis caricaturesca y sangrienta del desdichado tipo histórico del generalote o el generalito que a las primeras de cambio se alza, con su espadón, contra cualquier clase de libertad civil y que mucho ha castigado a las repúblicas hispanoamericanas, aunque no tanto como a la antigua madre patria». Es un personaje obsesivo de su autor (véase, por ejemplo, Tragatundas). Viene a ser un déspota ilustrado: ama las artes y la cultura pero no cree en las capacidades del pueblo. Tirano Banderas es antecesor y modelo de otras grandes novelas sobre dictadores: *El señor presidente* (1946), de Miguel Ángel Asturias; *El recurso del método* (1974), de Alejo Carpentier; *Yo, el Supremo* (1974), de Roa Bastos; y *El otoño del patriarca* (1975), de Gabriel García Márquez.

Tirreno, de las *Églogas* de Garcilaso de la Vega, pondera la belleza de su amada, la pastora Flérida. V. Alcino.

Tirsi, de *La Galatea* (1585) de Cervantes, nombre con el cual encubre al poeta Francisco de Figueroa.

Tisbe De *El burlador de Sevilla*, atribuido a Tirso de Molina, está locamente enamorada de Don Juan. // V. Píramo y Tisbe.

Tito Liviano Cual si lo hubiera concebido como un Tito Livio menor, es el narrador de la última serie de los *Episodios nacionales*, de Benito Pérez Galdós, a los que impregna de evidente gracejo, así como una especie de musa barriobajera de la historia, a la que el autor bautiza con el expresivo nombre de Mari Clío.

Tizona Viene a ser el reflejo de un gran personaje, cual si tuviera personalidad propia, ya que esta espada, la más famosa del Cid Campeador—tantas veces citada en el *Cantar*—ha pasado a la posteridad con el valor de un símbolo. «Es más valiente que la espada del Cid», dice una frase proverbial; o, como afirma el poeta chileno Vicente Huidobro, «es, entre las espadas, lo que el Cid entre los hombres».

Tobías Judío de Samaria, cautivo en Asiria al que el arcángel Rafael devolvió la vista según el libro bíblico homónimo cuya autenticidad ha sido puesta en duda. Lope de Vega hizo una adaptación escénica de su vida titulada *Historia de Tobías*. En nuestro siglo lo recrea Gonzalo Torrente Ballester en *El viaje del joven Tobías* (1938), con el propósito, muy de la España nacional de ese momento, de actualizar el auto sacramental, si bien la habilidad del autor, para disimular, situó la acción en tierras tropicales y en la época del romanticismo.

Toboso, El (Toledo) Es la aldea de la amada ideal de don Quijote, «la princesa labradora», Dulcinea, que, según su creador literario, Cervantes, se llamaba Aldonza—Aldonza Lorenzo—, nombre entonces muy vulgar y despectivo. Este hermoso pueblo manchego, célebre por sus tinajas, es uno de los escenarios itinerantes de la inmortal novela cervantina.

Toledo Crisol de las culturas cristiana, islámica y judía en el siglo XIII, modélico conjunto histórico-artístico de la civilización española, es uno de los escenarios más presentes y evocados en nuestra literatura. Ya en el siglo XIII Berceo hace una referencia a la ciudad; a fines del XV las hay también en *El corbacho* (1498), del arcipreste de Talavera, y acaso, sin explicitarla, en *La Celestina* (1499),

de Rojas. Entre los siglos XVI y XVII es mucho más patente: en las *Églogas* de Garcilaso, donde el río Tajo, «en áspera estrecheza reducido», va casi ciñendo un monte y allá, en lo alto, aparece la ciudad, «una ilustre y clara pesadumbre, de viejos edificios coronada», «la más felice tierra de España», es también uno de los escenarios del *Lazarillo de Tormes* (1554); y en su centro mismo, cerca de Zocodover, sitúa Cervantes el mesón del Sevillano, donde se desarrolla la acción de su novela ejemplar *La ilustre fregona* (1613), o, bordeados por el Tajo, *Los cigarrales de Toledo* (1621), de Tirso de Molina. Cervantes en *La guarda cuidadosa* (1615) y Lope de Vega en *La gatomaquia* (1634) alaban los cántaros de Talavera. De la época romántica se deben recordar un poema en quintillas de Zorrilla; algunas leyendas de Gustavo Adolfo Bécquer (*Tres fechas, El beso, La rosa de pasión, El Cristo de la Calavera*) y el único tomo que publicó sobre San Juan de los Reyes de la que iba a ser «Historia de los templos de España». La catedral toledana, o si se prefiere, la ciudad dominada por el clero, es el protagonista de fondo de dos significativas novelas: *La catedral* (1903), de Blasco Ibáñez, y *Ángel Guerra* (1890-1891), de Galdós; este último ambientó en Toledo también varios capítulos de *El audaz* (1870), haciendo además no pocas referencias a la imperial ciudad en la segunda parte de los *Episodios nacionales* (*Los apostólicos, unos facciosos más y algunos frailes menos*). El pedagogo y crítico de arte Manuel Bartolomé Cossío, en su obra *El Greco* (1908), y el ensayista francés Maurice Barrès, en *El Greco o el secreto* de Toledo (1913), contribuyeron a revalorizar artísticamente la ciudad. Por otro lado, Toledo sirve de iniciación en el conocimiento de España a los escritores de la generación del 98 y a sus continuadores: Jacinto Benavente sitúa el drama rural *Señora ama* (1913) en tierras toledanas;

Pío Baroja ambienta su novela *Camino de perfección* (1902), erótica y mística a la vez, en las tortuosas callejitas de Toledo, ciudad a la cual dedica también páginas magistrales Ramón del Valle-Inclán en *La lámpara maravillosa* (1916). En los años veinte y treinta del presente siglo Félix Urabayen, con visión simbolista, nos muestra un Toledo que no es sólo el ambiente, sino el protagonista (*Toledo: Piedad*; la novela *La última cigüeña*; *Toledo, la despojada*, *Don Amor volvió a Toledo*, *Estampas toledanas*, *Serenata lírica a la vieja ciudad*, *Estampas del camino*, *Por los senderos del mundo creyente*). El Toledo del siglo XVI lo evoca Luis Fernández Ardavín en la obra dramática *La dama del armiño* (1922). Otros grandes escritores, como Azorín, Ortega y Gasset, Gregorio Marañón (*El Greco y Toledo, Elogio y nostalgia de Toledo*), Ramón Gómez de la Serna (*El Greco*), el poeta checo-alemán Rainer Maria Rilke (*Epistolario español*), el ensayista francés Camille Mauclair (*La espléndida y áspera España*), otro ensayista, el alemán Waldo Frank (*España virgen*) y los poetas españoles José García Nieto (*Toledo; Geografía es amor*), Manuel Alcántara, Rafael Morales o Jesús Cancio (*Cancionero de La Sagra*), entre otros, han dedicado a Toledo, sus tierras y sus pueblos no pocas páginas.

Tomás, del drama de Antonio Buero Vallejo *La fundación* (1974), ha de rendirse a la evidencia de que es un prisionero en medio de una realidad objetiva meramente aparencial y otra subjetiva, que es la verdadera.

Tomás Portolés De la novela de Ricardo León *Las siete vidas de Tomás Portolés* (1931), es un extraño y curioso personaje que ofrece diversos desdoblamientos de personalidad.

Tomás Rodaja, protagonista de la novela ejemplar de Miguel de Cervantes

El licenciado Vidriera (1613). Estudiante de leyes en Salamanca, recorre diversos países como soldado y cuando retorna a su ciudad, pierde el juicio a consecuencia de un hechizo amoroso. Da entonces en la locura de creerse de vidrio—de donde procede su nombre—y de lanzar verdades a diestra y siniestra. Algunos críticos ven en Vidriera una figura gemela a la de don Quijote, y en su extraña locura el símbolo de la misantropía que anhela la verdad. A semejanza del hidalgo manchego, Vidriera abandona este mundo cuando su demencia toca a su fin. Cual si fuera un anticipado personaje pirandelliano, cuando loco encontraba ayuda y aplausos, y una vez cuerdo deja de ofrecer interés. // Aparece en una comedia homónima de Agustín Moreto, en la cual la locura del personaje es fingida, pues se trata de una estratagema para enamorar a una dama. // *El licenciado Vidriera* (1915) es el título de una novela de Azorín: el personaje es una visión subjetiva de Azorín con respecto al de Cervantes.

Tomé Burguillos No es propiamente un personaje, sino un seudónimo con el cual publicó Lope de Vega sus *Rimas humanas y divinas* (1634), de indudable interés autobiográfico.

Tomelloso (Ciudad Real) Escenario en que Francisco García Pavón, natural de esta localidad, sitúa algunas de sus novelas.

Tonta y tonto, como prototipos de personas de escaso entendimiento, suelen ser frecuentes en nuestra literatura. Situándonos en nuestro siglo, recordemos, en *La tonta del bote*, del sainete homónimo de Pilar Millán Astray, a la muchacha servicial y de tierno corazón a la que se supone tonta antes que buena; o los innumerables tontos de la obra novelística de Camilo José Cela: el tonto del pueblo, el tonto del haba, el tonto del albaricoque, etc.

Torcuato V. DELINCUENTE HONRADO, EL.

Tormes (río) Lo canta Garcilaso en sus *Églogas*: «la verde vega, grande y espaciosa», aludiendo a sus riberas; lo evoca fray Luis de León en la introducción a *De los nombres de Cristo*: «Y más adelante, y no muy lejos, se veía el río Tormes, que, en aquel tiempo, hinchando bien sus riberas, iba torciendo el paso por aquella ribera»; y completa el título, como determinativo de origen del personaje de nuestra primera novela picaresca, el *Lazarillo de Tormes*.

Toros y toreros, como escenario o protagonistas de nuestra fiesta nacional, aparecen con frecuencia en la literatura. Ya en el siglo XVIII, en las famosas quintillas de don Nicolás Fernández de Moratín *Fiesta de toros en Madrid*. En el siglo XX en *La fiesta nacional* (1906), bellísimo poema de Manuel Machado; en la novela *Sangre y arena* (1908), de Vicente Blasco Ibáñez; en otra novela, terrible alegato contra la fiesta, *Las capeas* (1915), de Eugenio Noel; en *Currito de la Cruz* (1912), conocidísima novela de Alejandro Pérez Lugín, plagada de tópicos en torno a la vida y milagros de un torero andaluz; en *El torero Caracho* (1926), de Ramón Gómez de la Serna, uno de los mejores relatos escritos sobre la fiesta; en *La toríada* (1928) y en *Romances del ochocientos* (1929), espléndidos libros de poemas de Fernando Villalón; en otra bella obra poética, *Los poemas del toro* (1943), de Rafael Morales; en algunas novelas como *La última corrida* (1958) de Elena Quiroga y *Los clarines del miedo* (1958) de Ángel María de Lera, las dos sobre la fiesta en el ámbito rural; en el conjunto de relatos *La gran temporada* (1960),

de Fernando Quiñones; y, en fin, en otros dos libros debidos a dos grandes poetas: *La suerte y la muerte* (1963), de Gerardo Diego, y *Summa taurina* (1963), de Rafael Alberti.

Torquemada Fray Tomás, el famoso inquisidor del siglo XV, inspiró un drama homónimo (1882) al poeta francés Victor Hugo. // Benito Pérez Galdós bautizó con ese nombre al personaje central de su tetralogía novelesca compuesta por *Torquemada en la hoguera* (1889), *Torquemada en la Cruz* (1893), *Torquemada en el Purgatorio* (1894) y *Torquemada y san Pedro* (1895): se trata del ascenso progresivo de un usurero que, cuando se halla suficientemente enriquecido, se convierte en financiero, en senador y en uno de los puntales de la patria. Como ha dicho muy bien Federico de Onís, «de los innumerables personajes de Galdós, escogió uno para hacer de él el estudio más detenido, profundo y amoroso que jamás hizo de un alma humana. Y escogió precisamente aquél a quien la Naturaleza parecía haberle negado las más elementales cualidades de la humanidad».

Torremolinos, la playa malagueña de la Costa del Sol, es el escenario de la novela de José María Souvirón *Cristo en Torremolinos* (1972), una trama de amor envuelta en planteamientos socio-religiosos; también lo es de la novela de humor de Ángel Palomino, *Torremolinos, Gran Hotel* (1971).

Torres Villarroel, Diego de Autor y protagonista de su extraordinaria *Vida* (1751), novela autobiográfica escrita para reivindicar su persona y su obra literaria, atacadas por la envidia y la incomprensión de sus contemporáneos. En este libro singular, dice de sí mismo: «La pobreza, la mocedad, lo desentonado de mi aprensión, lo ridículo de mi estudio, mis almanaques, mis coplas y mis enemigos me han hecho hombre de novela, un estudiantón extravagante y un escolar entre brujo y astrólogo, con visos de diablo y perspectivas de hechicero. [...] Paso por un Guzmán de Alfarache, un Gregorio Guadaña y un Lázaro de Tormes». Como un Quevedo redivivo en pleno siglo XVIII, expresó su poco apego de vivir con estas palabras: «Porque sólo creo que nos hemos de morir todos de la calentura de haber nacido». Además de gran estudioso y excelente escritor, es un «personaje por sí mismo», y esta su *Vida*, sincera y originalísima, es un libro aparte, un documento directo de su personalidad singular, por cuanto resulta una de las obras más significativas de las letras españolas y no tiene parangón en las demás literaturas extranjeras.

Torrijos, José María de Este general, defensor de las libertades decimonónicas que fue fusilado junto con sus compañeros—hecho plasmado por Gisbert en un famoso cuadro—, es evocado por José de Espronceda en un soneto laudatorio, y posteriormente en un romance popular de Federico García Lorca.

Torroella, Pere Pasó su vida al servicio del príncipe Carlos de Viana, Juan II de Navarra y Alfonso el Magnánimo, en cuyas cortes ejerció como consejero. De ahí que Juan de Flores lo convirtiera en uno de los personajes de su sentimental *Historia de Grisel y Mirabella* (1495), atribuyéndole una muerte fantástica.

Trabajo (el), en un sentido humanista, es el personaje colectivo de varias novelas del malogrado Ignacio Aldecoa: *El fulgor y la sangre* (1954), *Con el viento solano* (1956), *Gran Sol* (1947), *Parte de una historia* (1967). // En abstracto o

como alegoría, protagoniza el libro de poemas de Ramón de Garciasol *Los que viven por sus manos* (1970).

Tradición Los prejuicios de una tradición mal entendida como rémora u obstáculo son el protagonista de fondo de la novela de Vicente Blasco Ibáñez *Los muertos mandan* (1908).

Trafalgar La batalla naval ganada por la armada británica al mando de Nelson sobre la flota francoespañola en aguas gaditanas del cabo de Trafalgar (21 de octubre de 1805), precedente inmediato de la guerra de la independencia, es el escenario de fondo del primero de los *Episodios nacionales*—y uno de los más logrados—de Benito Pérez Galdós.

Tragatundas, de sonoro y rotundo nombre, es el hinchado y fanfarrón personaje de *Farsa y licencia de la Reina Castiza* (1909-1920), de Ramón del Valle-Inclán, que sale a escena y dice, amenazando con sacar las pistolas: «¡A mí, los demagogos proletarios!, / uno por uno me los escabecho / y que haga la prensa comentarios».

Trampagos Protagonista del entremés en verso de Miguel de Cervantes *El rufián viudo* (1615)—que elige a una amiga entre las varias aspirantes a serlo , recuerda el Monipodio de *Rinconete y Cortadillo*, del mismo autor.

Trapaza Pícaro y ladrón, protagoniza la novela de Alonso del Castillo Solórzano *Aventuras del bachiller Trapaza* (1637): lucha y se las ingenia para saciar el hambre y las estrecheces económicas a costa del prójimo. Recuerda al Buscón y a Guzmán de Alfarache, fundiéndose en él lo picaresco y lo cortesano.

Trevélez V. SEÑORITA DE TREVÉLEZ, LA.

Tristán Personaje que, inspirado en remotas tradiciones de Gales, Cornualles y del mediodía francés, encarna un concepto del amor humano que se sobrepone a toda luz e incluso a la misma muerte. La famosa leyenda de Tristán e Iseo—que inspiraría a Wagner las páginas más elevadas, acaso, del teatro musical de todos los tiempos—tiene sus orígenes en la mitología clásica (Teseo, Egeo, Midas, Céfalo). En España hay varias versiones, entre las que destaca el *Libro del esforzado caballero don Tristán de Leonís* (1501), con una segunda parte, de 1534. // De la novela de Armando Palacio Valdés *Tristán o el pesimismo* (1906), la preferida de su autor. Tristán de Aldana es un hombre que todo lo encuentra mal y que, voluntariamente, se hace desgraciado por el triste y peyorativo concepto que tiene de la sociedad que le rodea.

Tristana Protagonista de la obra homónima (1892) y una de las figuras más amargas del mundo novelesco de Benito Pérez Galdós. Se trata de una huérfana seducida por su tutor. Ella cree que puede regenerar su vida en el amor de un pintor joven, dispuesto a olvidar su pasado. Pero ese nuevo amor se rompe y Tristana se casa con su ya anciano seductor. Y hay un instante en que le dice: «Toda mujer aspira a casarse con el hombre que ama; yo, no. Yo te quiero y te querré siempre, pero deseo ser libre». Lo cierto es que ha pasado a la indiferencia de sí misma porque no ha encontrado, o a lo más ha perdido, su propia identidad.

Trotaconventos, de muy expresivo nombre, es una de las figuras más representativas del *Libro de buen amor*, del arcipreste de Hita (siglo XIV). «Vieja artera y maestra de mucho saber», es el prototipo de la tercera o alcahueta, antecedente de Celestina, y cuya progenie literaria se continuaría después en la Gerarda de *la Dorotea* y en la Fabia de

El caballero de Olmedo, ambas de Lope de Vega, y ya en el siglo XIX, en la Brígida del *Don Juan Tenorio* de José Zorrilla.

Trujamán En el *Quijote*, un humilde y anónimo ayudante de maese Pedro, que luego recreará musicalmente Manuel de Falla en su *Retablo de maese Pedro*.

Trujillo (Cáceres) «Dimos vista a Trujillo, la cuna de los Pizarros, la patria de los conquistadores. La masa de sus torres y sus ruinas se recortaba sobre el cielo. Es Trujillo una ciudad abierta, clara, confortable. Su plaza ofrece un hermoso punto de vista; casas señoriales con sus escudos historiados, y entre ellas, las que fundaron los marqueses de la conquista, los descendientes de Gonzalo Pizarro, y torres de iglesias en derredor» (Miguel de Unamuno, *Por tierras de Portugal y España*).

Trovador, El V. MANRIQUE y LEONOR.

Tudanca (casona de) Toma nombre de un hermoso valle que tiene como fondo los Picos de Europa. La llama Tablanca, en *Peñas arriba* (1894), José María de Pereda. Vivió luego en ella José María de Cossío y conserva en su biblioteca autógrafos de su hermano Francisco, Unamuno, Gerardo Diego, Jorge Guillén, Alberti y otros poetas y artistas que por allí pasaron. V. TABLANCA.

Tula V. TÍA TULA.

Turégano (Segovia) «La villa es preciosa y su plaza constituye el tema pictórico más inevitable. Plaza y castillo componen una imagen tentadora, casi ineludible, para el paisajista de temperamento romántico» (Dionisio Ridruejo, *Castilla la Vieja*, II).

Turia (río) Lo personifica Gaspar Gil Polo en la figura del Viejo Turia—con su cabeza coronada de hojas de roble y de laurel—en su novela pastoril *La Diana enamorada* (1564); Góngora habla de las fértiles orillas del Turia, en perenne primavera; y Lope de Vega lo evoca en *La Arcadia* (1598). En nuestro tiempo, dice Azorín (*Valencia*): «El Turia no pasa caudaloso por Valencia, como pasa el Sena por París. Pero yo estaría largo rato contemplando las aguas, aguas rojizas, que, por el centro del cauce, van corriendo hacia el mar».

Tuy (Pontevedra) «Cabeza de una de las siete provincias del antiguo reino de Galicia, corte de Witiza y de los reyes suevos, adelantada en las guerras de Portugal, solar de nobles estirpes, arcaica, silenciosa, levítica, ha quedado Tuy anclada en la orilla del Miño, y también, en la orilla del tiempo» (Carlos Martínez Barbeito, *Galicia*).

Tuzaní, de la comedia histórica de Calderón *Amar después de la muerte* (1633), es el tipo del vengador africano, tenebroso y calculador.

U

Ulises El mito de Ulises—narrado en *La Odisea* homérica—tiene una tradición poética que, desde sus orígenes, se ha difundido en las diversas literaturas a lo largo del tiempo. En la nuestra, cabe recordar: *Los trabajos de Ulises*, de Luis Belmonte Bermúdez; *La Circe* (1624), de Lope de Vega; el auto sacramental *Los encantos de la culpa* (1649) y la comedia *El mayor encanto, amor* (1635), de Calderón. Vicente Blasco Ibáñez personifica alegóricamente el mar Mediterráneo en Ulises Ferragut, protagonista de su novela *Mare Nostrum* (1918). Álvaro Cunqueiro lo recrea, de modo evasivo y fantástico, en la deliciosa novela de humor *Las mocedades de Ulises* (1960). Lo evoca poéticamente Luis González Martos en la obra titulada *Encuentro con Ulises*.

Ulla (río) «El valle del Ulla, grato e inolvidable siempre para toda persona sensible, resulta particularmente incitante y bello cuando llega, lento y áureo, el otoño en su caballo de color de uva» (José María Castroviejo, *Galicia, guía espiritual de una tierra*).

Urbano Personaje central de las novelas de Ramón Pérez de Ayala *Luna de miel, luna de hiel* (1923) y *Los trabajos de Urbano y Simona* (1923). Es un muchacho—víctima de la educación recibida—que vive en una absoluta ignorancia sexual, lo que le acarreará lamentables consecuencias, incluso la ruptura matrimonial. Supone una acerba crítica social. V. DOÑA MESALINA.

Urganda, del *Amadís de Gaula*, es la hechicera que encanta al caballero y a su séquito en la Ínsula Firme. Cervantes, en el *Quijote*, la llama «Urganda la desconocida». V. AMADÍS DE GAULA.

Urraca V. DOÑA URRACA.

Urrea, Pedro de, de este linaje aragonés que, como los Coronel y los Luna, se disputaron el poder político en el siglo XV, sirve de protagonista a la novela histórica de Tomás Salvador *El arzobispo pirata* (1982). Arzobispo de Tarragona, escribe unas memorias en las cuales evoca su fascinante historia al servicio del papa Calixto III como religioso y al del rey Alfonso V, como aragonés. Es un personaje muy representativo de la expansión mediterránea de la casa de Aragón en el siglo XV.

Utah Protagonista de la novela de Juan Goytisolo *El circo* (1957), simboliza la rebelión de la fantasía frente a la vulgaridad actual.

V

Valcanillo   Figura central de las *Historias de Valcanillo* (1951), de Tomás Salvador.

Valdepeñas (Ciudad Real)   Dice Camilo José Cela, en *Primer viaje andaluz*: «Valdepeñas, un pueblo grande extendido en la llanura, tiene su corpanchón artesano por entre las colinas de San Cristóbal, de Castilnuevo y de las Aguzaderas... En Valdepeñas se cría muy buen vino, de gustoso y recio paladar, que se sube pronto a la cabeza pero no despierta las malas inclinaciones».

Valdovinos   Aparece en el romancero y es llevado al teatro por Lope de Vega en la popularísima comedia caballeresca *El marqués de Mantua* (1600-1602)—del cual era sobrino—y por Jerónimo de Cáncer en *La muerte de Valdovinos*: en las bodas de Valdovinos y la infanta Sevilla, el príncipe Carloto se enamora de ésta. Para conseguirla, invita a Valdovinos a una cacería, donde hace asesinarle, y lo abandona en el monte.

Valencia   En el *Cantar de mío Cid* ya se ofrece—desde lo alto del alcázar de Valencia—una precisa visión de la ciudad, «la clara», con la huerta, «espesa y grand» y por fin, distante, el mar. En el siglo XV la describe el viajero alemán Jerónimo Münzer. La sociedad valenciana de la segunda mitad del siglo XVI se refleja en la comedia de Francisco Tárrega, *El Prado de Valencia.* A comienzos del XVII no faltan referencias a la ciudad del Turia en autores tan significativos como Cervantes y Lope de Vega. En el siglo XIX algunos escritores costumbristas locales recogieron en el teatro satírico (Escalante), en el periódico y en la poesía (Teodoro Llorente) y en la novela (Vicente Blasco Ibáñez) los paisajes, los tipos y las incidencias de su vida urbana y rural, siendo Blasco de todos ellos quien ha descrito con mayor riqueza de colorido, ya la vida de la huerta (*La barraca*), ya la de los pescadores (*Flor de Mayo, Cañas y barro*) o de la burguesía valenciana (*Arroz y tartana*), y eso y otros aspectos en los *Cuentos valencianos* y en la novela *Entre naranjos*. La ciudad sirve también de escenario a la novela de Palacio Valdés *La alegría del capitán Ribot* y al ensayo *Valencia*, de Azorín, autobiográfico en buena parte.

Valladolid   En un pasaje del *Lazarillo de Tormes* (1554) hallamos una alusión a la calle de Platerías vallisoletana. Y el hospital de la Resurrección, a las afueras de la ciudad, es el escenario del *Coloquio de los perros* (1613), de Cervantes. Ya en el arranque del romanticismo, tres significativos poetas vallisoletanos—Zorrilla, Núñez de Arce y Emilio Ferrari (*Las tierras llanas*)—dedican a su tierra natal algunas de sus mejores páginas, y años después, el erudito profe-sor—gran estudioso de Zorrilla—Narciso Alonso Cortés; y más tarde otros vallisoletanos, como los poetas Jorge Guillén, Francisco Pino, José María Luelmo o Francisco Javier Martín Abril; y novelistas como Miguel Delibes, Francisco Umbral, Elena Santiago y Carolina Dafne Alonso Cortés, entre otros. Asimismo, escritores no vallisoletanos, como Unamuno, Azorín o Camilo José Cela; y desde el siglo XV acá, extranjeros como Enrique Cock, Andrea Navagero, Camilo Borghese, Pinheiro da Veiga, Bertaut, Sobiewski, Borrow, Davillier, Gautier y De Amicis.

Valldemosa (Mallorca) «Tiene su tradición y hasta su leyenda literaria. Lo prestigió la Jorge Sand, que pasó allí un invierno con el pobre Chopin, enfermo de tisis y enfermo de la Sand y de música, que fue a buscar alivio y recreación en aquel aire alimenticio y aquella luz vivificante. También Rubén Darío pasó por Valldemosa una temporada en sus últimos tristes y torturados años, acaso la última temporada en que gozó de alguna paz» (Miguel de Unamuno, *Andanzas y visiones españolas*).

Válor, Fernando de V. ABÉN HUMEYA.

Vandalio Nombre con que encubre el suyo propio en sus poesías amatorias Gutierre de Cetina.

Vasco (País) Como escenario o como protagonista de fondo está presente desde las crónicas medievales hasta la poesía y la narrativa de nuestros días. El paisaje y los tipos populares vascos aparecen en la poesía decimonónica e ingenua del vizcaíno Antonio de Trueba, llamado «Antón el de los Cantares» (*Cuentos populares*). Visión muy distinta de su tierra, y sobre todo de su Bilbao

nativo, es la de Miguel de Unamuno, singularmente en la novela *Paz en la guerra* (que evoca la ciudad de su niñez, durante la segunda guerra carlista) y en obras como *Andanzas y visiones españolas*, *De mi país*, *Por tierras de Portugal y España*... Otro vasco, Pío Baroja, ha visto con gran penetración su paisaje y sus tipos y, como fondo, el mar (*La casa de Aizgorri*, *El mayorazgo de Labraz*, *Zalacaín el aventurero*, *Las inquietudes de Shanti Andía*, *Idilios vascos*, *El cura de Monleón*, *La leyenda de Juan de Alzate*); su hermano Ricardo, pintor y grabador, ha escrito obras de interés local y evocación histórica (*La nao capitana*; *Carnashu*). El levantino José María de Salaverría vivió y sintió como pocos el País Vasco (*Alma vasca*; *Iparaguirre, el último bardo*; *Guía sentimental del País Vasco*). El paisaje vasco es el escenario de la conocida comedia lírica *El caserío* (1926), de Guillermo Fernández-Shaw, con música de Guridi. Lo más significativo—racial e históricamente—del pueblo vasco late en la obra del poeta bilbaíno Ramón de Basterra: *Las ubres luminosas*, *La sencillez de los seres*, *Los labios del monte*. Otro poeta, el guipuzcoano Gabriel Celaya, seudónimo de Rafael Múgica Celaya, aborda a veces los paisajes y motivos autóctonos (*Cantos íberos*, *Rapsodia eúskara*, *Baladas y decires vascos*). El madrileño de ascendencia bilbaína Rafael Sánchez Mazas ambienta su novela *La vida nueva de Pedrito de Andía* (1951) en el mundo refinado de la alta sociedad vizcaína. Juan Antonio de Zunzunegui ha dedicado lo mejor de su obra narrativa a su Bilbao nativo (*Chiripi*, *El chiplichandle*; la serie *Cuentos y patrañas de mi ría*). Otro vasco, el periodista y novelista Luis de Castresana, ha hecho de su tierra el escenario de algunas de sus obras (*El pueblo olvidado y otros relatos del País Vasco*, *Maite y otras fabulaciones vascas*, *Elogios, asperezas y nostalgias del País Vasco*).

Véjer de la Frontera (Cádiz)
Gabriel Araceli, protagonista de *Trafalgar* y de toda la primera serie de los *Episodios nacionales* de Benito Pérez Galdós, pasa su infancia en un barrio pobre de Cádiz y luego, sirviendo como paje en Véjer de la Frontera, en la casa del anciano Cisniega.

Vejez Una mesurada reflexión sobre la vejez que se aproxima es—con las tierras de Castilla como escenario—el verdadero protagonista del libro autobiográfico de Miguel Delibes *El último coto* (1992), en torno a unas sencillas anotaciones sobre la caza.

Velázquez, Diego El gran pintor de la escuela sevillana del siglo XVII es el personaje central de la obra dramática de Antonio Buero Vallejo *Las Meninas* (1960). El autor pone en boca del artista estas supuestas y expresivas palabras: «Estamos viviendo de mentiras y de silencio. Yo he vivido de silencios, pero me niego a mentir».

Ventas Estas antiguas posadas de los caminos o despoblados para hospedaje de transeúntes sirven, no pocas veces, de escenario en nuestra literatura. El más clásico antecedente es el *Quijote*. «Autores hay—escribe Cervantes de don Quijote—que dicen que la primera aventura que le avino fue la de Puerto Lápice». // En pleno siglo XIX fue un famoso ventorrillo, una casita blanca de Sevilla, denominada la Venta de los Gatos, hoy ya una ruina abandonada, la que inspiró a Gustavo Adolfo Bécquer la famosa leyenda de ese nombre. // En nuestro siglo, Antonio Machado (*Campos de Castilla*, 1912) hace una precisa referencia a la Venta de Cidones, a diecisiete kilómetros de Soria.

Ventero Como observa Guillermo Díaz-Plaja, la primera situación teatral del *Quijote* (I, III) se presenta en la escena en la que el hidalgo le pide al ventero que le arme caballero. De modo deliberado el ventero colabora con la locura quijotesca: le hace creer que él también fue caballero andante y que la venta es un castillo. // *El ventero* es el título de una obra costumbrista del duque de Rivas.

Veruela Este antiguo monasterio cisterciense, junto a Vera de Moncayo (Zaragoza), situado en un paraje bellísimo, fue reclamo para románticos como los hermanos Bécquer, moradores con sus familias en su hospedería, entonces abandonada, en 1864. Allí hizo primorosos dibujos Valeriano y escribió Gustavo Adolfo las *Cartas desde mi celda* (1864), serie de relatos descriptivos, a veces fantásticos, sobre estas tierras y sus gentes (Añón, Trasmoz, Agramante).

Viana V. PARIS Y VIANA.

Vicario, El Protagonista de la novela homónima (1905) de Manuel Ciges Aparicio: un sacerdote que, entre dudas y desorientaciones, llega a perder la fe. Se considera un antecedente de la novela de Miguel de Unamuno *San Manuel bueno, mártir*.

Vicente Es el niño sabihondo e insoportable de la novela humorística de Rafael Azcona *El repelente niño Vicente* (1955).

Vicios Personaje alegórico de *Los sueños* (1627), de Quevedo, quien los analiza con la sátira, la ironía y el sarcasmo en él característicos.

Víctor Goti, de la novela *Niebla* (1914), de Miguel de Unamuno. Firma el prólogo, aparece como amigo del autor y del protagonista y se sitúa como personaje de la trama novelesca, y es introductor, en paralelo con Unamuno, de la fabulación. Parece un anticipo de los desdoblamientos de personalidad introducidos por Pirandello en *Seis personajes en busca de autor* (1921).

Victoria y Cruz De la obra dramática de Benito Pérez Galdós *La loca de la casa* (1892). Son símbolos de ideas abstractas opuestas y paradigma de diferencias entre los dos sexos: la fuerza en él; la gracia y la inspiración en ella, gracias a la cual—«la loca de la casa»—salvará a su familia de situaciones difíciles.

Victoria e Hipólito Coprotagonistas de la comedia de Jacinto Benavente *La comida de las fieras* (1898): la reconciliación de Victoria e Hipólito restaura en su anterior cariño y felicidad los restos de la fortuna derrochada y el linaje empobrecido de la marquesa de San Severino, nombre literario bajo el cual encubre el autor probablemente a los duques de Osuna, ejemplo histórico de nobleza arruinada.

Victoriano V. PLÁCIDA Y VICTORIANO.

Vida La vida provinciana es el escenario, o el protagonista colectivo, de libros muy diversos: la de fines del XIX, en la novela de Francisco de Cossío *Elvira Coloma o el morir de un siglo* (1943); situada en nuestro tiempo, otra novela, *Entre visillos* (1958), de Carmen Martín Gaite, es un retrato psicológico de las gentes de una ciudad española; la vida de dos hermanos en una pequeña ciudad gallega, hasta entonces tranquila pero luego conmocionada por la llegada de un político chileno exiliado, aparece en la novela de Marina Mayoral *El reloj de la torre* (1958). La vida rural y sus problemas protagonizan otra novela, *La espera* (1967), de Rodrigo Rubio.

Vidriera V. LICENCIADO VIDRIERA.

Vieja enamorada (una) es la protagonista de la comedia de Manuel Bretón de los Herreros *A la vejez, viruelas* (1824), personaje tratado con la sátira y el gracejo característicos de su autor.

Viejo (un) protagoniza la única novela de Eulalia Galvarriato *Cinco sombras* (1947), las cinco mujeres frustradas por la soltería o la muerte prematura, a las cuales él había amado platónicamente.

Viejo y muchacha, él un caballero y ella una sirvienta, protagonizan una conflictiva relación amorosa, en la novela *Viento del norte* (1951), de Elena Quiroga.

Villa Alegre Nombre literario dado por Juan Valera al lugar donde sitúa la acción de su novela *Juanita la Larga* (1895): pueblo bello y blanco, es un trasunto de Cabra y Doña Mencía.

Villabermeja, ciudad imaginaria creada por Valera, en la que ambienta la novela *Las ilusiones del doctor Faustino* (1875).

Villaciervos (Soria) «De Calatañazor a Soria se tiende el impresionante páramo de Villaciervos: paisaje magno, de plata oxidada, en las desolladuras calcáreas de pedregal, aliviadas, matizadas por el sombreado del enebro, deprimiéndose en hondonadas, elevándose en forma de castillo o muela, cargando a lomos un horizonte que pesa con las cumbres fingidas de la serranía» (Dionisio Ridruejo, *Castilla la Vieja*, II).

Villamar Localidad inventada por Fernán Caballero para situar en ella la acción de su novela *La Gaviota* (1849).

Villamediana (Juan de Tassis Peralta, conde de) Aristócrata y poeta que llevó una vida galante y pletórica de aventuras en los siglos XVI-XVII, es magistralmente recreado por Luis Rosales en su discurso de ingreso en la Real Academia Española, *Pasión y muerte del conde de Villamediana* (1964); antes que un texto erudito, es una breve evocación literaria.

Villana de la Sagra V. ANGÉLICAL.

Vino V. AGUA Y VINO.

Violante V. DOÑA VIOLANTE.

Violante Sanseverino Entre las canciones de Garcilaso de la Vega, la más famosa es la dirigida *A la flor de Gnido*, probablemente Violante Sanseverino, hermosa dama del barrio napolitano de ese nombre, de la cual estaba enamorado Mario Galeota, amigo del poeta, quien, a fin de complacerle y por encargo suyo, escribió tan famosa canción para atraer la atención y el amor de la esquiva dama.

Violina Es la dama que se disputan los dos caballeros enamorados españoles, Vasquiarán y Flamiano, en la novela anónima *Cuestión de amor* (1513), cuya acción se desarrolla en Nápoles, de gran interés documental.

Virgen María Frente a Eva—la madre, en su sentido etimológico hebreo—, la Virgen María es la mujer como pureza suprema, el consuelo del afligido y el refugio del pecador. Nuestro primer poeta de nombre conocido, Gonzalo de Berceo (siglo XIII), en los *Milagros de Nuestra Señora,* ofrece veinticinco relatos que muestran la intervención sobrenatural de la Virgen en favor de sus devotos, grandes pecadores a los que salva

la piedad de aquélla (*El milagro de Teófilo, La casulla de san Ildefonso, El niño judío, El pecador avaro*). También en el siglo XIII son famosas las cuatrocientas veinte *Cantigas o loores et milagros de santa María*, cancionero en lengua gallego-portuguesa promovido o redactado por el rey castellano Alfonso X el Sabio en alabanza de Nuestra Señora, con la notación musical de tales canciones. La literatura castellana de la edad media ofrece diversos poemas que adoptan el título de *Gozos de la Virgen*, llamados así porque comentan episodios gaudiosos (alegres) de Nuestra Señora. Del siglo XV, o quizá un poco anterior, se conserva y todavía se representa en la iglesia de Santa María de Elche, a lo largo de dos días y con aparatosa escenografía, el curioso *Misterio de Elche*, verdadera ópera medieval que trata de la muerte de la Virgen y de su gloriosa ascensión a los Cielos. La Virgen es también personaje literario en fray Luis de León, Lope de Vega, Valdivielso, Góngora, los Argensola y Calderón, entre otros muchos. En 1624 el poeta conceptista Alonso de Bonilla publica *Nombres y atributos de la impecable Virgen María*. Sor María de Ágreda, llamada «la santa Teresa del barroco», en su *Mística ciudad de Dios* (póstumo, 1670) ofrece una vida novelada de la Virgen y expone una apasionada defensa del dogma de la Inmaculada Concepción. En el siglo XX hallamos en la *Anunciación* de los *Sonetos espirituales* (1914-1915), de Juan Ramón Jiménez, la más bella interpretación literaria del tema, paralela a la interpretación pictórica de fra Angélico. Por su parte, José María Pemán, en *Lo que María guardaba en el corazón*, hace una amorosa a la par que serena exaltación mariana.

Virginia La historia de esta hermosa plebeya romana asediada por el decenviro Apio Claudio y víctima de sus engaños, para salvarla de los cuales se ve

Vírulo

obligado a darle muerte su propio padre, ha sido llevada a diversas literaturas. En nuestro teatro la recogen Agustín de Montiano y Luyando en la tragedia *Virginia* (hacia 1570) y posteriormente Manuel Tamayo y Baus en otra obra de igual título (1853).

Vírulo Personaje emblemático creado por el poeta vasco Ramón de Basterra, que aparece en sus obras *Vírulo I: las mocedades* (1924) y *Vírulo II: mediodía* (1927). Simboliza la fuerza y la tradición romana a la que se vincula España.

Viseo (duque de) V. ENRIQUE.

Vitoria Hacen referencia a la capital y a la tierra alavesa viajeros extranjeros como Andrea Navagero (*Viaje por España: Cartas*, 1525-1528), Von Humboldt (*Cuatro ensayos sobre España y América*, 1801) y Dembowski (*Dos años en España y Portugal durante la guerra civil*, 1838-1840); y entre los escritores españoles, Pío Baroja (*El cura de Monleón, El aprendiz de conspirador, El mayorazgo de Labraz*), Azorín (*Una hora de España*) o Ignacio Aldecoa (*El País Vasco*), entre otros. V. VASCO (PAÍS).

Viuda de Padilla V. DOÑA MARÍA PACHECO.

Viuda valenciana V. LEONARDA.

Viudita naviera, La Protagonista de la comedia homónima (1960), ambientada en el Cádiz decimonónico y rebosante de humor, de José María Pemán: joven y atractiva, es buen partido para no pocos admiradores.

Vivar (Burgos) Punto de partida del Campeador, en el primer canto («El destierro») del *Cantar de Mío Cid*. En su triste salida, se vuelve para contemplar su pueblo y sus tierras abandonados: «Mío Cid movió de Bivar / para Burgos adeliñado / assí dexa sus palacios / yermos e desheredados».

Viviana y Merlín Personajes legendarios del ciclo novelesco de la Tabla Redonda (Viviana es un hada que se aprovecha del amor que siente por ella el mago Merlín para robarle el secreto de sus hechizos), fueron recreados por Benjamín Jarnés en la novela que lleva sus nombres (1930).

Vizcaya V. VASCO (PAÍS).

Volvoreta De la novela homónima (1917) de Wenceslao Fernández Flórez, es un tipo representativo de la sensualidad femenina, instintiva o inconsciente.

W

Walter En opinión de Menéndez Pidal, la prueba más evidente de la influencia germánica en la literatura española es la figura de Walter, llamado de España o de Aquitania. Huye de la corte de Atila llevándose el tesoro de éste. Vence y vuelve a su patria, donde se casa con su prometida, Hiltgunda, originaria de Aragón. Luego vencerá a los moros. La leyenda de Walter se cantó en Alemania, Inglaterra y Noruega, y quizá también, en España. Así lo creía Menéndez Pidal, quien consideraba el romance de Gaiferos como «un fragmento conservado por casualidad del lazo misterioso que une la epopeya visigoda a la poesía heroica castellana».

Witiza La primera obra donde aparecen huellas de un cantar de gesta es la crónica pseudoisidoriana *Chronica Gothorum*, escrita en el siglo XI probablemente por un mozárabe toledano: narra por primera vez la aventura del rey godo Witiza con la hija del conde don Julián, llamada Oliva. Tal aventura novelesca aparece luego, hacia 1115, en la *Crónica silense*, obra acaso también de otro mozárabe toledano.

X

Xanas En la tradición popular asturiana, ninfas de las fuentes y de los montes que a veces protagonizan cuentos o leyendas orales. Son personajes frecuentes en obras escritas en bable.

Y

Yanguas (Soria) «Los pobladores de Yanguas no sólo fueron ganaderos, sino industriales y comerciantes. Sus fábricas de paños tuvieron cierta fama y sus vendedores ambulantes—los yangüeses—figuran en el *Quijote*, que—estará de Dios—había de topar más de una vez con sorianos sin fantasía, así es que los rebaños de otra aventura eran, como se debe suponer, trashumantes de la Mesta. Hoy, Yanguas es una ciudad recogida, apartada, no muy viva, pero de gran compostura y belleza» (Dionisio Ridruejo, *Castilla la Vieja*, II).

Yáñez, Álvaro de V. SEÑOR DE BEMBIBRE, EL.

Yerma Protagonista del drama homónimo (1934) de Federico García Lorca, es, como su nombre indica, símbolo de esterilidad. «Cada mujer—dice ella—tiene sangre para cuatro o cinco hijos y, cuando no los tiene, se le vuelven veneno, como me va a pasar a mí».

Yorick Protagoniza la obra maestra de Manuel Tamayo y Baus, *Un drama nuevo* (1867). El actor cómico Yorick desea representar un papel trágico (el del marido ultrajado) en la obra que acaba de escribir su amigo William Shakespeare: éste se lo niega porque sabe que, en la realidad, Yorick es engañado por su esposa Alicia. Pero accede ante la insistencia de Yorick, quien se entera de la infidelidad en plena representación, pues el traidor Walter, en vez del papel que finge leer el actor, le ha dado una carta del amante de su esposa, Edmundo, también actor y protegido suyo. Desesperado, Yorick le mata de verdad en escena, ante el estupor de Shakespeare y del público, que cree asistir al desenlace del drama que se está representando. El verdadero drama se producía entre los propios comediantes, entre bastidores: la realidad superaba a la fantasía.

Yuçuf V. JOSÉ.

Yuste (Cáceres) Su famoso monasterio, donde se retiró el emperador Carlos V, es el escenario final de la obra *El peregrino entretenido. Viaje romancesco* (1910), de Ciro Bayo.

Z

Zahara y don Lope Enamorados coprotagonistas de la comedia en verso *Los baños de Argel* (1615), de Miguel de Cervantes.

Zaida Protagonista de uno de los más famosos romances amorosos del siglo XV, donde expresa a Zaide, su amado desleal, sus quejas y reproches.

Zalacaín Personaje central de la novela de Pío Baroja *Zalacaín el aventurero* (1909). Es un hombre de acción, un hombre que ha nacido para héroe novelesco, que lucha y cae en la segunda guerra carlista.

Zamora La recuerda el francés Charles Davillier en su *Viaje por España* (1862). En nuestro tiempo, el poeta zamorano León Felipe, en *Versos y oraciones del caminante* (1902), evoca su pueblo natal, Tábara. El vasco Blas de Otero ve así a la vieja ciudad: «Por los puentes de Zamora, / sola y lenta, iba mi alma. / No por el puente de hierro, / el de piedra es el que amaba. / A ratos miraba el cielo, / a ratos miraba el agua. / Por los puentes de Zamora, / lenta y sola, iba mi alma» (*Que trata de España*).

Zapaquilda es la gata bellísima y coqueta del poema épico-burlesco de Lope de Vega *La gatomaquia*. V. MARRAMA-QUIZ; MICIFUZ.

Zapatera Inspira el juego escénico de Federico García Lorca *La zapatera prodigiosa* (1930). Según su creador, «ella lucha siempre, lucha con la realidad que la cerca y lucha con la fantasía».

Zapatero V. PITÁGORAS Y MICILO.

Zaragoza Se refieren a ella extranjeros como León de Rosmithal (*Viaje por España y Portugal*, 1467), Jerónimo Münzer (*Viaje por España y Portugal*, 1467), Andrea Navagero (*Viaje por España: Cartas*, 1525-1528), Barthèlemy Joly (*Viaje por España*, 1603) y Dembowski (*Dos años en España y Portugal durante la guerra civil*, 1838-1840). De entre nuestros escritores, Góngora habla de Zaragoza, reflejada en la anchurosa corriente del Ebro; Galdós evoca con fuerza la impresionante resistencia de sus defensores durante la guerra de la independencia, en su espléndido *Zaragoza*, de la primera serie de los *Episodios nacionales*, donde, haciendo de narrador Manuel Montoria, se describe con sombrías tintas el paso por el Coso de sus escasos supervivientes; Pío Baroja, que hace alusiones muy de pasada a la ciudad; Azorín, que ofrece numerosas evocaciones de momentos históricos o personalidades de Aragón; los comediógrafos Serafín y Joaquín Álvarez Quintero, para quienes «Zaragoza es trono y sede de la Virgen»; y el templo del Pilar, «símbolo inseparable del patriotismo, sede de las Españas y de la hispanidad», al decir de Federico García Sanchiz.

Zeda V. EQUIS Y ZEDA.

Zocodover Esta plaza del centro de Toledo, muy cerca de la cual se hallaba el mesón del Sevillano, escenario de *La ilustre fregona*, de Cervantes, es evocada asimismo por éste (*Quijote*, II, 182) y por Francisco Delicado (*La lozana andaluza*).

Zoraya, en el famoso poema *Granada* (1852), de José Zorrilla, representa a doña Isabel de Solís.

Zulema V. ABAD DE MONTEMAYOR.

Zumalacárregui, Tomás de Este famoso general carlista es uno de los personajes históricos mejor retratados por Benito Pérez Galdós en los *Episodios nacionales*.

BIBLIOGRAFÍA

ALBORG, J. L.: *Hora actual de la novela española, 1958-1962,* 2 vols.

ANTOLOGÍA *general de la literatura española,* por A. del Río y Amelia A. del Río, 1952, 2 vols.

ANTOLOGÍA *literaria de autores españoles,* por A. Vilanova, 1964.

ANTOLOGÍA *de la literatura española,* por J. Hurtado y A. G. Palencia, 1940.

ANTOLOGÍA *de la literatura española, I, Siglos XI-XVII,* por G. Bleiberg, 1969.

ANTOLOGÍA *mayor de la literatura española,* por G. Díaz-Plaja, 2.º ed., 1962, 2 vols.

ANTOLOGÍA *de la poesía española e hispanoamericana (1882-1932),* por F. de Onís, 1934.

ANTOLOGÍA *siglo XX. Prosistas españoles,* por M.ª de Maeztu, 2.ª ed., 1945.

AUB, M.: *La poesía española contemporánea, 1954.*

AUERBACH, E.: *Mímesis. La representación de la realidad en la literatura universal,* 1950.

AZORÍN: *El paisaje de España, visto por los españoles,* 1917.

BALBÍN, R. de: *Poesía castellana contemporánea,* 1965.

BARBERO PÉREZ, O.: *Historia de la literatura española contemporánea, 1939-90;* 1992.

BELL, A. F. G.: *Literatura castellana,* 1947.

BLEIBERG, G. Y MARÍAS, J. (dirs.): *Diccionario de la literatura española,* 4ª ed., 1972.

BLEZNIK, D. *El ensayo español,* 1964.

BOMPIANI-GONZÁLEZ PORTO: *Diccionario biográfico de autores,* 1985, 5 vols.

—: *Diccionario literario,* tomo XI, *Personajes,* 1980.

BRAVO VILLASANTE, C.: *Historia de la literatura infantil española,* 1959.

CABA, R. (coordin.): *Rutas literarias de España,* 1991.

CAMPBELL, J.: *Los mitos. Su impacto en el mundo actual,* 1994.

CAMPOS, J.: *Teatro y sociedad en España (1780-1820),* 1969.

CANO, J. L.: *Poesía española del siglo XX,* 1960.

—: *La poesía de la generación del 27,* 1971.

CARNAVAGGIO, J. (dir.): *Historia de la literatura española. III, El siglo XVII,* 1995.

CASALDUERO, J.: *Estudios sobre el teatro español,* 1962.

—: *El sentimiento de la naturaleza en la Edad media española,* en *Estudios de literatura española,* 1962.

CLARK, K.: *El arte del paisaje,* 1971.

COSSÍO, J. M.ª de: *Fábulas mitológicas en España,* 1952.

CRAWFORD, J. P. W.: *The Spanish Drama before Lope de Vega,* 2.ª ed., 1937.

DESCOLA, J.: *Historia literaria de España,* 1968.

Bibliografía

DEYERMOND, A. : *La literatura perdida en la Edad Media castellana.* I, *Épica y romances,* 1995.

DÍAZ-PLAJA, F.: *El amor en las letras españolas,* 1963.

DÍAZ-PLAJA, G.: *Ensayos sobre literatura y arte,* 1969.

—: *Hacia un concepto de la literatura española,* 3.ª ed., 1948.

— (dir.): *Historia general de las literaturas hispánicas,* 1949-1958, 6 vols.

DÍEZ BORQUE, J. M.: *Literatura y cultura de masas. Estudio de la novela subliteraria,* 1972.

DÍEZ CANEDO, E.: *Artículos de crítica teatral. El teatro español de 1914 a 1936,* 1968.

DÍEZ DEL CORRAL, L.: *La función del mito clásico en la literatura contemporánea,* 1957.

ESPAÑA *como preocupación.* Antología literaria por D. Franco, 2.ª ed., 1960.

ESPAÑA *vista por los extranjeros.* Antología por J. M. López Cepero, 1961.

FERRARESI, A. C. de: *De amor y poesía en la España medieval,* 1976.

GAOS, V.: *Claves de literatura española,* 1971, 2 vols.

GARCÍA MERCADAL, J.: *Viajes de extranjeros por España y Portugal,* 1959, 2 vols.

GARCÍA PAVÓN, F.: *Teatro social de España (1895-1962),* 1962.

GAUCHER, E.: *La biographie chevaleresque: Typologie d'un genre (XIIIè.-XIVè. Siècles),* 1994.

GREEN, O. H.: *España y la tradición occidental (El espíritu castellano en la literatura desde el Cid hasta Calderón),* 1969, 4 vols.

GULLÓN, R. (dir.): *Diccionario de la literatura española e hispanoamericana,* 1993, 2 vols.

HURTADO, J. y GONZÁLEZ PALENCIA, A.: *Historia de la literatura española,* 3.ª ed., 1932.

IRIBARREN, J. M.ª: *El porqué de los dichos,* 7.ª ed., 1994.

LAURENTI, J. L.: *Estudios sobre la novela picaresca española,* 1970.

LÓPEZ ESTRADA, F.: *Introducción a la literatura medieval española,* 1966.

LORENZO, P. de: *Viaje de los ríos de España,* 1969.

MANGUEL, A. Y GUADALUPI, G.: *Guía de lugares imaginarios,* 1992.

MARRA LÓPEZ, J. R.: *La novela española fuera de España (1939-1961),* 1962.

MARTÍNEZ CACHERO, J. M.: *La novela española entre 1936 y 1980,* 1986.

MENÉNDEZ PIDAL, G.: *Los caminos en la historia de España,* 1951.

MENÉNDEZ PIDAL, R.: *Los españoles en la historia y en la literatura. Dos ensayos,* 1951.

—: *Poesía árabe y poesía europea,* 1941.

MEREDITH, J. A.: *Spanish drama of the sixteen century,* 1928.

MIL *poetas de la lengua española.* Adaptación y selección por J. García Marcadal, 1962.

MONTESINOS, J. F.: *Introducción a una historia de la novela en España,* 1955.

MONTOLIU, M. de: *El alma de España y sus reflejos en la literatura del siglo de oro.*

NORA, E. de: *La novela española contemporánea,* 1963-1973, 3 vols.

OROZCO DÍAZ, E.: *Paisaje y sentimiento de la naturaleza en la poesía española,* 1974.

PÉREZ-RIOJA, J. A.: *El amor en la literatura,* 1983.

—: *Diccionario literario universal,* 1977.

—: *Diccionario de símbolos y mitos,* 6.ª reimp., 1992.

—: *La literatura española en su geografía,* 1979.

PFANDL, L.: *Historia de la literatura nacional española en la edad de oro,* 1933.

PONCE DE LEÓN, J. L.: *La novela española de la guerra civil,* 1971.

RICO, F. (dir.): *Historia y crítica de la literatura española,* 1993.

RODRÍGUEZ MOÑINO, A.: *Construcción crítica y realidad histórica en la poesía española de los siglos XVI y XVII,* 1968.

ROMERO, M.: *Paisaje y literatura de España. Antología de los escritores del 98,* 1950.

SALINAS, P.: *Literatura española. Siglo XX,* 1972.

SAN JUAN, P. A.: *El ensayo hispánico. Estudio y antología*, 1954.

SANZ VILLANUEVA, S.: *La historia de la literatura española desde 1936 hasta hoy*, 1985, 6 vols.

—: *Tendencias de la novela española actual*, 1971.

SIMÓN DÍAZ, J.: *Bibliografía de la literatura hispánica*, 15 vols. (en curso de publicación).

—: *Manual de bibliografía de la literatura española*, 2.ª ed., 1966.

SOBEJANO, G.: *Novela española de nuestro tiempo*, 1975.

TORRE, G. de: *La difícil universalidad española*, 1961.

VALBUENA PRAT, A.: *Historia de la literatura española*, 2.ª ed., 1974.

—: *Literatura dramática española*, 1930.

—: *La poesía española contemporánea*, 1930.

VALVERDE, J. M.ª: *Breve historia de la literatura española*, 1969.

VIÑA, LISTE, J. M.ª: *Cronología de la literatura española. Edad Media*, 1991.

WARDROPER, B. W.: *Introducción al teatro religioso español (La evolución del auto sacramental, 1500-1648)*, 1953.

ÍNDICE DE AUTORES Y OBRAS

Este índice presenta, en negrita y por orden alfabético, los nombres de todos los autores (y también los títulos de las obras anónimas) citados en el cuerpo del diccionario. Cada entrada de autor (o de obra anónima) remite, mediante el signo →, a las voces del diccionario en las que dicho nombre es mencionado; a continuación se consignan, también por orden alfabético, las diversas obras del autor, con la consiguiente remisión a la voz o a las voces correspondientes.

Índice de autores y obras

Índice de autores y obras

Índice de autores y obras

Buero Vallejo, Antonio (n. 1916)
Aventura en lo gris → Silvano
El concierto de San Ovidio → David
El sueño de la razón → Goya
El tragaluz → Misterio
En la ardiente oscuridad → Ciego
Irene o el tesoro → Irene
La doble historia del doctor Valmy → Daniel
La fundación → Tomás
La tejedora de sueños → Penélope
Las meninas → Velázquez
Llegada de los dioses → Julio
Un soñador para un pueblo → Esquilache

Caballero Bonald, José Manuel (n. 1926)
Ágata, ojo de gata → Andalucía, Familia
Campo de gramante → Andalucía
Dos días de septiembre → Jerez de la Frontera
Cabañero, Eladio (n. 1930)
→ Ciudad Real
→ Mancha
Marisa Sabia y otros poemas → Marisa Sabia
Cabezas, Juan Antonio (1900-1993)
La montaña rebelde → Asturias
Cadalso, José (1748-1782)
→ Salamanca
Cartas marruecas → España, Gazel
Noches lúgubres → Filis, Juez, Tediato
Sancho García → Condesa traidora, Sancho García
Caffarena, Rafael
Poesía de nueve lustros → Soria
Calderón de la Barca, Pedro (1600-1681)
→ Cantabria
→ Felipe II
→ Fierabrás
→ Gracioso
› Virgen María
A secreto agravio, secreta venganza → Don Gutierre, Don Lope, Leonor
Amar después de la muerte → Álvaro, Tuzaní
Apolo y Climena → Apolo
Casa con dos puertas mala es de guardar → Marcela
Crisanto y Daría → Crisanto y Daría
Después de la muerte → Almería
Eco y Narciso → Eco y Narciso
El castillo de Lindabridis → Castillo
El divino Orfeo → Orfeo
El gran teatro del mundo → Discreción, Dios, Hermosura, Labrador, Pobre, Rey, reyes, Rico

El mágico prodigioso → Cipriano, Diablo, Don Gil
El mayor encanto, amor → Circe, Ulises
El mayor monstruo los celos → Tetraca
El médico de su honra → Don Gutierre, Pedro I
El pastor fino → Pastor
El pintor de su deshonra → Don Juan de Roca
El príncipe constante → Don Fernando, Fernando de Portugal
El secreto a voces → Flérida
Gómez Arias → Gómez Arias
Guárdate del agua mansa → Clara
Judas Macabeo → Judas Macabeo
La banda y la flor → Enrique
La cena del rey Baltasar → Baltasar
La dama duende → Ángela, Brujas
La devoción de la Cuz → Eusebio
La estatua de Prometeo → Prometeo
La niña de Gómez Arias → Niña de Gómez Arias
La vida es sueño → Barlaam y Josafat, Basilio, Lisardo, Rosaura, Segismundo
Los cabellos de Absalón → Absalón
Los encantos de la culpa → Circe
Calvo Sotelo, Joaquín (1905-1993)
El poder → Bruno
El proceso del arzobispo Carranza → Carranza
La amante → Amante
La muralla → Jorge
Una muchachita de Valladolid → Muchachas y muchachos
Calvo, Luis
→ Cuenca
Camba, Francisco
Camino adelante → Camino
Madrigrado → Guerra
Camba, Julio (1882-1962)
El camino de Santiago → Santiago de Compostela
Camín, Alfonso
→ Asturias
Campoamor, Ramón de (1817-1901)
→ Aragón
→ Hombre
Colón → Colón
El drama universal → Jesús el Mago, Soledad
El licenciado Torralba → Licenciado Torralba
Canales, Alfonso (n. 1923)
→ Soria
Réquiem andaluz → Málaga
Sobre las horas → Málaga
Sonetos para pocos → Málaga

Índice de autores y obras

Índice de autores y obras

Coloma, Luis (1851-1914)
Boy → Jerez de la Frontera
Fray Francisco → Cisneros
Jeromín → Don Juan de Austria, Jeromín
Juan Miseria → Jerez de la Frontera, Juan Miseria
La reina mártir → María Estuardo
Pequeñeces → Cleopatra Pérez, Currita Albornoz, Madrid
¡Porrita, porrita, compónte! → Puertos
Colón, Cristóbal (1451-1506)
Diario de a bordo → Colón
Comella, Luciano Francisco (1751-1812)
→ Amantes de Teruel
La familia indigente → Familia
Conde, Carmen (1907-1996)
P oemas del Mar Menor → Murcia
Contreras, Alonso de (1582-1641)
Discurso de mi vida → Contreras
Córdoba Maldonado, Alonso
La venganza en el sepulcro → Don Juan
Corpus Barga (1888-1975)
La vida rota (Los pasos contados) → Belalcázar
Corral, Pedro del (s. XV)
Crónica sarracina → Don Rodrigo
Cortés de Tolosa, Juan (1590-?)
Lazarillo del Manzanares → Lazarillo de Tormes
Cortés, Hernán (1485-1547)
→ Valladolid
Cartas de relación → Cortés
Cossío, Francisco de (1887-1975)
Elvira Coloma o el morir de un siglo → Vida
Cossío, Manuel Bartolomé (1857-1935)
El Greco → Toledo
Costa, Joaquín (1846-1911)
→ España
Cota de Maguaque, Rodrigo (2ª mitad del s. XV)
Diálogo entre el Amor y un caballero viejo → Amor
Crémer, Victoriano (n. 1910)
→ Soria
Libro de Caín → Caín
Crónica najerense (h. 1160) → Condesa traidora
Crónica rimada de las cosas de España (s. XV)
→ Cid
Cruz Rueda, Ángel (1888-1961)
El huerto silencioso → Huerto
Cruz, Ramón de la (1731-1794)
El Café de Barcelona → Café
El Prado por la noche → Madrid

El Rastro por la mañana → Madrid
La casa de tócame Roque → Casa de tócame Roque
La plaza mayor por Navidad → Madrid
La pradera de San Isidro → Madrid
Las majas vengativas → Madrid
Los bandos del Avapiés → Madrid
Manolo → Manolo
Cubillo de Aragón, Álvaro (1596-1661)
El conde de Saldaña y las mocedades de Bernardo del Carpio → Bernardo del Carpio
El rayo de Andalucía y Genízaro de España → Mudarra
El señor de noches buenas → Señor de noches buenas
La perfecta casada → Casada
Las muñecas de Marcela → Marcela
Cuéllar, Jerónimo
El pastelero de Madrigal → Pastelero de Madrigal
Cueva, Juan de la (1550-1610)
→ Doña Lambra
→ Infantes de Lara
→ Sancho García
→ Sevilla
Comedia de la libertad de España por Bernardo del Carpio → Bernardo del Carpio
Comedia de la muerte del rey don Sancho y reto de Zamora → Cid
Conquista de la Bética → Fernando III el Santo
El infamador → Brujas, Leucino
La constancia de Arcelina → Arcelina
Llanto de Venus en la muerte de Adonis → Adonis
Cunqueiro, Álvaro (1910-1981)
→ Meigas
→ Miño
Crónicas del sochante → Cura
Cuando el viejo Simbad vuelva a las islas → Simbad el marino
La niña de Gómez Arias → Niña de Gómez Arias
Las mocedades de Ulises → Ulises
Merlín y familia → Merlín, Pazo
Un hombre que se parecía a Orestes → Orestes
Viaje por los montes y chimeneas de Galicia → Galicia
Vida y fugas de Fanto Fantini → Fanto Fantini
Cura de los palacios, El (s. XV)
→ Cura de los palacios

Índice de autores y obras

Índice de autores y obras

Índice de autores y obras

278

Índice de autores y obras

Índice de autores y obras

Ortega Munilla, José (1850-1922)
Cleopatra Pérez → Cleopatra Pérez
Los tres sorianitos → Soria
Ortega y Gasset, José (1883-1955)
→ España
→ Guadalajara
→ Mancha
→ Palencia
→ Segovia
→ Soria
→ Toledo
El espectador → Dueñas
España invertebrada → España
Notas → Baraona, Jadraque, Leire
Otero, Blas de (1916-1979)
Cántico espiritual → Dios
Que trata de España → Zamora
Otero, Julián María
→ Segovia

Padilla, Juan de (1484-1521)
Retablo de la vida de Cristo → Cristo
Padrón, Rodriguez de
→ Macías el Enamorado
Palacio Valdés, Armando (1853-1938)
Aguas fuertes → Asturias
Años de juventud del doctor Angélico → Doctor Angélico
El cuarto poder → Asturias, Marta
El idilio de un enfermo → Asturias
El maestrante → Asturias, Lancia, Oviedo
El señorito Octavio → Asturias, Octavio
José → Asturias, Cudillero, José, Rodillero
La aldea perdida → Asturias
La alegría del capitán Ribot → Capitán Ribot, Valencia
La fe → Asturias, Cura, Padre Gil
La hermana San Suplicio → Ceferino Sanjurjo, Gloria Bermúdez, Guadalquivir, Jaén, Sevilla
Los cármenes de Granada → Carmen, Granada
Los majos de Cádiz → Cádiz
Marta y María → Asturias, Avilés, Marta, Nieva
Maximina → Maximina, Riverita
Papeles del doctor Angélico → Doctor Angélico
Riverita → Riverita
Santa Rogelia → Asturias
Sinfonía pastoral → Asturias
Tristán o el pesimismo → Pesimismo, Tristán

Palacio, Manuel del (1831-1906)
→ Soria
Palencia, Alfonso de (1423-1492)
Batalla campal de los perros contra los lobos → Perro
Tratado de la perfección del triunfo militar → Ejercicio, Orden, Obediencia
***Palmerín de Inglaterra* (1547)**
→ Palmerín
***Palmerín de Oliva* (1511)**
→ Palmerín
Palomino, Ángel (n. 1919)
Madrid, costa Fleming → Madrid
Torremolinos, Gran Hotel → Torremolinos
Panero, Juan (n. 1942)
→ León
Panero, Leopoldo (1909-1962)
→ León
La estancia vacía → Dios
La mejor reina de España → Isabel la Católica
Versos de Guadarrama → Castilla
Pardo Bazán, Emilia (1851-1921)
→ Francisco de Asís
Cuentos de Marineda → Coruña, Marineda
Insolación → Coruña, Francisca
La madre naturaleza → Galicia, Madre, Marqués de Ulloa, Perucho
La sirena negra → Don Gaspar
La tribuna → Mujer
Los pazos de Ulloa → Don Julián, Galicia, Marqués de Ulloa, Pazo, Pedro Moscoso, Primitivo Sánchez
Morriña → Esclavitud
Pasamar, Pilar
La soledad contigo → Jerez de la Frontera
Pasamonte, Jerónimo de
Vida y trabajos de Jerónimo de Pasamonte → Pasamonte
Paso, Alfonso (1926-1978)
Aurelia y los hombres → Aurelia
Cena de matrimonios → Matrimonio
Juicio a un sinvergüenza → Sinvergüenza
La cigarra → Aris
La corbata → Antonio
Nerón-Paso → Nerón
Pastor Díaz, Nicomedes (1811-1863)
Al Acueducto → Segovia
Al Eresma → Segovia
De Villahermosa a la China → Galicia
Pedraza, Juan de (s. XVI)
Las Cortes de la muerte → Muerte

Índice de autores y obras

Índice de autores y obras

Areusa, Huerto, Salamanca, Sempronio y Pármeno, Toledo

Rojas Zorrilla, Francisco de (1607-1648)
→ Burgos
→ Crispín
→ Serrallonga
Del rey abajo, ninguno → García del Castañar, Rey, reyes
Don Juan Tenorio → Comendador de Ulloa, Trotaconventos
El Caín de Cataluña → Caín de Cataluña
El capitán Montoya → Don Félix de Montemar
Entre bobos anda el juego → Don Lucas
Las áspidas de Cleopatra → Cleopatra
Numancia cercada → Numancia
Numancia destruida → Numancia
Progne y Filomena → Progne y Filomena

Romance de Abenámar
→ Granada

Romance del rey moro que perdió Granada
→ Granada

Romero Larrañaga, Gregorio (1815-1872)
Garcilaso → Garcilaso de la Vega
Macías el enamorado → Macías el Enamorado
Poesías → Alcalá de Henares

Romero Murube, Joaquín
→ Andalucía
Sevilla en los labios → Sevilla

Romero, Emilio (n. 1917)
La paz empieza nunca → Guerra

Romero, Luis (n. 1916)
El cacique → Cacique
La noria → Guerra
Tres días de julio → Guerra

Romero Quesada, Rafael (1886-1925)
Crónicas de la ciudad y de la noche → Canarias
El lino de los sueños → Canarias
La umbría → Canarias

Roque Morera
→ Canarias

Ros de Olano, Antonio (1808-1887)
El doctor Lañuela → Doctor Lañuela

Rosales, Luis (1910-1992)
→ Jaén
La casa encendida → Guerra
La mejor reina de España → Isabel la Católica

Pasión y muerte del conde de Villamediana → Villamediana
Retablo santo del nacimiento del Señor → Cristo, Dios
Rimas → Guerra

Rosete Niño, Pedro (s. XVII)
→ Ginés
Sólo en Dios la confianza → Margarita la tornera

Rosvita de Gandersheim (935?-973?)
Abrahamus → María

Rubio, Rodrigo (n. 1931)
La espera → Vida

Rubio, Teodoro
Ecos de la Soria vieja → Soria

Rueda, Lope de (h. 1501-1565)
→ Bobo
→ Donaire
→ Pastor
→ Sevilla
Comedia llamada Eufemia → Eufemia
La carátula → Alameda
La tierra de jauja → Mendrugo

Rueda, Salvador (1857-1933)
→ Alicante
→ Málaga
Cuadros de Andalucía → Andalucía
El patio andaluz → Andalucía, Patio
En tropel → Andalucía

Rufo, Juan (h. 1547-h. 1620)
La Austríada → Don Juan de Austria

Ruiz Ayúcar, Ángel (n. 1919)
Las dos brujas → Guerra

Ruiz de Alarcón, Juan (1580-1639)
→ Calila y Dimna
→ Gracioso
Anticristo → Anticristo
El tejedor de Sevilla → Fernando Ramírez
Examen de maridos → Marido
Ganar amigos → Don Fadrique, Doña Flor, Generosidad, Pedro I
La cueva de Salamanca → Brujas, Leonarda
La industria y la suerte → Arnesto
La manganilla de Melilla → Melilla
La prueba de las promesas → Brujas
La verdad sospechosa → Don García, Mentiroso
Las paredes oyen → Don Juan de Mendoza, Don Mendo, Doña Ana
Los pechos privilegiados → Elvira, Jimena
No hay mal que por bien no venga → Don Domingo de don Blas

Índice de autores y obras

Índice de autores y obras

Índice de autores y obras

Esta edición del
*Diccionario de personajes y
escenarios de la literatura española*,
de José Antonio Pérez-Rioja,
se terminó de imprimir,
en Barcelona,
a mediados de noviembre
de 1997.

Diccionarios/Península

José Antonio Pérez-Rioja
Diccionario de personajes y escenarios de la literatura española

César Vidal Manzanares
Diccionario de los papas

Dr. Frederic Casas Gassó
Diccionario médico de signos y síntomas

Juan de Dios Luque, Antonio Pamies, Francisco José Manjón
Diccionario del insulto